# ALTE ABENTEUERLICHE REISEBERICHTE

*Abbildung 1.* Heinrich Barth

Heinrich Barth

# Die große Reise

## Forschungen und Abenteuer in Nord- und Zentralafrika

### 1849–1855

Mit 54 Abbildungen
davon 16 Farbtafeln

Herausgegeben
von
Heinrich Schiffers

Verlag
Neues Leben
Berlin

ISBN 3-355-00067-1

Verlag Neues Leben, Berlin 1986
Lizenz Nr. 303(305/96/86)
LSV 7103
Schutzumschlag und Einband: Hilda und Manfred Salemke, Karlsruhe
Schrift: 9 p Garamond
Gesamtherstellung: Offizin Andersen Nexö, Graphischer Großbetrieb,
Leipzig III/18/38
Bestell-Nr. 644 127 4
01850

# Inhalt

# Verzeichnis der Abbildungen

# Einführung des Herausgebers

Man kann über einen Forscher wie Heinrich Barth in der traditionellen Art berichten, angefangen vom Lebenslauf, über die Darstellung der Hauptreise, bis zur Wertung der Ergebnisse. Dabei umhüllt die Persönlichkeit meist der Schleier und der Reiz ferner Vergangenheit. Leben und Taten werden zum Inhalt einer Geschichte, neben vielen anderen. Sie haben für solche Leser, die an Entdeckungen interessiert sind, oft den Reiz des Kuriosen.

Das betrifft die Person selbst, den »Helden«, aber auch die Umwelt und wie sie auf das Erscheinen des »Fremden« reagierte. In jedem Falle werden die Worte »Abenteuer« und »Unterhaltung« recht groß geschrieben.

Hier aber beginnt unsere Überlegung, ob so etwas heute noch genügt. Vor einhundert Jahren war der Erdteil Afrika für Europäer wie für Nordamerikaner, kurz für die »Weißen«, der »Dunkle Kontinent«. Es galt für die Forscher, sein »Herz«, die geheimnisvolle »Mitte« zu entdecken.

Dann wollte man den »armen Heidenkindern« den Segen des Christentums vermitteln und ebenso, wie schon zur Zeit der frühen Portugiesen des 16. Jahrhunderts, die alleingültige Lebensweise der »Weißen«. Man machte zugleich die Abschaffung des »abscheulichen Sklavenhandels« zum obersten humanitären Ziel. Für die »Schwarzen« wurde – aber keineswegs von allen »Weißen« – der Status des Unterentwickelten, des »Primitiven«, vorausgesetzt.

Während Wissenschaftler die Erdteilerkenntnisse, die sie aus Abenteuer- und Forscher-Berichten und solchen der frommen Sendboten gewonnen hatten, in ihr System einpaßten, wollte es das Schicksal, daß gleichzeitig der Imperialismus-Bazillus in den »herrenlosen Weiten« sich ungestüm ausbreitete. Er trübte alsbald das Bild harmlos-romantischen Fernwehs, missionarischen Sendungsbewußtseins und »wertfreien« Forscher-Bemühens.

9

Weit mehr als Amerika und Asien wurde im Europa des vergangenen Jahrhunderts gerade der »Dunkle Kontinent«, der Nachbarerdteil im Süden des »Landes der Weißen«, ein Interessen- und Sorge-Ziel.

Wenn heutzutage soviel von »Kolonialismus« und »Rassismus« gesprochen wird, bleibt meist unbeachtet, in welchem Ausmaß der Begriff des »Mutter-Kontinents« (Europa) für Europäer eine Realität war und es, – unterschwellig – noch ist.

Nur, was heute manchem »Weißen« schwerfällt zu begreifen, dieser »Tochter-Kontinent« ist inzwischen aus dem durch die Europäer mit Hilfe ihres kolonialpolitischen Zerstückelungswerkes herbeigeführten Zwangsschlaf erwacht. Er entsinnt sich der Identität, so wie es Barth in der vergangenen Jahrhundertmitte erlebte und, was weitaus wichtiger ist, durch seine in seltener Vollständigkeit erhaltenen Berichte (Tagebücher, Korrespondenz, Hauptreisewerk) uns vermitteln konnte.

Das Glück wollte es, daß dieser Mann, den man ohne Übertreibung als einen der besten, wenn nicht als den größten Afrikawissenschaftler seiner Zeit bezeichnen darf, sowohl ein scharfer als auch ein unvoreingenommener Beobachter war.

Für ihn gab es zwar Räuber, die sein Leben bedrohten, aber keine »Wüstenräuber« im Sinne »primitiver Afrikaner«. Ja, man kann ihn, so man seine oft schwierig zu lesenden Ausführungen gründlich studiert, kurzweg als einen *modernen* Autor bezeichnen. Einen, der uns auffordert, die »weiße«, europazentrische, altmodische Erforschungsgeschichte zu revidieren, am besten ganz neu zu schreiben, ohne einen Stanley länger als »Helden« und ohne das oft auch heute noch reproduzierte Bild »Stanley trifft Livingstone« als Dokument *afrikanischer* Geschichte aufzubauen.

Das Merkwürdige dabei ist, daß dieser Heinrich Barth in seiner Heimat nie volkstümlich wurde, wie Gustav Nachtigal oder Gerhard Rohlfs. Sein Hauptwerk sei über die Maßen »trocken« und verliere sich in Einzelheiten, sagte man. Obendrein wurde er als »unwirscher, rechthaberischer Einzelgänger« bezeichnet und stand infolgedessen nach der »Großen Reise« dem verdienten beruflichen Aufstieg selber im Wege.

Der frühe Tod mit vierundvierzig Jahren brachte rasches Vergessen, abgesehen bei Spezialisten, die aus seinen Werken schöpften.

Doch in den Ländern seiner Forschungen, von Tripolis bis zum Tschadsee und in den Niger-Ländern, blieb er unter Afrikanern sagenhaft berühmt als Abd el Kerim (Diener des Allerhöchsten), der Islamkundige und Weitgewanderte. Die armen Leute stellten sich an den Weg, den er kam, und baten um Handauflegung und Segen. (Man vergleiche damit das Auftauchen heutiger Entwicklungsexperten ebendort!) Im Jahr 1965 noch wurde die Erinnerung an seinen einhundertsten Todestag im Sahel-Sudan mit Gedenktafeln und Festakten begangen.

Das große Reisewerk Heinrich Barths ist in letzter Zeit häufiger zu recht hohen Preisen aus Antiquariaten und auch aus Archiven aufgetaucht, zu Rate gezogen von denen, die das »wahre Afrika« aus jener Zeit kennenlernen möchten, »als die Weißen kamen«. Es besteht aus fünf Bänden. Ihr nur auf Genauigkeit bedachter Gesamttitel mag in unserer Bestseller-Ära nicht gerade aufregend formuliert sein. Er lautet: »Reisen und Entdeckungen in Nord- und Central-Afrika in den Jahren 1849 bis 1855 von Dr. Heinrich Barth. Tagebuch seiner im Auftrag der Brittischen Regierung unternommenen Reise«. Die Bände (genau einhundertzwanzig Jahre alt) umfassen insgesamt in der deutschen Ausgabe 3564 Druckseiten. Barth schrieb zuerst, mit der Hand natürlich, den englischen Text, mit millimeterkleinen, aber gut leserlichen Buchstaben, und unmittelbar danach den deutschen. Das waren zusammen über siebentausend Manuskriptseiten. Er füllte sie, umgeben von seinen Tagebüchern, von denen zwanzig erhalten sind, geschrieben teils in Deutsch, in Englisch und in Arabisch.

Viele Hunderte von Personen seiner Gegenwart und aus den verschiedensten Jahrhunderten ziehen, sachlich vorgeführt, manchmal auch grimmig kommentiert, auf den über dreitausend Seiten mit kalter Computer-Genauigkeit an uns vorüber.

Den Spuren all dieser Kameltreiber, Fürsten, Ackerbauern und stillen Gelehrten in der Großen Wüste und im Sudan nachzufahren, fällt dem Landrover-Touristen von heute, dank der Barthschen Tableau-Präzision, nicht schwer. Neben der Genauigkeit des Berichteten, für die Barth besonders gerühmt wird, erfahren wir ebenso Szenen, die uns einen mitfühlenden Menschen zeigen, wie er zuvor daheim nicht zur Geltung kam. So ist die Präsentation von Geschichte, Grundriß und Sozial-

*Abbildung 2.* James Richardson, der erste Leiter der African Mission. Geboren am 3. November 1809 in Schottland, gestorben am 4. März 1851 im Sudan.

Abbildung 3.
Dr. Adolf Overweg.
Geboren am 24. Juli 1822
in Hamburg,
gestorben am 27. September 1852
am Tschadsee.

Abbildung 4.
Dr. Eduard Vogel.
Geboren am 7. März 1829
in Krefeld,
erschlagen 1856 in Wadai.

struktur der Stadt Kano in Nordnigeria, als des »afrikanischen London«, eingehüllt in ergreifende, lebenswarme Alltagsszenen. Sie werden dadurch, im Gegensatz zu manchen modernen Strukturanalysen, auch für den »gemeinen Mann« annehmbar.

Während Barth dieses Standardwerk schuf, hauste er in einer bescheidenen Wohnklause zu London.

Im Nachfolgenden bringen wir Auszüge, die durch überleitende Worte des Herausgebers verbunden sind. Die Original-Texte sind so ausgewählt, das sie das vorher prätendierte »Moderne« aufzeigen, eine Tiefe der Erkenntnis, eine Kraft der Darstellung und der Deutung, die über das Zeitgebundene hinausreichen in die Gegenwart. Europäer *und* Afrikaner mö-

13

gen daraus Einsichten gewinnen in das Wesen weiter Teile des Riesenkontinents, seiner Menschen und ihrer Verhältnisse.

Es entsteht vor uns unverfälscht die Zeit, als Afrika noch unabhängig war und afrikanische Entwicklungen ablaufen konnten. Störungen durch Einflüsse des »Mutter-Kontinents« zeichnen sich aber schon ab.

Das erneut unabhängige Afrika unserer Gegenwart steht, dank Heinrich Barth, wie vor einem klaren Spiegel seiner selbst. Dieser Spiegel wirft ein Bild jener Epoche zurück, als Afrika noch hundert Jahre jünger war.

Zur näheren Betrachtung sind einige Überlegungen nützlich.

Mit den Augen der Afrikaner von damals gesehen, waren Europäer, die bei ihnen auftauchten, seltsame Leute. Am meisten wunderte Oasenbewohner und Nomaden, daß die Fremden unentwegt nach allem fragten, Berge anzustaunen schienen und sich über Wasserlöcher beugten. »Seid ihr so arm, daß ihr in eurem kalten und dunklen Norden keine Berge wie die unsrigen habt?« hieß es. Einige der Besucher schleppten Unmengen von Kisten mit. Die aus Metall dienten dem Wassertransport. Aber die Wüstenleute waren fest davon überzeugt, daß es sich um Gold handelte. Sie weckten naturgemäß »Erwerbsfreude«. Der reichen Holländerin Alexandrine Tinné brachten sie im Fessan (Südlibyen) den Tod (1869).

Außerdem waren die Fremden keine Moslems. Der Islam hüllte jede Regung und Bewegung und die gesamte Lebensweise ein. Allüberall im Raume der zwölf Millionen Quadratkilometer des nördlichen Afrika sahen die »Nasrani«, die Christen, an jeder Wasserstelle, in jeder Stadt, in einsamen Gebirgstälern die Männer den Tagesablauf zum Gebet unterbrechen. Die Nasrani standen dabei oder hielten sich in der Ferne und mußten empfinden, welche Mauer sie auch von den wohlwollendsten Reisebegleitern trennte.

Einige der europäischen Besucher tarnten sich als Moslems und sprachen sogar arabisch, was aber von den gewieften alten und weit herumgekommenen Händlern rasch erkannt wurde.

Von ihnen ging daher zuerst der Verdacht aus, es handele sich ganz einfach um Spione, zumal sie, wie es manchen der Einheimischen schien, in geradezu krankhafter Weise nach

14

den Fragen immerzu schrieben. Wenn Kamele und Menschen draußen auf der mondüberglänzten Sandtenne schliefen, konnten mißtrauische Karawanenleute die Fremden, hinter Felsvorsprüngen versteckt und mit merklicher Hast, Zauberinstrumente (den Kompaß) und Schreibstifte hervorholen sehen. Ohne Zweifel wollten sie alles ausspähen.

Zu Barths Zeit mußte das für die Franzosen geschehen, die schon seit 1830 in Algier saßen und auch am Senegal. Das erschien den allein Rechtgläubigen wie eine Zange. Den Nordafrikanern drohte eine fremde Herrschaft und das Ende der gewohnten Lebensweise, was sich in der Störung des uralt eingewurzelten Karawanenhandels bereits bemerkbar machte. Auch an der Institution des Sklavenhandels wollten diese »Christenhunde« rütteln. Einige waren so tollkühn, es offen zu sagen. Heinrich Barth, der Mann, der sich kleidete und sprach wie sie, tat sogar Sklavenarbeit, als er selber während des Marsches sich bückte, eine lange Kette legte, sie aufhob, wiederum legte, und das stundenlang. Die Sklaven der Karawane staunten ebenso darüber wie ihre Herren. Es war die Meßkette, die der unerschrockene Mann zur Kontrolle von Wegdistanzen benutzte.

Glaubte er obendrein den Angaben des Kabir, des Karawanenführers, nicht, wenn dieser sagte: »Den Berg, den du da siehst, werden wir erst in zwei Tagen erreichen.«? Und er hatte recht damit bei der unwahrscheinlichen Transparenz saharischer Luft.

Es gab demnach, außer Sonnenglut und Sandsturm, manche Barriere, die die »novarum rerum cupidi«, die neugierigen Abendländer, zu überwinden hatten.

Andere Schwierigkeiten lagen für die Fremden in ihrer Isolierung, der seelischen, die auch erhalten blieb, wenn es durch dichtbesiedelte Sudanzonen ging. Doch hatte es der Reisende, ob in der Wüste, ob in der Residenz eines Sultans, meist mit einzelnen zu tun, mit den Karawanenchefs oder Ortsgewaltigen. Sie entschieden über die Lagererlaubnis, ob der Fremde Nahrung erhielt und ebenso oft über dessen Leben.

Psychologisches Einfühlungsvermögen, Einstellung auf die jeweilige Mentalität, war absolut erforderlich. Die Reisenden mußten die gewünschten Reaktionen bei einem Stammesführer hervorrufen, damit er sie, vielleicht nach zermürbendem, wochenlangem Warten, endlich ziehen ließ. Dazu gab es Bedingungen, diese oder jene Stadt zu meiden, die womöglich gerade als wichtiger Punkt auf dem Reiseplan des Europäers stand.

Nerven kosteten auch und gerade bei einer Reise im amtlichen Auftrag wie der von H. Barth, der für das Foreign Office um Anknüpfung von Handelsmöglichkeiten mit London besorgt sein sollte, die Briefkontakte mit der Heimat. Antworten und Geldsendungen gelangten mitunter erst nach einem Jahr und mehr, und meist nur durch puren Zufall, in seine Hände.

Dazwischen galt es, Gewaltritte oder -märsche, meist nachts, von zwanzig und mehr Stunden hinter sich zu bringen, um Zonen von regional-kriegerischem Hin und Her mit heiler Haut zu überwinden. In solchem Gebiet fand sich nur der zurecht, der die dort gesprochene Sprache beherrschte, vor allem, wenn es sich um noch nie von Europäern besuchtes Gebiet handelte.

Häufig mußten die Reisetiere gewechselt werden (Pferde, Kamele, Esel, Ochsen). Gleiches galt für Reisediener und Dolmetscher. Man hatte sich auf immer andere Ernährungsweisen umzustellen, auf andere Kleidung; und ständig waren neue Reiserichtungen zu projektieren, und zwar während der zweitausendeinhundert Tage, die Barth in Sahara und Sudan*) reiste. Nachschub oder Ersatz von »daheim« gab es während dieser siebzig Monate nur acht- bis zehnmal, wenn Kisten oder Packen mit Geld, Briefen, Schreibpapier und Büchern anlangten. Ersatz für zerbrochene Meßgeräte kam nie an.

In Europa wurden während der fünf Jahre die behördliche Aufmerksamkeit und das allgemeine Interesse von zahlreichen anderen Unternehmen in Anspruch genommen. Überdies galt Barth monatelang als verschollen. Es erschienen Todesanzeigen und Nachrufe. Der Forscher erfuhr davon durch Andeutungen in Briefen. Er notierte jedoch: »Das muß ein gewaltiger Tod sein, der mich zu Boden zwingt.« Sein Selbstbehauptungswille blieb ungebrochen. Der »Ferne Westen«, das Land am Niger, mit der in Europa von einer Gloriole des Märchenhaf-

---

*) Damals umgriff der »Sudan« für Araber wie Europäer alles Land südlich der Sahara (etwa bis zur Regenwaldzone – summarisch: Guinea-Länder). Heute reserviert die Republik Sudan diesen Namen für sich allein.

ten, aber auch dem Hauch des Gefährlichen umgebenen Stadt Timbuktu, sein Ziel nach Erreichung des Tschadsees, erforderte erhöhte Vorsicht.

Das macht es verständlich, warum Barth in seinem Werk seitenlang anführt, wie er sich über Tage hinweg auf das Gespräch mit einem Fulbe-Chef vorbereitet. Sachkundig mustert er, und verwirft auch, kostbare Kleidungsstücke (Toben) vom Markt, die als Geschenk dienen sollten.

Das Geld dazu mußte er sich häufig von sudanischen Händlern ausleihen. Diese standen in engem »Überweisungs«-Austausch über die ganze Sahara hinweg mit ihren Kollegen im fernen Norden (Marokko, Tuat, Ghadames). Man wußte, daß Englands politische Agenten bereits in Mursuk, in Südlibyen, saßen. Vom »Inglesi«, wie Barth als Emissär Londons auch genannt wurde, war zu erfahren, daß er Umwege von Wochen nicht scheute, um einen seiner Kreditgeber wegen Rückzahlung irgendwo aufzustöbern, sobald eine Kiste mit Talern aus London Barth selber erreicht hatte. Der Sudan-»Telegraph« war es, der über weite Distanzen Meldungen zur Kreditwürdigkeit besorgte. Er bestand aus dem ständigen, auch zu Kriegszeiten kaum unterbrochenen Strom der Ost-West- und West-Ost-Wanderer im Sudan. Durch ihn erfuhr man in Timbuktu 1852 »alles über« Abd el Kerim am Tschad, seit 1851 Gast des Sultans Omar, bevor der nicht mehr so ganz Fremde, nach zweitausendsechshundertzehn Wege-Kilometern, 1853 ebendort anlangte.

Ein weiterer Beweis der geradezu stupenden Sorgfalt für sein Fortkommen und auch für die Bewahrung des Gesehenen und Erlebten ist der Raum, den in seinem Reisewerk jene Ausführungen einnehmen, die uns Tag für Tag mitteilen, wie er sich fühlte und wovon er sich ernährte. H. Weinand, Düsseldorf, hat viele Monate damit verbracht, die einschlägigen Einzelheiten aus den über dreitausend Druckseiten zu exzerpieren, und es ist daraus ein wichtiges wissenschaftliches Arbeitsmittel für die historische Medizin und die Geschichte der Ernährung geworden.

Gleiches gilt für die Durchforstung der Barthschen Textmassen durch E. Jany, Sulzbach, der über die tausend von H. Barth erwähnten Tiere und Pflanzen (-Namen) berichtet (Beiträge in »Heinrich Barth, ein Forscher in Afrika«, Wiesbaden 1967).

*Abbildung 5.* Das »Bilad es Sudan«, »Land der Schwarzen«, am Südrand der Sahara. Von diesem Raum mit seinen Ländern, Städten und
vor allem den Abgrenzungen existierten vor 1850, d. h. *vor* den Rei-
seerkundungen und schriftlichen Darstellungen des Dr. H. Barth, *keinerlei* Kartenbilder, die einen brauchbaren Überblick geboten hätten.
Nach seinen Vorlagen wurde diese Karte von H. Schiffers gezeichnet.
Sie findet sich interpretiert in »Heinrich Barth, ein Forscher in Afrika«,
Wiesbaden 1967.

18

Libyen und West- und Mittel-Sudan (= „Central-Afrika") bereist, bzw. erkundet und dargestellt von H. Barth.
Nach Entwurf und Zeichnung von A. Petermann, Gotha 1858, Bl. 15 und 16 in Band V des HRW.

Bemerkung Petermanns:
„Alle Eintragungen, auch Wege, gehen ausschließlich auf H. Barths Arbeiten während der Unternehmung von 1850—55 zurück.
Ausnahme: Lage von Tauat nach Laing. — Breite von Sokoto nach Clapperton."

Auf *vorliegender* Karte wurden die Angaben dem *neuzeitlichen* Kartenbild angepaßt. — Eingefügt sind Pfeile für vordringende Nicht-Afrikaner

| Nr. | Reich, Land | Teillandschaft | Orte |
|---|---|---|---|
| 1 | Bambara [1] | | |
| 1a | Asserwaninki [2] | | Walata (W) od. Birni früher Ghanata |
| 1b | Asauad | | El Hille, Arauan |
| 1c | Aderer [2] | | Wadan (W), Atar (A) Schinghit (Ch = Chinguetti) |
| 1d | Tauat (heute Tuat) | | Aulef (A), IS (Inssala) |
| 2 | Massina [4] | | Hamd-Allahi, Timbuktu, Mobti (Mopti) |
| 2a | | Hombori Gebirge | |
| 3 | Gilgodji | | |
| 4 | Mossi [1] | | Woghodogho (heute Wagadugu) |
| 4a | Tombo [1] | | |
| 5 | Ssonrhay (Sonrai, Songhoi) | | Gao (Gogo, G), Tossaye, Burrum (Burrem) |
| 6 | | Libtako (Liptako) | Dore |
| 7 | Gurma | | |
| 8 | Wangara | | |
| 9 | Burgu | | |
| 10 | Joruba | | |
| 11 | Dagomba | | |
| 12 | | Saberma | Ssay (Sai) |
| 13 | | Kebbi | Gando Birni-n-Kebbi |
| 14 | | Nupe (Nyffi) | |
| | 6, 12, 13, 14 zusammen = *Reich* Gando (G = *Ort* Gando) [4] | | |
| 15 | Sokoto [4] | a Sanfara b Katsena c Kano d Bautschi e Segseg f Hamarrua g Fumbina od. Adamaua m Mendif, Gebirge | Jakoba |

| Nr. | Reich, Land | Teillandschaft | Orte |
|---|---|---|---|
| 16 | Gober [1] | | Maradi |
| 17 | Tassaua | | Tassaua (Tessaua) |
| 18 | Bornu | | Kukaua (K), Birni, Surrikolo, Jo, Maiduguri (M), Wasa, Logone, N'gigmi |
| | | a Sinder | Sinder |
| | | b Munio | |
| | | c Manga | |
| | | d Logon | Logone, Kussuri |
| 19 | Marghi [1] | | Issge |
| 20 | Wandala [1] od. Mandara (Bergl.) | | Mora |
| 21 | Bagirmi [3] | | Massenia |
| 22 | Wadai [3] | | Wara (W), Mao (M) |
| 22a | Kanem (umstritten zw. Wadai u. Bornu) | mit Landschaft Schitati | |
| 23 | Darfur [3] | | |
| 24 | Air oder Asben [3] | | Agades (A) Taghelel (T) |
| 25 | Baschalik (Bezirk) Fesan | türkisch | Mursuk (M), Sokna |
| 26 | Regentschaft Tripoli | türkisch | Tripolis Misda |

*Zeichen und Abkürzungen:*

A = Aulef, au = Aulimmiden (Tuareg), Ch = Chinguetti, F = Fulbe, G = Gando, Gh = Ghadames, IS = In Salah, Kt = Katsena, m = Mendif (Berg), Ma = Maradi, N = N'gigmi, Rt = Rhat (Ghat, Gat), Si = Sinder, So = Sokoto, T = Tessaua, t = Tademekket (Tuareg), W = Wadan, Wg = Wagadugu, Wu = Wurno, B = Britische Vertreter (Konsuln, Handelsagenten)

[1] unabhängige Heidenstaaten
[2] maurische Stämme (Moslems)
[3] unabhängig, vorwiegend Moslems
[4] von den Fulbe beherrscht
12, 13, 15a, 15b, 15c = Haussa-Staaten

Erst wenn wir uns dies alles klar vor Augen halten, bekommt das nachfolgende Biographische die rechte Dimension, und die erbrachte Reiseleistung erhält, zumal im Vergleich mit der Art, wie man heute reist, das gebührende Gewicht.

Noch ist darauf hinzuweisen, daß die Unternehmung, die für uns eng mit dem Namen Heinrich Barth verknüpft ist, ein Gruppenwerk bildete, eine offizielle »African Mission« der englischen Regierung, die auch nicht-englische Teilnehmer aussandte. Sie bestand, abgesehen von wenig hervorgetretenen englischen Helfern (Soldaten), aus vier Mitgliedern.

Es waren Männer verschiedenen Alters, verschiedener Allgemeininteressen, unterschiedlicher wissenschaftlicher Vorbildung und differierender Temperamente.

19

Als Leiter bestimmte das Foreign Office einen Schotten, den ehemaligen Missionar James Richardson, beim Aufbruch vierzig Jahre alt, dem vor allem die Abschaffung des Sklavenhandels am Herzen lag. Er hatte das Unternehmen angeregt, er besaß auch Landeserfahrung, da er vorher bereits mehrere Monate im westlibyschen Raum (Ghadames-Ghat) zugebracht hatte.

Heinrich Barth, der achtundzwanzigjährige Wissenschaftler, wurde zu dem Zweck der Unternehmung beigegeben, die Raum- und Wirtschaftserkundung zu pflegen, auch die Sprachen zu studieren.

Dazu kam Adolf Overweg, zweiundzwanzig Jahre alt und Hamburger wie Barth, ein Naturwissenschaftler, der die geologischen Kenntnisse seines Landsmannes erweitern half.

Richardsons Gesundheit war nicht die beste. Überdies vertrugen sich die drei nicht immer so recht, und man trennte sich, im Sahel angelangt. Am Tschad wollten sie sich vereinigen. Aber nahe diesem See erlag der Expeditionsleiter den Strapazen (1851). Wenn er auch nicht die umfassende wissenschaftliche Vorbildung der »preußischen Herren« besaß (so wurden Barth und Overweg in einem FO-Dokument genannt), wenn manche Richardson als bigott bezeichnet haben, überzeugt uns doch ein Blick in sein »Narrative of a Mission to Central Africa« (1853, 2 Bde.), daß er, im Schatten Barths, bisher nicht die genügende Würdigung gefunden hat.

Mit Overweg verband Barth im Laufe der Reise eine Art väterliche Zuneigung. Der durch eigenen Leichtsinn hervorgerufene Tod des Jüngeren am Tschadsee (1852) erschütterte ihn zutiefst. Auch bedauerte er, daß Overweg seine Notizen unregelmäßig und fast nur auf ungeordneten Zetteln gemacht hatte – während Barth mit eiserner Regelmäßigkeit umfangreiche Ausführungen Tag um Tag niederschrieb, sie sogar vor Absendung nach Europa (mit einer Handelskarawane) kopierte und sie auch nicht unterbrach, als er einmal in Bagirmi, einer Landschaft südlich des Tschad, in Ketten gelegt wurde.

Wie die Ernennung Barths zum Nachfolger Richardsons in der Expeditionsleitung durch das FO über Wüsten und Savannen hinweg erfolgte, wird noch zu schildern sein.

Ein weiterer Teilnehmer, den man von London aus 1853 nachsandte, als die Trauerbotschaft vom Tode Richardsons und Overwegs bis dorthin gelangte, war Eduard Vogel aus Krefeld (vierundzwanzig Jahre alt), ein hochbefähigter Naturwissenschaftler, aber ebenfalls ein Opfer seiner eigenen Unvorsichtigkeit. (Er wurde erschlagen im damals fremdenfeindlichen Wadai, weil er sich zu wenig um die Mentalität der Bewohner und Vorgänge am »Hofe« kümmerte.) Leider haben wir von ihm gleichfalls nur Berichts-Bruchstücke, vor allem von der Reise bis weit nach Nigeria hinein.

Einiges läßt sich glücklicherweise bei Overweg wie bei Vogel aus der erhaltenen Korrespondenz ergänzen.

Man muß daher als Bedeutsamsten der »African Mission« Heinrich Barth bezeichnen. Die Kunst des Überlebens hat er, trotz harter Prüfungen, am vollkommensten entwickelt. Sein wissenschaftliches Werk umfaßt mehrere Disziplinen, in jeder mit überragenden Leistungen. Um dies aufzuzeigen, schließen wir in unsere Betrachtung auch das die Mittelmeerländer betreffende Reisewerk (1849) mit ein und ebenso das umfangreiche Sprachenwerk von 1862.

Dank der weitgehenden Erhaltung seiner Niederschriften vermögen wir das vielschichtige Gesamtwerk gut zu analysieren und es im Rahmen des damaligen allgemeinen Wissensstandes zu beurteilen.

Im »Économiste français« vom 25. 1. 1866 bemerkt Dr. A. Warnier aus Algier: »In Timbuktu schrieb er (H. Barth) arabisch an den Scheich el Bakáy, englisch an Lord Palmerston (London), deutsch an Dr. Petermann (Gotha) und sprach mit den Barbaren (hier: Einheimischen), unter welchen er in Afrika lebte, in zehn verschiedenen Sprachen.« H. Barth bewegte sich als wandernde »Ein-Mann-Universität« durch die Räume von elf der heutigen selbständigen Staaten: Marokko, Algerien, Tunesien, Libyen, Tschad, Kamerun, Niger, Nigeria, Obervolta und Mali.

Er schuf von diesen Räumen eine *Gesamtkarte*, die die Teilgebiete abgrenzte und die wichtige Orte und die Verbreitung von Völkerschaften zeigte: ein zuverlässigeres und weitaus besser gefülltes Kartenwerk als alles, was vorher existierte. Es ist ein bislang kaum beachtetes Lehrstück und Anlaß zum Nachdenken beim Vergleich mit den Karten gegenwärtiger Verhältnisse.

Es sei hier auch auf einen *Staatsvertrag* hingewiesen, seit seiner Unterzeichnung bis zum Jahr 1965 nirgendwo in den Quellen seiner Bedeutung entsprechend gewürdigt (außer von A. Adu Boahen). Im letztgenannten Jahr zogen wir ihn aus dem Nachlaß im Hamburger Staatsarchiv in einer Originalkopie von damals hervor. Er behandelt »Entwicklungshilfe«, die von zwei Staatsoberhäuptern abgehandelt wurde, einem europäischen und einem afrikanischen, nämlich der Königin von England und dem Bórnu-Souverän Omar in der Residenz Kuka. H. Barths Hand schrieb den englischen Part, und seine Hartnäckigkeit bewirkte es, nach vielen Mühen, daß er ratifiziert wurde (3. 9. 1852).

*Auf den folgenden Seiten:*

*Abbildung 6.* Staatsvertrag, den H. Barth im Auftrage Englands mit dem Herrscher von Bórnu in dessen Residenz Kúkaua, nahe dem Tschadsee, am 3. 9. 1852 schloß. Der englische Text ist von Barths Hand, der arabische wahrscheinlich im britischen Konsulat zu Tripolis geschrieben. – Ein Konsulat wurde in Kúkaua nicht eingerichtet. (Nachlaß H. Barths im Staatsarchiv Hamburg.)

The Queen of the United Kingdom of Great Britain and Ireland being desirous of forming amicable relations with the Chiefs of the Interior of Africa, for the purpose of interchanging reciprocally the merchandize of Africa with that of Europe, has empowered Doctor Henry Barth to make Treaties in Her Name and on Her behalf, further purpose above expressed, and the Sovereigns of the Kingdom of Bornoo being also desirous of coopera ting

ting with Her Majesty The Queen of England, with the view of establishing and effecting what is proposed; Her Majesty has therefore named the said Doctor Henry Barth as Her Agent to conclude the following Treaty, in behalf of Her Majesty, the Queen and Successors:

Treaty between Her Majesty, The Queen of England and the Sovereign of the Kingdom of Bornoo and its Dependencies.

Article 1st

English Subjects are permitted to enter the Capital of Bornoo and any part of the King dom to travel establish themselves thereon; and English residents shall be treated by the Inhabitants of the Country as Friends, their persons and properties

## Article 3rd

The communications be-
tween the country of Bornou
and other places shall be
safe, without English Merchants
may, without obstacle,
import their Merchandize
of lawful commerce, of
whatever kind, and bring
them freely in Bornou
or elsewhere; and it
shall be equally free for
them to export from Bor-
nou such Merchandize
of... be useful commerce
as they wish to sell in other
places. — Merchants of
other countries shall
not be prevented from
bringing their Merchan-
dize of Bornou and its Dependencies, or from passing
thro' this Soudan or
elsewhere, when their
purposes...

شرط الثالث

---

shall be respected; and in
case they wish to depart,
no impediment shall be
offered, either as regards
their persons or their property

## Article 2nd

British Subjects may
always trade freely,
without hindrance by the
people of Bornou, in all
kinds of Merchandize of
lawful commerce, which
they may desire to sell or
buy, in every part of the
country. — The Sovereign
of Bornou binds himself
to grant to English Subjects
all the commercial privi-
leges, which may be en-
joyed by the Subjects of
any other Christian
Nation.

الشرط الثاني

The Sovereign of Borneo (Emir Umar, the son of Mohammed el Sha) promises to do all he can to facilitate the passage of couriers carrying despatches to or from the English Nation within his Territories and to provide for their security.—

## Article 6th.

The Sovereign of the kingdom of Borneo will put in execution the present Treaty, will make it public, and cause it to be observed; and it shall not be violated from this day forward for ever.

البند السادس

ملك المملكة برنيو سوف يضع في التنفيذ هذه المعاهدة ...

Written and Signed on the 3d day of September 1852, corresponding with the 17th of Shu is Kád 1268.

Dr. Barth

---

...purpose is to trade with English Subjects.

## Article 5th.

The Queen of England may appoint an Agent to reside in the Capital of Borneo and its dependencies, to protect the interests of British Subjects, and to see that the present Treaty is fulfilled The said Agent shall be respected and protected throughout Borneo and its Dependencies.—The Sovereign will attend to his representations, will treat him with respect, and guarantee his person and goods.

# Kapitel 1

## Heinrich Barths Lebensweg
## bis zur großen Reise

Der jahrelange Weggenosse von Moslems, der mit Fürsten wie ein moderner Botschafter verhandelte, wuchs unter dem an Wolken und Nebel reichen Himmel der alten Hafenstadt Hamburg auf. Giebelhäuser der Seehandelsleute säumten die Straßen. Fischhändler, Schiffsbauer und Stellmacher waren die Nachbarn. Tiefe protestantische Gottesfurcht und strenge Pflichterfüllung in geregeltem Lernablauf für die Jüngeren erfüllten die geistige Welt in dem sich industrialisierenden Abendland. Die ersten Photographier-Ungetüme kamen auf den Markt. Vater Barth gab das Geld, damit der Sohn Heinrich auf einer Bildungsreise ums Mittelmeer diese letzte Neuigkeit zur Verfügung hatte.

Heinrichs Geburtsjahr war das Todesjahr Napoleons. Goethe war damals schon zweiundsiebzig Jahre alt, A. v. Humboldt zweiundfünfzig. C. D. Friedrich siebenundvierzig; D. Livingstone war ein Junge von acht Jahren, der, wie viele seines Alters damals, in einer englischen Baumwollspinnerei Geld verdienen mußte. Kurz bevor H. Barth nach Tripolis kam, um zu seiner großen Reise aufzubrechen, erschien das Kommunistische Manifest von Friedrich Engels und Karl Marx. Revolutionen erschütterten Europa, und während der Krimkrieg tobte, hatte H. Barth Mühe, sich in Timbuktu zu behaupten.

Trotz der spärlichen Kontakte mit Europa ist es interessant, in den Briefen zu verfolgen, was sich von den so fernen Ereignissen dennoch darin spiegelt.

Das meiste, was wir von H. Barths Lebensweg wissen, überlieferte sein Schwager Gustav von Schubert (Kgl. Sächs. General-Lieutenant z. D.) in »Heinrich Barth, der Bahnbrecher der Deutschen Afrikaforschung. Ein Lebens- und Charakterbild, auf Grund von ungedruckten Quellen entworfen«, Berlin 1897.

Die Eltern entstammten beide dem Handwerker-Milieu. Der Vater, im Thüringer Wald zu Hause, wurde, früh verwaist, von einem in Hamburg ansässigen Onkel mit vierzehn Jahren aufgenommen. Seit 1801 wohnte er am Hopfenmarkt. Er war als Knochenhauer (Schlachtermeister) tätig, danach Kaufmann in überseeischen Geschäften. Er galt als »streng solider, sparsamer, rechtschaffener, dabei wagemutiger und tätiger Mann«. Die Mutter war eine Schuhmacherstochter aus Hannover, »eine schlichte und häusliche Frau«. Sie überlebte ihren Mann um sechs Jahre.

Von den vier Kindern der Familie war Heinrich, am 16. 9. 1821 geboren, das dritte. Eine der beiden Töchter heiratete G. v. Schubert, des späteren Forschers ersten Biographen und Erben von dessen Nachlaß.

Als Heinrich Barth ihn kennenlernte, meinte er in seiner impulsiven Art: »Wenn Sie meine Schwester nicht glücklich machen, schieße ich Sie tot!«

Der Vater wünschte im Sohn »strenge Moralität, Gewissenhaftigkeit, peinliche Ordnungsliebe, Sinn für Häuslichkeit und Familienleben zu wecken«. Da er zu Wohlstand gelangte, konnte er Heinrich eine gute Erziehung angedeihen lassen, seine ersten Bildungsreisen finanzieren und auch zu den Kosten der Hauptexpedition beitragen.

Mit elf Jahren kam Heinrich 1832 auf die angesehene Hamburger Gelehrtenschule des Johanneums. Mit den Klassenkameraden hatte er kaum Kontakt. Seine Liebe galt einer eigenen Bücherei. Er arbeitete die wichtigsten Schriftsteller des griechischen und römischen Altertums durch, sprach mit vierzehn fließend Englisch und begann danach mit dem Studium des Arabischen.

Der verschlossene junge Mann entwickelte früh ein ausgeprägtes Selbstgefühl. Es fehlte die »nach außen hin sichtbare Lebensfreude«. Nach Erlangung des Reifezeugnisses (1839) begann er im gleichen Jahr das Universitätsstudium zu Berlin (bis 1844). Er studierte Altertumswissenschaft, Germanistik, Jura, Handelsgeschichte und Geographie (bei Carl Ritter). Eine erste Reise (1840/1841) führte durch Italien und verstärkte seine Neigung zur Archäologie. »Es bildete sich in mir der Plan aus, dieses Bassin (das Mittelmeer) womöglich in seinem ganzen Umfang zu durchwandern und seine Gestade rund umher aus eigener Anschauung kennenzulernen«, schrieb er 1849. Als Student pflegte er wenig Kontakt mit den

Kommilitonen. Er war kein »flotter Bursch« wie Gustav Nachtigal.

Ohne sich irgendwie ablenken zu lassen, arbeitete er auf das früh erkannte Lebensziel hin: »Zu sehen, wie man von Stunde zu Stunde ... tiefer ... in die Wissenschaft eindringt, ... ist ein unendliches Vergnügen. Freilich kann es in ... Egoismus ... ausarten ... Ich habe ein ungeheures Streben in mir, ... den Menschen etwas zu nutzen, sie anzuregen ..., das ist mein einziges Streben ... In diesem Bewußtsein sehe ich, ... daß mich die meisten verkennen, daß mich andere schändlich verleumden ... Ich bin zu stolz, mich vor anderen, vor oft erbärmlichen Menschen zu rechtfertigen ... Mir kommt es allein ... auf meine innere Tüchtigkeit an, um so den Menschen soviel wie möglich nützen zu können, wofür ich dann freilich Anerkennung und womöglich etwas Ruhm ernten möchte.«

Noch zehn Jahre später mußte sein Schwager, bei Heinrichs wenig erfolgreichem Bemühen um eine angemessene Lebensstellung, seinem Tagebuch anvertrauen: »Er ist bei allem Gemüt zu schroff ... und ohne Weltklugheit ..., ist ein kühner und ausdauernder, aber kein gewandter Schwimmer auf dem Strome des Lebens.«

Seine Doktorarbeit mit dem Prädikat »Doktrina conspicua« (durch Gelehrsamkeit ausgezeichnet) war den Handelsbeziehungen des alten Korinth gewidmet (1844).

Danach folgte eine weitere Studienreise ums Mittelmeer (von Spanien über Marokko nach Ägypten und weiter nach Konstantinopel und Griechenland, wie damals allein üblich, vorwiegend zu Pferd), aus der ein heute nur noch in wenigen Exemplaren erhaltenes, aufschlußreiches Werk hervorging: »Wanderungen durch die Küstenländer des Mittelmeeres, ausgeführt in den Jahren 1845, 1846 und 1847« (Berlin 1849, 556 S.). Er führte eine umfangreiche Reisebibliothek mit sich. Eine Ausgabe des Koran und des Herodot waren seine »Baedeker« auf dieser und der Großen Reise.

Die Unternehmung verlief nicht ohne Zwischenfälle. Im Juni 1846 wurde er im unruhigen libysch-ägyptischen Grenzgebiet von beutelustigen Arabern überrumpelt. »Obgleich ich an Mut vielleicht nur eine zu starke Portion besitze, fehlte mir doch die Erfahrung und Übung, um mit Erfolg ... in solcher Einsamkeit auf die Dauer meine Sache durchzuführen«, notierte er. Am 7. Juni wurde er angeschossen. Der kostbare Photoapparat samt Platten ging zu Bruch. »Ich stürzte mich in wilder Verzweiflung mit meinem Säbel auf die Angreifer ... Ich war entschlossen, bis zum letzten Augenblick mich zu wehren und mich dann selbst zu töten.«

Halb verhungert, nach nächtlichen Gewaltritten und dem Verlust fast aller seiner Aufzeichnungen, gelangte er am 17. Juni 1846 nach Alexandria. Eine Kugel fand sich 1865, bei der Sektion des Verstorbenen, im linken Oberschenkel eingekapselt.

Vom Vater wieder mit Geld versehen, setzte Heinrich die Reise fort. Im Dezember 1847 war er wieder daheim. Vierzehntausend Taler waren verausgabt worden. Die Reise hatte seiner Persönlichkeit den »Stempel des Gebieterischen, Abgeschlossenen und Asketischen aufgedrückt«. (W. Koner).

Die Universität Berlin nahm 1848 den Bericht über diese erste große Reise zur Habilitation an. Da H. Barth als Privatdozent 1849 mit Vorlesungen über die »Bodengestaltung Afrikas« wenig Erfolg hatte, auch sein Mittelmeerwerk in der aufgeregten Revolutionszeit schlechten Absatz fand, ergriff er impulsiv die unvermutet auftauchende Möglichkeit einer neuen und noch ausgedehnteren Reise.

James Richardson bedrückte der Mangel an wissenschaftlicher Durchbildung, als das Londoner Foreign Office ihn mit der Durchführung der Sahara-Sudan-Expedition beauftragte. Der vielseitig interessierte preußische Gesandte zu London, von Bunsen, stellte über die Berliner Universität (C. Ritter) die Verbindung mit dem Privatdozenten H. Barth her, der sogleich am 5. Oktober 1849 zusagte. Aber der besorgte Vater weigerte sich, die von jedem Teilnehmer aufzubringenden zweihundert Pfund zur Bestreitung der Privatbedürfnisse zuzuschießen, »... wenn ihm nicht für die Zeit nach seiner Rückkehr eine Professur mit achthundert preuß. Talern garantiert würde« (Prothero, 1958).

Der gehorsame Sohn sagte ab. August Petermann, der Begründer der heute noch erscheinenden, weitbekannten »Petermanns Geographische Mitteilungen« zu Gotha, damals Astronom an der Londoner Sternwarte, vermittelte nun Adolf Overweg. Die englische Regierung verpflichtete ihn und auch

Barth, dem es gelang, den Vater umzustimmen. Der preußische Kultusminister erteilte den erbetenen »wenigstens zweijährigen Urlaub«.

Der Expeditions-Vertrag wurde zu London am 30. 11. 1849 abgeschlossen. Die beiden Deutschen reisten aber nicht als Angestellte der britischen Regierung.

Das Foreign Office formulierte folgendes Programm:

1. Weg, Art der Reise und Zeit sollten vom Leiter bestimmt werden.
2. Richardson sollte vom Tschad nach England zurückkehren.
3. Den beiden Begleitern sollte es freistehen, ebenso zurückzukehren oder den Nil, wenn möglich gar statt dessen Mombasa (die Ostküste) als Endziel ins Auge zu fassen.
4. Man sollte Art und Menge der Waren feststellen, die im Innern Afrikas verlangt würden, und
5. was man dafür erhalten könne.
6. Es sollten mit dem Sultan von Bórnu und anderen Herrschern Handelsverträge abgeschlossen werden.

Richardson erhielt ein besonderes Schreiben von Lord Palmerston, dem Leiter des englischen Außenamtes, nach dem er nur in Übereinstimmung mit den übrigen Mitgliedern handeln sollte.

Die Admiralität stellte ein Boot aus Mahagoni bereit, das zerlegt auf Kamelrücken glücklich den Tschadsee erreichte und Overweg bei dessen Befahrung diente.

Im November 1849 reisten Barth und Overweg von London nach Paris, um Instrumente anzukaufen. Von da ging es über Marseille, Philippeville und Bône nach Tunis.

Die Neujahrsnacht auf den 1. 1. 1850 sah beide auf einem Eilritt nach Tripolis, wo sie am 18. 1. anlangten. Seit dem Aufbruch von London war fast ein halbes Jahr verstrichen, als auch Richardson eintraf und die Zentral-Afrika-Expedition zur südlibyschen Landschaft Fessan, und damit in das »Innere des Dunklen Kontinents«, aufbrechen konnte. Es war der 25. März 1850.

# Kapitel 2

# Vorwort im Reisewerk des Dr. Heinrich Barth

Es war am 5. Oktober 1849, als mein verehrter Lehrer und Freund, Herr Professor Carl Ritter, dem ich gerade einen Besuch machte, mir mitteilte, daß die englische Regierung im Begriff stehe, Herrn James Richardson auf eine Mission nach Central-Afrika zu schicken, und daß sie durch den preußischen Gesandten in London, Herrn Ritter Bunsen, das Anerbieten gestellt hätte, einem deutschen Reisenden erlauben zu wollen, sich dem Unternehmen anzuschließen, falls er zweihundert Pfund Sterling zur Bestreitung seiner persönlichen Reiseunkosten mitbringe. – Gerade in jenen Tagen hatte ich die Herausgabe der Beschreibung meiner Wanderungen in den Nordgestade-Ländern Afrikas abgeschlossen.

Auf dieser Wanderung hatte ich als ein einzelner Reisender fast meine ganze Zeit mit den Arabern zugebracht und mich vollständig eingebürgert in jenes Leben, wo das Kamel und die Dattelpalme die charakteristischen Züge bilden. Ich hatte lange Reisen durch wüste Landschaften gemacht, hatte den weiten Saum der großen Syrte umkreist und nach einer durch das kleine malerische Gebiet von Cyrenaica gebotenen erfreulichen Abwechselung die Libysche Wüste nach Ägypten durchzogen. Auch in Ägypten war ich in den Gebirgstälern zwischen Assuan, Berenike und Kosser mehr als einen Monat lang zu Kamel umhergereist und hatte später meine Reise ein Jahr lang durch Syrien und Klein-Asien zu Lande fortgesetzt.

Ich hatte also einen hinreichenden Versuch der Annehmlichkeiten sowie der Unannehmlichkeiten einer solchen Wanderung gemacht, und diese Vorübung und Gewöhnung an Reisebeschwerden war unschätzbar. Während Gefahren und Entbehrungen in den wüsteren Grenzbezirken der von mir durchwanderten Länder keineswegs gering waren, bot doch die Nähe der Küste und der Schutz europäischer Mächte den Vorteil dar, etwa Eingebüßtes leicht ersetzen zu können.

Mein Hauptaugenmerk auf jener Reise war allerdings auf die Reste des Altertums und auf Völkerverhältnisse gerichtet, die noch gegenwärtig die alten Zustände beleuchten; dennoch aber war mir die lebendige Gegenwart keineswegs gleichgültig geblieben, und ich hatte stets einen Seitenblick nach jenen halb oder ganz unbekannten Landschaften im Innern Afrikas geworfen, welche in fortwährender Verbindung mit der Küste stehn. Allerdings ward ich auch in jene Gegenden mehr durch den im Dunkeln verborgenen Handel des alten Karthago als an dem Faden neuerer Entdeckungen geleitet, wenngleich in früher Jugend schon Mungo Parks und der Gebrüder Lander Reisen insbesondere meine geistige Teilnahme im höchsten Grade auf sich gezogen hatten. Wie dem immer sein mag, das Verlangen, mehr von jenen Gegenden zu wissen, bewegte mich nicht wenig. Die Worte eines Haussa-Sklaven in der tunesischen Stadt Kaf, mit dem ich in einer Unterhaltung über sein Heimatland geriet, tönten fortwährend in meine Ohren, und wiewohl sie während der Reise von den lebhaften Eindrücken anziehender und malerischer Gegenden in den Hintergrund gedrängt wurden, fingen sie doch an, mich dringlicher zu mahnen, sobald ich zur Ruhe des europäischen Lebens zurückgekehrt war. In einfacher, aber eindringlicher Weise sagte mir der Eingeborene des Negerlandes, als er das Interesse gewahrte, das ich an seinem Lande nahm: »So es Gott gefällt, sollst du noch dich aufmachen und Kano besuchen.«

Auf meiner dreijährigen Reise in den Gestade-Ländern des Mittelmeeres hatte ich hinreichende Gelegenheit gehabt, die Macht englischen Schutzes zu prüfen. Ich hatte die Beweise freundlicher Gesinnung aller englischen Konsuln von Tanger bis Brusa erfahren und wiederholt ihre Gastfreundschaft genossen. Es war ihr Schutz, der mir es möglich gemacht hatte, mit einem gewissen Grad von Sicherheit jene wüsteren Gegenden zu durchziehen, durch welche mich meine Wanderung geführt hatte.

Der alte biedere Colonel Warrington, englischer General-Konsul in Tripoli, der in mir einen Erforscher Inner-Afrikas geahnt zu haben schien, hatte selbst versucht, mich von meiner beabsichtigten Bahn an den Küstenländern abzuziehen, indem er mir seinen vollen Beistand zusicherte, im Falle ich versuchen würde, ins Innere einzudringen.

# Reisen und Entdeckungen

in

# NORD- UND CENTRAL-AFRIKA

in den Jahren 1849 bis 1855

von

 **Dr. Heinrich Barth.**

Tagebuch

seiner im Auftrag der Brittischen Regierung unternommenen Reise.

Fünfter Band.

Mit Karten, Holzschnitten und Bildern.

Der Verfasser behält sich das Recht der Uebersetzung vor.

Gotha: Justus Perthes. 1858.

*Abbildung* 7. Original-Titelseite des Reisewerks.

Von allen Gesichtspunkten aus betrachtet, mußte das Anerbieten der englischen Regierung sich mir auf das lebhafteste empfehlen, und mit Begeisterung bot ich mich Herrn Richardson zum Begleiter an, unter der Bedingung, daß der Erforschung des Innern eine größere Bedeutung und Ausdehnung gegeben würde, während ursprünglich die Abschließung von Handelsbündnissen mit den Häuptlingen der Wüsten den fast alleinigen Gesichtspunkt bildete.

Inzwischen, weil Briefe zwischen Berlin, London und Paris – Herr Richardson hielt sich nämlich zur Zeit in Paris auf – in oft höchst störender Weise sich kreuzten, drang mein seliger Vater, den ich von meinem Vorhaben in Kenntnis gesetzt, in einer Weise in mich, von meinem gefahrvollen Unternehmen abzustehn, die meine kindliche Ergebenheit mich Folge zu leisten hieß. Ich trat daher von meiner Verpflichtung zurück und machte Herrn Dr. Overweg Platz, der in jugendlicher Begeisterung sogleich hervortrat, um, von der Berliner Geographischen Gesellschaft unterstützt, die von Anfang bis zu Ende mit dem regsten und tatkräftigsten Interesse das Unternehmen verfolgt und gehegt hat, seine Dienste anzubieten. Aber es war zu spät; mein Anerbieten war von der englischen Regierung schon angenommen.

Ich überwand daher Familienrücksichten und schloß mich der Unternehmung an. Väterliche Besorgnis zu beseitigen ward mir erleichtert durch das Versprechen des preußischen Ministeriums, daß meine Abwesenheit von der Universität in so verdienstvollem Berufe meiner akademischen Laufbahn keinen Eintrag tun sollte. – Meinem geliebten Vater ward das Glück zuteil, mich, mit Ruhm gekrönt, von meiner Reise heimkehren zu sehn, aber es sollte ihm nicht vergönnt sein, diesen Bericht meiner mühevollen Wanderungen noch vor sich zu sehn. Während das Buch durch die Presse ging, schied er dahin.

Es war eine sehr freisinnige Handlungsweise der englischen Regierung, zwei Mitgliedern einer fremden Nation anstatt eines einzigen, wie es beabsichtigt war, zu gestatten, an einer solchen Expedition teilzunehmen, die zugleich spezielle britische Handelszwecke beabsichtigte. Da aber einmal der Unternehmung eine ausgedehntere Richtung gegeben wurde, ward auch ein Seemann den Reisenden beigestellt; und indem man dem Zwecke der Erforschung volle Bedeutung gab, ward nicht allein Herrn Overweg und mir nach der Trennung von Herrn Richardson freigestellt, in der von uns als günstig erkannten Richtung weiter vorzudringen, sondern auch beschlossen, ein Boot auszusenden.

Die Wahl des Seemannes war nicht ganz glücklich, und Herr Richardson hielt es für besser, ihn von Mursuk aus zurückzusenden. Das Boot dagegen, das auf dem ungeheuer schwierigen Landwege über Mursuk, Ghat, Aïr und Sinder fortgeschafft wurde und die Verwunderung und das Staunen aller Stämme des Innern erregte, kam endlich sicher am Orte seiner Bestimmung an, den der Leiter des Unternehmens selbst nicht so glücklich war zu erreichen.

Die Regierung tat noch mehr. Sie erlaubte uns, Waffen zu führen, während man ursprünglich gemeint hatte, die Expedition solle ohne Waffen gehn, weil Herr Richardson seine erste Reise nach Ghat in solcher Weise gemacht hatte. Aber Herr Richardson war damals in äußerst dürftigem Aufzug aufgetreten, ohne Instrumente, ohne Geschenke, ohne irgend etwas, das die Habsucht der Eingeborenen hätte reizen können. Wir aber sollten jetzt den Charakter einer wissenschaftlichen Expedition mit dem einer Gesandtschaft vereinen und neben der Erforschung der unbekannten Gegenden uns auch bemühen, Freundschaft mit den Häuptlingen und Fürsten der verschiedenen Länder zu schließen.

Man kann überzeugt sein, daß wir ohne Waffen nie auch nur die Grenze des Landes Aïr überschritten haben würden, und wie hätte ich später imstande sein können, in anständigem Aufzuge unbewaffnet Länder zu durchwandern, die in fortwährendem Kriegszustande sind, wo kein Fürst den Reisenden anders beschützen kann als mit Hilfe einer zahlreichen Eskorte und wo eben diese bei der ersten wirklichen Gefahr sich gewiß aus dem Staube macht! Es mag möglich sein, und wie es scheint, ist die Möglichkeit bewiesen worden, in einigen Gegenden Süd-Afrikas unbewaffnet zu reisen, aber da ist der große Unterschied, daß hier nur heidnische Stämme sind, während in den Gegenden, die ich durchzogen habe, Islam und Heidentum einander beständig in offenem oder heimlichem

Kampfe gegenüberstehn, ganz abgesehen von dem an sich so unsicheren Zustande der Straßen in großen Reichen, die aus ganz heterogenen, nur lose verbundenen Elementen bestehen.

Bewaffnet muß der Reisende in diesen Ländern sein, aber es muß ihm zur strengen Pflicht gemacht werden, die äußerste Vorsicht im Gebrauch der Waffen anzuwenden. Der Grund nun, der mich glücklich so viele Gefahren überwinden ließ, war, glaube ich, weil jedermann wußte, daß ich völlig bereit war, ihn zu empfangen, daß meine Waffen stets scharf geladen waren und ich oft den Beweis lieferte, daß sie es waren, und weil ich besonders während der Nacht wohl auf meiner Hut und umsichtig war. Dies waren meine Mittel, Feinde abzuhalten, während mein eifriges Bemühen dahin ging, Männer, mit denen ich in friedlichem Verkehr stand, durch wirkliche Achtung und Freundschaft an mich anzuschließen. Ich bin niemals weiter vorgedrungen, ohne zu wissen, daß ich hinter mir einen aufrichtigen Freund ließ und daß, wenn ich genötigt sein sollte, meine Schritte zurückzumessen, ich dies mit Sicherheit tun könnte.

Aber ich habe gewichtigeren Grund, das Verhalten der englischen Regierung zu loben. Denn als Herr Richardson im März 1851 den Mühseligkeiten der Reise erlag, schenkte sie mir ihr volles Vertrauen. In einer Depesche, die mir in Massenja, der Hauptstadt Bagirmis, zukam und die ich im dritten Teile mitgeteilt, übertrug Lord Palmerston mir die Leitung der Expedition und stellte hinreichende Mittel zu meiner Verfügung, die Zwecke derselben auszuführen.

Wenn ich fähig und glücklich genug gewesen bin, in geographischer Entdeckung etwas zu leisten, so ist schwer zu sagen, wieviel davon englischem, wieviel deutschem Einflusse zuzuschreiben ist. Denn die Wissenschaft ist aus dem Baumaterial aufgebaut, das alle Nationen der Erde gesammelt haben; und sicherlich, in geographischer Unternehmung ist keine Nation größer als die englische, und wenig ist in Central-Afrika von anderen Reisenden geschehen als von englischen. Aber so schimpflich es wäre, wenn nicht der nachfolgende Reisende die Leistungen des früheren in jeder Weise vervollständigte und ergänzte, so ungerecht würde es sein, über den umfassenderen Leistungen des späteren die kleineren seines Vorgängers zu vergessen. Es ist das große Verdienst von Rear-Admiral

Henry Smyth, damals Lieutenant, unterstützt vom englischen General-Konsul in Tripoli, Herrn Colonel Warrington, die Aufmerksamkeit der englischen Regierung auf die so überaus günstige Natur der Lage von Tripoli gelenkt zu haben, um von hier aus den Verkehr mit dem Innern Afrikas zu eröffnen; und wenn gegenwärtig der Flußverkehr auf dem Benuë die Hoffnung eines leichteren Zutritts zu Inner-Afrika eröffnet, so darf man die Bedeutung von Tripoli deshalb nicht unterschätzen. Denn diese Stadt mag lange Zeit der nächste Platz bleiben, von dem aus man einen ununterbrochenen Verkehr mit Teilen dieses Erdteiles unterhalten kann.

Mag man es meinem guten Stern oder meiner Ausdauer zuschreiben, ich hoffe, daß niemand in Abrede stellen wird, daß ich die Kenntnis des Innern Afrikas um ein Ansehnliches gefördert und weite Landstrecken, die vorher als nackte, leblose Wüsten in unserer Kenntnis dieses Erdteiles dalagen, mit lebendigen Zügen der mannigfaltigen Schöpfung belebt habe. Ich war so glücklich, große schiffbare Ströme und von der Natur reich ausgestattete Länder zu entdecken. Das wissenschaftliche sowie das allgemeine Publikum hat mir seine Anerkennung bei meiner Rückkehr auf das unzweideutigste ausgesprochen, und selten ist wohl einem Reisenden so viel Ehre zuteil geworden wie mir. Die Pariser und Londoner Geographische Gesellschaft beehrten mich zu gleicher Zeit mit der goldenen Medaille. Ich habe mich durch dieses Lob nicht einschläfern lassen, sondern ohne Zeitverlust mich niedergesetzt, um die Hauptergebnisse meiner bewegten Wanderung dem Publikum vorzulegen. Ich trug hierbei meiner geschwächten Gesundheit nur zu wenig Rechnung, und ich habe die Nachsicht des Lesers in Anspruch zu nehmen, wenn ich hinter der von mir selbst gestellten Erwartung der schnellen Veröffentlichung meines Reiseberichtes ein wenig zurückgeblieben bin. Möge man zugleich bedenken, daß meine geschwächten Kräfte einer lebensvollen, gleichmäßigen Ausführung nicht wenig Eintrag getan haben.

Anspruchslos lege ich meinen Bericht dem Publikum vor, mir selbst bewußt, wie weit er hinter dem hehren Vorbilde zurückbleiben muß, welches der gegenwärtige Nestor der Wissenschaft, Herr Baron von Humboldt, jedem Reisenden vorgesteckt hat. Aber wo ist ein zweiter, der alle jene Eigenschaften in sich vereinigte? Man darf jedoch nicht vergessen, daß dieser große Mann zuerst die einzelnen Ergebnisse und Erscheinungen seiner Reise bearbeitete und so erst im Verlaufe vieler Jahre zu jenem kosmischen Bilde sich erhob, in dem alle Naturerscheinungen sogleich in ihrem allgemeinen Bande hervortreten.

Ich kann mich nicht einen Naturforscher nennen, und eine genaue Kunde des lebensvollen Reiches der Pflanzen, das selbst den weniger begünstigten Landschaften ihren eigentümlichen Lebenskreis zuweist, geht mir ab. Dennoch aber werden meine Angaben des auch auf diesem Felde Beobachteten hoffentlich nicht ohne ihren Wert sein und wenigstens eine Ahnung der Verbreitung des Pflanzenlebens in jenen Zonen eröffnen. Eine wissenschaftliche Expedition sollte, um etwas Umfassendes zu leisten, verschiedene Kräfte in sich vereinen, da die Erscheinungen zu vielseitig sind, um von dem einzelnen umfaßt zu werden. Eine solche wissenschaftliche Erschöpfung aber wurde vom Beginne an durch unser Unternehmen nicht erzielt, konnte es auch wohl nicht bei der Natur der Gegenden, durch welche die Reise ging.

Der Leser wird, auch ohne daß ich es hier ausspreche, bald meine Art der Anschauung wahrnehmen. Es ist der historische Zusammenhang des Menschen mit der reichen Gliederung der Erdoberfläche.

Die Darstellung hat an Anschaulichkeit ungemein gewonnen durch die vortrefflichen Bilder, die der durch seine äthiopischen Landschaftsbilder so rühmlichst bekannte Künstler Bernatz nach des Verfassers Skizzen und unter seiner Anleitung entworfen hat. Hätte der Künstler den ganzen Bericht des Verfassers vor sich haben können, so hätte sich gewiß noch mancher kleine belebende Umstand hinzufügen lassen.

Ich bin kein Naturforscher und ebenso auch kein Astronom. Es ist darum ein nicht genug anzuerkennendes Verdienst der englischen Regierung, auch in diesem Falle wiederum angeregt durch Herrn Dr. Petermann, den in astronomischen Beobachtungen praktisch gewandten und auch in der Botanik nicht unerfahrenen, für alle Erscheinungen der Wissenschaft und des Lebens frisch empfänglichen Dr. Vogel mir nachgesandt zu haben: Möchte mir das Glück zuteil geworden sein, ihn von An-

*Abbildung 8.* Von Heinrich Barth, weithin bekannt unter dem angenommenen Namen 'Abd el Kerim, als Wunderdoktor und mehrfach als Abgesandter des Messias betrachtet, erbitten die Leute des Sudan die Handauflegung zum Segen. – Bildliche Nachgestaltung der Szene in R. Browne, The story of Africa and its explorers; London 1892/95.

fang meiner Reise an zum Begleiter gehabt zu haben; ganz anders würden die Ergebnisse ausgefallen sein. Auch der junge, an so umfassende Unternehmungen noch nicht gewöhnte Forscher würde dadurch vielleicht eine mehr praktische Vorbildung zu eigenen Unternehmungen erhalten haben.

Eigentümliches Zusammentreffen! An demselben Tage, wo Dr. Vogel im Begriff war, sich von England einzuschiffen, kam die Nachricht von Dr. Overwegs Tode dort an. Glücklicherweise vereitelte weder diese Nachricht noch die von meinem Aufbruche nach Timbuktu die Abreise Dr. Vogels, und so ward mir das Glück zuteil, durch dessen astronomische Beobachtungen\*), die durch die gänzliche Verschiebung der Länge von Kúkaua der Lage der Länder des Innern eine bedeutend verschiedene Gestalt gaben\*\*), eine sichere Basis zu gewinnen. Besonders ist in dieser Hinsicht seine Beobachtung von Sinder, welche der langen westlichen Straße von Ghat einen sicheren Endpunkt gibt, von größter Wichtigkeit. Denn freilich ging ich auf unserer Hinreise nicht selbst direkt nach Sinder, und Herrn Richardsons Angaben seines Marsches von Tághelel nach Sinder sind sehr allgemeiner Natur; aber ich verband später diesen Platz mit meiner westlichen Marschroute durch meinen Weg von Sinder nach Gesaua.

Abgesehn aber von dieser Verrückung um fast anderthalb Grad nach Westen, welche die ganze Topographie der um den Tsad umher lagernden Ländergruppe sich zu unterziehen hat, wird jeder Unbefangene finden, daß die von mir auf der Reise selbst unter allen Mühseligkeiten und Entbehrungen, und schwach wie ich war, entworfenen Kartenskizzen sich der Wirklichkeit annähern.

Und dies ist das Hauptverdienst, das ich für mich in geographischer Hinsicht in Anspruch nehme: die von mir durchzogenen Landschaften in dem Gesamtbilde ihrer Oberflächenverhältnisse mit aller Treue dargestellt zu haben, wie es einem Beobachter bei einmaligem Durchzuge oder kurzem Aufenthalte immer nur möglich war. Daß dies besonders bei gebirgigen Landschaften von der größten Wichtigkeit ist, wird jeder erkennen. Natürlich wäre es das Schönste, beides zu vereinen, genaue astronomische Bestimmung der Hauptpunkte und

---

\*) Indem ich von Dr. Vogels astronomischen Beobachtungen spreche, muß ich bemerken, daß seine Berechnungen bis jetzt noch nicht eingetroffen sind und daß ich aus Gründen, die anderweitig angeführt werden sollen, einige derselben nicht zu Grunde legen konnte. In Ziffern kann sich leicht ein Fehler einschleichen.
\*\*) William Allen hatte den Irrtum von Clappertons Beobachtung schon vollkommen erkannt, aber er hatte seine eigenen vortrefflichen Bemerkungen durch die unglückliche Theorie des Zusammenhanges des sogenannten Tschadda und des Tsadsees verwässert.

möglichst getreue Darstellung der Terrainverhältnisse des ganzen Landes. Dies ist aber für einen einzelnen Reisenden fast unmöglich, besonders unter solchen Verhältnissen wie im Innern des Afrikanischen Kontinents.

Man muß auch die Länge meiner Reise in Anschlag bringen. Leider sind mir während der ganzen Dauer meiner Reise neue Instrumente, um die alten, unbrauchbar gewordenen zu ersetzen, nicht zugekommen. Zumal muß ich es dringend beklagen, daß ich weder ein Aneroid-Barometer noch ein zuverlässiges Thermometer besaß, um Höhenmessungen mit kochendem Wasser anzustellen. Dies ist ein beklagenswerter Nachteil in der Darstellung des Reliefs der von mir allein durchwanderten Länder.

Ich muß hier ein Wort über Dr. Overweg sagen. Dr. Adolf Overweg war ein junger talentvoller, aufgeweckter und rüstiger Mann voll offenen Sinnes für Lebens- und Naturverhältnisse – aber er war für sein spezielles Fach der Geologie etwas zu einseitig gebildet. Er hatte die allgemeinen Naturwissenschaften zu wenig verfolgt und nie vorher eine Reise von einiger Ausdehnung gemacht. Leider hatte er daher auch nicht die leiseste Ahnung, daß es ihm bestimmt sein könnte, ein Opfer seines Unternehmungsgeistes zu werden, und er war zu wenig bedachtsam, um sein Tagebuch regelmäßig zu führen, obgleich er einige Abschnitte mit einer gewissen Sorgfalt ausgeführt hat. Daraus ließe sich noch ein hübsches Bändchen machen, das über die von ihm allein besuchten Gegenden mehr Leben verbreiten könnte. Herr Overweg hatte großes Geschick, sich mit den Eingeborenen zu befassen, und würde, wenn es ihm beschieden gewesen wäre, glücklich zurückzukommen, gewiß einen interessanten, lebensvollen Reisebericht entworfen haben; aber er verlor eben darüber fast alle seine Zeit für ernstere wissenschaftliche Untersuchungen. Dies ist besonders zu bedauern bei seiner Beschiffung des Tsadsees, wo sein Tagebuch, wie es vorliegt, über die interessantesten physikalischen Verhältnisse nichts sagt. Wie dem immer sein mag, so viel ist gewiß, daß durch seinen frühzeitigen Tod die Kenntnis Afrikas einen großen Verlust erlitten hat. Dr. Overwegs Breitenbestimmungen haben sich im ganzen völlig bewährt; selbst seine Längenbestimmung von Belárigo, der Hauptinsel im Tsad, die er besucht hat, hält Herr Prof. Encke im allgemeinen für richtig, und sie steht mit anderen Angaben im Einklang.

Ich will jetzt noch ein Wort über die Erforschung der großen central-afrikanischen Lagune, des Tsad, sagen. Es ist gewiß, daß die Erforschung dieses Wasserbassins eine der hauptsächlichsten Aufgaben der Expedition war. Man muß die Natur dieses Beckens richtig verstehen, um völlig zu begreifen, wie unendlich schwierig, ja für zeitweilig hier sich aufhaltende Reisende unmöglich die Erforschung seiner ewig wandelbaren Ufer ist. Es bildet eine ungeheuere seichte Lache, die nur in der Mitte ein schiffbares Fahrwasser von ein bis zwei Klaftern Tiefe enthält, mit Inseln bestreut, die von einem unabhängigen, den Anwohnern feindlichen Stamme bewohnt sind, während rundumher Sumpf und niedriger Wiesengrund von gewaltiger Ausdehnung sich lagern. Jede Woche verändert der Tsad seine Ufer; diese Ufer aber sind in den Händen verschiedener unter sich feindlicher Stämme.

Es war daher schon von Bórnu aus, daß ich der englichen Regierung schrieb, wie die fruchtbare Erforschung dieses Wasserbeckens auf die Beschiffung des Fahrwassers und auf die Untersuchung der in das Becken einmündenden Ströme sich beschränken müsse, während die Aufnahme der Ufer die augenscheinliche Lebensgefahr, die damit verknüpft sei, nicht verdiene.

Das Fahrwasser dieses seichten, sumpfartigen Beckens ward von Dr. Overweg beschifft, und es ist nur zu bedauern, daß ihm eine glückliche Heimkehr nicht zuteil geworden ist, um mit eigener Hand eine lebendige Beschreibung seiner interessanten Wasserfahrt zu entwerfen.

Das östliche Ufer des Sees zu besuchen, war der hauptsächliche Zweck unserer vereinten Expedition nach Kanem, und nachdem unser Unternehmen dort vereitelt war und wir auf dem Heereszuge nach Mussgu die interessante, überaus geringe Wasserscheide zwischen dem östlichen Zuflusse des großen westlichen Stromes und dem Tsadbecken erforscht hatten, wandte ich mich nach Bagirmi, um von dieser Seite den Zutritt zu jenen unwirtbaren Landschaften zu versuchen, von deren Charakter wir einen vollen Vorgeschmack in Kanem gehabt hatten; aber es gelang mir nicht, Karga oder den Inselarchipel im südöstlichen Winkel des Tsad zu erreichen. Ich überzeugte mich jedoch, daß jenes Becken keinen Abfluß auf der östlichen Seite habe und mit dem Fittri nicht in Verbindung stehe.

In der Tat scheint der Tsadsee ein wenig mehr Interesse in Europa erregt zu haben, als er in seinem gegenwärtigen Zustande wirklich verdient, obgleich er unzweifelhaft ein höchst charakteristischer und wichtiger Zug in dem ganzen Gebilde des Inneren Afrikas ist, eine ungeheure Ansammlung frischen Wassers, die eine Fülle von Leben zu erzeugen fähig wäre. Und obgleich er zur Zeit in keiner wirklichen Verbindung mit dem Ozean steht, wie ich hinreichend gezeigt habe, so bin ich doch überzeugt, daß dereinst, wenn europäische Industrie sich mehr diesen allerdings mit allen Nachteilen der Tropen ausgestatteten, aber unerschöpflich fruchtbaren und eisenreichen Gegenden zuwendet, die von der Natur schon vorgezeichneten, vom Menschen nur zu erweiternden Verbindungslinien in den Landschaften der Mussgu eine künstliche Verbindungsstraße zwischen dem Benuë und dem herrlichen Doppelstrom, der den Tsad nährt, bilden und so das weite Becken des letzteren in ein Feld der reichsten Produktion verwandeln werden.

Jene schönen flachen Alluviallande am östlichen Rande der äußersten vereinzelten Vorposten der Gebirgsgruppe, die das kleine Wándala- (Mándara-) Ländchen umschließt, besuchten Overweg und ich, sowie später Dr. Vogel, in Begleitung einer zahlreichen, auf Unterjochung und Sklavenjagd ausgezogenen Heeresmacht. Dies ist uns in England zu großem Vorwurf gemacht worden, und die »British and Foreign Anti-Slavery Society«, das Wesen über der Form vergessend, hat dies zum Punkte einer ernsthaften Anklage gegen uns gemacht. Gewiß ist stets einer der Hauptzwecke der englischen Regierung in bezug auf Afrika die Abschaffung des abscheulichen Sklavenhandels gewesen, und dies war ein Lieblingsgegenstand für den verstorbenen Herrn Richardson. Sicherlich wäre nichts wünschenswerter für den Reisenden, als wenn er alle Gegenden dieses Erdteiles in Frieden und Ruhe besuchen könnte; da würde er Volk und Land in seiner wahren Natur kennen lernen. Das ist aber in einem zerrissenen Lande, wie Inner-Afrika, nicht möglich, und besonders diese Landschaft, das Land der Mussgu, war, wenn irgendeine, eines Opfers wert.

Während die Mussgu vom Major Denham als in felsigen, fast unzugänglichen Schluchten einer hohen Bergmasse hausende Wilde dargestellt worden waren, erlangte ich schon auf meiner Reise nach Adamaua die vollständige Gewißheit, daß die Wándala umgebende Berggruppe im Osten ganz vereinzelt und von durchaus flacher Landschaft umgeben sei, eben der Heimat der Mussgu.

Dies höchst wichtige Ergebnis teilte ich schon damals Herrn Baron von Humboldt mit. Es war also von der äußersten Wichtigkeit, diese Landschaft, die sich zwischen dem Schari und dem Benuë hinlagert, zu besuchen. Wir folgten daher, obgleich wohlbewußt, daß wir dadurch scheinbar einen Anstoß geben würden, dem gewaltigen Heere Bórnus, das wir nicht zurückhalten konnten, auf seiner zerstörenden Bahn. Wir hatten von dem allgemeinen Charakter des Landes eine vorläufige Idee, aber von seinem Reichtume konnten wir nur eine schwache Vorstellung haben und noch viel weniger von der vorgeschrittenen Kultur seiner Bewohner bei aller Rohheit in vielen Beziehungen. In der Tat gewährte diese Reise eine reiche Ausbeute, so unendlich sie auch beeinträchtigt wurde durch eben den Umstand, daß wir sie in Begleitung eines feindlichen Heeres machten und im freien ruhigen Forschen und im friedlichen Verkehr mit den Eingeborenen gehemmt wurden. Gerade auf diesem Heereszuge hatte ich Gelegenheit, mit dem Führer desselben über das Unpolitische eines solchen Verfahrens zu sprechen und ihm anstatt so verwüstender Raubzüge feste Eroberung der Nachbarländer anzuempfehlen.

Ich will jetzt zu einem andern Punkte übergehn, der mit meiner Reise in engem Bezuge steht. Ich kann wohl sagen, daß ich stets offen meinen christlichen Charakter an mir getragen und die reinen Grundzüge des Christentums, die ich als die richtigen anerkenne, gegen diejenigen des Islams verteidigt habe. Nur während der Dauer eines Monats etwa war ich gezwungen, meinen Charakter zu verleugnen, um nämlich Timbuktu erreichen zu können. Dies war unumgänglich nötig, da ich das Gebiet der raublustigen und gesetzlosen Tuareg und der fanatischen Fulbe ohne Schutz eines angesehenen Mannes, wie ich damals war, nicht als Christ hätte passieren können. Sobald ich mir aber einmal den Schutz eines Mannes wie des Scheichs el Bakáy verschafft hatte, machte ich kein Hehl aus meinem Glauben, und die Eingeborenen verziehen mir, daß ich sie eine

Weile getäuscht hatte; ja, viele bewunderten mich, daß es mir gelungen sei, sie zu täuschen. Aber obgleich ich mit dieser Ausnahme niemals meinen christlichen Charakter verleugnet habe, hielt ich es doch für verständig, in Kleidung und in anderen Beziehungen mich den Gebräuchen der Eingeborenen anzubequemen, indem ich eine halb arabische, halb sudanische Tracht annahm, die sowohl für das Klima mehr geeignet als auch in den Augen der Einwohner anständiger ist als die Kleidung der Europäer.

Einige Handlungen des täglichen Lebens der Europäer sind in den Augen des Mohammedaners so anstößig, daß es von einem vereinzelten machtlosen Reisenden, der nach Erfolg in einem nicht unedlen Unternehmen strebt, unverständig sein würde, wenn er sich nicht in dieser Beziehung dem Anstandsgefühle des letzteren anbequemen wollte; denn wenn er es nicht täte, würde er sich der Gefahr aussetzen, von einem Fanatiker auf der Stelle getötet zu werden, ohne auch nur die Zeit zu haben, mit ihm zu rechten. Auf der anderen Seite sind einige Gebräuche der Moslemin so voll von wahrer Gottesfurcht, daß ich glaube, ein christlicher Reisender mag sich ihnen wohl anbequemen, ohne im geringsten dadurch seinen christlichen Charakter zu beeinträchtigen. Was ich hiermit meine, bezieht sich nicht allein auf religiöse Phrasen, wie *bism' illah*, »im Namen Gottes«, oder *el hamdu lillah*, »gelobt sei Gott«, sondern ganz vorzüglich auf die *Seddegah* oder das Spenden von Almosen. Ich bekenne offenherzig, daß in der Tat ein großer Teil der mir von den Eingeborenen gezollten Anhänglichkeit den ansehnlichen Almosen zuzuschreiben ist, die ich, sobald ich mich im Besitze ausreichender Mittel fühlte, zu spenden für gut hielt. Durch solche Mittel, die hoffentlich kein wahrhaft religiöser und verständiger Mann mißbilligen wird, den Erregungen eines, wenn auch keineswegs abergläubischen, doch gottergebenen Gemütes entsprechend, gewann ich mir die Achtung der Eingeborenen, und sie nahmen ein so lebendiges Interesse an meiner Wohlfahrt, daß, selbst wenn ich sterbenskrank darniederlag, sie zu sagen pflegten: »'Abd el Kerim*) soll nicht sterben.«

---

*) 'Abd el Kerim (Diener des Gnädigen) war der Name, den ich gleich vom Anfang meiner Reise annahm, um mich den Eingeborenen ein wenig anzunähern.

# Übersicht über das Gesamtunternehmen

| | | |
|---|---|---|
| 24. 3.1850<br>(Beginn) | ab Tripolis:<br>Mursuk–Aïr–Agades nach Kuka;<br>Richardson, Barth, Overweg<br>1.Etappe, Hinweg<br>Richardson gestorben am 4.3.1851 | 4.640 km |
| 20. 5.1851 bis<br>24. 7.1851 | Barths 1.Expedition von Kuka aus:<br>Kuka–Benuë–Jola–Kuka | 5.540 km |
| 11. 9.1851 bis<br>14.11.1851 | Barths 2.Expedition von Kuka aus:<br>Nach Kanem | 6.100 km |
| 25.11.1851 bis<br>1. 2.1852 | Barths 3.Expedition von Kuka aus:<br>Schari–Tuburi | 6.915 km |
| 4. 3.1852 bis<br>21. 8.1852 | Barths 4.Expedition von Kuka aus:<br>Bagirmi–Massenja<br>Overweg gestorben am 27.9.1852 | 7.700 km |
| 25.11.1852 bis<br>11.12.1854 | Barths 5.Expedition von Kuka aus:<br>Timbuktu–Kuka<br>Am 1.12.1854 kommt Vogel | 12.760 km |
| 10. 5.1855 bis<br>28. 8.1855 | Barths Rückreise:<br>Kuka–Tripolis | 15.550 km |
| (Ende) | dazu: 15 % Umwege | 2.332 km |
| | | 18.000 km |

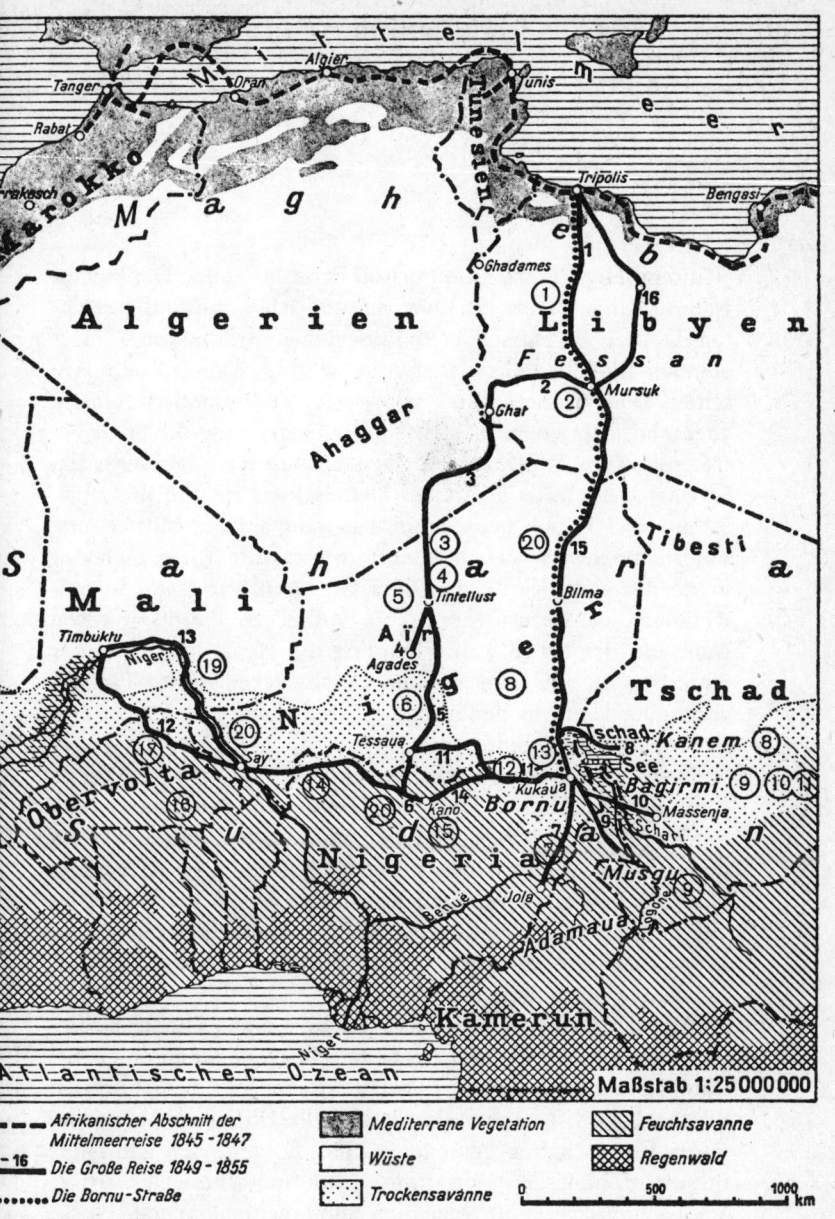

*Abbildung 9.* Afrikanische Länder, in deren Bereich Heinrich Barth reiste. Kartengrundlage nach Entwurf von H. Schiffers in Geogr. – R. vom Nov. 1965. Zahlen im Kreis – Nummern der Tagebücher.

# Kapitel 3

# Einleitung Heinrich Barths im Reisewerk

Während Herr Richardson noch in Paris auf einige Depeschen wartete, gingen Herr Dr. Overweg und ich voran und erreichten Tunis über Marseille, Philippeville und Bône am 15. Dezember 1849. Unglücklicherweise war in Algerien ein Anschein von Cholera, und es wurde als besondere Gnade angesehn, daß wir nach sechstägiger Quarantäne die Stadt betreten durften. Wir fingen sogleich an, uns mit Kleidungsstükken zu versehn, da Tunis ein kleines Paris ist und in Kunstschneiderei Tripoli bei weitem den Rang abläuft. Mittlerweile unternahmen wir täglich höchst interessante Ritte nach der Stätte des alten Karthago. Diese Übungen waren um so notwendiger, da Herr Overweg nie vorher zu Pferde gewesen war – in der Folge wahrscheinlich die Hauptursache seines Unterliegens, wie man aus den Bruchstücken seines Tagebuches sehn kann, in denen er beschreibt, wie ihn seine Reise nach Gúdjeba mitgenommen.

Es war für mich ein höchst erfreuliches Gefühl, imstande zu sein, diese berühmte Stätte noch einmal vor dem Antritt meiner langen und schwierigen Reise zu besuchen, und es war auf den Ruinen dieser einst so mächtigen und gewerbtätigen Hauptstadt eines gewaltigen Reiches ausländischer Ansiedler auf dem afrikanischen Festlande, mit denen ich innige Bekanntschaft gemacht hatte, daß ich die verwegensten Entwürfe für mein Unternehmen machte.

Wir waren auch so glücklich, in Tunis einen Diener zu finden, den Sohn eines befreiten Gober-Sklaven, der einen höchst nützlichen Begleiter hätte abgeben können, wenn nicht durch unglückliche Umstände seine Fehler die Überhand über seine guten Eigenschaften errungen hätten. So verließen wir Tunis mit einem hübschen Vorrat nützlicher und schmucker Artikel am Nachmittag des 30. Dezember und brachten die erste Nacht in Hammam el Enf zu. Vor drei Uhr morgens des letzten Tages im Jahre 1849 verließen wir unser Quartier hierselbst und folgten dem reizenden und anziehenden Wege über Krumbalia, das ein ebenso lebendiges Beispiel der Schönheit und Fruchtbarkeit des tunesischen Gebietes ist als des unglücklichen, kläglichen Zustandes, zu dem es herabgesunken ist. In der Tat ist dies schön gelegene Dorf jetzt nichts als ein Haufe Ruinen. Wir ließen dann die schönen Gärten von Turki zur Seite, die eine beschränkte Stätte des Anbaues in einer weiten wüsten Fläche des schönsten Fruchtbodens bilden; dann ließen wir el Chuin zu unserer Rechten und erreichten el Arbain.

Ich werde nie diese Nacht vergessen, die Nacht, welche das neue Jahr 1850 anfing, in dessen Verlauf wir so manche schwere Prüfung bestehn und durch Ausdauer uns des Erfolges würdig machen sollten. Es war eine finstere, überaus kalte Nacht, und kaum wußten wir uns mit all unserem Vorrat von Unter- und Oberzeug vor der Kälte zu schützen.

Als Mitternacht eintrat und der feierliche Augenblick des Beginns des neuen Jahres da war, machten Overweg und ich halt, begrüßten das neue Jahr mit Begeisterung und wünschten uns, unsere Hände schüttelnd, glücklichen Erfolg auf unserer gefährlichen Laufbahn. –

Wir hatten eine leise Vorahnung, daß wir manche Schwierigkeiten zu überwinden haben und der besonderen Gnade des Barmherzigen bedürfen möchten. Unsere mohammedanischen Begleiter – außer unserem Diener und den beiden Maultierführern vier Reiter aus Bey und drei Eingeborene von der Insel Djirbi – nahmen innigen Anteil an dieser Szene, als sie den Grund davon erfuhren, und wünschten uns auch ihrerseits allen möglichen Erfolg für das neue Jahr. Und auch sonst war uns während des ermüdenden nächtlichen Marsches ihre Gesellschaft hoch willkommen; denn sie unterhielten uns mit ihren nicht unharmonischen Gesängen, die auf einer weiten öden Steppe und in der Stille und Unheimlichkeit der Nacht einen tiefen Eindruck machen.

Als Dämmerung die Dunkelheit zu zerteilen begann, erreichten wir das Djeriba genannte Gewässer, fanden es aber so tief, daß wir genötigt waren, erst eine Art Damm zu bilden, ehe wir imstande waren, es zu passieren. Auch in Herkla machten wir noch keinen Halt, außer daß wir unter den Ölbäumen zur Seite des verfallenen Städtchens, ohne abzusteigen, einen Bissen Brot aßen. Um ein Uhr nachmittags erreichten wir mit unseren ermatteten Tieren den Funduk Sidi Djafer bei Susa, wo wir, obgleich durch einen Ammer des Bey zur Bewirtung des Statthalters berechtigt, unser Quartier nahmen, um imstande zu sein, wiederum bei Nacht aufzubrechen, weil die Stadttore bis zum Morgen geschlossen bleiben.*)

Mit der höchsten Begeisterung unserem schweren Unternehmen entgegeneilend, fanden wir keine Ruhe, und vor drei Uhr Morgens waren wir wieder im Sattel, wo uns dann ein zwölfstündiger Ritt nach Djem oder Ledjem und zur ruhmwürdigen Burg der Prophetin brachte, die noch immer eines der glänzendsten Denkmäler römischer Größe ist und durch den Gegensatz gegen die elenden, zu ihren Füßen liegenden Behausungen mohammedanischer Lässigkeit noch mehr gehoben wird. Auf dem Wege hatten wir nach Westen eine schöne Ansicht vom malerischen Djebel Trutsa, an dessen Fuß entlang ich auf meiner frühern Wanderung gezogen, und vom langgestreckten Djebel Usselelt. Ein weiterer zwölfstündiger Ritt brachte uns am 3. Januar nach Sfakes.

*Der Eilritt führt sie dann nach Tripolis:*

Die interessanteste Persönlichkeit für einen afrikanischen Reisenden jedoch war augenblicklich nicht anwesend. Dies ist unzweifelhaft Herr Frederic Warrington, der Sohn des früheren englischen Konsuls, ein liebenswürdiges Beispiel eines arabisierten Europäers. Er hatte Herrn Charles Dickson nach Ghadames begleitet, wo dieser erste englische Agent am 1. Januar seinen Einzug hielt. Am 29. Januar kehrte Herr Warrington von dieser Reise zurück und widmete sich mit Eifer und Liebe dem Interesse unserer Expedition. Mag es mir vergönnt sein, diesem Freunde, der um die Expedition ein großes Verdienst hat und später den jungen, in den materiellen Bedürfnissen eines großen Unternehmens damals noch unerfahrenen Dr. Vogel bis Mursuk begleitete und ihm auf den Weg half,

---

*) Das Innere der Stadt bot ganz denselben wüsten Charakter wie auf meiner frühern Reise, mit der einzigen Ausnahme, daß ein neues Tor gebaut war. Mehrere Bildsäulen waren von Medinet Sian hergebracht worden.

meinen Tribut darzubringen. Beim Aufbruche zu meinem Unternehmen im März 1850 nahm er am Kasr Ghurian von mir Abschied und empfing mich wieder bei meiner glücklichen Rückkehr im Sommer 1855 bei Delem nahe bei Mursuk; er sattelte und schmückte meinen treuen Bu-ssaefi und trug durch freundschaftliche Teilnahme sicherlich das Seinige zu meinem Erfolge bei.

# Kapitel 4

## Fertig zum Aufbruch

*Tripolis. Die Steppe und die Bergschluchten.*
*Die Araber und die Berber.\*)*

Wir waren nun also in Tripoli und brannten vor Begierde, unser großes Unternehmen baldmöglichst anzutreten. Als es uns aber klar wurde, daß die Vorbereitungen für unsere endliche Abreise wenigstens noch einen Monat erfordern würden, beschlossen Herr Overweg und ich, die dadurch verursachte müßige Zeit zu einem längeren Ausfluge in einem Umkreis von sechzig bis achtzig Meilen um die Stadt zu benutzen, welcher nachmals als Grundlage für weitere Unternehmungen in verschiedener Hinsicht dienen könnte. Wir mieteten demnach zwei Kamele mit zwei Treibern und für uns selbst und unsere zwei Diener Mohammed ben Belal und Ibrahim vier Esel mit ein paar Leuten und erhielten durch Vermittlung des Konsuls einen Schausch namens Hadj Hamed als Begleiter auf dem ganzen Weg mit. Unsere Vorbereitungen waren einigermaßen unvollständig, sowohl in wissenschaftlicher als in materieller Hinsicht, da weder die von der englischen Regierung angeschafften Instrumente noch die Zelte und Waffen bis jetzt angekommen waren. Indessen besaß Herr Overweg einen guten Sextanten und ich durch die Güte des Herrn Prof. Lepsius ein Chronometer, und beide hatten wir uns mit ziemlich guten Kompassen, Thermometern und einem Aneroid-Barometer versehen; auch war Herr Warrington freundlich genug, uns ein Zelt zu leihen.

*In Tripolis – einer damals zum türkischen Reich gehörenden Stadt von*
*zwanzigtausend Bewohnern – haben die Reisenden alle Hände voll mit*

---

\*) *Kursiv: Text des Herausgebers.*

den Vorbereitungen zu tun. Die Ausrüstungsgegenstände treffen nach und nach ein. Auch das Boot langt an.

Über die Art des Reisens berichtet G. v. Schubert: »Um den Verkehr mit den Einheimischen zu erleichtern und um weniger aufzufallen, hielten sie es für angezeigt, arabische Namen anzunehmen. Barth nannte sich 'Abd el Kerim, d. i. Diener des Allerhöchsten, Overweg Tabib, d. i. Arzt, Richardson Jakub, d.. i. Jakob. Aus gleichen Gründen trugen sie eine halb arabische, halb sudanische Kleidung, die dem Klima angepaßt war.

Die Expedition reiste bewaffnet und konnte fünf Diener mit Gewehren versehen. Barth führte für seine Person eine Doppelflinte und einen Revolver, kam aber nie in die Lage, sie ernstlich zu gebrauchen. Auch Jäger war er nicht. Aber schon das bloße Vorhandensein der Schußwaffen erwies sich als vorteilhaft; sie fanden überdies zu Signal-, Freuden- und Schreckschüssen oft genug Verwendung. Mühsam und zeitraubend war die erste Zusammenstellung der Karawane (Kafla) in Tripolis wegen der Menge und Mannigfaltigkeit des Gepäcks.

Da waren mitzunehmen: Muscheln, Tauschwaren und Geschenke als hauptsächliche Zahlungsmittel, Kleider, Bücher, Medikamente, Instrumente, Waffen und Munition, Wirtschaftsgeräte, drei größere Zelte und ein keines, Proviantvorräte an Reis und Zwieback, Wasserschläuche, so daß die Karawane der beiden Deutschen allein zehn Kamele zählte, wovon zwei als Reittiere dienten. Richardsons Kafla war wegen des Bootes allein so stark wie die jener zwei zusammen.

Das kleinere, flache Privatzelt Barths wurde täglich aufgeschlagen und nahm das Hauptgepäck, Waffen, Tisch und Bänke (durch übergelegte Bretter zu Betten gemacht) in sich auf. Später änderte sich, je nach dem Stande der Geldmittel, die Stärke der Kafla. Barth kaufte sich bald ein Pferd und machte dann seine sämtlichen Reisen zu Roß, ein Fortkommen, das er besonders liebte.

Sehr wichtig war die Frage der Dienerschaft. In der Regel wechselte sie auf den Hauptetappen, um einer neuen Reihe Platz zu machen, durch welche man dann zugleich die Sprachen der neu zu betretenden Länder kennenlernte. Das Haussa, die Verkehrssprache für Zentralafrika, konnte Barth bald ebenso fließend sprechen, wie er das Arabische, die Sprache der Gebildeten, beherrschte.

Die Zahl der Diener Barths betrug gewöhnlich zwei bis drei, ohne die Kameltreiber. Sein Hauptdiener war von 1851 bis 1855 fast ununterbrochen bei ihm: Mohammed, gebürtig aus Gatron (Gatrun) bei Mursuk in der Oase Fessan. Er genoß Barths vollstes Vertrauen und war ihm treu ergeben. (Dieser diente auch G. Nachtigal als Führer.)

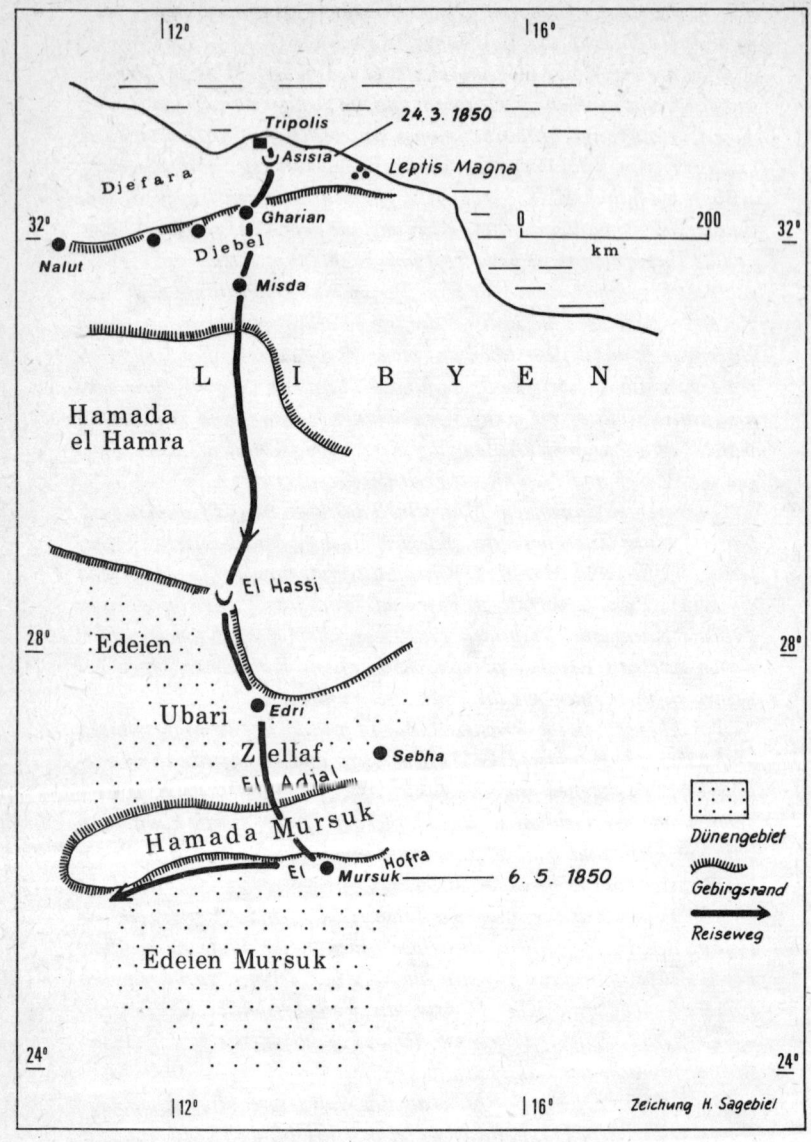

*Abbildung 10.* Weg der Expedition ins »Innere Afrikas« (Tripolis–Mursuk).

*Die Kafla brach täglich um sieben Uhr früh auf und marschierte bis zum Nachmittag, wobei sie unter normalen Verhältnissen in der Stunde ungefähr vier Kilometer zurücklegte.*

*Barth beschäftigte sich auf dem Marsche hauptsächlich mit Beobachtung der Wegerichtung, die er nach Uhr und Kompaß festlegte und am Abend in sein Tagebuch eintrug. Rasttage und längere Ruhepausen wurden von dem Unermüdlichen zur Aufzeichnung von Glossarien (Wörterverzeichnissen), Ausführung von Skizzen oder Stadtplänen, Erkundung und Niederlegung von Wegenetzen usw. verwendet.«*

## Reisegebiet bis Mursuk

*Art und* heutige *Lebensverhältnisse der zuerst durchzogenen Gegenden werden in Wort und Bild geschildert in H. Schiffers (Hrsg.): »Libyen, brennende Wüste, blühender Sand«. Berlin (West) 1975.*

*»Vom damals ummauerten Tripolis an der Küste geht es nach Südosten einige Kilometer zur ehemaligen Karawanenlagerstelle an der Quelle (arab. Ain) Ain Zara, heute ein südlicher Vorort der Landeshauptstadt. Damit ist man in der* Djefara *genannten Küstenebene, die sich, mehr oder weniger breit, von Tunis bis nach Ägypten hinzieht und dementsprechend Schauplatz oft turbulenter Geschichte von zweitausend Jahren war.*

*Hier ist streckenweise ziemlich dichte Besiedlung und Anbau. Die Djefara wird nach dreißig bis fünfzig Kilometer südwärts abgelöst und begrenzt von einer Steilwand, aus deren Schluchten Wadis hervorziehen. An ihnen entlang erklettert man die zwei- bis dreihundert Meter eines Plateaus, kurz der* Djebel *(Berg, Gebirge) genannt. Er ist weiterhin stark zerschluchtet. Auf dem Plateaunordrand siedeln seit Urzeiten die* Berber. Nalut, Djado, Jefren *und* Garian *sind (von Westen nach Osten) einige ihrer ursprünglich festungsartig angelegten Orte.*

*Von Garian geht es zur Taloase* Misda. *Sie liegt im meist trockenen Tal des Wadi* Sofegin (Sofedjin) *einer den Djebel ostwärts durchziehenden Ader, einhundertdreißig Kilometer südlich von Tripolis. Weiter folgt zerschluchtetes Gelände, bis vierhundert Meter ansteigend. Das Küstenklima hat sich in das der Vollwüste gewandelt. Nach dreihundertfünfzig Kilometer sind wir auf einer schwarz, auch braunrot getönten, monotonen Hochfläche,* Hamada *genannt, wegen der häufigen roten Tönung* Hamada el Homra *(Hamra, arab. – rot).*

*Über dieses menschenleere »steinerne Meer« der Felsbrocken und*

*Sandflächen zieht die Karawane zweihundertfünfzig Kilometer süd-*
*wärts, bis die Tafel in schroffen Stufen nach Süden abbricht zu einem*
*gelb getönten »Sandmeer« (etwa so groß wie Belgien), die* Edeien
Ubari *genannt.*

*Wo sie beginnt, liegt in der siedlungsleeren Gegend ein Brunnen, ur-*
*alter Halteplatz, genannt* el Hassi *(arab. – Brunnen). Nun stapfen*
*die Kamele, immer südwärts, von Sandwolken umhüllt, düneauf, dü-*
*neab, zu einem weiteren, ostwärts verlaufenden breiten Wadi-Tal und*
*zur altertümlichen Siedlung* Edri. *Hinter dessen Palmenwald folgt auf*
*einhundert Kilometer ein weiteres Sandmeer,* Zellaf *genannt, mit stei-*
*len Dünen. Es folgt wieder ein ostgerichtetes Wadi-Tal* el Adjal, *mit*
*kleinen Siedlungen, danach eine steil aufragende dunkle Hochebene, die*
Hamada Mursuk. *Sie wird auf dreißig Kilometer überschritten, und*
*nun »landen« wir in einem breiten, ostwärts gerichteten Tal mit zahlrei-*
*chen Siedlungen. Salzsümpfe und Palmenwälder reihen sich in dieser* el
Hofra *genannten Niederung.*

*Darin liegt das ummauerte Städtchen* Mursuk, *Verwaltungssitz der*
*Türken, Rastplatz mit Markt, Sklavenstation für Tausende aus dem*
*»Land der Schwarzen« (Bilad es Sudan) südlich der Großen Wüste.*

*In der Gegenwart ist hier nicht mehr das Zentrum der innersaharis-*
*chen Großlandschaft Fessan (Fezzan), wo noch zur Römerzeit das*
*Land der von Herodot beschriebenen* Garamanten *war. Es liegt heute*
*einhundertzwanzig Kilometer nordöstlich in der Stadt* Sebha *(sechzig-*
*tausend Einwohner), mit modernen Straßen und Vierteln, einem Mittel-*
*punkt des innerlibyschen Kraftwagen- und Flugverkehrs.«*

# Kapitel 5
## Aufbruch nach Inner-Afrika

Inzwischen, während wir selbst auf diese Weise in Entwicklung einer rastlosen und vielseitigen Tätigkeit uns für die größere Reise vorbereiteten, waren die von der englischen Regierung angeschafften Instrumente angekommen und erwiesen sich im ganzen als brauchbar. Auch praktisch waren sie zum Gebrauch bei einem solchen Unternehmen berechnet, so daß es nur nötig war, für einige untergeordnete Instrumente Futterale machen zu lassen, hauptsächlich für die Thermometer. Unglücklicherweise waren die Minimum- und Maximum-Thermometer beim Transport in solche Unordnung geraten, daß Dr. Overweg nicht imstande war, sie wiederherzustellen. Wir hatten kein Barometer, und das einzige Aneroid-Barometer, womit wir versehen gewesen waren, war auf unserem Ausflug in meines Begleiters Händen verunglückt. Das Aneroid ist allerdings für große Höhen ganz unbrauchbar, aber doch für die geringen Abweichungen der Höhe der Marschroute höchst nützlich. Wir hatten also zur Höhenbestimmung nichts als die handlichen Kochinstrumente. – Unsere Fernrohre waren von sehr mittelmäßiger Güte. Ich will hier nur zum Nutzen anderer Reisenden erwähnen, daß ich nicht allein meinen Azimut-Kompaß, sondern auch mein Chronometer stets um den Leib geschnürt trug und dies vortrefflich fand.

Die Zelte und Waffen waren noch nicht angekommen, und ich hielt es für besser, für jeden Fall ein sehr starkes und geräumiges, flaches Zelt machen zu lassen. Dies erwies sich, selbst nachdem die drei Regierungszelte angekommen waren, als nicht überflüssig, obgleich es für gewöhnlichen Gebrauch etwas zu schwer war. Ich will hier nur bemerken, daß Zelte, welche Reisenden nach tropischen Gegenden mitgegeben werden, gut gefüttert sein sollten. Diejenigen, welche wir erhielten, ermangelten dieser Eigenschaft gänzlich und waren bei ihrer Leichtigkeit weder fähig, irgendeinem starken Sturme zu widerstehn, noch auch hielten sie die Strahlen der Sonne genugsam ab, hauptsächlich, als ihr Gewebe etwas mürbe zu werden begann. Alle Zelte sollten mit drei oder, noch besser, vier Tauen an ihrer Spitze versehen sein, da eine solche Vorkehrung allein imstande ist, ein Zelt in einem Tornado, wie sie in solchen Ländern gewöhnlich sind, zu schützen. Auch Herr Richardson mußte sich gar bald mit einem anderen Zelte versehen. Wir hatten also im ganzen fünf Gezelte, schlugen aber gewöhnlich nur zwei, oder wo wir uns für längere Zeit lagerten, deren drei oder vier auf.

Herr Overweg und ich erlitten einen schweren Verlust dadurch, daß unser schwarzer Diener Ibrahim zurückblieb; er hätte uns im Innern von unberechenbarem Nutzen sein können, da er sowohl der Kanori- als der Bagrimma-Sprache vollkommen mächtig war. Er war selbst, wie ich oben erwähnte, in den wenig bekannten Landschaften zwischen Mándara und Bagirmi vielfach umhergewandert. Er erklärte indessen, mit unserem Diener Mohammed ben Belal, dem Sohne eines befreiten Gober-Sklaven, nicht länger zusammen in unserem Dienst bleiben zu können. Mohammed war ein sehr gewandter, aber gewissenloser und hochmütiger Bursche und in jedem Sinne ein »Libertin«. Ibrahim schien jedoch auch durch seine zahlreichen Frauen zurückgehalten zu werden. Er hatte deren, obgleich nur ein unbemittelter Mensch, vier. Diese nämlich legten ihren Protest ein und wollten ihn nicht gehen lassen, wenn er sich nicht förmlich von ihnen schiede, und dazu konnte sich der arme Mensch nicht verstehn. Wir versuchten alles, um die Sache abzuschließen, aber ohne Erfolg. So hatten wir jetzt nur zwei Diener, von denen der eine, Mohammed e'Sintani, in keinem Falle weiter gehen wollte als bis nach Fessan. Europäer haben keine Vorstellung, wie schwer es für den in jene Länder vordringenden Reisenden ist, sich mit einem Diener zu versehen. Im besten Falle kann der Reisende sicher sein, daß, wenn er nun wirklich im Sudan angekommen ist und seine gefährlichen Erforschungsreisen beginnen will, sein Diener von der Küste, den er durch alles an sich zu schließen versuchte, ihn im Stiche läßt. Dann muß er sehen, sich in einem Lande, wo alle Lebensverhältnisse auf den Besitz von Hausklaven begründet sind, freie Diener zu verschaffen, die sich nicht scheuen, alle Arbeit zu tun, die sie nur Sklaven verrichten sehen.

Endlich war alles zu unserem Aufbruch Nötige beschafft, mit Ausnahme des Bootes, das Herrn Richardson große Schwierigkeiten verursachte, und ich schlug vor, einige Tage lang ein Zeltlager bei 'Ain Sarah zu beziehen, um uns auf unsere lange Reise in jeder Hinsicht vorzubereiten. Ich würde eine solche Vorkehrung jedem Reisenden anraten, der wirklich alle nötige Aufmerksamkeit auf die Mittel wenden will, seinen Erfolg zu sichern. Denn er wird dadurch, daß er wenige Tage in seinem Zelt außerhalb des Ortes seines Aufbruches zubringt, sich nun schon daran gewöhnen, die kleinen Vorräte, die er mit sich führt, als die hauptsächlichste, wenn nicht einzige Quelle seines materiellen und geistigen Lebens zu betrachten. Auch wird er lernen, Hitze und Sonnenbrand zu ertragen. Nichts ist verderblicher für einen Reisenden als plötzlicher Aufbruch von städtischem Stilleben zu langer, angreifender Reise in heißem Klima. Dies ist ein Punkt, auf den ich oft zurückkommen werde.

## Abschied nehmen

Es war spät nachmittags am 24. März 1850, als Overweg und ich in feierlichem Aufzuge, auf unseren Kamelen sitzend, die Stadt verließen. Unser Zug ward angeführt von dem Konsul Herrn Crowe in seiner Kutsche, Herrn Reade und dem Dr. Dickson mit seiner Familie. So zogen wir unter dem Staunen der Tripolitaner zur Stadt hinaus, unserer verschleierten Zukunft entgegen. Unter den Olivenbäumen bei Kasr el Haeni nahmen wir herzlich Abschied von unseren Freunden, obwohl wir sie vor unserer endlichen Abreise wahrscheinlich noch einmal sehen sollten. Wir setzten dann unseren Weg fort und schlugen unser Zelt bei herrlichem Mondscheine am Rande der kleinen Gruppe von 'Ain Sarah auf. Diese Stätte, wo bis zum Jahre 1835 ein kleines Dorf gestanden, hat ihren Namen von einer breiten morastigen Einsenkung, welche an der Südseite sich hinzieht und dicht mit Schilf und Rohr bewachsen ist. Gegenwärtig lebt kein Mensch hier; die Brunnen sind mit Erde angefüllt, und die Dattelpalmen, pflegender Sorgfalt entbehrend, sind teilweise vom Sande verschüttet, der sich hier in großen Hügeln angesammelt hat. Bei alledem ist es noch ein anziehender Platz, eine Mischung von angebautem Lande und von Wüste, während eine Gruppe von etwa zehn Olivenbäumen, welche ihren frischen, kühlen Schatten über einen grünen Wiesenteppich breiten, einen willkommenen Rastplatz bildet. Rund umher ist viel angebautes Land, aber die spärliche, halb erstorbene Saat war kaum im Sande zu erkennen.

An dieser Stelle war es, wo mir bei meiner glücklichen Rückkehr im August 1855 Herr Reade, der Vize-Konsul, entgegenkam und eine Nacht mit mir gelagert blieb. Damals war ein Brunnen sehr schönen Wassers gegraben und ein Steinhäuschen von einem Tripolitaner Kaufmann erbaut worden.

Wir blieben bei 'Ain Sarah bis Freitag, den 29. März, gelagert. Am Mittwoch kam Frederic Warrington, welcher uns einige Tagereisen weit das Geleit geben wollte, heraus und schlug sein großes Zelt neben dem unsrigen auf, so daß das Lager Leben und Behaglichkeit bekam. Unser Freund war vom amerikanischen Konsul, Herrn Gaines, begleitet und brachte uns die angenehme Nachricht, daß Herr Richardson bestimmt am Freitag die Stadt verlassen würde und daß wir ihn in Medjenin treffen sollten. Herr Overweg und ich brauchten acht Kamele für unser Gepäck, außer den beiden, welche wir selbst ritten und die unser Eigentum waren. Ich hätte freilich lieber einen Esel für mich gehabt, da man mit einem solchen Tier sich leicht hinwenden kann, wohin man will; aber in Tripoli gibt es keine Esel, welche für eine solche Reise stark genug wären. Ein Pferd dagegen mit dem nötigen Vorrat von Gerste und Wasser, den man immer mit sich führen muß, war für die mir damals zu Gebote stehenden Mittel zu teuer. Ich war wenigstens so glücklich gewesen, ein ausgezeichnetes arabisches Kamel von der berühmten Rasse der Bu-ssaefi zu kaufen. Dies liebe Tier blieb mein treuer Gefährte bis Kúkaua*). Ich habe schon oben anzudeuten Gelegenheit gehabt, wie schön und bequem Herr Warrington mir mein Tier sattelte, so daß ich im ganzen sehr angenehm beritten war.

Wie glücklich und leicht wäre der Reisende, wie unendlich

---

*) *Kúkaua, die Residenz des Bórnu-Reiches am Tschadsee (auch Kuka).*

geringer würden die Schwierigkeiten sein, mit denen er zu kämpfen hat, wenn er ohne die Bürde des mannigfaltigen Gepäcks dahinziehen könnte! Davon überzeugten wir uns vollkommen, als wir endlich am 29. unseren Lagerplatz bei den Dattelpalmen und dem kleinen Olivenhain von 'Ain Sarah verließen. Das den Kameltreibern sowohl wie unseren Dienern noch ungewöhnliche Gepäck verursachte uns unsäglich viel Mühe und langen Aufenthalt.

Die schwierigste Aufgabe für den Reisenden in tropischen Gegenden ist, sich gegen die Feuchtigkeit des Bodens zu schützen, da er nicht imstande ist, leicht packbare, auf Springfedern ruhende Gestelle mit sich zu nehmen, die, wenn einmal in Unordnung geraten, nicht wiederhergestellt werden könnten. Wir hatten uns also jeder mit einem Paar sehr schwerer Bretter und Untersätze versehen, die keineswegs leicht zu pakken waren und, außerdem daß sie selbst unter Farbenschutz dem Zerspalten sehr ausgesetzt waren, doch ihrer Schwerfälligkeit halber auf den späteren Reisen im eigentlichen Sudan zurückgelassen werden mußten. Allerdings ist es, wie ich mich durch meine eigene Erfahrung überzeugte, von außerordentlichem Werte für den Reisenden in der Wüste, der Sandwinde wegen wenigstens einen Fuß hoch über dem Boden erhaben zu liegen. Dies kann aber erreicht werden durch ein aufrollbares Gestell aus Palmblättern, das man über Kisten oder drei Untersätze ausbreiten kann. Im Sudan ist es dann hinreichend, ein solches Gestell über drei oder vier leichte Rollen, deren Enden etwa sechs Zoll Dicke haben, auszubreiten. Wenn man dann eine Matte und einen Teppich über das Lager breitet, so wird man, glaube ich, hinlänglich gegen den Einfluß der Feuchtigkeit geschützt sein.

Um jedoch nach 'Ain Sarah zurückzukehren: Wir hatten kaum den verwahrlosten Palmenhain hinter uns, als wir in mäandrischen Windungen in tiefe, lose und nackte Sandhügel eintraten. Glücklicherweise wehte der starke Wind, welcher uns den Tag vorher selbst in unseren Zelten gestört hatte, nicht mehr. Als wir nach mehr als zwei Stunden mühseligen Marsches die Sandhügel hinter uns hatten, betraten wir Weidegrund, und unsere Kamele konnten der Versuchung nicht widerstehen, die gute Gelegenheit, etwas zu naschen, soviel als möglich zu nutzen. Das Fortkommen einer Araber-Kafla, wo jedes Tier seiner eigenen Neigung nach rechts und links abschweift und hier einen Strohhalm, dort einen Busch abweidet, wird natürlich langsamer, wo der Weg durch eine Gegend führt, die den Tieren Futter bietet. Diese Art des Marsches ist überaus langweilig und ermüdend für den Reiter, und die Gewohnheit der Tuareg, Tebus und der Völker des Innern, welche die Kamele alle hintereinander befestigen, ist in dieser Beziehung ungleich angenehmer.

Durch so langweiliges Vorrücken war es beinahe Sonnenuntergang geworden, als wir Herrn Warrington einholten, der einen Vorsprung vor uns gewonnen und sein Zelt auf schönem Weidegrund nahe bei »bir Sbaea« aufgeschlagen hatte. Der Ritt während der letzten anderthalb Stunden, vom Brunnen Djenana an, war höchst angenehm gewesen, da er sich an einem Streifen gut bebauten Landes und blühender Gerstenfelder entlang gehalten hatte. Mit einem reichen Wuchse von »chobbesen«, die mit ihrem schönen Blau das Grün der Felder angenehm unterbrachen, zog sich dieser Fruchtstreifen an dem engen Wadi Medjenin hin.

*(Sonnabend, 30. März.)* Nachdem ich mich einige Stunden bei schöner Morgenbeleuchtung an der offenen, freien Landschaft erfreut hatte, machte ich mich mit unserem neuen Geleitsreiter auf, um Herrn Richardson und seinen Trupp, welche zwar gestern schon die Stadt verlassen hatten, aber noch nicht eingetroffen waren, aufzusuchen. Nach einstündigem Ritt durch üppige Kornfelder, dann über Weidegrund, der von den Pferden der türkischen Reiterei belebt wurde, welche hierher zur »rebia« gesandt werden, fanden wir Muckeni, Herrn Richardsons Dragoman, und Crofft, den Seemann, mit sämtlichen Gepäck und selbst dem Boot gelagert. Herr Richardson selbst war noch nicht herausgekommen. Da ich die Leute nicht bewegen konnte, ihr Lager nach unserem Platze zu verlegen, kehrte ich nach meinem Gezelte zurück. Zuvor jedoch stattete ich dem Bin-bascha der Kavallerie einen Besuch ab.

Dieser Offizier kannte das Land sehr genau, da er siebzehn Jahre lang hier gelebt hat. Er hatte sich ein angenehmes Ruheplätzchen zu verschaffen gewußt, um die heißen Stunden daselbst zuzubringen, indem er eine Grube, etwa zweieinhalb Fuß im Viereck, in der Mitte des Zeltes hatte graben lassen und sie stets voll Wasser hielt. Am Rande dieses kleinen Wasserbeckens sitzend, konnte dieser gute Ossmanli durch die phantasiereichen Rauchwolken seiner langen Pfeife sich in die quellenreichen Berggegenden seiner Heimat versetzen.

Nachmittags machte ich mit meinem Sintani einen andern Ausflug durch die Ebene, um ein Schaf zu kaufen; aber obgleich viele Herden auf der reichen Weide zerstreut waren, wollte doch kein Hirt seinen Trupp vermindern; denn reichliches Futter war ihnen hier geboten und jeder hatte, was er brauchte.

*(Dienstag, 2. April.)* Unsere Expedition setzte sich nun endlich wirklich in Bewegung. Die Landschaft nahm sehr bald einen mehr abwechselnden Charakter an, als wir uns dem Passe näherten, den die beiden Felshöhen Bates und Ssmaera, als zwei vereinzelte Vorposten der Bergkette, bilden, während die mannigfaltigen Formen der letzteren mit ihren hohen Kegeln, tiefen, jähen Schluchten und breiten Tälern einen interessanten Hintergrund abgaben.

Nach langem Aufenthalt setzten wir unsern Marsch fort, indem wir uns nun gerade auf die Berge zuwandten, und lagerten uns zu sehr früher Stunde an einer sehr schönen Stelle, welche mit einer Menge von Sidderbäumen *(Rhamnus Nabeca)* geschmückt war. Wir beiden Deutschen fanden uns damals noch im Besitze unserer ganzen Rüstigkeit, und anstatt uns dem ruhigen Genuß des Lagerplatzes hinzugeben, fühlten Overweg und ich uns bewogen, unsere Schritte einem Hügel namens Fulidje zuzuwenden, welcher, etwa eine halbe Stunde nach Osten von unserem Lager entfernt gelegen, uns eine günstige Lage zu haben schien, um die genauen Winkel einiger hervorragenden Punkte der Bergkette zu nehmen. Auch täuschte er unsere Erwartungen nicht. Zufriedengestellt kehrten wir also von unserem kleinen Ausflug zurück und verbrachten den Abend höchst behaglich im Zelte Herrn Warringtons.

## Unterwegs mit dem Boot

Wir hatten jetzt den Fuß des Abfalles der Bergkette erreicht, und einige Befürchtungen wurden laut, der Transport des Bootes auf der vor uns liegenden Strecke möchte mit großen

Schwierigkeiten verbunden sein; aber es konnte kaum deren verursachen, da jede Hälfte in zwei Abteilungen gesägt war, welche sich beinahe besser an die Seiten eines Kamels schlossen als die großen viereckigen Kisten und andere Dinge. Das Unbequemste waren die langen Ruder und Stangen, welche, stets auf und ab schwingend, dem Kamele große Anstrengung und Ermattung verursachten. Der Boden wurde, bald nachdem wir am nächsten Morgen aufgebrochen waren, steinig und nach einer Strecke von drei Meilen sehr aufgerissen; er war hier von einer Menge jetzt trockener Rinnsale durchschnitten. Die Landschaft war nicht allein von unserer eigenen Karawane, die aus so mannigfaltigen Elementen zusammengesetzt war, sondern auch von anderen Reisegesellschaften, welche zufällig den Abhang herabkamen, belebt. Zuerst kam der Kaimakam des Djebel, dann eine Sklaven-Kafla, nicht weniger als sechzig dieser Unglücklichen umfassend. Jedoch schienen die jüngeren unter ihnen die Mannigfaltigkeit der Landschaft mit Wohlgefallen zu betrachten.

Wadi Bu-Ghelan, welches als der natürliche Fuß des Bergabhanges zu bezeichnen ist, wird hier und da von Dattelbaum-Gruppen geschmückt und bildet eine freundliche Landschaft. Gerade in einer Stunde erreichten die ersten unserer Kamele die Terrasse von Beni-'Abbas, und bis der ganze Trupp den Anstieg vollendet hatte, blieb mir Zeit, von meinem folgsamen Bu-ssaefi ein wenig abzusteigen und, unter einem schönen Olivenbaume nahe der Kapelle des Merabet Ssames mich niederlassend, unseren ganzen eigentümlichen Trupp von Europäern, Arabern und freigelassenen Schwarzen einen nach dem andern die Höhe heraufklimmen zu sehn, indem ich mich mit Behagen dem beruhigenden Gefühle überließ, daß unser Unternehmen nun wirklich im besten Gange sei.

## Aufstieg aufs Gebirge

Wir fingen jetzt an, die zweite Terrasse zu ersteigen, und erreichten die Fläche des Plateaus um zwei Uhr nachmittags. Die Landschaft hatte gegenwärtig ein viel interessanteres Ansehn, als bei meinem ersten Hiersein vor zwei Monaten, denn alles war nun mit grünem Korn bedeckt. Kurz bevor wir das Kasr

Ghurian (Ghurian ist Garian) erreichten, stiegen wir den abschüssigen Boden ein wenig abwärts nach dem Steilabfall ins Wadi Rumana und lagerten hier auf dem Platze, auf dem gemeiniglich die Truppen zu biwakieren pflegen. Hier blieben wir den folgenden Tag gelagert, indem wir all unser Gepäck offiziell auf dem Schlosse wiegen ließen, um den Forderungen unserer Kameltreiber ohne Streit zu begegnen.

Unser gemütlicher Freund, Herr Warrington, wollte, ehe er auf eine Zeit, deren Dauer niemand vorausbestimmen konnte, von uns schied, unsere Gesellschaft noch bewirten und ließ daher eine ungeheuere Schüssel Kuskus bereiten, auf so schmackhafte Weise gewürzt, daß unsere kleine Reiseschar in der Folge volle Gelegenheit hatte, sich durch die Erinnerung dieser Schmauserei als eines unerreichbaren Leckerbissens über gegenwärtige Entbehrungen hinwegzusetzen.

*(Freitag, 5. April.)* Obwohl schon zu früher Stunde geschäftig, kamen wir doch erst spät fort, da an diesem äußersten Ausgangspunkt noch vieles in Ordnung zu bringen war. Endlich setzte sich unser schwer beladener Zug wieder in Bewegung.

Die Landschaft ganz in unserer Nähe wurde nun lebhafter. Eine Sklaven-Kafla mit fünfundzwanzig Kamelen und etwa sechzig Sklaven, meist weiblichen, dem unglücklichen Erzeugnis der Landschaften, denen wir entgegenrückten, zog an uns vorbei. Endlich, etwa eineinhalb Stunde nach Mittag, betraten wir einen kleinen Engpaß, aus welchem wir bald in den nordwestlichen Zweig des Tales von Misda, »Wadi Ude-Scherab« genannt, eintraten. Die kleine Rinne, welche die nackte, mit Kieseln bestreute Talebene durchzieht, war auch hier mit vielen Batumbäumen umsäumt. So erreichten wir mit etwa drei Meilen das westliche Ende der kleinen Oase von Misda.

## Oase Misda

Allerdings hatte ich sie mir von größerer Ausdehnung vorgestellt, als sie wirklich war; aber doch erfüllte mich der Anblick der schönen reifenden Gerstenfelder, die infolge künstlicher Bewässerung in der größten Regelmäßigkeit dastanden, von den Dattelbäumen wie von einem lebendigen Rahmen umschlossen, mit inniger Freude. Wir zogen zwischen den zwei

*Abbildung 11.* Eine der arabischen Burgen am Wege nach Süden. Nach einer Handzeichnung von Heinrich Barth. Gebiet des Wadi Sofedjin, aus der Zeit um 1350 n. Chr., in Nordlibyen, als die Dynastie der Beni 'Aamer hier herrschte.

getrennten Quartieren oder Dörfern, die als das obere, »el fok«, und das untere, »el utah«, bezeichnet werden, hindurch und lagerten auf einem offenen sandigen Platze, ein wenig hinter dem unteren Dorfe, nahe bei einem Brunnen, welcher früher ebenfalls einen Garten bewässert hatte. Leute, die nach Tripoli gehen, wie z. B. eine Kafla von Ghadamsi-Kaufleuten, die am nächsten Tage von Fessan mit Sklaven ankam, lagern am entgegengesetzten Ende der Oase.

Misda, höchst wahrscheinlich identisch mit dem östlichen »Musti Kome« des Ptolemäus, scheint eine sehr alte Niederlassung der Eingeborenen von Nordafrika, der Berber, und namentlich einer Familie oder eines Stammes derselben namens »Guntarar« zu sein; selbst jetzt, obwohl vielfach mit Arabern vermischt, haben sie nicht ganz ihr Berber-Idiom verloren.

Der Eigentümlichkeit dieser kleinen Oase wegen hielt ich es für wert, eine besondere Skizze derselben auch von dieser Seite zu machen.

Obgleich alle Verhältnisse der Oase für die Begriffe eines Europäers in der Tat überaus geringfügig sind, ist sie doch immer noch von hoher Bedeutung, da zwei Karawanenstraßen, die eine von Mursuk, die andere von Ghadames, das von hier neun Tagesmärsche entfernt ist, an diesem Punkt zusammentreffen. Ein solcher Verkehr bedingt den Charakter der Bewohner; sie sind wohlwollend und erfreuen sich des Rufes größter Redlichkeit. Alles ist hier sicher, und die Kamele, die in der Nähe kein Futter finden, werden in ein vier bis fünf Meilen entferntes grünes Tal getrieben, wo sie ohne Hüter sich selbst überlassen bleiben. Ich mache diese Bemerkung absichtlich, da von anderer Seite Angaben verschiedener Art gemacht worden sind. Man muß in Anschlag bringen, daß wir einen anmaßenden, streitlustigen Geleitsmann hatten.

Die Oase wird zum größten Teil von diesem erhöhten Platze aus gesehen, und der Grund, warum gerade an jenem Punkte erhöhte Lebenskraft sich äußern sollte, wird klar. Wir kehrten mit einbrechender Nacht nach unserem Zelt zurück.

Da unser Sintani-Diener so vielfach von einer alten Burg mit zahlreichen Skulpturen zu erzählen wußte, die nicht eben in großer Entfernung liegen sollte, beschloß ich, sie zu besuchen. Ich brach also zeitig am Morgen des 9. April auf, von dem Araber und unserem jüngeren Schausch begleitet. Vorher hatten wir noch eins unserer Kamele zu holen, welche in die sandige Talsohle drei Meilen südöstlich von unserem Lager auf die Weide geschickt worden waren.

## Zeugen der Vergangenheit

Es ist schade, daß wir über die Geschichte dieser Länder während der arabischen Dynastien so wenig wissen, obwohl durch die endliche Veröffentlichung von Ebn Chalduns Geschichte ein Schritt vorwärts getan worden ist. Sonst würden wir diese Reste ihrer feudalen Lebensverhältnisse mit ganz anderem Interesse betrachten.

Diese Burg sowohl wie eine andere, deren Beschreibung ich lieber gleich hier einen Platz eröffne, obgleich ich sie erst einige Tage später besuchte, ist nach einem Manne oder Häuptlinge namens Chafaidji 'Aamer benannt. Von ihm er-

*Abbildung 12.* »... eine Stätte christlicher Glaubensverehrung ... auf einem Felsvorsprung.« In Nordlibyen. Dreischiffige Halle mit Apsis. Beweis für »die Existenz einer christlichen Gemeinde« noch im 12. Jh. (H. Barth)

zählt man, daß er ein mächtiger Häuptling gewesen sei, angesehen in Tunis nicht weniger als in Tarabolus (Tripoli). Diese Angabe dürfte einer historischen Begründung nicht ermangeln; wir wissen, daß vom Jahre 724 nach der Hedjra (1323 n. Ch.) bis zum Jahre 802 (1399) in Tripoli eine Dynastie der Beni 'Aamer geherrscht hat; sie war höchst wahrscheinlich mit der gleichnamigen Dynastie, welche beträchtliche Zeit die Herrscher über das syrische Tripolis geführt hatte, verwandt.

Die andere Burg nun, der eben beschriebenen im Namen wie im Baustil verwandt, aber in vielen Beziehungen interessanter, da sie unverkennbar einst eine Stätte christlicher Glaubensverehrung war, liegt auf einem schmalen isolierten Felsvorsprung in der Schabet Um el Charub. In der Tat scheint dieser Bau ursprünglich fast ausschließlich zu einer Kirche bestimmt gewesen zu sein. Das Gebäude, dreiundvierzig Fuß ins Gevierte messend, ist groß genug für eine kleine Gemeinde, und zeigt mehr Kunst und Wohlhäbigkeit, als man von einer christlichen Gemeinde in diesem Teile der Welt hätte erwarten sollen. Es ist dieser Umstand, welcher dem Bau ein größeres Interesse verleiht, als er sonst erwecken würde. Die Halle schließt mit einer einfachen Apsis ab; in ihr sind zwei Türöffnungen, welche in einen offenen Raum führen, welcher hinter der Wölbung und den Seitenschiffen sich befindet. Sie ist in drei Schiffe eingeteilt, von denen das mittlere acht, die an den Seiten befindlichen sechs und einen halben Schritt in der Breite messen. Sie werden durch Säulenreihen getrennt, welche mit verschiedenartig verzierten Kapitälen, auf denen die Bögen ruhen, geschmückt sind.

Die erste ganz unzweifelhafte Tatsache, welche sich uns aufdrängt, ist die Existenz einer christlichen Gemeinde oder eines Klosters, in diesem abgelegenen Tale, zum wenigsten noch in der Zeit des 12.Jahrhunderts, unter dem Schutze eines mächtigen Häuptlings. Dies hat in der Tat durchaus nichts Unwahrscheinliches, da wir sehr gut wissen, daß Mohammed ausdrücklich befahl, die eifrigen Priester und Mönche unangefochten zu lassen, und da wir so viele Klöster in manchen anderen mohammedanischen Ländern finden; Bischöfe wurden ununterbrochen für diese Gegenden ordiniert. Daß es nicht nur eine Kirche, sondern auch ein Kloster war, scheint deutlich hervorzugehen aus der Einteilung in Zimmer oder Zellen, die man im oberen Stockwerke findet; aber auch an der Nordseite der Kirche war ein Flügel angebaut mit mehreren ganz einfachen, gleichmäßigen Zimmern. An der Südecke des engen Felsrükkens ist ein kleiner isolierter Turm in zwei Abteilungen.

Nahe bei diesem Schlosse befindet sich ein anderes, »Kasr Labayed mta Deraier« genannt, während ein viertes, wie es scheint kleineres, namens »Ksaer el haemer« zerstört worden sein soll.

# Kapitel 6

## Spuren der Römerzeit

Wir traten also nun in unsere zweite Station. Aber wir verloren den besten Teil des Morgens dadurch, daß unsere Leute die Kamele, welche sich über das ganze Wadi zerstreut hatten, nicht so schnell, als wünschenswert war, finden konnten. Als sie dann endlich eingebracht waren, mußten sie noch getränkt und die Schläuche gefüllt werden. Unser Weg war fast derselbe wie derjenige, auf dem ich gestern heimgekehrt, und nach mäßigem Marsch lagerten wir im Wadi Sofedjin an einer von Büschen freien Stelle.

Von hier aus besuchte ich am nächsten Morgen die Burg oder das Kloster in Schabet Um el Charub, welches ich schon oben beschrieben habe, und ging von da quer über das steinige Plateau, um unsere Karawane einzuholen.

Etwa um fünf Uhr nachmittags lagerten wir im Wadi Talha, unfern eines römischen Kastelles oder Turmes, welcher auf einem Hügel zu unserer Linken lag. Als ich hinging, um den Bau in Augenschein zu nehmen, fand ich, daß er aus Quadern von unregelmäßiger Gestalt und ohne Zement aufgeführt war und im Innern zwanzig Fuß im Quadrat maß. Die Ecken waren abgerundet, und nur ein enges Tor auf der Ostseite bildete den Eingang.

Dies schienen indessen nicht die einzigen Reste des Altertums in der Nachbarschaft zu sein; denn vor uns auf der Hochebene zeigte sich ein hoher, turmartiger Bau, und ich ging zeitig am nächsten Morgen, als unsere Leute angefangen hatten aufzupacken, hin, um zu sehen, was es sei. Ich fand ein römisches Grabmal, welches ursprünglich aus drei Stockwerken bestanden zu haben schien, von denen aber nur die Basis und das erste Stockwerk erhalten waren, während die Bausteine, welche den oberen Teil des Denkmales gebildet hatten, verstreut umherlagen; jedoch zeigten sie noch deutlich, daß die Ecken mit kleinen korinthischen Säulen verziert gewesen sein mußten.

Denn alles, was von den Römern zu uns herübergekommen ist – mag es auch am abgelegensten Flecke sich finden –, hat seine eigentümliche Vollendung.

Unweit von diesem Grabmal sind die Ruinen eines anderen, von welchem aber nur noch die Basis erhalten ist, wenn überhaupt das Gebäude je einen Abschluß erhalten hat. Bis ich meine Zeichnung vollendet hatte, war unsere Kafla im Tale entlang vorübergezogen, und ich eilte, sie einzuholen. Ich passierte mehrere isolierte Kegel, welche mit ihren steilen Abhängen, durch das Fortbrechen der unteren Steinschichten jählings abgerissen, wie Burgen aussahen. Nachdem ich Wadi Marssid durchschnitten, kam ich bei den Kamelen an. Sie zogen heute mit besonderer Rüstigkeit und der größten Schnelligkeit, welche wir bei gewöhnlichem Marsche nur immer erreichbar fanden, nämlich eine halbe engl. Meile in zwölf Minuten und zehn Sekunden, also etwas weniger als zweieinhalb Meilen in der Stunde; jedoch fanden wir vermittelst späterer Messungen, daß dies jetzt unser gewöhnliches Maß wurde bis zum Brunnen Tabonieh, während bis Misda kaum zwei Meilen in der Stunde gemacht wurden. Die Lasten der Kamele waren allerdings im Anfang bedeutend größer gewesen, aber dies kann nicht wohl als der einzige Grund dieser Verschiedenheit angesehen werden. Die ersten Tage einer solchen Reise gehen nie mit voller Rüstigkeit vorwärts, und weder Tier noch Mensch spannten ihre volle Kraft an. Jetzt aber, nachdem wir Misda hinter uns hatten, dachten sowohl unsere Treiber als ihre Kamele an die Genüsse der Heimat und eilten rüstig vorwärts. Dazu kommt auch die meist größere Dürre der Gegenden, die selbst dem einzeln dahinziehenden arabischen Kamele weniger Verführung darbietet, von der geraden Richtung abzuweichen.

Ich will hier ein für allemal erwähnen, daß Overweg und ich wiederholentlich die Schnelligkeit unseres jedesmaligen Marsches vermittelst einer Kette maßen, was eben keine angenehme Beschäftigung bei starkem Sonnenbrand und auf oft rauhem Terrain war. Auch tat diese Arbeit unserem Ansehen in den Augen unserer Leute einigen Eintrag.

Der Tag ward in der Folge höchst unbehaglich, indem uns ein heißer Westwind den Sand ins Gesicht trieb und die Luft verdunkelte.

71

*Abbildung 13.* Römisches Grabmal auf dem Wege zur Roten Hamada. Nordlibyen. Holzschnitt nach einer Zeichnung von Heinrich Barth.

Nach etwa zwei Stunden Weges erspähte ich in der Ferne etwas wie eine Säule. Ich ging gerade darauf zu und fand eines der schönsten Exemplare dieser Denkmalbauten, welche das Altertum uns zurückgelassen, und in ihm zugleich einen unumstößlichen Beweis, daß selbst diese Gegenden bei weitem nicht so dürftig gewesen sein können, als sie es jetzt sind, daß sie im Gegenteil einst eine Bevölkerung ernährten, gebildet genug, um solche Werke der Kunst und menschlichen Größe zu würdigen.

Das Monument erhebt sich auf einer Basis von drei Stufen und in drei Stockwerken zu beinahe achtundvierzig Fuß Höhe. Die Basis enthält eine Grabkammer, 4 F. 101/8 Zoll E. lang, 4 F. 1/2 Z. tief, mit drei Nischen, eine an der Nord- und zwei an der Ostseite.

Es ist eben nicht zu verwundern, daß die fast jeder Kunsttätigkeit unfähigen Bewohner dieser Gegenden so hoch emporstrebende und reichgeschmückte Grabmäler der Vorzeit als

Götterbilder oder Kultusstätten der Heiden betrachten und sie »ssanem« nennen. Ich selbst, als ich einsam und allein in diesem breiten, verödeten Tale, das gegen Ost von der großartigen Wand des Plateaus überragt wird, diesem wunderbaren, reich geschmückten und in seiner Schlankheit wie von Genien getragenen Denkmale gegenüberstand, fühlte mich von einem gewissen unheimlichen Gefühle ergriffen. Wiederholt, während ich seinen kunstvollen Zierat in meinem Skizzenbuch zu entwerfen suchte, sah ich mich gezwungen, einzuhalten und mich bedächtig nach allen Seiten umzusehen. Aber kein menschliches Wesen ließ sich blicken, ja nicht einmal ein lebendes Wesen überhaupt. Und für wen baute der Römer hier sein kunstreiches Denkmal? Konnte er ahnen, daß es nach so vielen Jahrhunderten von einem Nachkommen jener Germanen, die er verachtete wie die Garamanten, der gebildeten Welt zur Bewunderung wieder vorgeführt werden möchte? –

Nachmittags machte ich mit Overweg einen anderen Ausflug in entgegengesetzter Richtung, das Tal hinab. Nach einer Stunde Wegs erstiegen wir eine Berghöhe und gewannen eine höchst interessante Aussicht über diesen eigentümlichen Boden. Das felsige Hochland lag vor uns nach Westen, zerrissen und durchbrochen von wilden Schluchten und Klüften, so daß nur einzeln stehengebliebene, klippenartige Wände die Höhe desselben angaben. Namentlich bemerkenswert war gegen Westen zu ein hoher, zerklüfteter Grat mit jählings abstürzenden Mauern, der mit seinen natürlichen Zinnen einer Geisterburg gleichsah. In einer Kluft an der Grenze dieser wilden Szene großer Naturveränderungen war Overweg bei dieser Expedition glücklich genug, einige sehr interessante Exemplare von Versteinerungen in guter Erhaltung zu finden, besonders das überaus interessante Stück, das nach ihm *exogyra Overwegi* benannt worden ist.

Unser Eifer hatte uns aber etwas zu weit geführt, und es wurde dunkel, ehe wir unseren Rückweg antraten, so daß wir einige Mühe hatten, unseren Weg zu finden. Ermattet und abgespannt kamen wir im Lager an, nachdem wir unseren Leuten schon starke Befürchtungen verursacht hatten.

*(Sonntag, 14. April.)* Schon um zwei Uhr morgens wurden wir

73

*Abbildung 14.* Reichverziertes römisches Monument in Nordlibyen, auf dem Wege in den südlibyschen Fessan. Holzschnitt nach einer Zeichnung von Heinrich Barth. 48 Fuß Höhe. Hauptfront nach Osten. »... Beweis, daß selbst diese Gegenden ... nicht so dürftig gewesen sein können, als sie es jetzt sind ...«
Von den arabischen Bewohnern als »Heiden-Zeugnisse« betrachtet (Ssanem).

aus unserem erquickenden Schlafe aufgestört. Es geschah dies durch die Kameltreiber, welche vorgaben, den gestrigen Zeitverlust ersetzen zu wollen. Wir kamen jedoch keineswegs zu so zeitiger Stunde fort. Unser Weg führte uns von Wadi zu Wadi gewöhnlich durch Engpässe, von denen einige beim Übergange nicht geringe Schwierigkeiten darboten. Wir ließen eine Burg römischen Ursprungs, wie es schien, zur Linken und weiterhin zur Rechten eine leichte Steinmauer, »hakl' el Urínssa« genannt, die sich aus den Zeiten der kleinen Fehden zwischen den arabischen Stämmen herschreibt.

Nach einem mäßigen Marsche von etwas mehr als zehneinhalb Stunden lagerten wir in einer kleinen Einsenkung, welche nach einer besonderen Art grünen Gesträuches, das hier wächst, »el Djederia« benannt ist. Es war sehr gut, daß wir zu so zeitiger Stunde gelagert hatten, da sich bald hernach ein heftiger kalter Wind erhob, welcher Regen brachte. Da unser Zelt nicht mit gehöriger Sorgfalt aufgeschlagen war, wurde es in der Nacht umgeweht, und es verursachte uns nicht wenig Mühe, es wieder aufzuschlagen.

Indem wir unseren Marsch am folgenden Morgen fortsetzten, stießen wir etwa um zehn Uhr auf einen ärmlichen einzelnen Talhabaum, der als »el duheda« besonders bezeichnet war. Erwünschter kamen die Trüffeln, die wir weiterhin fanden und die uns in unserem Nachtlager am Abend zu einer vortrefflichen Suppe dienten.*) Der Himmel war sehr trübe, und der Mond hatte einen außerordentlich großen »dara« oder Ring. Wir schliefen diese Nacht ohne Zelt und fanden die Kälte sehr empfindlich.

---

*) Auch die westliche Wüste zwischen Tuat und Timbuktu ist mitunter reich an Trüffeln, wie schon der größte aller arabischen Reisenden, Ebn Batuta, bemerkt.

# Kapitel 7

## Die »Rote Hamada«

Am folgenden Tage (19. April) wurde die Einförmigkeit unseres Marsches durch Begegnung zweier Karawanen ein wenig unterbrochen. Die erste bestand aus fünf Kamelen, die zweite, die Ghadamsi-Leuten gehörte, aus fünfzehn. Die letztere hatte Elfenbein geladen und führte eine Frau mit sich, welche, in ihrem kleinen Käfig sitzend, sich ziemlich behaglich zu fühlen schien. Etwa um ein Uhr dreißig nachmittags erreichten wir die höchste Erhebung der Hamada, eintausendvierhundertfünfzig Fuß über dem Meeresniveau. Sie ist durch eine Halde bezeichnet und trägt daher den Namen »redjm el erhha«, »das Zeichen der Steinhaufen«. Der Araber, der oft einsam und gedankenvoll über sein weites Gebiet schweift, ist wohlempfänglich für die leisesten Gestaltungen der Oberfläche des Bodens.

Bald darauf lagerten wir uns, da ein heftiger Wind von NNW zu stürmen anfing. Die Schwalben oder vielmehr Felsenschwalben *(Cotyle rupestris),* die unserer Reisegesellschaft bisher gefolgt waren, flüchteten, vom Sturm getrieben, in unser Zelt und verbargen sich in den Zwischenräumen, welche von dem Gepäck gebildet wurden. Aber sie täuschten sich in der Erwartung, hier eine sichere Zufluchtsstätte gefunden zu haben; denn das leichte hochdachige Zelt ward in der Nacht wiederum umgeweht, als ein dichter Regen den Sturm begleitete, so daß wir uns mit unseren kleinen Gästen eine Zeitlang in etwas unbehaglicher Lage befanden. Die Folge davon war, daß wir am folgenden Morgen etwas spät aufbrachen, wo wir dann den traurigsten Teil der Hamada betraten, der durch den Namen »el homra«, »die Rote«, ausgezeichnet ist. Bis hierher hatte nur ein einziger Pfad über das steinige Plateau geführt, am Nachmittag aber erreichten wir eine Stelle, wo ein Arm sich zur Linken abzweigt. Dieser Seitenweg wird »msser ben Wafi« genannt und führt nach dem östlichen Teil von Wadi Schati. Früher war es der gewöhnliche Weg nach Fessan, da die Straße über el Hassi wegen der Räubereien der Urfilla als zu unsicher betrachtet wurde; und noch jetzt heißt die letztere »trik el djedid«, »die neue Straße«.

Herr Richardson, welcher vom Nachtreisen genug bekommen hatte, namentlich da es das kühle Wetter ganz überflüssig machte, hatte diesen Morgen infolge unseres kurzen Marsches am gestrigen Tage einen ziemlichen Vorsprung vor uns gewonnen. Da er nun noch bei Tageszeit eine ziemliche Strecke zurückgelegt hatte, hielten wir lieber, um ihn einzuholen, einen heftigen Regenguß aus, ehe wir unser Zelt zum Nachtlager aufschlugen

*(Sonntag, 21. April.)* Da die ganze Kafla nun wieder vereinigt war, benahm die größere Mannigfaltigkeit unseres eigenen Truppes der Gegend, welche wir durchzogen, viel von ihrem einförmigen, öden Charakter. Nachdem wir etwa sieben Meilen zurückgelegt, erreichten wir die frischeste und größte Einsenkung der ganzen Hamada. Es ist dies Wadi el Alga, das wir eigentlich schon gestern hätten erreichen sollen, um am heutigen Tage dem Brunnen so nahe wie möglich zu kommen. Die Folge davon war, daß wir, als wir uns um vier Uhr nachmittags lagerten, bis zum ersehnten Platze noch eine lange Tagereise vor uns hatten. Diese Sorge war es, welche uns am folgenden Tage mit allgemeinem Impuls zeitig aufbrechen hieß, um »den Brunnen« sicher zu erreichen. Kein Mondschein belebte unseren nächtlichen Marsch, und in der Dunkelheit mußten wir Tiere und Menschen durch häufiges Rufen zusammenhalten. Nach etwa zwölf Meilen Wegs erreichten wir den ersten Abstieg, welcher von der Hamada abwärts führt. Er heißt »tnie Tuënnin«, war aber zu steil und jäh für unsere schwer beladene Kafla. Wir verfolgten also unseren Pfad, bis wir etwas nach elf Uhr den breiten Paß »tnie el Ardha« erreichten und nun anfingen, abwärts zu steigen.

Die rauhe, in gewundenem Laufe tief eingerissene Felsenkluft gab uns hinreichende Gelegenheit, die sie bildenden Schichten zu beobachten. Der Sandstein zeigte eine vollkommen schwarze Oberfläche, nicht nur in der Gesamtmasse der Seitenwände der Klüfte, sondern auch in den einzelnen massenhaften Blöcken, welche von der Hauptmasse losgerissen waren und in wilder Unordnung herumlagen. Jeder würde das

Gestein beim ersten Anblick für Basalt gehalten haben, aber der Bruch enthüllte sofort den wahren Charakter. Über dieser mächtigen Sandsteinschicht, welche an einigen Stellen ein Tonlager mit Beimischung von Gips deckte, ruhte eine Schicht Mergel und auf dieser, als obere Kruste, Kalkstein mit Kiesel.

## Endlich, der Brunnen

Nachdem wir uns eine volle Stunde in der engen Schlucht, die von steilen, düsteren Wänden eingeschlossen war, hinge-schlängelt hatten, traten wir in eine Erweiterung derselben, wo dann unsere Richtung weniger schwankend wurde. Aber noch verlor die Landschaft nichts an ihrem düsteren Aussehen; die Talsohle war mit Blöcken schwarzen Sandsteins bestreut und die ganze Landschaft vor uns in eine neblige Atmosphäre ein-gehüllt, die dem forschenden Blick eine nahe Grenze setzte. Begierig, den Brunnen zu erreichen, eilten wir drei, da die ganze Karawane sehr zersprengt war, mit einem unserer Ge-leitsreiter voraus, wobei der Südwind uns den Sand, welcher enge Streifen zwischen dem kiesigen Boden bildete, ins Ge-sicht trieb. Wir hegten die Hoffnung, ein liebliches frisches Wäldchen oder doch wenigstens leidlichen Schatten zu finden, wo wir uns nach unserem angreifenden Marsche behaglich aus-strecken könnten; aber als wir endlich um fünf Uhr nachmit-tags nicht mehr weit vom Brunnen entfernt sein konnten, ward zu unserer großen Enttäuschung der Sand nur tiefer, während durchaus nichts als ein paar kümmerliche Palmbüsche zu se-hen war. Am Brunnen selbst aber, der in der Mitte dieser Sand-wüste ausgegraben und einstmals von einem jetzt verfallenen ovalen Gebäude geschützt gewesen ist, hörten selbst die ver-kümmerten Palmbüsche auf. Es war in der Tat ein trauriges La-ger nach so ermattendem Marsche, dessen Unbehaglichkeit nur durch den Gedanken gemildert wurde, daß nun aller Furcht vor Wassermangel ein Ende sei; denn der Brunnen ist reich an dem belebenden Element.

Es ist eben der Brunnen »el Hassi« der *eine* wohlbekannte Brunnen auf dieser Straße, wie die Hamada die *eine* wohlbe-kannte Hamada. Die »Durchglühte«, die heiße, wasser- und beinahe vegetationslose steinige Hochfläche, die den Wanderer sechs lange Tagemärsche ohne Rast und in Gefahr zu verdursten vorwärts treibt, und »der Brunnen«, der ewig wasserreiche Brunnen, der ihn an ihrem Ende empfängt, welch ein Bild des Lebens dieser Weltgegend! Diese beiden Wörter schließen eine ganze Welt des afrikanischen Nomaden in sich. Wasser hat der Brunnen in Fülle, sonst hat er nichts und verspricht auch nichts; und auch wir also wollen ihn feiern wegen seines Reichtums und ihn nicht herabsetzen, weil er das nicht besitzt, was er nicht verspricht.

In früherer Zeit war hier eine Art befestigten Chans, die man nur sehr selten in diesen Gegenden zu sehen bekommt. Er war von den Stämmen der Notman und Sueid erbaut, um ihre Karawanen gegen die Raubzüge der Urfilla zu schützen. Dies Gebäude bestand, wie es scheint, aus zwanzig sehr einfachen Kammern, welche rings um einen ovalen Hofraum lagen; dieser hatte einen Eingang von Norden und einen andern von Süden und war dreißig Schritt lang, sechzehn breit, während der Brunnen seinen Mittelpunkt bildete. Der Brunnen ist fünfeinhalb Klafter tief. Die Temperatur seines Wassers maß 22° (Celsius). Es war im Vergleich mit dem von Tabonieh sicherlich sehr gut. Herr Overweg fand die Erhebung dieser Stätte sechshundertsechsundneunzig Fuß über dem Meere, so daß wir von der höchsten Kante der Hochfläche etwa siebenhundertsechzig Fuß herabgestiegen waren.

Unter allen Umständen waren wir herzlich froh, als unser schweres, fast unerschütterliches tripolitanisches Zelt uns seine mit blauem amerikanischem Zeug gefütterten weißen Wände zur zeitweiligen Behausung öffnete. Das Gepäck, im Innern an den Wänden umhergelagert, bot uns eine heimische, sichere Lagerstätte, wo wir uns behaglich ausstrecken konnten, ohne vom Sand verschüttet zu werden. Wir waren insgesamt höchst ermüdet und bedurften der Ruhe vielleicht mehr als irgendeiner anderen Erquickung.

Gewiß war es nötig, sowohl aus Rücksicht auf unsere Leute als auf die Tiere, den folgenden Tag hier Rast zu halten, ungeachtet der Platz im höchsten Grade unbehaglich war und auch nicht den geringsten Schatten bot. Die Skizze, welche ich heute davon nahm, mit dem Abfall der Hamada im Hintergrunde, kann von dem öden Charakter des Platzes nur einen schwachen Begriff geben. Kaum auf der ganzen Reise erschien mir irgendeiner unserer Lagerplätze so unbequem und unerfreulich. Hätte ich ein Tier zum Reiten gehabt, so würde ich mich, um etwas Schatten genießen zu können, nach einer Gruppe von drei oder vier Dattelbäumen aufgemacht haben, welche etwa drei Meilen westlich vom Brunnen entfernt sein sollen und den Sintani gehören; aber unsere Kamele bedurften der Ruhe zu sehr.

Wie der Hassi die Hamada und den nordafrikanischen Saum abschließt, so eröffnet er die Zone der Oasen und zugleich die der Wohnstätte der äthiopischen Rassen. Denn alles Land von hier südlich gehörte ursprünglich, das heißt in der historischen Zeit des Altertums, zu Äthiopien, und nur die Eroberung der Berber und Araber hat die ursprüngliche Bevölkerung gemischt.

Unsere Ankunft am Brunnen el Hassi wird also passend diesen Abschnitt meiner Erzählung beschließen.

# Kapitel 8

## Mühsamer Marsch durch das »Sandmeer« des Fessan

*(Sonntag, 28. April.)* Wir verließen unseren malerischen Lagerplatz bei Edri, um die Passage über die Sandhügel anzutreten,
welche das flache Wadi e' Schati von dem tieferen Wadi el
gharbi trennen. Es schien mir sehr eigentümlich, daß selbst der
höhere Boden, der wohl fünfzig Fuß über die Talsohle erhaben
ist, mit der Salzkruste bedeckt erscheint. Nachdem wir diesen
Boden durchschnitten hatten, begannen wir, die Region der
Sandhügel hinanzusteigen. Sie entbehren keineswegs ganz
und gar der Vegetation und erzeugen an einigen günstigen
Stellen Gruppen von Palmbäumen, die ihre bestimmten Eigentümer haben. Muckeni – der Vater Yussufs, des Dolmetschers
Herrn Richardsons – soll in dieser Gegend eine Menge Uëlad
Sliman getötet haben, die hier ihre Zuflucht suchten.

Die bedeutendste aller mit Palmen geschmückten Einsenkungen in diesen hohen Sandwänden ist Wadi Schiuch, das in
der Tat einen interessanten Anblick gewährt: ein ganz schma-
ler Streifen von Palmbäumen, zwischen hohen, bergartig aufsteigenden Dünen feinen weißen Flugsandes begraben; einige
Bäume auf dem Gipfel kleiner Hügel, von anderen in den Höh-
lungen begrabenen kaum noch die Krone sichtbar.

Nach recht ermüdendem Marsche durch dieses Sandmeer lagerten wir endlich im Wadi Gober\*), einer anderen flachen
Einsenkung zwischen Sandhügeln. Das Wasser in diesem Tale
ist etwas salzig, und nur wenige Palmen finden hier Nahrung. – Hier besaßen unsere Kameltreiber selbst einige Bäume
und waren daher mehr auf die Fürsorge für ihr Eigentum als
auf einen zeitigen Aufbruch am nächsten Morgen bedacht.

---

\*) Der Name ist bedeutsam. Es ist wahrscheinlich eine schwache An-
deutung des Wanderzuges der mit den Berbern nahe verwandten Go-
ber-Rasse. – Gober und Tassaua in Fessan, Gober und Tassaua im Sudan – mögen sie die Fackeln werden im regen wissenschaftlichen
Streben, bald die Pfade dieser Völkerwanderung klarer zu beleuchten!

Als wir endlich auf dem Marsche waren, fanden wir die Anstrengungen noch größer als am gestrigen Tage. Die Sandhügel wurden steiler und steiler und boten die größten Schwierigkeiten für die Kamele, hauptsächlich aber am Rande der Abhänge. Wir mußten manchmal sogar die Kanten mit unseren Händen abflachen, um den Tieren das Ansteigen zu ermöglichen. Ich war gewöhnlich ein wenig voraus, von Mohammed ben Sbaeda geführt. Dieser, einer unserer Kameltreiber, hatte seinen zanksüchtigen Charakter, wodurch er sich bisher unangenehm gemacht, mit dem Eintritt in Fessan gänzlich geändert. Er zeigte sich gefällig und freundlich und beeiferte sich, mir jede geforderte Auskunft zu geben. Er belehrte mich unter anderem, daß dieser Sandgürtel sich von SW nach NO von Duessa bis Fukka erstrecke. Fukka gab er als fünf Tagereisen diesseits von Sokna gelegen an. Auch behauptete er, daß, obgleich uns diese Sandhügel ungemein hoch und schwierig erschienen, sie doch im Vergleich mit denen in der Richtung der Natronseen klein seien.*) Indessen schien es mir, als wolle er durch diese Nachricht vielmehr sich und seine Gefährten entschuldigen, uns diesen langen westlichen Weg geführt zu haben, da er wußte, daß wir die Natronseen zu besuchen gewünscht und daß unsere gerade Straße bei denselben vorbeiführte. Sie dagegen wollten uns nach ihrem geliebten Dorfe Ugraefe bringen.

Mohammed teilte mir auch mit, daß in Fessan jeder Distrikt seinen eigentümlichen Dialekt habe, und behauptete, daß, während die Bewohner von Wadi e' Schati ein gutes Arabisch sprächen, dem in Misda jetzt gebräuchlichen Dialekt sehr ähnlich, die Einwohner des »großen Wadi« (Wadi el gharbi) ein sehr verdorbenes Idiom hätten. Es lag mir viel daran zu wissen, ob in Fessan nicht außer Berber-Dialekten und der Tebuoder vielmehr Teda-Sprache noch ein eigentümliches Idiom gesprochen würde, da ich gewiß bin, daß die ursprüngliche Bevölkerung des Landes schwarz gewesen ist und ihr eigenes afrikanisches Idiom hatte; aber ich war nicht imstande, eine Auskunft über diesen interessanten Punkt von ihm zu erhalten.

Unter solcherlei Gesprächen war die Kafla weit hinter uns zurückgeblieben, und wir erachteten es für ratsam, in Wadi

---

*) Dr. Vogels Besuch der Natronseen hat die Großartigkeit der dortigen Sandregion vollkommen bestätigt.

Tuil auf sie zu warten, namentlich da hier der Pfad sich trennte. Es war so heiß, daß mein Kamel, als ich es sich selbst überließ, damit es grase, nichts anrühren mochte und ruhig am Flecke liegen blieb. In der Tat war der Sand so glühend-heiß, daß es kaum möglich war, langsam zu gehen; so bedeutend brannte er durch die Schuhe. Ein auf einen Augenblick in den Sand gegrabenes Thermometer stieg auf 45°.

Als nun die übrigen Kameltreiber endlich herangekommen waren, entstand ein Streit, welcher Pfad zu nehmen sei. In Wirklichkeit konnte gar kein Zweifel über die direkte Straße nach Mursuk obwalten; aber einige mochten uns gern bis nach Ubari von unserer Straße abführen. Schließlich indes behielt die Partei, deren Interesse es war, uns nicht weiter westwärts als Ugraefe zu führen, die Oberhand; aber schon diese Richtung war um ein bedeutendes außerhalb unseres Weges. Wir ließen daher die Straße nach Ubari, welche über zwei Wadis oder Einsenkungen, Tekur und Uglah, beide mit schlechtem Wasser, führt, westlich liegen und folgten der Straße nach Ugraefe.

So gelangten wir in das Wadi Mukmeda, wo wir uns um vier Uhr nachmittags nahe bei den Sandhügeln, welche die südliche Seite begrenzen, im Schatten eines wilden Palmbusches lagerten.

Unmittelbar dabei, nur zwei Fuß unter der Oberfläche, war sehr gutes Wasser; da jedoch das Loch eben erst gegraben und das Wasser also mit der Luft noch nicht genug in Berührung gekommen war, enthielt es sehr viel Schwefelwasserstoffgas.

Am folgenden Tage durchschnitten wir mehrere kleinere Täler mit einigen Palmbäumen. Ein größerer Hain schmückte Wadi Djemal, der das alleinige Eigentum eines unserer Kameltreiber namens Bubakr war. Er besaß hier ein aus alter Zeit stammendes, aus Backsteinen aufgeführtes Magazin, das aber ganz mit Sand bedeckt war. Hier hatte er vierzig Kamelladungen Datteln aufgespeichert, welche von der »tefsirt« genannten Art, von bedeutender Größe und ausgezeichnetem Geschmack waren. Sie mundeten unseren Leuten ganz vortrefflich.

Nachdem wir uns hier einen Augenblick erfrischt hatten, gelangten wir an den steilsten Anstieg von allen denen, die wir schon überwunden hatten, so daß selbst mein kräftiger und unermüdlicher Bu-ssaefi mich nicht hinübertragen konnte und ich absteigen mußte.

Als wir diesen mächtigen Sandrücken nach vieler Anstrengung hinter uns hatten, wurde uns versichert, daß nun alles »Uar«, jede schwierige Passage, vorüber sei. Wir hatten indes doch immer noch einige schwierige Stellen zu überwinden. In Wadi Gella, das wir zunächst durchschnitten, fanden wir die Fußstapfen einer großen Herde Schafe. Hier weidete auch ganz einsam ein Kamel, welches in diesem Distrikte vollauf sein Futter findet und an dem flachen Brunnen in Wadi Uglah ohne die Hilfe eines Menschen seinen Durst löschen kann.

Von hier stiegen wir in das Wadi Tigidaefa hinab, wo wir bei zwei zusammenstehenden Palmbäumen, den einzigen im ganzen Tale, lagerten. Ein reicher Brunnen mit gutem Wasser, von dichtem Palmgebüsch beschattet, war in der Nähe. Alles zusammengenommen war es ein sehr zufriedenstellender Lagerplatz; er hatte nur den Fehler, daß der ganze Boden voll von Kamelwanzen war, wie das gewöhnlich bei diesen Lagerplätzen der Fall ist.

## Aufbruch zwei Uhr morgens

(Mittwoch 1. Mai.) Getrieben durch einen allgemeinen Impuls von Energie, brachen wir heute zu sehr früher Stunde, etwas nach zwei Uhr morgens, auf, um endlich aus den Sanddünen hinaus in das Wadi zu gelangen. Nach sieben Stunden ununterbrochenen Marsches erhielten wir denn auch die erste Ansicht der steilen und jähen Felsenwände, welche die Südseite des Wadi begrenzen. Sie bildeten einen wunderbaren Gegensatz gegen die weißen Sandhügel im Vordergrunde; indem sie sich in horizontaler schwarzer Linie, welche gegen die Enden auf beiden Seiten schwächer und schwächer wurde, ausstreckten, veranlaßten sie das trügerische Gebilde eines Sees in weiter Ferne. Der kühle Ostwind, welcher uns am Morgen erquickte und einen schönen Tag versprach, schlug gegen Mittag, wie das nur zu oft der Fall ist, in einen heißen Südwind um, der uns höchst unbehaglich wurde und die Ermüdung empfindlich fühlen ließ. Die Unannehmlichkeit wurde dadurch noch bedeutend erhöht, daß sich die Entfernung als

84

weit größer herausstellte, als wir erwartet hatten, und es war schon beinahe zwei Uhr nachmittags, als Herr Richardson und ich, die wir weit vor der Karawane voraus waren, den Rand des Wadi erreichten. Bald darauf gelangten wir an den Brunnen Moghras am Fuße zweier vereinzelter Palmbäume, wo wir eine Frau mit zwei niedlich gekleideten Kindern fanden. Sie gehörte zu den Asgar-Tuareg, einem Stamm, der seine Wohnsitze jetzt weiter im Westen hat, aber, wie klar nachgewiesen ist, erst allmählich aus den Gegenden Libyens an den Grenzen der Cyrenaica über diese Gegenden Fessans dahin gedrängt worden ist, so daß diese Familien nur wieder aus ihren öderen neueren Wohnsitzen in die fruchtbareren älteren zurückgekehrt sind.

Ungefähr in der Mitte des Tales zieht sich ein Gürtel von Salzinkrustation von mehr als einer halben englischen Meile Breite hin und trennt die vereinzelten Palmgruppen von dem eigentlichen Wäldchen. Nachdem wir endlich das letztere erreicht, erblickten wir bald das hochgefeierte Dorf Ugraefe, Residenz von vier unserer Kameltreiber und der große Gegenstand unwiderstehlichster Anziehungskraft für sie, um dessentwillen wir die weit umziehende westliche Straße genommen hatten. Wir fanden es nur aus dreißig leichten, niedrigen Wohnungen bestehend, die alle aus Lehm und Palmzweigen gebaut waren. Es lag nahe an einem freien Platze, wo wir gebeten wurden zu lagern. Da aber weiterhin zwei herrliche Ethelbäume, die größten, welche ich je gesehen, erwünschten Schatten versprachen, so wählten wir unseren Lagerplatz an ihrer Seite. Als die Kamele herangekommen und die Zelte aufgeschlagen waren, gewährte das Lager in der Tat einen höchst freundlichen Anblick.

Zeitig am nächsten Morgen vergnügte ich mich damit, in den Pflanzungen umherzustreifen. Ihr guter Zustand im allgemeinen verfehlte nicht, einen angenehmen Eindruck auf mich zu machen. Das Korn, welches ausgezeichnet stand, war eben reif und ward gerade eingeerntet. Ganz nahe bei unserem Lager waren zwei Negersklaven damit beschäftigt, es zu schneiden, und drei oder vier Sklavinnen trugen es nach den Speichern. Die Neger waren mächtig starke junge Burschen, die Weiber indes eher häßlich, eine ausgenommen, die mit ihrer wirklich hübschen Figur sich durch leichtfertige Koketterie noch mehr Reize zu geben suchte. Die ganze Gesellschaft begleitete ihre Arbeit mit Gesang und gab von den Sitten dieser Landschaft durch übermütige, unanständige Bewegungen eine Vorstellung. Denn Wadi Gharbi ist nur zu berüchtigt wegen der Freiheiten, welche der weibliche Teil seiner Einwohner den jährlich auf ihrem Wege von oder nach Mekka durch das Wadi ziehenden Pilgerkarawanen gestattet.

## Djerma-Garama, ein uraltes Kulturzentrum?

Da ich lebhaft wünschte, das alte Djerma zu besuchen, um mich zu überzeugen, ob es identisch sei mit dem Garama der Römer, so mietete ich in der Folge einen kleinen, elenden Esel, und in Begleitung des jungen, sehr dummen Sohnes von Sbaeda machte ich mich zu einer Untersuchungsreise in den östlichen Teil des Tales auf.

Indem wir uns längs des südlichen Randes der Pflanzungen hielten, rechts den jähen Abhang der Felsriffe, welche sich dreihundert bis vierhundert F. erheben, rückten wir langsamen Marsches vorwärts, bis wir die südwestliche Ecke von Djerma kadim erreichten. Sie ist mit einem viereckigen Turme befestigt, der aus Lehm gebaut ist und eine wunderliche Einrichtung im Innern zeigt. Der ganze Umfang der Stadt, welche seit langer Zeit verlassen ist, mißt fünftausend Schritt; die Südseite allein ist eintausendfünfhundert Schritte lang. In der Nähe der Stadt sind durchaus keine römischen Ruinen, aber die Überreste von mehreren großen, starken Türmen aus Lehm sind etwas weiterhin zu sehen. Da ich daher nicht imstande war, das Grabmal, welches Dr. Oudney beschreibt, ausfindig zu machen, mußte ich nach Tuasch, dem von den Merabetin bewohnten Dorfe, gehen. Es besteht aus drei getrennten Teilen, nämlich einem Tuareg-Dorf, aus Hütten von Palmzweigen bestehend, einer äußeren Vorstadt vereinzelter Lehmwohnungen und einem kleinen, regelmäßig viereckigen Platz, von einer Erdmauer umgeben und mit zwei Toren versehen, einem an der Ost- und einem an der Westseite. Die Straßen sind regelrecht und kreuzen einander in rechten Winkeln.

Ich war hier so glücklich, von Hadj Mohammed e' Saidi, einem hier lebenden wohlhabenden Manne, dem fast alle unsere Kamele gehörten, einen Führer zu bekommen, der mich zu dem römischen Denkmal hinführen sollte. Es liegt in einer Bucht der südlichen Talwand. Seine leidlich gute Erhaltung überraschte mich bei den allgemeinen Ausdrücken, in denen Oudney es beschreibt. Da es als das südlichste Denkzeichen der Macht jenes großen Volkes mir ein großes Interesse in Anspruch zu nehmen schien, so nahm ich sofort eine Skizze davon. Es ist in der Tat eine merkwürdige Erscheinung, daß die Römer schon mehrere Jahre vor dem Beginn unserer Ära bis zu diesem Platz vordrangen*); und daß ihre Herrschaft nicht bloß ganz vorübergehender Natur war, scheint dieses Denkmal klar zu beweisen.

*(Montag, 6. Mai.)* Wir hegten alle den lebhaften Wunsch, heute die erste große Station unserer Reise zu erreichen, und waren demnach in aller Frühe in voller Tätigkeit; da sich aber einige Kamele verlaufen hatten, konnten wir nicht so zeitig aufbrechen, als wir gewünscht. Im allgemeinen war die Gegend mit Ausnahme weniger kleiner Dattelwäldchen, die wir in größeren oder kleineren Zwischenräumen passierten, sehr öde und wüst. Endlich erreichten wir die Pflanzung von Mursuk, fanden sie aber keineswegs von demselben malerischen und erfrischenden Charakter als die, welche wir im Wadi bewundert hatten. Während die Dattelwäldchen im »Tale« einen dichten, prächtigen Schatten gewährten und in schönen Gruppen standen, war die Pflanzung von Mursuk weit zerstreut und in dünnem Wuchse vereinzelt. Kaum konnte man bestimmen, wo Anfang und wo Ende sei.

So erreichten wir die Mauern der Stadt, welche aus einer Art Lehm gebaut ist, der ganz von salzigen Inkrustationen glimmert. Wir umzogen die ganze West- und Nordseite der Stadt,

---

*) Lucius Balbus Gaditanus, der Eroberer von Cydamus (Ghadames) sowohl wie von Garama (Djerma), hielt seinen Triumpheinzug in Rom im Jahr der Stadt 735 oder 19 v. Chr. Plinius H. N. l. V. c. 5. Vellejus Pat. II, 5. Strabo l. III. p. S. 169. Marmor Capit. Die Namen und Darstellungen der anderen Nationen und Städte, die Balbus auf seinem Triumphzuge mit sich führte (Plinius l. c.), waren offenbar eine eitle Schau, bestimmt, den Stolz der Römer zu kitzeln, und enthielten wahrscheinlich alles, was Balbus auf seinem Zuge über das Innere des Kontinents erfahren hatte.

die beide kein Tor haben, das groß genug für eine Karawane wäre, und machten an der Ostseite halt, unweit vom Lagerplatze der Pilgerkarawane, welche auf ihrer Heimreise von Ägypten nach Marokko und Tauat begriffen war. Nach einigem Warten kam Herr Gagliuffi aus der Stadt, um uns hineinzuholen. Herr Richardson war etwa eine Stunde vor uns angekommen.

Gagliuffis Haus hatte im Innern eine sehr angenehme halbbedeckte Halle, und ich wurde in ein leidlich luftiges und kühles Zimmer an der Nordostecke desselben einquartiert. Der Agent bewirtete uns mit aller möglichen Gastfreundschaft und versuchte alles, was in seiner Macht lag, uns den Aufenthalt in der Stadt so angenehm als möglich zu machen.

# Kapitel 9

## Aufenthalt in Mursuk

*Vor dem Aufbruch ins Unbekannte*

Unglücklicherweise war alle Aussicht vorhanden, daß unser Aufenthalt in Mursuk sich in die Länge ziehen würde, da die Häuptlinge von Rhat\*) *(Ghat)*, welche uns in ihren Schutz nehmen sollten, erst eingeholt werden mußten. Der Eilbote mit dem Briefe, welchem ein Schreiben des zeitweiligen Statthalters beigegeben war, in dem den Häuptlingen vollkommene Sicherheit versprochen wurde, ging nicht eher als am 8. Mai abends ab. Gewiß, um das Land Aïr, das noch nie die Schritte eines Europäers betreten hatten\*\*), mit einiger Aussicht auf Sicherheit zu besuchen, war es notwendig, unter dem Schutze eines mächtigen Häuptlings zu stehen. Es war indes sehr fraglich, ob einer der Häuptlinge von Rhat einen solchen Schutz zu gewähren wirklich imstande wäre. Auf der anderen Seite mußte es die Ansprüche dieser Leute bedeutend steigern, wenn man ausdrücklich nach ihnen sandte, um nach Mursuk zu kommen, uns abzuholen; und nicht allein ihre eigenen Ansprüche, sondern auch die anderer Häuptlinge, durch deren Gebiet unser weiterer Weg ging, mußten gesteigert werden. Wie dem aber auch sei, da dies Verfahren einmal für unumgänglich nötig befunden wurde, so war die nächste Frage, ob wir alle drei nach Rhat gehen sollten.

Diese Frage wurde am nächsten Morgen entschieden, indem nach unserem Besuche bei Hadj el Amin, dem Bruder des Gouverneurs von Rhat, bestimmt wurde, daß nur der Direktor

---

\*) Ich bemerke ein für allemal, daß die Schreibung dieses sowie vieler anderer Namen in europäischer Sprache höchst schwierig ist. Die Aussprache des den Namen beginnenden Kehllautes ist entschieden dem *r* näher als dem *g*.
\*\*) *Schon im 18. Jahrhundert hatten italienische Patres Aïr erreicht und gelangten in den Sudan.*

der Expedition nach jenem Platze gehen solle, um, wo möglich, mit den Tuareg-Häuptlingen einen Vertrag zu schließen. Indessen sollten Herr Overweg und ich mit der Kafla auf der südlichen Straße geraden Weges nach dem Brunnen Arikim gehen, um dort Herrn Richardson zu erwarten.

Da war ein Mann, in der Tat wie von der Vorsehung gesandt, welcher als Vermittler zwischen uns und den zunächst zu betretenden Ländern dienen konnte; er war uns aufs angelegentlichste von Hassan Bascha empfohlen, dem früheren Statthalter von Fessan, den wir häufig in Tripoli gesehen und der die politischen Verhältnisse des Sudans und die dort an Macht und Einfluß angeseheneren Männer sehr wohl kannte. Dieser Mann war Mohammed Boro mit dem Titel »sserki-n-turaua«, »Herr der Weißen«. Er wohnte gewöhnlich in Agades, hatte aber auch ein Haus und viele Verbindungen in Sokoto und war gegenwärtig auf seiner Heimreise von einer Wallfahrt nach Mekka begriffen. Er bekleidete augenblicklich nicht das Amt, dessen Titel er trug, sondern hatte es mehrere Jahre zu-

*Abbildung 15.*   Reiseweg in die Tiniri.

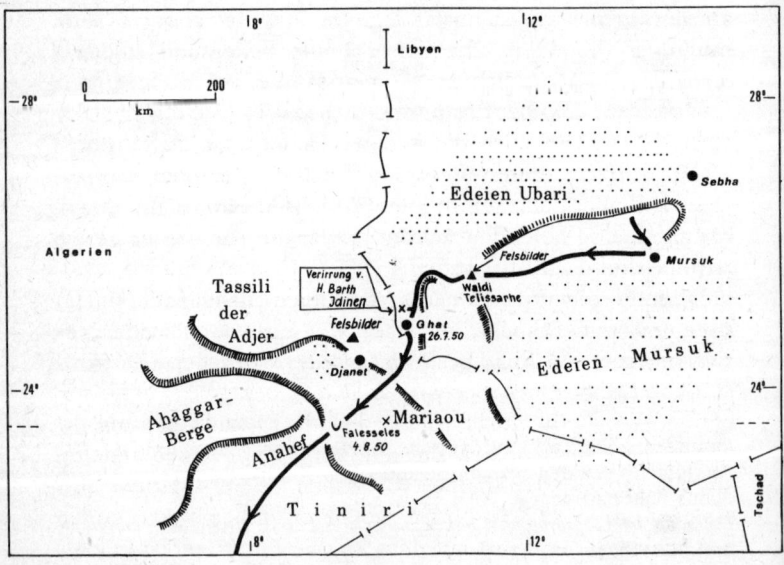

vor bekleidet, zur Zeit, als Mohammed Gumma Sultan war, der in der Folge von den Kelgeres zwischen Asben und Katsena getötet wurde. Mohammed Gumma war der Vater von Mohammed e' Rufāy, der im Jahre 1853 an Stelle 'Abd el Kaders die Sultanswürde von Agades erhielt und ein großer Freund von Boro war. Dennoch aber war Mohammed Boro auch zur Zeit ein Mann von großem Einfluß und von höchst wichtigen Verbindungen und konnte uns als solcher ebensowohl von großem Nutzen sein, als im entgegengesetzten Falle höchst schädlich werden. Es ist sehr zu beklagen, daß Herr Gagliuffi unter mir unbekanntem Einflusse die Wichtigkeit dieses Mannes in bezug auf die Erfolge der Expedition sehr unterschätzte und ihn demgemäß behandelte. Ich habe die Ansicht, daß Hadj el Amin es war, welcher absichtlich von Mohammed Boros Charakter geringschätzig sprach, aus Furcht, daß wir mindere Wichtigkeit auf die Verbindung mit den Häuptlingen von Rhat legen würden, wenn wir einen einflußreichen Mann aus Agades bei uns hätten. Er stellte daher diesen als intrigant dar und erzählte, er habe sich viel mit den Türken abgegeben und suche deren Macht zu benutzen, um seinen früheren Rang und seine Stellung wieder zu erlangen; er maße sich viel mehr Wichtigkeit an, als er in der Tat besäße; kurz, er sei ein Mann, um dessen Freundschaft es kaum der Mühe wert sei, sich zu bewerben, besonders nicht, wenn es die geringsten Opfer erfordere.

Mohammed Boro stattete uns am 8. Mai in Gagliuffis Hause einen Besuch ab. Er war ein ältlicher, achtbar aussehender Mann in einem grünen Burnus mit weißem Untergewand gekleidet. Unglücklicherweise konnte er nur sehr wenig Arabisch sprechen, und ich war damals noch nicht weit genug in der Kenntnis der Haussa-Sprache vorgeschritten, um die Unterhaltung darin aufrechtzuerhalten. Er sprach daher nur wenig, außer daß er Herrn Gagliuffis leere und etwas ironische Versicherungen, daß Erfolg und Wohlfahrt der Expedition gänzlich in seine (Mohammed Boros) Hände gegeben seien, mit einer beständigen Reihenfolge von »el hamdu lillahis« empfing. Er war in Begleitung seines ältesten Sohnes und eines anderen »Ba-Asbentshi« oder Mannes von Asben. Später sandte er uns einige Guro- oder Kola-Nüsse, wovon er großen Vorrat zu haben schien, da er selbst auf dem Markte davon verkaufte. Als

Gegengeschenk sandte ihm Herr Gagliuffi ein ziemlich mageres Schaf, was nebst einem kleinen Hut Zucker (zu fünfzehn Silbergroschen) alles war, was dieser angesehene Mann in Mursuk von uns erhielt. Die Folge dieses unverständigen Benehmens war, daß wir, anstatt seine Freundschaft zu gewinnen, ihn außerordentlich gegen uns aufbrachten, und dies hat sicherlich in der Folge großen Nachteil für uns gehabt.

Nachdem ich dies wenige von unseren Verbindungen in bezug auf den ferneren Erfolg unseres Unternehmens befürwortet, will ich nun eine kurze Beschreibung von Mursuk geben, ohne in eine Aufzählung unserer Besuche und Gegenbesuche einzugehen, deren interessante Eigentümlichkeiten von Herrn Richardson so charakteristisch beschrieben worden sind. Die Ansicht, welche ich von der Terrasse des englischen Vize-Konsulates aus aufgenommen, wird genugsam zeigen, daß die äußere Erscheinung der Stadt keineswegs übel ist, sondern daß sie sogar etwas Malerisches hat.

Nichtsdestoweniger aber macht sich selbst beim ersten Anblick ihr außerordentlich trockener Charakter fühlbar; bei einem längeren Aufenthalte wird derselbe zum vorherrschenden Zuge und macht den Platz zu einem überaus unerfreulichen Wohnort, wenn man auch von der glühenden Beschaffenheit der Atmosphäre dieses Platzes aus Captain Lyons eigentümlich beeinflußten Beobachtungen in Europa eine übertriebene Vorstellung gewonnen hat. Die eigentümliche Lage schließt alle reinigenden Luftbewegungen aus; der nur selten von schwachem Regen befeuchtete Sandboden erfüllt die Luft stets mit Sandteilchen, welche die Glut der Sonnenstrahlen allerdings in hohem Grade vermehren müssen, und zugleich verpesten die Salzbecken am nördlichen Rande der Stadt, die stets eine Ansammlung des faulsten Wassers beherbergen, die Luft mit ungesunden Dünsten. Der Mensch kann der drückenden Hitze nicht anders entfliehen als in den kühlen Hallen seiner Behausung, und er findet keine Erheiterung als in sinnlichen Genüssen. Besonders ist der starke Genuß des Palmweines bei der Fieberhaftigkeit des Platzes wohl in Anschlag zu bringen.

Drei Tore führen in die Stadt; das östliche ist das Haupttor, das westliche von geringerem Umfange und das nördliche sehr klein. Die Südseite hat kein Tor; sie ist überhaupt von 'Abd el

Djelil sehr eingerückt, wie die Reste der alten Mauer aus der Zeit der Muckenis deutlich zeigen. Trotzdem ist die Stadt noch viel zu groß für ihre geringe Einwohnerschaft, die sich, alles zusammengenommen, nur auf zweitausendachthundert Seelen belaufen soll. Der größte Teil der Stadt, namentlich in einiger Entfernung vom Bazar, ist nur dünn bevölkert und halb verfallen.

Eine charakteristische Eigentümlichkeit der Stadt, welche deutlich zu erkennen gibt, daß sie mehr verwandtschaftliche Beziehungen zum Sudan als zu den Ländern der Araber hat, ist die geräumige Esplanade oder »déndal«, die sich vom östlichen Stadttore bis zum Kastell erstreckt und den Hauptteil der Stadt luftiger, aber auch der Hitze unendlich viel mehr ausgesetzt macht.

Die folgende Skizze des Planes wird eine ziemlich genaue Idee von dem ganzen Charakter der Stadt zu geben vermögen.

In bezug auf die Straße durch Fessan will ich nur noch erwähnen, daß die Notman, die Sueid und die Megescha die gewöhnlichsten Warenführer sind; auf der Straße nach Sudan dagegen ist der Transport fast ganz in den Händen der Tinylkums, einer Klasse Leute, mit denen wir sogleich in den engsten Verkehr treten werden, da sie unsere Führer auf dem ganzen Weg von Mursuk nach Aïr, ja einige von ihnen sogar bis nach Kano waren. Der Gesamtbetrag des alljährlichen Umsatzes in Mursuk beträgt etwa einhunderttausend österreichische Taler.*)

Ich hatte im Anfang die Absicht gehabt, meine Mußezeit in dieser Stadt zu einem Ausflug nach Tibesti zu benutzen, einer Gegend, welche durch des gelehrten Franzosen Fresnel Forschungen viel Aufmerksamkeit in Europa erregt hat; nach reiflicher Überlegung aber schien die damit verbundene Gefahr zu groß für den Anfang eines so umfassenden Unternehmens wie unsere Expedition. Ich werde aber später auf dies Land zurückkommen, wo ich dann die übertriebenen Begriffe von der großen Erhebung desselben, zu denen des eben genannten Ge-

---

*) Da sieben Achtel dieses ganzen Betrages auf den Sklavenhandel kamen, so sind die Folgen der Abschaffung dieses Handels, die jetzt schon in Kraft getreten ist, ganz unübersehbar.

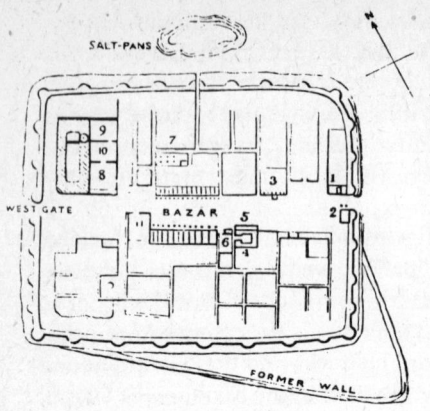

*Abbildung 16.*
Plan von Mursuk.
1 Zollhaus.
2 Torwache.
3 Wachthaus.
4 Haus des englischen Agenten.
5 Kleiner Garten desselben.
6 Haus des Scheich von Bórnu.
7 Moschee.
8 Hofplatz der Kasbah.
9 Kaserne.
10 Treppe in das Innere der Kasbah
   wo der Statthalter residiert.

lehrten Angaben verleitet haben, bedeutend beschränken werde.*)

Herr Gagliuffi hatte, sobald er den bestimmten Plan der Expedition kannte, ein Abkommen mit den Tinylkums getroffen, um unser Gepäck bis nach Selufiet zu übernehmen, und sie betrieben die Abreise mit Ungeduld. Nach vielfacher Verzögerung bestimmten sie als letzten Termin den 6. Juni, um die Waren, mit denen wir uns hier in Mursuk versehen hatten, auf ihren Kamelen fortzuschaffen, während wir selbst mit dem Rest des Gepäckes am 12. folgen sollten. Da aber das Gepäck am bestimmten Tage nicht zu früher Stunde fertig war, weil wir genötigt gewesen waren, alles umzupacken, damit die Ballen leichter würden, so wurde unsere endliche Abreise auf den 13. bestimmt. Es war mir wohl nicht unbekannt, daß wir darum nicht eine Stunde zeitiger die vor uns liegenden unerforschten Länder erreichen würden, aber doch vertauschte ich mit Freuden unser bequemes Quartier in Gagliuffis Haus mit dem Zelte; denn ich habe mir es zum Grundsatze gemacht, mich jedesmal vor dem Antritt einer langen Reise an ihre Entbehrungen und an die Sonnenhitze allmählich zu gewöhnen. Nichts ist bedenklicher für einen Reisenden als plötzlicher Wechsel von der Bequemlichkeit einer kühlen, den direkten Einflüssen

---

*) *Dr. G. Nachtigal gelang 1869/70 die Durchforschung, und er sah die Dreitausender dieses Gebirges.*

des Klimas entzogenen Wohnung in der Stadt mit der Anstrengung einer langen Tagereise über glutheiße Sandsteppen.

*(Donnerstag, 13. Juni.)* Am Morgen verließen Overweg und ich in Begleitung Herrn Gagliuffis und einiger befreundeter Eingeborener die Stadt durch das westliche Tor. Mein Abschied vom englischen Agenten war herzlich. Er hatte uns auf die freundschaftlichste Weise empfangen und gastfreundlich bewirtet; er hatte lebhafte Teilnahme für unser ferneres Fortkommen gezeigt, um der Expedition wo möglich allen Erfolg zu sichern. Daß er in seinen kaufmännischen Beziehungen zur Mission, die er den Anordnungen der englischen Regierung gemäß mit Waren zu versehen hatte, seinen eigenen Vorteil bedachte, ist ihm als Kaufmann nicht zu verübeln; aber nicht zu leugnen ist es, da es unendlich besser für uns gewesen wäre, wenn er uns mit einer zweckmäßigeren Gattung von Waren versehen hätte, als er wirklich tat.

## Mohammed Boro zürnt

Kaum hatten wir uns bequem eingerichtet, als wir noch die angenehme Nachricht erhielten, daß Hatita mit zwei Söhnen Schafos eben von Rhat angekommen sei und bei uns vorsprechen werde. Ihre Ankunft war in der Tat von der größten Wichtigkeit geworden, da Herr Richardson nicht ohne sie aufbrechen wollte und gewiß recht hatte, so zu tun, obwohl es jedem, der im geringsten mit den Zuständen im Innern bekannt war, offenbar werden mußte, daß sie uns nicht die geringste Sicherheit eines guten Empfanges in Aïr oder Asben verschaffen konnte, da dies Land von einem gänzlich verschiedenen Stamme beherrscht und bewohnt wird.

Auf der anderen Seite brachte uns die Ankunft dieser Häuptlinge in eine um so schiefere Stellung zu Mohammed Boro. Dieser angesehene Mann hatte so lange auf uns gewartet und sah nun deutlich, daß wir, anstatt – wie Herr Gagliuffi ihm gesagt – unseren Erfolg gänzlich von seinem Schutze abhängig zu machen, uns ganz allein auf die Rhat-Häuptlinge verließen und mit ihm bloß unser Spiel trieben. Er geriet in unmäßigen Zorn und drohte offen vor unseren Leuten, er werde dafür Sorge tragen, daß wir auf dem Wege von seinen Landsleuten angefallen würden. In dem Verlaufe unserer Reise hatte ich vielfach Gelegenheit zu sehen, daß dies keine leeren Drohungen waren, sondern der ernstliche Ausbruch des Zornes eines ehrgeizigen und leidenschaftlichen Mannes. Auch kann man nicht leugnen, daß er nicht ohne Grund sich als von uns schimpflich vernachlässigt erachtete; er war von uns selbst gleichsam angereizt, uns zu beweisen, daß er, woran wir zu zweifeln schienen, Einfluß genug besitze, um uns sowohl nützlich sein, als auf der anderen Seite bedeutenden Nachteil verursachen zu können.

Dem heißen Tage folgte ein sehr schöner Abend, und ich streckte mich bei dem prachtvollen Mondlichte, voll Freudigkeit im Herzen und mit der innigen Hoffnung, daß unter göttlichem Beistande mein gefahrvolles Unternehmen gelingen möge, vor unserem offenen Lagerplatze hin. Mit herzlicher Teilnahme lauschte ich den innigen und ernsten Gebeten der Tinylkums, welche sie in tonreichem Gefälle, oft mit dem langgezogenen Laut »ha, ha« begleitet, jetzt zu einem mächtigen, sturmähnlichen Geräusch sich erhebend, dann zu einem melancholischen, geisterhaften Tone sich senkend, in asketischer Weise in die Länge zogen. In der friedlichen Mondnacht, bei der von Palmgruppen behobenen, phantastischen Landschaft, waren diese dumpf dahinschallenden Laute wohl geeignet, einen tiefen Eindruck auf des Hörers Gemüt zu hinterlassen.

Es ist eine bemerkenswerte Tatsache, daß, während der Islam an den Küsten des Mittelmeeres, wo er zuerst gepflanzt wurde, mit schnellen Schritten seinem Verfalle entgegengeht, einzelne asketische Sekten im Innern sich verbreiten, welche die letzten eifrigen Bekenner zusammenhalten. Die besondere Sekte, der die Tinylkums, welche im allgemeinen Maleki sind, zugehören, ist durch einen Mann namens Mohammed el Médani begründet. Er stiftete eine Art Kloster oder Sauya in der Nähe von Masrata, welches mit einem gewissen Grundeigentum versehen war, von dessen Ertrag er viele Pilger bewirtete und sich dadurch eine große Menge Anhänger erwarb. Die ausgezeichnetste Seite der Lehre dieses Sektierers ist die Abschaffung der Verehrung verstorbener Heiliger, die in so hohem Grade die Reinheit und hochzuschätzende Einheit der Lehre des Islams beschmutzt hat. Mit dieser Lehre hängt der gegenwärtige Verfall einiger berühmter Kapellen, die ich oben erwähnt habe, innig zusammen. – Mohammed el Médani ist, wie man mich versichert hat, vor kurzer Zeit gestorben, doch setzt sein Sohn das fromme Institut fort; es ist eine Art von Freimaurerei damit verbunden.

Ich gestehe, daß ich mit Wohlgefallen die Ausbreitung dieser strengen Sekte des Islams sehe, da ich nicht zu denen gehöre, welche einen besonderen Fortschritt darin erkennen, daß Mohammedaner gegen ihre Religionsprinzipien gleichgültig gemacht und an berauschende Getränke und dergleichen christliche Vorrechte gewöhnt werden. Ich habe noch keineswegs den Glauben aufgegeben, daß Lebensfähigkeit im Islam liege, welche nur durch einen Reformator wieder hervorgelockt werden müsse. Ich halte es nicht für unmöglich, daß ein solcher in dem ruhigen Kampfe und Zusammenstoße, in welchen nicht nur Christentum und Islam, sondern die ganze christliche und moslemische Welt unter den gegenwärtigen Verhältnissen geraten ist, früher oder später sich erheben werde. Ich werde im Verlaufe meiner Reise vielfach Gelegenheit haben, auf diesen Punkt zurückzukommen.

Durch wiederholtes Messen mit der Kette hatten wir gefunden, daß auf leidlich ebenem Boden die durchschnittliche Geschwindigkeit, wie die Tuaregs reisen, eine halbe engl. geogr. Meile in dreizehn Minuten betrage. Es ist nämlich die Gewohnheit dieser Leute, ihre Kamele, während sie denselben auf dem Marsche nicht erlauben zu grasen, des Nachts ganz auf der Weide zu lassen und sie erst am Morgen herbeizuholen, was allerdings Aufenthalt, mitunter bis zu sehr später Stunde, verursacht, zumal wenn jene, was nicht selten der Fall ist, sich verlaufen haben.


*Schwierige Verhandlungen*

Es ward ein bedeutsamer Tag für die Entwicklung unseres Reiseunternehmens. Um fünf Uhr nachmittags kamen endlich Herr Richardson und die Häuptlinge der Asgar an. Glücklicher freilich wäre der Tag gewesen, hätten wir mit der ganzen Kafla zusammenbleiben und so vereinigt die Reise machen können. Dann würden wir uns mit dem gesamten Personal haben befreunden und in ihnen treue Beschützer finden können. Dem war aber nicht so, und die Art, auf welche das Geschäft in Mursuk mit den Häuptlingen abgeschlossen war, indem sie die verlangte Summe erhielten, ohne dagegen ein schriftliches Versprechen, uns sicher nach Aïr zu bringen, auszustellen, machte sich eher fühlbar, als ich erwartet hatte.

Am folgenden Abend nämlich berief uns Hatita zu einer Verhandlung. Er erklärte bestimmt, daß er einen Monat Zeit brauche, um die nötigen Vorbereitungen zu einer Reise nach Aïr zu treffen; es wäre daher notwendig, daß wir uns von unserem Gepäck oder vielmehr von der Kafla trennten und unser Gepäck mit nach Rhat nähmen, um dort andere Kamele zu mieten oder zu kaufen. Dagegen erklärten wir im Widerspruch mit diesem ungerechten und absurden Verlangen auf das bestimmteste, daß wir keine andere Wahl hätten, als der geraden Sudanstraße in Gesellschaft der Kafla zu folgen, und daß es unser fester Vorsatz sei, in jedem Falle nicht mehr als sieben Tage in Rhat zu verlieren. Als Hatita, ziemlich unzufrieden mit unserem bestimmten, festen Verhalten, uns verlassen, kamen unsere Diener mit der Nachricht von den Häuptlingen, daß wir sehr im Irrtum wären, wenn wir glaubten, die Straße nach Aïr sei überhaupt schon offen für uns: Es wäre notwendig, vorher einen Boten abzusenden, um vom Häuptling jenes Landes die Erlaubnis, dasselbe zu betreten, einzuholen; daß wir daher jedenfalls erst diese Antwort abzuwarten hätten. Unsere Diener freilich würden sich sehr gern einen oder zwei Monate in Rhat müßig umhergetrieben haben, wie sie schon in Mursuk getan, und waren daher warme Fürsprecher der Meinung der Tuareg-Häuptlinge. Überhaupt nahmen sie einen bedeutenden Grad von Unverschämtheit an, namentlich infolge unserer geringen Mittel. Diese waren allerdings so gering, daß sie uns ohne den Hinterhalt einer Regierung wie der englischen nicht erlaubt haben würden, große Dinge zu unternehmen. Es war dies unleugbar die schwache Seite unserer Expedition, die uns auch gar manchen Schwierigkeiten und Entbehrungen aussetzte, die uns aber auch vielleicht auf der anderen Seite größere Opfer ersparte und in gewisser Beziehung den endlichen Erfolg sicherte.

Während wir nun standhaft bei unserem Vorsatze blieben, ließen wir uns doch bereit finden, nach Rhat zu gehen, und versuchten indes unsere Kamelführer zu beschwichtigen, indem wir ihnen für jeden Tag, den sie auf uns zu warten hätten, eine kleine Entschädigung bewilligten. Zuletzt ließen sie sich bewegen und versprachen, zehn Tage auf den Weg nach Arikim, einem Brunnen drei Tagereisen südlich von Rhat, zu verwenden; von da sollten sie nach einem Aufenthalt von sechs Tagen, um uns zu erwarten, geraden Weges nach Aïr weiter gehen.

Den alten Häuptling nun bei seiner schwächsten Seite fassend, ließen wir ihm am nächsten Morgen die Nachricht zukommen, daß er, auch wenn er uns in Rhat lange Zeit zurückhalten wolle, nur wenig Wertvolles von uns würde bekommen können, da wir nur sehr wenig Geld bei uns hätten. Ich machte auch Yussuf Muckeni auf die Unehrlichkeit in des Häuptlings Verhalten aufmerksam, der, nachdem er alles, was er gewünscht, bekommen habe, einen ganz neuen Handel abzuschließen suche. Hatitas Antwort war zufriedenstellend, und mit der innigen Hoffnung, daß wir bald imstande sein würden, neue Regionen zu erforschen, neue Stämme und Menschen zu sehen, überließen wir die Entwicklung der ganzen Sache der Zeit.

# Kapitel 10

## Das Geheimnis der Felsbilder

*Eine ganze Bibliothek mit kostbaren Bildbänden ist in den letzten zwanzig Jahren über das Thema »Felsbilder der Sahara« entstanden. Der düstere Gebirgskomplex Tassili der Adjer, an der algerisch-libyschen Grenze, bei den Orten Djanet und Ghat, Zentrum der Tuareg Adjer, ist, seitdem Henri Lhote und Attilio Mori ihre Felsbilder-Entdeckungen, nach den ähnlichen Funden von Leo Frobenius, mit spektakulärem Erfolg publik machten, ein Mittelpunkt von Reisen und Fotografen geworden.*

*Das Gebirge wird jahraus, jahrein durchwandert. Seine fantastischen farbigen Bilder an den hohen Steilwänden zeugen von vergangenen Menschenkulturen, als die Sahara noch keine Wüste war (vor 3000 v. Chr.).*

*Französische Forscher waren nach der Besetzung Nord-Algeriens um 1840 ersten Spuren nachgegangen*

*Mit H. Barths Funden und deren Deutung im Wadi Telissarhe (1850) beginnt sich recht eigentlich die saharische Archäologie zu entwickeln.*

(Freitag, 5. Juli.) Wir mußten uns von den Tinylkums und von unserem Gepäcke trennen, ohne irgendwelche Sicherheit zu haben, daß wir sie würden einholen können. Es geschah dies natürlicherweise in hohem Grade ungern, so daß wir ein gutes Stück hinter den Häuptlingen zurückblieben und ihnen nacheilen mußten. Wir waren vom Brunnen Scháraba fortwährend aufwärts gestiegen – Scháraba scheint in der Tat die tiefste Einsenkung in der ganzen Gegend zu sein –, und auch heute hatten wir beträchtlich anzusteigen. Indem ich unserer Truppe vorausritt und eine kleine Kafla passierte, welche zu meinem nicht geringen Erstaunen mit Vorräten und Waren für die Pilgerkafla der Tawatis, die ich schon in weiter Ferne wähnte, beladen war, holte ich bald Hatita und seine Gefährten ein. Sie waren höflich und artig, aber der Freund der Engländer, wel-

*Abbildung 17.*
Ein Targi.
Nach einer Zeichnung von
H. Barth.

cher soviel als möglich aus uns zu ziehen wünschte, um wieder
eine Heirat mit irgendeinem hübschen Amoscharh-Mädchen,
einige vierzig Jahre jünger als er selbst, schließen zu können,
versuchte seine ganze Schlauheit, um mir das Geständnis abzu-
locken, daß ich etwas von meiner Ausstattung zu seinem Besten entbehren könne, ein Paar Pistolen, einen Teppich, einen
Burnus oder was sonst. Obwohl dies nun gleich keinen Erfolg
hatte, so wurde er doch nicht unhöflich, sondern schien eher
an meinem Verhalten im allgemeinen Gefallen zu finden.

Wie er dann ruhig an meiner Seite dahinritt, nahm ich Gelegenheit, ihn unvermerkt in mein Memorandenbuch hinzuskiz-
zieren.

Bei all seinen Fehlern war er ein liebenswürdiger alter Herr.
Man konnte es ihm kaum verdenken, daß er, in seinem hohen
Alter noch mit frischer Empfänglichkeit für die Freuden des irdischen Daseins ausgestattet, die Gelegenheit, seinen Wüsten-
haushalt etwas zu verbessern, nicht ungenutzt vorübergehn
lassen wollte.

Nachdem wir ein anderes Tal von ansehnlicher Größe
durchschnitten, stiegen wir in das Wadi Elghomude – das Tal
des Kamels – hinab. Reich mit Kräutern bewachsen, macht es
einen tiefen Einschnitt in das steinige Plateau von Nord nach
Süd und hat ein heiteres Ansehen. Sobald unser Zelt aufgeschlagen war, streifte ich meiner Gewohnheit gemäß umher.
Es ist bei mir zum Grundsatz geworden, alles an und für sich
getrennt zu betrachten, und das dürftige, flache Wadi in der

Wüste mit seinem eigentümlichen Charakter erregt in mir das-selbe Interesse, das bei anderen nur durch die reichste Land-schaft geweckt werden kann.

Der obere Teil des Tales, welcher außerordentlich reichen Graswuchs hatte, trug unverkennbare Spuren eines beträchtli-chen Regenstromes, der vor kurzem seine Fluten hier hinabge-wälzt hatte, hauptsächlich kenntlich an dem Punkte, wo zwei Täler sich zu einem verbanden. Hier war ich glücklich genug, einen sehr freundlichen und liebenswürdigen Hogar zu fin-den, welcher, nachdem er einige Zeit meine Liebhaberei, um-herzustreifen, mit Erstaunen beobachtet, an mich herantrat und ein Gespräch anknüpfte. Da er an den Augen litt, war ich froh, ihm durch eine Bleiauflösung helfen zu können. Unser Lager breitete sich über einen weiten Platz aus und war gleich-sam ein ethnographisches Museum; denn es bestand aus sechs getrennten kleinen Truppen oder Karawanen von Menschen aus verschiedenen Teilen Afrikas und sogar aus Europa.

*(Sonnabend, 6. Juli.)* Ein herrlicher Morgen eröffnete den Tag kühl und frisch. Wir wurden durch eine kleine Kafla, welche von Sudan kam, erfreut. Sie brachte uns zwei wichtige Neuig-keiten. Die erste war, daß sie in Begleitung von fünf Männern aus der Familie des Kel-owi-Häuptlings Annur nach Rhat ge-kommen seien und daß jene Leute nach kurzem Aufenthalte in ihre Heimat zurückzukehren beabsichtigten; die zweite, daß die Expedition der Kel-owis von Kanem zurückgekehrt sei, nachdem sie die Uëlad Sliman gänzlich aufgerieben.

Unsere Überraschung war groß, als wir unsere Begleiter sich im Tale Telí-ssarhe, nachdem wir erst weniger als drei Meilen zurückgelegt, nach einem Lagerplatze umschauen sahen. Indes wurden wir bald durch das ungewöhnliche Interesse, welches das Tal erregte, mit diesem Lagerplatz völlig ausgesöhnt. Schon der ganze Charakter des Tales, das zwischen steilen Felswänden eingeschlossen und mit schönen Talhabäumen be-wachsen war, ließ uns unseren Führern ohne viel Widerstre-ben folgen. Sie hielten sich an die westliche Felswand und wählten zum Lager eine Stelle, wo ein westlicher Zweig in das Haupttal mündete, während am Fuße der Felswand auf dieser Seite ein kleiner Wasserpfuhl, der sich aber natürlich nicht län-ger als etwa zwei Monate im Jahre hält, gebildet war. Kaum hatten wir hier unser Zelt aufgeschlagen, als wir fanden, daß das Tal einige bemerkenswerte Skulpturen enthielt, welche unserer besonderen Aufmerksamkeit wert waren.

## Erste Felsbild-Analyse

In der Tat boten die steilen, glatten Wände am östlichen Winkel des Tales, wo dasselbe den Seitenarm aufnimmt, etwas südlich von dem Platze, wo wir unser Zelt aufgeschlagen, einen überaus günstigen Ort, um eine interessante oder bedeutsame Tatsache zu verewigen, und wir fanden die Sandsteinblöcke an dieser Stelle mit Zeichnungen der verschiedensten Gegenstände bedeckt, während sie auf der anderen verwittert waren. Und zwar bestanden sie nicht aus Kritzeleien, sondern, obwohl keine vollendeten Skulpturen, waren sie doch mit fester und ruhiger Hand, welche wohlgeübt in solcher Arbeit gewesen, in tiefen Umrissen eingegraben und trugen durchaus einen von allem, was sonst in diesem Landstriche gefunden wird, verschiedenen Charakter.

Ich will zuerst die Darstellung beschreiben, welche das größte Interesse in Anspruch zu nehmen scheint. Leider ist aber eben dies große Interesse der Grund, weshalb ich jetzt nur eine unvollkommene Skizze davon zu liefern imstande bin, da eine vollendetere Zeichnung, welche ich davon machte und im Laufe desselben Jahres nach England schickte, hier verlegt worden zu sein scheint.

Die Skulptur zeigt eine Gruppe von drei Individuen in vorstehender Anordnung und Charakterhaltung. Zur Linken sieht man eine große menschenähnliche Figur mit dem Kopfe einer besonderen Art von Bullen oder einer Antilope mit langen, nach vorn gewendeten, aber an den Spitzen abgebrochenen Hörnern; anstatt des rechten Armes dient ein eigentümliches, ruderähnlich endendes Organ, wenn das nicht vielleicht bloß auf die ungeschickte Zeichnung kommt. In der linken Hand trägt die Gestalt einen Pfeil und einen Bogen. Die Art, wie beide zusammen dargestellt sind, läßt keinen Zweifel darüber und erlaubt nicht, letzteren Gegenstand für einen Schild zu halten. Zwischen den Beinen hängt ein langer Schweif von dem mageren Körper herab. Die Figur selbst ist stark vorwärts

*Abbildung 18.* Überraschung an der Felswand.

geneigt und zeigt sich entschieden in laufender oder angreifender Stellung, wahrscheinlich im Begriff, den Pfeil abzuschnellen. Gegenüber dieser sonderbaren Figur ist eine andere Gestalt von kleineren Verhältnissen, aber nicht weniger merkwürdig. Der bis hinaus zu den Schultern vollständig menschliche, obgleich sehr schlanke Körper trägt einen Tierkopf, der an den ägyptischen Ibis erinnert, ohne jedoch mit ihm identisch zu sein. Der kleine, spitze Kopf ist mit drei Ohren oder einem Paar Ohren und einem anderen Auswuchse versehen, und hinter ihm ist eine Art Kappe, welche am meisten auf ägyptische Kunst hinweist; sie ist indes nicht gefurcht; über dem Vorderteil des Kopfes ist eine runde Linie, welche wohl irgendeinen Zierat darstellt und entfernt an den Basilisken erinnert. Diese Figur hat in der rechten Hand gleichfalls einen Bogen, aber, wie es scheint, keinen Pfeil. Die linke Hand ist dagegen vom Körper abgewendet. Zwischen diesen beiden halbmenschlichen Figuren, welche im Kampf einander entgegenzustehen scheinen, ist ein Rind von kleinerer Gestalt, als das Verhältnis zu den menschlichen Figuren erfordern würde, sonst aber mit derselben Sorgfalt als die erwähnten Figuren von derselben ge-

104

wandten Hand eingemeißelt. Nur eine Ausnahme ist dabei zu machen; die Hufe nämlich sind weggelassen, und die Beine endigen in einer Spitze, ein Mangel, welchen ich auch in einer anderen Skulptur zu erwähnen Gelegenheit habe werde. Eine andere Eigentümlichkeit dieser Figur ist, daß der obere Teil des Bullen durch einen Zufall ausgetieft zu sein scheint, während sonst alle inneren Teile zwischen den tief eingegrabenen Außenlinien der Skulpturen in Hautrelief gelassen sind. Das Tier wendet sich gegen die Figur zur Rechten, deren Bogen es eben zerbrechen zu wollen scheint. Das kann jedoch vielleicht zufällig sein. Dies ist der Gegenstand dieser Skulptur. Der Block selbst, in dem sie gearbeitet ist, hat etwa vier Fuß Höhe und drei Fuß Breite. Er lag frei oben auf der Felswand, und seine Oberfläche war in einem vortrefflichen Zustande der Erhaltung. Ursprünglich hatte er wahrscheinlich aufrecht gestanden.

Eigentümlich, wie die Arbeit in jeder Hinsicht ist, verdient sie gewiß die Aufmerksamkeit aller derer, welche sich für die Völkerkunde dieser Gegenden interessieren, und manche jetzt schwierig zu beantwortende Frage wirft sich dabei auf.

Vor allem drängt sich dem Beobachter die Frage auf: Wem sind diese Skulpturen zuzuschreiben?

Sicherlich konnte ein Barbar, welcher nie Gegenstände der Kunst gesehen, noch seine Hand darin versucht hatte, nicht mit solcher Festigkeit die Linien eingraben und allen Figuren jene leichte und natürliche Gestaltung geben, welche sie bei aller ihrer Wunderlichkeit zeigen; eine solche Festigkeit und Gewandtheit aber zeigt sich in einer anderen Darstellung in noch höherem Grade. Daß diese Darstellungen nicht von einem Römer herrühren, scheint mir klar, trotzdem daß diese Nation ihre Herrschaft wenigstens für einige Zeit bis nach Garama oder Djerma ausgedehnt hatte. Gewiß konnte sie von da aus leicht Sendboten bis zu diesem Punkte und noch weiter schicken. Aber diese Skulpturen haben durchaus nichts von römischem Charakter. Meine Ansicht ist, daß diese Arbeit, wiewohl sie durch einige Umstände an ägyptische Kunst erinnert, ebensowenig den Ägyptern zugeschrieben werden darf, sondern als Darstellung eines mythologischen Gegenstandes der Eingeborenen dieses Landes selbst von jemandem ausgeführt wurde, welcher in enger Beziehung zu den weiter vorgeschrittenen Völkern an der Küste stand.

Vielleicht möchte sich hier karthagischer Einfluß zeigen. Wie dem auch sei, die Erklärung des Gegenstandes finde ich in den Ansprüchen, welche zwei Gottheiten auf ein und dasselbe Opfer machen, wobei die Figur zur Linken für die höhere, siegreiche gelten soll.

*H. Barth beharrt hier darauf, daß es sich um Zeugnisse altinnersaharischer Kultur handelt. Die Diskussion darüber, ob West-Ost- (aus der Sahara ins Niltal) oder Ost-West-Einflüsse (vom Niltal her) bestanden, ist auch in der Gegenwart noch nicht beendet.*

*Man bedenke weiterhin den noch embryonalen Stand dieses Zweiges der archäologischen Wissenschaft damals. Dazu die innere Unruhe, die den Forscher wegen des Fortgangs der Expedition erfüllte, und man lese in seinem Tagebuch die gleichmäßig geschriebenen, doch sehr ausführlichen Überlegungen zum Thema. Sie wurden nicht erst später, in London, fixiert, sondern – von Einschüben abgesehen – schon am Fuße der Felswand.*

In der Tat, wenn wir forschen, wer diese beiden Gottheiten sein mögen, so scheint die folgende Erklärung, die Herr Prof. Movers mir in einem Brief mitzuteilen die Güte gehabt hat, durchaus wahrscheinlich. Nach ihm nämlich stellt die Figur zur Linken den Garamantischen Apollo, die zur Rechten Hermes dar. Apollo ist der mythische Vater des Garamas, des Vorfahren der Garamanten, die in alten Zeiten diese Gegenden bewohnten, den Rindern hohe Verehrung zollten und sie als königliche Tiere betrachteten, während die Eigentümlichkeit der vorwärts gebogenen Hörner gerade durch den von den Alten den Rindern dieses Volksstammes beigelegten eigentümlichen Charakter erklärt wird. Hermes, der nicht allein auf den ägyptischen Denkmälern, sondern auch auf tyrischen Münzen mit dem Kopfe des Ibis dargestellt ist, wird ausdrücklich als Nebenbuhler Apollos in bezug auf die Mutter des Garamas erwähnt und gar oft von den alten Dichtern als mit Apollo um den Besitz der Herden kämpfend dargestellt. In der Tat kann ihr Verhältnis zu dem Rind in ihrer Mitte, dessen Geschlecht nicht klar zu ersehen ist, in verschiedener Weise erklärt werden, da es nicht unmöglich ist, daß es die libysche Gottheit Urania unter dem Bilde einer Kuh darstellt.

Verschiedene Punkte, die ich eben berührt, erhalten ihre Bestätigung durch eine andere Skulptur an diesem Platze, zu deren Beschreibung ich nun übergehe.

Sie findet sich an einem großen Block, der jetzt, nachdem das westliche Ende abgebrochen ist, ungefähr zwölf Fuß Länge und fünf Fuß Höhe hat und dessen Fläche noch ganz glatt ist, da sie einigermaßen von einem oben überstehenden Block geschützt war. Trotzdem hat jedoch die auf der Oberfläche befindliche Darstellung beträchtlich vom Wetter gelitten. Die Skulptur nun beansprucht, wenn auch ihr Gegenstand von geringerer Mannigfaltigkeit ist, doch bedeutendes Interesse, da sie Zeugnis von ganz anderen Lebensverhältnissen gibt, als wir gegenwärtig in diesen Ländern gewahren. Sie stellt eine dichte Gruppe Rinder in den verschiedensten Stellungen, aber alle nach der rechten Seite hin sich bewegend dar. Hier auf dem abgebrochenen Ende war höchstwahrscheinlich der Teich oder Brunnen, wo die Tiere getränkt werden sollten, angedeutet. Einige der Rinder sind in der Tat bewunderungswürdig gearbeitet, mit einer Genauigkeit, welche der Vermutung Raum gibt, der Künstler habe die Gegenstände seiner Arbeit vor Augen gehabt. Meine Skizze kann nur eine sehr schwache Idee von der wahrhaft schönen, lebensvollen Gruppe geben. Der einzige Mangel, welcher schon oben erwähnt worden, ist an den Beinen; die Hufe sind auch hier aus irgendeinem Grunde vernachlässigt worden.

Dieses Bild, namentlich wenn wir in Betracht ziehen, daß die Szene hier bei einem Wasserplatze an der großen Straße nach dem Inneren dieses Erdteiles dargestellt ist, begründet die Annahme, daß Rindvieh zu jener Zeit in diesen Gegenden

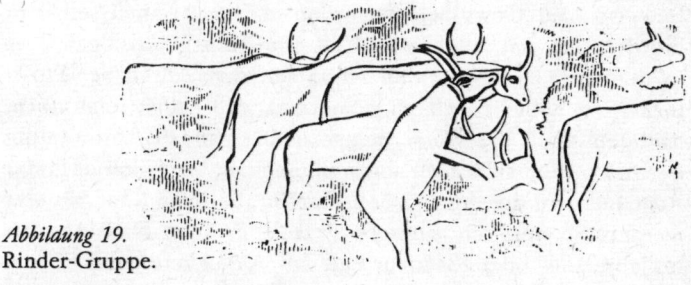

*Abbildung 19.*
Rinder-Gruppe.

*Abbildung 20.* Felsbild aus dem südwestlichen Fessan, gezeichnet von Heinrich Barth. Die Zeichnung von zwei bogenbewehrten Gestalten mit Tier-Masken und Rind befindet sich, ohne nähere Angaben, auf einem kleinen Briefumschlag (Nachlaß H. Barth, Slg. Stk. Hbg. Nr. 264951). – Das »v. Barths Hand« fügte G. v. Schubert hinzu.

nicht nur gewöhnlich gewesen, sondern sogar ausschließlich anstatt des Kameles als Lasttier benutzt worden sei. Das Kamel nämlich, diesen gegenwärtig alleinigen und unentbehrlichen Vermittler zwischen weit auseinanderliegenden, von nackten Wüsteneien getrennten Rast- und Wohnplätzen des Menschen, sucht man auf den Skulpturen vergeblich, und nicht allein hier, sondern selbst unter den Kritzeleien, welche zu viel späterer Zeit an den umgebenden Blöcken gemacht sind und Büffel, Strauße und andere Arten Vögel darstellen, ist der alltägliche Begleiter des nordafrikanischen Nomaden der gegenwärtigen Zeit nicht zu sehen. Übrigens ist es eine wohlbekannte Tatsache, daß es jetzt nach mehreren unumstößlichen Beweisen zur Gewißheit geworden, daß das Kamel selbst in Nord-Afrika erst zu späterer Zeit eingeführt ward, doch aber in den östlichen Gegenden schon seit den Zeiten der Ptolemäer. Ich habe jedoch zu bemerken, daß selbst jetzt noch, nachdem doch die Wassermenge in der ganzen Ausdehnung der Alten Welt sicherlich abgenommen hat, bisweilen nach der Regenzeit Rinder auf dieser Sudan-Straße über Rhat benutzt werden. So weiß ich ganz gewiß, daß der Tebu Hadj Aberma im Jahre 1847 oder 1848, zur Zeit des 'Aid el kebir, also im Dezember eines der erwähnten Jahre, mit Rindern von Kano bis Rhat reiste, indem die Tiere jeden zweiten Tag getränkt wurden. –

Eine zweite, in ihrer Gesamtheit sehr ähnliche, vielleicht noch reichere Gruppe findet sich auf einem anderen Blocke dieser imposanten Felswand; aber die Oberfläche hat zu sehr gelitten, um die Einzelheiten zu unterscheiden. Doch konnte man recht wohl die Figur eines Esels sowie die eines Pferdes, dessen Hals indes unverhältnismäßig lang war, inmitten der Rinder erkennen.

Nicht weit davon fand Overweg einen anderen bearbeiteten Stein, welcher, wie die Skizze zeigt, ein Rind darstellt, das durch einen Kreis oder Ring springt. Diesen Gegenstand nehme ich keinen Anstand als von allegorischer Bedeutung anzusehen, wenn er nicht vielleicht in ungeschickter Zeichnung den Eintritt des Opferrindes in den heiligen runden Opferkreis darstellen soll, wie wir solche Kreise über ganz Nord-Afrika verbreitet finden. Daß Herr Richardson an die Darstellung von Zirkusspielen denken konnte, ist vollkommen abgeschmackt.

Eine andere Skulptur, ebenfalls sehr merkwürdig und vielleicht noch merkwürdiger, war ich nicht imstande ganz zu verstehen; ich lasse daher auch die Skizze derselben hier weg.

Ein Kreis von der Art wie die soeben erwähnten, welcher sehr regelmäßig mit großen Felsblöcken an dem Südwest-Abhange der Felswand ausgelegt ist, dürfte derselben Periode als die eben beschriebenen Skulpturen zuzuschreiben sein.

Einer späteren Epoche gehören zahllose, aber sehr schlecht und nachlässig geschriebene Tefinagh-Inschriften an, mit denen die Felswände, welche die andere Seite des Tales begrenzen und den Wasserpfuhl überhängen, bedeckt sind. Dies sind bloße Schrifteleien und dienen nur dazu, das Verdienst, mit welchem, und die Zeiten, in welchen jene Zeichnungen eingegraben wurden, um so deutlicher hervorzuheben. Jedoch muß ich mein Bedauern äußern, daß ich, nachdem ich die interessanteren Gegenstände zu Papier gebracht, nicht Energie genug besaß, auch dieses Gekritzel noch zu kopieren, da sich darunter einige bedeutende Namen oder auch neue Formen der Tefinagh-Buchstaben befinden konnten. In der Tat, ich gestehe,

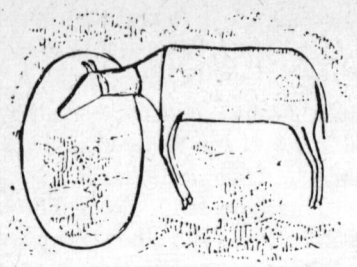

*Abbildung 21.*
Ein Rind im Ring.

daß ich in diesem Augenblick den dringenden Wunsch meines Freundes, Herrn Jomards, vergaß, der gern soviel als möglich Beispiele dieser merkwürdigen Schrift gesammelt haben wollte. Bei alledem schien es mir bemerkenswert, daß gerade auf dieser Seite, wo sich das Wasser gegenwärtig hauptsächlich sammelt, keine einzige Zeichnung zu sehen war, und ich zog daraus den Schluß, daß sich in jenen Zeiten das Wasser mehr an der anderen Seite gesammelt haben möge.

Das Tal wird durch die Vereinigung von zwei Armen, welche von Norden kommen, gebildet. Der westliche ist der beträchtlichere, indem er einige kleinere Wadis aufnimmt. Gerade an der Stelle unseres Lagers änderte dieser westliche Arm seine Richtung in eine ostwestliche, nachdem er bis dahin, im oberen Laufe, von NW nach SO gezogen. Das Tal zieht sich nach der Vereinigung von Nord nach Süd und verliert für einen Augenblick beinahe den Charakter eines Wadi oder Erasar, indem es sich über kiesigen Boden erstreckt. Bald aber wird es wieder wohl eingegrenzt und mit schönen Gruppen von Talhabäumen geschmückt. An einigen Stellen zeigte es auch das Bett eines Regenbaches von nicht weniger als acht Fuß Tiefe und noch feucht. In der Nähe der Höhle eines Schafhirten fand ich einen üppig aufgeschossenen Baum und überließ mich, in seinen Schatten mich hinstreckend, meinen Gedanken über die Vergangenheit dieser Gegenden, einst die mehr begünstigte Heimat einer Negerrasse, bis diese von den Berbern aus ihrem Besitztum verdrängt wurde, die wiederum das Kamel, das jetzt ganz und gar mit ihrer Existenz verschmolzen ist, erst von den Arabern angenommen haben.

Aber heute wenigstens wurde dieses Tal noch von mancher

aufmunternden Szene belebt. Gegen Abend nämlich kam endlich die Pilgerkafla des Hadj 'Abd el Kader an, welche sich so lange Zeit im Wadi aufgehalten. Sie bildete eine Szene, welche in der Beleuchtung durch die letzten Strahlen der eben hinter den Felsriffen verschwindenden Sonne wohl der Darstellung eines Künstlers würdig gewesen wäre. Das Tal widerhallte von dem Rufe der Kameltreiber und dem Schreien der Tiere, welche sich beiderseits mit gleicher Hast nach dem Teiche drängten. Es war ein Glück, daß wir unseren Vorrat schon geschöpft hatten, da wir sonst nicht eben klares Wasser erhalten haben würden.

*(Montag, 8. Juli.)* Wir hatten jetzt eine ödere Gegend erreicht, und nur die mannigfache Form der großen Vorgebirgsmassen, welche das Plateau in die Ebene hinausschiebt, belebte die öde Einförmigkeit unseres Marsches am folgenden Tage. Nahe am Abhange erscheint das Land in der Tat etwas weniger kahl, und das Tal Támelelt – »die weiße« (Talebene) –, welches zwischen zweien der Vorgebirge sich hinzieht, hat sogar einen bedeutenden Ruf unter den Eingeborenen. Am Nachmittag betraten wir eine sandige Fläche, wo wir anfingen, allmählich anwärts zu steigen, bis wir den Gipfel der Sandhügel erreicht hatten und nun auf höherem Boden fortrückten. Hier trat mitunter etwas Kalkstein an der Oberfläche auf.

Nach einem langen Marsche lagerten wir auf steinigem Boden, der nur sehr dürftig mit dem »ssebót« genannten Grase überwachsen war.

*(Mittwoch, 10. Juli.)* Unser Weg ging talwärts anfangs in allmählichem Abstieg, aber jenseits des Tales Nkassewa, welches hohen felsigen Boden durchzieht und reicher an Krautwuchs ist, stiegen wir einen steilen, terrassenförmigen Abfall etwa zweihundert Fuß hinab. Vor uns lag der eigentümlich eingezackte Kamm des Akakus und davor einige niedrige, mit Sand überschüttete Vorhügel. Der tiefste Grund der niedrigen Fläche, nach welcher wir hinabgestiegen, war eine breite nackte Sohle mit hartem, kalkigem Boden, von unregelmäßigen, halbverwitterten Bergrücken umgeben, und bot einen traurigen Anblick dar. Diese Sohle bildet die gegenwärtig angenommene Grenze zwischen Fessan und dem Lande der Hogar.

# Kapitel 11

## Heinrich Barth in Lebensgefahr

Wir brachen am nächsten Morgen frühzeitig auf und hielten uns in dem breiten, nackten Tale gerade auf das verzauberte Schloß Idinen zu, das durch die wunderbaren Berichte unserer Begleiter unsere Einbildungskraft aufs höchste erregte. Trotz oder vielleicht noch mehr infolge der Warnungen unserer Imoscharh, unser Leben nicht bei so gefährlichen, gotteslästerlichen Unternehmen, wie ein Besuch in dieser Wohnung böser Geister sei, zu wagen, schien es eine unwiderstehliche Anziehungskraft zu besitzen. Fest überzeugt, daß es ein Platz altertümlicher Gottesverehrung sei und daß es wahrscheinlich einige sehr merkwürdige Skulpturen oder Inschriften enthalten würde, hatte ich beschlossen, es zu untersuchen.

Gerade um Mittag begann ein wenig Gras auf dem nackten Grunde des Tales sich zu zeigen, und nach einer Strecke von etwa einer Meile, hinter einer Einsenkung in dem Boden, welche unzweifelhafte Spuren trug, daß vor einiger Zeit eine beträchtliche Wasseransammlung hier gewesen, unterbrachen Talhabäume und Ethelbüsche die Einförmigkeit der Landschaft. Zur Rechten erblickte man zwischen den Sandhügeln einen breiten Streifen Grün, von der westlichsten Ecke des Idinen herkommend. Etwa noch fünf Meilen weiter ziehend, lagerten wir uns nahe bei einem von einem Ethelbaume überragten Hügel inmitten eines jetzt trockenen Wasserbeckens, welches die Gestalt eines weiten Kreises hatte und rings am Rande von Graswuchs eingeschlossen war. In der Nähe, nach SO zu, war der Brunnen Táhala, an welchem wir uns mit gutem Wasser versehen konnten.

Es war heute zu spät, um den Idinen zu besuchen: Denn obwohl er nahe zu sein schien, war doch die Entfernung bedeutend und der Weg dahin durch die in weiter Ausdehnung sich verbreitenden Sandhügel sehr schwierig. Ich legte mich daher im Schatten eines schönen Talhabaumes nieder, in ruhigem

Sinnen die turmähnlichen Spitzen der einzeln aus dem breiten Tale aufsteigenden Bergwand betrachtend, und zeichnete die nebenstehende Skizze. Dann begab ich mich zur Ruhe, von meinen Entdeckungen des folgenden Tages träumend.

*(Montag, 15. Juli.)* Mein »dies ater« brach an. Overweg und ich hatten beschlossen, uns zeitig am Morgen nach dem Geister-berg aufzumachen, den wir sowohl in geologischer als in ar-chäologischer Beziehung nicht seitwärts liegen zu lassen ver-mochten. Wir hatten uns indes von unseren Begleitern keinen Führer verschaffen können, welcher uns nachmals von dem Berge aus bis zum nächsten Brunnen, wohin sich die Karawane eben auf der geraden Straße zu begeben beabsichtigte, hätte bringen sollen.

Schon früh am Morgen waren wir zum Marsche bereit, ver-sahen uns mit einem kleinen Vorrat Wasser und einem Imbiß und wandten uns nochmals an Hatita und Utaeti, aber ohne besseren Erfolg. Abgesehen von religiösen Skrupeln, erklärten sie einen Besuch des Idinen für untunlich wegen seiner großen Entfernung von hier; auch würde es sehr schwierig sein, vom Berge aus den nächsten Brunnen zu finden, da die Ungleich-heiten des breiten Tales beträchtlich seien. Da ich mich über-zeugte, daß ferneres Unterhandeln mit diesen Leuten nutzlos sei, ja nur die beste und kühlste Zeit des Morgens uns rauben würde, und da ich einmal entschlossen war, den Berg um jeden Preis zu besuchen, machte ich mich mit meinem kleinen Was-serschlauch auf dem Rücken auf den Weg. Ich hegte die Zu-versicht, daß ich imstande sein würde, den Brunnen, den mir gemachten Angaben nach, später wohl zu finden. Bei mehr Zu-vorkommenheit unserer Führer hätte man sich die Sache ganz leicht machen können, indem man zu Kamel bis an den Fuß der Berghöhe gegangen wäre und sie dann mit frischen Kräf-ten erstiegen hätte; aber sie behaupteten, Kamele könnten die-sen Weg nicht machen. Zu meinem besonderen Mißgeschick war unser Vorrat von Summita, einem kühlen, erfrischenden Teige aus geröstetem Gerstenmehl, worin gewöhnlich unser Frühstück zu bestehen pflegte, gerade am Tage zuvor ver-braucht, so daß ich als Stärkung trockenen Zwieback und Dat-teln, die unpassendste Kost in der Wüste, wo Wasser selten ist, mit mir nehmen mußte.

*Abbildung 22.* Idinen, die »Geisterburg«, isoliertes Tafelland nördlich von Rhat: unten rötliches Gestein, oben weißleuchtende Mergel-Zakken.

Im Anfang ging alles gut. Ich verfolgte meinen Weg durch die Sandhügel, welche wahrlich keine angenehme Passage darboten, mit gewohnter Rüstigkeit. Dann betrat ich eine große nackte, öde Ebene, die mit schwarzen Kieselsteinen bedeckt war und von welcher einige Anhöhen von derselben düsteren Farbe aufstiegen. Ich durchschnitt hier den Anfang eines reich mit Gras überwachsenen Rinnsals, welches sich durch die Sandhügel nach der Talsohle hinschlängelte. Es war der Aufenthalt eines Paares sehr schöner Mareia, einer besonderen, von den Arabern »mohor« genannten größeren Antilopenart, welche, wahrscheinlich um ihre Jungen besorgt, sich durch meine Annäherung nicht auf weite Entfernung verscheuchen ließen, sondern bald stehenblieben, mich ansahen und mit den Schwänzen wedelten. Da ich nur mit einem Paar Pistolen versehen war, die ich ohnehin schwer genug fühlte, weil der entkräftende Einfluß des Klimas mich schon stark angegriffen hatte, ließ ich sie in Ruhe und verfolgte meinen Weg über den schwarzen, steinigen Boden. Ich hatte allmählich anzusteigen, bis ich an eine bedeutende Schlucht kam, die sich vom westlichen Teile des Berges herabsenkte, wo ich wieder eine andere Gesellschaft von drei Antilopen aufscheuchte, welche sich ruhig unter dem Schutze eines großen Felsblocks gelagert hatten. Obwohl diese Tiere die Einförmigkeit der Szene angenehm unterbrachen, fing ich doch schon an, mich vom Marsche über die spitzen Steine ein wenig ermattet zu fühlen. Auch erwies sich die Entfernung viel bedeutender, als ich selbst gedacht, und es hatte fast das Ansehen, als hätte ich mich dem Fuße des verzauberten Berges noch nicht um gar vieles genähert. In der Tat zeigte sich denn auch, daß der Kamm eine Art von Hufeisen bilde, so daß der mittlere Teil, dem ich vorzugsweise meine Schritte zugelenkt hatte, weil er mit seinem Sattel ein leichteres Hinansteigen erlaubte, sich allerdings als der entfernteste herausstellte. Ich änderte daher meine Richtung mehr nach Osten, traf aber nur auf ein noch größeres Hindernis. Indem ich nämlich die Abdachung in der Hoffnung hinanstieg, bald die Berghöhe erklommen zu haben, kam ich plötzlich an eine tief eingerissene, breite Schlucht, welche mich vom Kamme trennte. Ermüdet, wie ich war, konnte diese Enttäuschung nur entmutigend auf mich einwirken, und es erforderte alle meine Kraft, um die Kluft hinunter- und an der anderen Seite derselben wieder hinaufzusteigen.

## Zehn Uhr morgens: Höchste Ermattung

Es war nun zehn Uhr geworden, und die Sonne fing an, mit aller Macht zu scheinen. An Schatten war nicht zu denken. In einem Zustand höchster Ermattung erreichte ich denn endlich den engen, mauerähnlichen Kamm. Die höhere Kuppe stieg neben mir zur Rechten auf. Am Abhange entwickelte sich ein wildes Meer herabfallender Felsmassen. Von Inschriften oder Skulpturen war ebensowenig etwas zu sehen wie von den im Gehirne unserer Tuareg-Freunde spukenden zauberhaften Palmhainen.

Unbefriedigt, erschöpft und ängstlich schaute ich um mich umher. Eine beträchtliche Fernsicht nach SW und NO ließ mich doch nicht die Spur unserer Karawane entdecken. Obwohl ohne den geringsten Schutz gegen die Sonnenstrahlen, war ich doch genötigt, auf meiner hohen Warte mich niederzulegen, aber die Ruhe, ohne Schatten und ohne einen stärkenden Imbiß, war mir nicht erfrischend; denn so schwach, wie ich war, konnte ich nicht einen Bissen des trockenen Zwiebacks oder eine Dattel verzehren, und mein geringer Wasser-

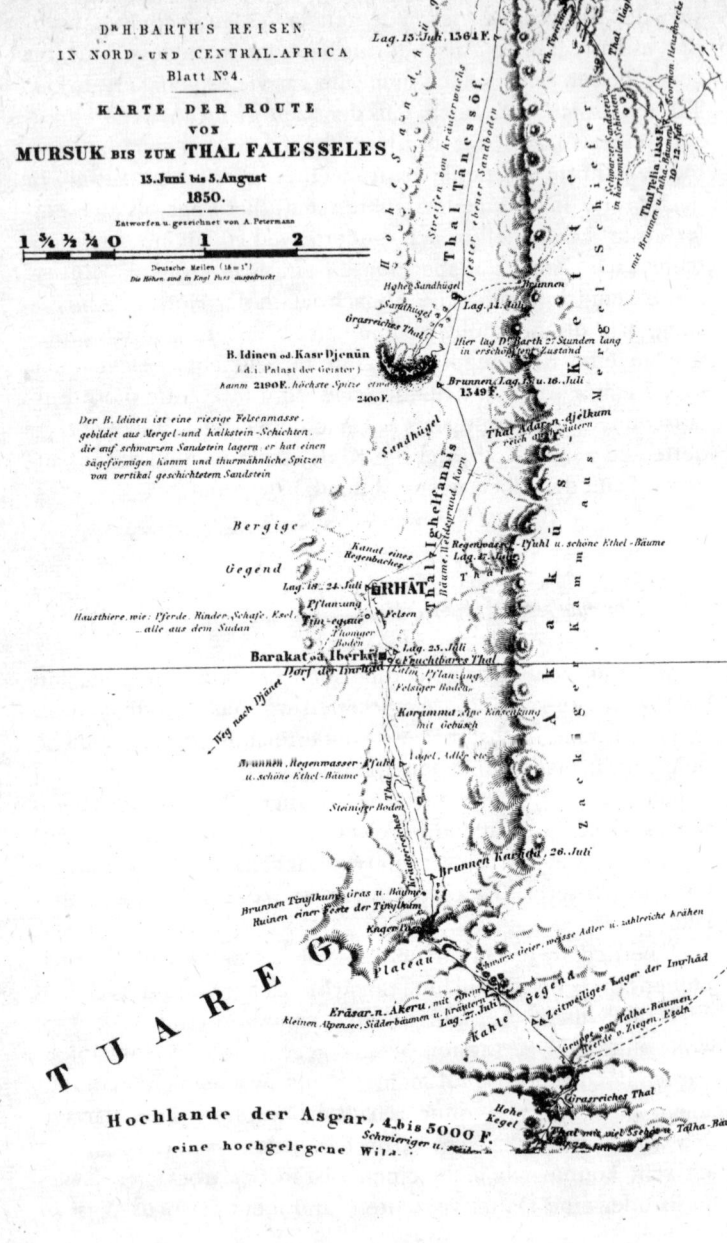

vorrat mußte mich sorgsam machen, so daß ich mich nur durch einen ungenügenden Trunk aus meinem Schlauch erquickte.

Ich hatte nicht die Ahnung davon, daß Overweg mir in größerer Entfernung gefolgt war, noch hörte oder sah ich etwas von ihm, obgleich ich erwartet hatte, daß er kommen würde. Da die Zeit verstrich, wurde ich ängstlich bei dem Gedanken, daß unsere kleine Truppe, in der Meinung, daß ich schon vorausgegangen sei, ihren Weg am Nachmittag fortsetzen möchte, und dem hoffnungslosen Zustand meiner Kräfte zum Trotz beschloß ich, den Versuch zu machen, das Lager zu erreichen. Ich stieg also in die nackte Kluft hinunter, um ihrem Laufe zu folgen, was mir nach Hatitas Angaben das Ratsamste schien, um den Brunnen aufzufinden. Die Hitze war groß, und da mich dürstete, nahm ich den geringen Vorrat von Wasser, der mir übriggeblieben, mit einem Male zu mir, diese Erquickung für besser erachtend, als das Wasser in kleinen, ungenügenden Zügen zu verbrauchen. Das war etwa um Mittag. Ich fand jedoch bald, daß der Trunk bloßen Wassers mich keineswegs gestärkt habe.

Die Schlucht, welcher ich folgte, zieht sich an dem niedrigen Abhange einer höheren Fläche zur Linken hin und war an der nördlichen Seite von vereinzelten, obwohl nicht unbedeutenden Höhen begrenzt, deren eine ein eigentümliches Aussehen hatte, indem ihr spitzer Kegel aus schneeweißem, ihr unterer Teil dagegen aus schwarzem Sandstein bestand. Im allgemeinen aber besteht der Kamm dieser Berggruppe aus horizontalen Schichten von Mergel und im unteren Teile aus Kalkstein. Endlich erreichte ich die breite Talsohle und machte einen Augenblick halt. Ich konnte Hatita nicht begreifen, der mir immer gesagt, daß sie in geringer Entfernung vom Berge lagern würden; denn ich erblickte kein lebendes Wesen, so weit meine Augen reichten.

Allerdings war es ein unglückliches Zusammentreffen, daß man, wie ich nachher hörte, nicht einmal die Zelte aufgeschlagen hatte. Ich warf einen letzten Blick auf den Berg. Er schien mir von hier aus bei weitem großartiger und eigentümlicher als von der Nordseite, von wo man die Hufeisenform nicht erkennen kann.

Indem ich von der Anschauung der eigentümlichen, wild zerrissenen Berghöhe wieder an meinen Pfad dachte, ward ich an meiner Richtung irre, und indem ich so schnell, als es bei meinen abnehmenden Kräften mir möglich war, vorwärts eilte, erstieg ich mit Mühe einen kleinen Sandhügel, der mit Ethelbüschen bewachsen war. Nachdem ich mich vergeblich umgesehen, feuerte ich eine meiner Pistolen als Zeichen ab. Aber ich wartete vergeblich auf Antwort. Der starke Ostwind, der gerade wehte, mochte allerdings den Schall nach der Wüste zu getragen haben. Ich überdachte einen Augenblick meine Lage, und indem ich über den in Hügeln aufgehäuften Sand fortschritt und eine andere Anhöhe erklomm, tat ich einen zweiten Schuß. Zu der Überzeugung gelangt, daß niemand in dieser Richtung nahe sein könne, gab ich der Vermutung Raum, daß unsere Gesellschaft noch zurück sein möchte, und hielt mich unglücklicherweise mehr ostwärts, während bisher meine Richtung Süd von Ost gewesen war. Das Tal war hier reich mit Ssebót bewachsen, und während ich mich umschaute, erblickte ich mit unaussprechlicher Freude in einiger Entfernung kleine runde Hütten, die sich an Ethelbäume anlehnten und mit hohem Grase gedeckt waren. Nach vorne waren sie offen. In höchstem Jubel eilte ich ihnen zu, aber sie waren verlassen. Weder ein lebendiges Wesen war zu sehen, noch ein Tropfen Wasser zu finden.

Meine Kraft hatte mich jetzt völlig verlassen. Ich setzte mich nieder, vor mir die volle Aussicht auf das breite Tal. Meine Besorgnis war noch nicht rege. Mit einiger Zuversicht erwartete ich die Karawane, ja, einen Augenblick glaubte ich, in der Entfernung einen Zug Kamele vorüberziehen zu sehen. Es erwies sich als Täuschung. Nichts in der Welt ist so voll täuschender Gebilde als die von der Sonnenglut erhitzten Täler und Flächen der Wüste. Des waren sich selbst die wegkundigen Araber von aller Zeit her bewußt und drückten ihre Empfindungen aus, indem sie diese Wüsteneien mit Geistern füllten, die den einsamen, genossenlosen Wanderer irre machen und seitwärts leiten. Ich erhob mich endlich wieder, um mich umzusehen, aber ich war jetzt so schwach, daß ich mich kaum auf den Füßen erhalten konnte. Die Sonne neigte sich zum Untergang, und ich mußte sehen, wo ich die Nacht zubringen könnte. Es blieb mir die Wahl zwischen einer der Hütten oder einem Ethelbaume, welcher mir in geringer Entfernung zuwinkte und eine Zeitlang als Brunnenschwengel meine durstige Phantasie getäuscht hatte. Ich wählte den Baum, weil er auf einem höheren Platze stand. Mit ungeheurer Anstrengung schleppte ich mich hin. Er war von ehrwürdigem Alter, mit großen, dicken Ästen, aber ohne ein einziges Blatt. Ich hatte die Absicht, ein Feuer anzuzünden, das als Signal fast untrügliche Rettung versprach; aber mir fehlte die Kraft, auch nur ein wenig Holz zusammenzusuchen. Ich war gänzlich zusammengebrochen und fühlte, wie Fieber sich meiner bemächtigte. Fast bewußtlos legte ich mich nieder.

Nach einer Rast von etwa zwei Stunden, als es völlig dunkel geworden war, erhob ich mich und schaute um mich. Da erblickte ich zu meiner höchsten Wonne in südwestlicher Richtung, abwärts im Tale, ein großes Feuer. Hoffnung lebte in mir auf. Es konnte nur das Feuerzeichen meiner mich suchenden Begleiter sein. Mich hoch emporrichtend, feuerte ich eine meiner Pistolen ab. Wie das das einzige Mittel war, welches mir zum Verkehr mit ihnen blieb, so schien es mir unfehlbar. Mit fester Zuversicht folgte ich dem gewaltigen Schalle, wie er das Tal hinab der Flamme zurollte. – Ich horchte, horchte lange; alles blieb totenstill. Nur die Flamme schlug hoch zum Himmel auf, als ein Zeichen unerreichbarer Hilfe. Ich hatte lange, lange gewartet; da feuerte ich ein zweites Mal, aber auch jetzt kam keine Antwort. Ich legte mich wieder nieder, mich ruhig in mein Schicksal ergebend. An Schlaf war nicht zu denken. Rastlos und in heftigem Fieber warf ich mich auf dem Boden umher und erwartete den nächsten Tag halb sehnsüchtig, halb mit Furcht.

Endlich wich die Finsternis, und Zwielicht trat ein. Alles war Ruhe und Stille. Ich war überzeugt, daß ich keinen günstigeren Augenblick wählen könne, meinen Freunden ein Zeichen von mir zu geben. Ich sammelte daher alle Kräfte, die mir noch geblieben waren, und lud die Pistole mit einem gewaltigen Schuß. Ich feuerte einmal, zweimal – ich glaubte, der Schall hätte die Toten erwecken können, so mächtig brach er sich am entgegengesetzten Abhange und rollte das Tal hinunter, aber keine Antwort traf mein Ohr. Ich begriff nicht, wie die Entfernung so groß sein könne, daß meine Begleiter meinen Schuß nicht gehört hätten.

Die Sonne stieg auf; obwohl ersehnt, sah ich ihr doch mehr mit Furcht und Schrecken entgegen. Mit der steigenden Hitze ward mein Zustand immer unerträglicher. Ich kroch umher, jeden Augenblick meine Lage verändernd, um ein wenig Schatten, welchen die laublosen Äste bildeten, zu genießen. Um Mittag wich auch der geringste Schatten; nicht einmal genug blieb, um mein fieberkrankes Haupt zu schützen. Ich litt unsäglich vor Durst, obgleich ich an meinem Blute sog. Endlich ward ich besinnungslos und verfiel in eine Art von wahnsinniger Träumerei. Ich kam erst wieder zum Bewußtsein, als die Sonne sich hinter die Berge senkte, und indem ich mich aufraffte, kroch ich aus dem Schatten des Baumes hinweg und warf einen trüben, schwachen Blick über die Ebene. Da plötzlich traf der Schrei eines Kameles mein Ohr. Der klangreichste Ton, den ich je im Leben gehört! Ich erhob mich etwas vom Boden und sah einen Targi in einiger Entfernung langsam, nach allen Seiten umherspähend, vor mir vorbeireiten. Er hatte meine Fußstapfen im Sande bemerkt, und da er die Spur auf dem steinigen Boden verloren, suchte er ängstlich, nach welcher Richtung ich mich wohl gewendet. Ich öffnete meine trockenen Lippen, und mit meiner geschwächten Stimme »aman, aman« – »Wasser, Wasser« – rufend, war ich entzückt, zur beruhigenden Antwort das bejahende »iwua, iwua« zu bekommen. In wenigen Augenblicken saß er an meiner Seite, wusch und besprengte meinen Kopf, während ich unwillkürlich in ein oft wiederholtes »el hamdu lillahi, el hamdu lillahi« ausbrach.

Nachdem mein Retter mich vorsichtigerweise so erfrischt hatte, reichte er mir einen Trunk. Bei dem gänzlich ausgetrockneten Zustand meines Gaumens und in meinem fieberhaften Zustand fand ich ihn gallenbitter; dann hob er mich auf sein Kamel, stieg vor mir auf und eilte den Zelten zu. Sie waren in beträchtlicher Entfernung. Die Freude des Wiedersehens, nachdem man mich schon aufgegeben hatte, war groß. Meinen Begleitern, welche sich so viel Mühe gegeben, mich aufzufinden, und so viel Sorge um mich erduldet, war ich zu innigem Danke verpflichtet. Anfänglich indes konnte ich nur wenig und undeutlich sprechen und war während der ersten drei Tage fast unfähig, etwas zu essen, bis ich allmählich wieder zu Kräften kam. Es ist in der Tat auffallend, daß der Europäer wenigstens in diesen Gegenden ganz ausschließlich nur von dem lebt, was er augenblicklich zu sich nimmt, und daß er, sowie er einen Tag durch Kränklichkeit oder sonst verhindert ist, das gewöhnliche Quantum von Nahrung zu sich zu nehmen, augenblicklich um alle seine Kräfte kommt. Overweg und ich haben oft genug Gelegenheit gehabt, dies zu bemerken.

Bei alledem war ich jedoch imstande, am nächsten Tage *(17. Juli)* die Anstrengung des Marsches zu ertragen. Wir hielten uns jetzt mehr gegen den Abhang des Akakus zu.

# Kapitel 12

## Über die Grenzstation Rhat hinaus
## ins Unbekannte

*(Donnerstag, 18. Juli.)* Wir setzten unseren Marsch fort, in der sicheren Erwartung, bald Rhat\*), die zweite große Station auf unserer Reise, zu erreichen. Das Tal verliert nach einiger Zeit seinen Schmuck von Ethelbäumen und läßt einen Blick auf die kleine Stadt tun. Diese liegt am nordwestlichen Fuße einer felsigen Anhöhe, welche in die Mitte des Tales vortritt und an ihrer Westseite mit Sandhügeln umgeben ist. Die Pflanzung dehnt sich in einem langen Streifen nach SSW aus; eine andere Gruppe, welche von der Pflanzung und der stattlich aussehenden Schloßwohnung Hadj Ahmeds gebildet wird, ließ sich gegen Westen sehen. Hier wurden wir von Mohammed Scherif, einem Neffen Hadj Ahmeds, eingeholt. Er war in einer glänzenden Kleidung, halb targisch, halb arabisch, und ritt ein sehr gutes Pferd von Tuater Zucht. Wir trennten uns nun von Hatita, um nicht die Neugierde und Zudringlichkeit der Städter zu erregen, und nahmen unseren Weg um die Nordseite des Stadthügels. Trotzdem kamen eine große Menge Jungen aus der Stadt und bildeten eine interessante Szene, als sie Jakub (Herrn Richardson) von seiner früheren Reise her erkannten. Auch manche anderen Leute kamen aus der Stadt und blieben zum Teil gleichgültige Zuschauer, während andere uns freundlich willkommen hießen. Die Knaben mit ihrem Haarkamm auf

---

\*) Ein für allemal sei hier bemerkt, daß, einzig in dem Wunsche, den Namen den rechten Klang zu geben, mit welchem sie von den Eingeborenen ausgesprochen werden, und durchaus ohne Anmaßung von Gelehrsamkeit, welche zu vermeiden mein Hauptbemühen hier ist, ich mich genötigt gesehen habe, Rhat und nicht Ghat zu schreiben. Das *ghain* der Araber hat einen zwiefachen Klang, manchmal als *gh*, mitunter als *rh*, und ich kann nicht einsehen, warum wir diesen Unterschied im Deutschen nicht ausdrücken sollten. Von derselben Ansicht ausgehend, werde ich stets Sonrhai, nicht aber Songhai oder Sunghai schreiben, ebenso Imrhad und nicht Imghad.

dem geschorenen Haupte sahen eigentümlich aus und erregten unser volles Interesse.

So erreichten wir denn die neue Pflanzung Hadj Ahmeds. Hadj Ahmed ist der tituläre Statthalter. Er hatte ein getrenntes Nebengebäude seiner stattlichen Wohnung zu unserem Empfang bereit gemacht. Hier fanden wir die bedeutendsten Persönlichkeiten der Stadt, welche uns 'mit viel Höflichkeit und Freundlichkeit empfingen.

Vor allem interessant war jedenfalls Hadj Ahmed selbst, ein Mann von ernstem und würdigem Benehmen, der sich, obwohl ein Fremder im Orte (er ist aus Tuat gebürtig), durch seinen Takt und durch glückliche kaufmännische Geschäfte zu einer fast fürstlichen Stellung emporgeschwungen und zu gleicher Zeit wirklich eine neue Stadt mit glänzenden Anlagen zur Seite der alten gegründet hat. Seine Stellung als Oberherr von Rhat in Beziehung zu und gewissermaßen in Opposition gegen die Tuareg-Häuptlinge ist ohne Zweifel eine höchst eigentümliche und macht einen Aufwand von Gewandtheit, Vorsicht und Geduld höchst nötig.

Was uns anbetraf, so bin ich überzeugt, daß er uns bei unserer Ankunft nicht mit Mißvergnügen sah, sondern im Gegenteil sehr erfreut war, eine Mission der englischen Regierung unter seinem Dache zu bewirten, da er mit den edlen Absichten derselben nicht ganz unbekannt war. Aber seine außergewöhnliche und abhängige Stellung erlaubte ihm nicht, frei nach dem Eingeben seiner Neigung zu handeln, und ich könnte auch nicht sagen, daß er eine so warme und edle Anerkennung gefunden hätte, wie seine ersten Schritte mir zu verdienen schienen.

Das herrschende Geschlecht der Imoscharh *(Tuareg)* lebt von der Arbeit der unterdrückten Imrhad wie die alten Spartaner von der der Lakedämonier, aber in noch höherem Grade von dem Tribute oder der Gherama, die sie von den Karawanen erheben. Dieser Tribut wird schon von Leo Africanus erwähnt.*) In der Tat könnten diese Leute ohne einen solchen Tribut sich nicht so gut kleiden, wie sie es tun, obgleich sie natürlich, wenn sie zu Hause in ihrem »tekábber« leben, mit Ge-

---

*) *Leo Afr. descr. 1. I, c. 20: »Ma le carovane che passano per li diserti loro, sono tenute di pagare ai lor principi certa gabella.«*

ringem haushalten, zumal da sie sich zur Zeit mit einem einzigen Weibe begnügen; allerdings scheiden sie sich von diesem, wenn es alt wird oder sie seiner überdrüssig werden, und füllen seinen Platz mit einem jüngeren, hübscheren aus. Da die Sitten dieser Tuareg von Rhat von Reisenden beschrieben sind, die einen längeren Aufenthalt unter ihnen gemacht haben als ich, so will ich nur ein paar allgemeine Bemerkungen über diesen Gegenstand hinzufügen. Auf alle diese Verhältnisse werde ich in meiner Beschreibung meines Aufenthaltes unter den Tademekket und Auelimmiden an den so hoch interessanten Ufern des Niger zurückkommen.

Den Imrhads ist es nicht erlaubt, einen Eisenspeer zu führen, noch auch das Schwert; denn dieses letztere ist das Zeichen des freien Mannes*); noch auch dürfen sie eine sehr auffällige Kleidung tragen. Die meisten derselben können als feste Siedler oder als »kel« angesehen werden, und dies erstreckt sich in gewissem Sinne auch auf einen großen Teil der freien Asgar selbst, die eine Art Mittelglied zwischen den nomadischen und den fest angesiedelten Stämmen bilden. Die Folge davon ist, daß viele von ihnen nicht im Lederzelte oder dem »ehe«, sondern in einer runden, konischen Hütte leben. Diese bildet den natürlichen Übergang zu der charakteristischen Hütte Central-Afrikas und besteht aus Büschen und trockenem Gras; sie heißt »tekábber«.

Die Stadt Rhat, deren begünstigte Örtlichkeit es wahrscheinlich macht, daß schon zu sehr alter Zeit eine Niederlassung sich hier gebildet habe, ist von keinem arabischen Schriftsteller erwähnt, mit Ausnahme Ebn Batutas, des ruhmwürdigen Reisenden des 14. Jahrhunderts**), und scheint nie ein großer Platz gewesen zu sein. Selbst gegenwärtig ist es nur ein kleines

---

*) Es ist interessant, zu verfolgen, wie das Schwert in einem großen Teile Central-Afrikas von den Berbern eingeführt wurde und wie der in ihrer Sprache dieser Waffe gegebene Name über Haussa bis nach Borgu und auf der anderen Seite bis nach Timbuktu vordrang. Denn das Schwert war natürlich keine nationalafrikanische Waffe. Selbst das Wort für Schwert in Fulfúlde (d. h. der Sprache der Fulbe), nämlich »kafehi«, Plural »kafaje«, ist wohl sicher vom Worte »ta-koba« abgeleitet.
**) *Journal Asiatique, 1843, série IV, tom. 1, S. 238.*

Städtchen von etwa zweihundertfünfzig Häusern, aber bei alledem von ansehnlicher kommerzieller Wichtigkeit, die sich ganz unberechenbar steigern würde, wenn die Eifersucht der Einwohner von Tauat die Eröffnung der direkten Straße von diesem Orte nach Timbuktu erlauben wollte. Diese Straße steht unter dem besonderen Schutze des mächtigen Häuptlings Gemana.*)

Die Bewohner von Tauat jedoch tun alles, was sie vermögen, um erwähnte Straße verschlossen zu halten, damit sie selbst allen Nutzen aus diesem Karawanenhandel ziehen können; denn letzterer ist nun, wie wir das weiter unten näher entwickeln werden, gezwungen, den ungeheuren Umweg über Tauat zu nehmen. Während unseres Aufenthaltes in Rhat wurde gerade eine Karawane von Timbuktu erwartet, und es hieß, der Sohn Hadj Ahmeds sei bei ihr; wir hörten jedoch nachher sehr ungünstige Berichte über dieselbe.

Über unsere Unterhandlungen mit den Tuareg-Häuptlingen will ich nichts sagen; ich erwähne nur, daß sie mit mehr Erfolg hätten betrieben werden können, wenn der Brief der britischen Regierung an den Häuptling Djabur nicht in ebendem Augenblicke gezeigt worden wäre, als alle Häuptlinge, die gegenwärtig waren, sich bereit erklärten, den Vertrag zu unterschreiben. Nun aber wurde ihre Aufmerksamkeit auf diese neue Angelegenheit gelenkt, und da überdies der Brief unumwunden der Abschaffung des Sklavenhandels Erwähnung tat, so wurde die ganze Verhandlung äußerst schwierig und mißlich. Dies war noch mehr der Fall, da Herr Richardson in bezug auf einen Vorrat von Waren zu Geschenken gänzlich in den Händen des Kaufmanns Hadj Ibrahim war. Dieser aber, selbst wenn er liberal genug denken mochte, um nicht unter der Hand gegen die Konkurrenz englischer Kaufleute zu arbeiten, tat natürlich alles, was in seiner Macht stand, um die Abschaffung des Sklavenhandels zu hintertreiben.

Es war gewiß ein höchst wichtiges Unternehmen, mit den Tuareg-Häuptlingen, als den Herren mehrerer der wichtigsten Straßen nach Central-Afrika, in direkte Unterhandlung zu tre-

---

*) *Tuat (Tauat, Tawat), damals wichtige Handelsdrehscheibe zwischen Tripolis, Algier und Timbuktu. Die Oasengruppe liegt eintausendeinhundert Kilometer nordwestlich von Rhat.*

ten, aber es erforderte auch große Gewandtheit, vollständiges Vertrauen und nicht unbeträchtlichen Vorrat von Mitteln. Die Weise, wie die Verhandlung ablief, verleidete uns ganz und gar unseren Aufenthalt an diesem Orte und benahm uns in gewisser Hinsicht die Gelegenheit, tiefer in die Erforschung der interessanten und fast unbekannten ethnologischen Verhältnisse dieser Gegenden einzudringen.

Wenn der Leser zu diesen unerfreulichen Verhältnissen hinzurechnet, daß unsere Diener, durch die Entbehrungen des Fastenmonats in der heißesten Jahreszeit aufgereizt und in Kenntnis von der Unzulänglichkeit unserer Mittel im Vergleich zu der Größe unseres Unternehmens, sich mit der größten Unverschämtheit und unerhörtem Unverstand benahmen, so wird er leicht begreifen, daß wir froh waren, als wir uns endlich nach mehrfachem Aufschub imstande sahen, unsere gefahrvolle Reise fortzusetzen.

## Endlich – Aufbruch!

Es war ein überaus erfreuliches Gefühl, als ich mich nach unserem trübseligen Aufenthalte in Rhat am Morgen des 26. Juli abermals im Sattel fühlte und von dem hohen Rücken meines stolzen Meheri herab einen letzten Scheideblick auf das liebliche Bild der Oase warf.

Wir waren auf einen starken Tagemarsch vorbereitet. Nicht nur die Tinylkum, die, wie der Leser sich erinnern wird, mit unserem Gepäck vorausgezogen waren, hatten schon vor mehreren Tagen Arikim verlassen, sondern auch die kleine Kelowi-Kafla, mit der wir übereingekommen, daß sie uns Schutz und Gesellschaft auf der Straße leisten solle, hatte schon einen bedeutenden Vorsprung vor uns. Unser Erstaunen war demnach nicht gering, als wir plötzlich haltmachen sahen, um in der Nähe der vereinzelten Palmbäume an dem äußersten Ende der Pflanzung zu lagern. Utaeti, der uns den ganzen Weg von Rhat aus zu Fuß begleitet hatte, wählte den Lagerplatz. Herr Richardson, welcher, zurückgehalten, erst später ankam, war gleich uns erstaunt, als er uns zu so früher Stunde gelagert fand. Unsere Kamele aber waren in höchstem Grade einer guten Fütterung bedürftig. Denn obwohl daß sie während unseres Aufenthaltes in Rhat auf die reichste Weide hätten geführt werden sollen, um neue Kräfte zum bevorstehenden langen Marsche zu sammeln, konnte kaum ein Zweifel sein, daß sie von unseren Freunden, den Tuareg, zur Arbeit benutzt worden waren. Hier umher nun war eine reiche Fülle von »aghul« – *Hedysarum Alhajji* –, neben dem »hhad« entschieden das nahrhafteste Futter für das Kamel. Nur so konnten wir uns erklären, warum wir hier lagerten, da beide, Hatita und Utaeti, uns wiederholentlich vor den zahlreichen Dieben in Bárakat gewarnt hatten.

Gegen Mittag besuchten uns mehrere Hogar, die einigermaßen lästig wurden, aber bei weitem nicht in dem Grade wie die Städter. Diese belästigten und quälten uns den ganzen Abend und folgenden Morgen und gaben uns eine Ahnung von dem, was wir in der Folge zu erdulden haben sollten. In der Tat bewahrheitete sich in der Folge vollständig die Drohung eines der Hogar, der sich mir namentlich längere Zeit aufdrängte, daß nämlich der Weg vor uns für uns verschlossen und nicht mit Waffen, sondern nur mit reichlichem Geld und anderen Geschenken zu eröffnen sei.

# Kapitel 13

## Ein Überfall in der Wüstenöde
## bereitet sich vor

Die Landschaft wurde nun ganz flach und eben, aber mit einer allmählichen Steigung. Der Boden war meist grober Kies, aber mit feinem Granitsand untermischt. Overweg fand dunkelblaues, porphyrartiges Gestein mit großen weißen Feldspatkristallen.

Alles dehnte sich nun zu einer unermeßlichen Ebene aus, von nichts unterbrochen als in einer Entfernung von etwa fünf Meilen durch eine steile Erhebungskette namens Mariau. Die ganze Natur dieser Gegenden ist dem schweifenden Imoscharh klar vor Augen; denn der Mariau ist für ihn das Merkzeichen der nackten, meerartigen Wüste oder, wie er es nennt, der »ténere« oder »tánere«, und ein höchst interessantes Wüstenlied hebt so an:

> »Mariau tánere niss da djede«,
> »Mariau mit seinem Wüstenmeer haben wir erreicht«.

Der Anblick dieser weiten Fläche schien unsere wilden, an schweifendes Leben gewöhnten Gefährten nur zu begeistern, und mit angespornter Rüstigkeit über die unbegrenzte Ebene dahinziehend, lagerten wir nach Sonnenuntergang auf dieser kahlen, kiesigen Fläche, ohne das geringste Kraut und ohne einen Splitter Holz, obgleich der Boden hier und da mit stacheligen Samenkapseln bedeckt war, die nach gefallenem Regen aufkeimen. Da unsere Leute nun gar versäumt hatten, auf dem Marsch etwas Kameldünger zusammenzulesen, so waren Overweg und ich sehr froh, außer unserer vortrefflichen Rhater »summita« – einem Teig aus geröstetem Weizenmehl mit Datteln – eine Tasse Tee zu bekommen. Denn es ist merkwürdig, wie der Europäer selbst in diesen warmen Zonen an warmer Nahrung hängt.

Wie die Berghöhe Mariau für den Wüstenwanderer das

Merkzeichen der flachen ununterbrochenen Kieswüste, so ist Falésseles für ihn mit diesen Sanddünen eng verbunden, so Tin – karade mit dem heißen Wüstenwind, und an den oben erwähnten Vers:

>>Mariau tánere niss da djede<<

schließen sich im targischen Wüstenlied die Verse:

>>In – afalésseles da djede niss
Tin – arade da hode niss.<<

Lange spähten wir mit unseren Führern von diesem steilen Sandkamm durch das Fernrohr, um zu sehen, ob auch der Brunnen sicher sei; dann stiegen wir an dem südwestlichen Abhange der Sanddünen etwas abwärts und lagerten. Von hier aus erreichten wir am folgenden Morgen mit wenig mehr als vier Meilen den Brunnen Falésseles oder Afalésseles.

Die Landschaft umher bot einen nicht eben besonders freundlichen Lagerplatz dar, da nicht der geringste Schatten zu finden war; denn die wenigen Ethelbüsche, welche auf Erdhü-

*Abbildung 24.* Am Südrand der Sahara.

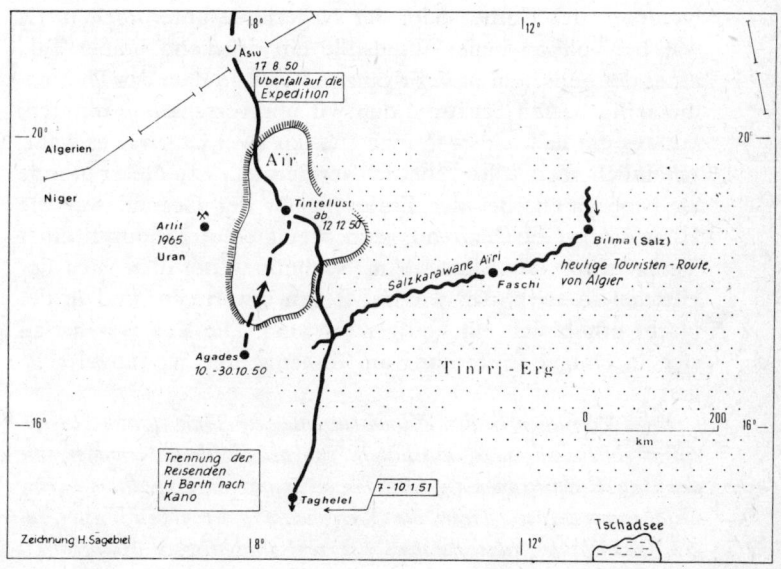

geln von nicht weniger als dreißig bis vierzig Fuß Höhe wuchsen, waren überaus niedrig und fast vom Sande bedeckt. Außerdem war der Boden, der ganz aus Granitgrus bestand, voll Kamelkot und Unreinigkeiten noch unangenehmerer Art. Auch war nicht das geringste Kraut hier, so daß die Tiere, nachdem sie getränkt worden waren, nach einer sieben bis acht Meilen entfernten Weidestätte getrieben werden mußten; dort blieben sie die ganze Nacht und den folgenden Tag bis zum Mittag. Dann kehrten sie zurück und brachten Vorrat für die folgende Nacht mit.

Nichtsdestoweniger ist dieser Punkt für den Karawanenhandel von großer Wichtigkeit wegen des Brunnens, der eine reichliche Menge leidlichen Wassers liefert. Wir waren in der Tat froh, es besser zu finden, als wir nach den Berichten zu hoffen gewagt; obwohl es im Anfang trübe und schlammig war, klärte es sich doch bald auf und behielt nur einen geringen Beigeschmack. Der Brunnen war fünf Faden tief, an der Mündung nur eineinhalb Fuß breit, aber unten geräumiger; er war von Ethelstämmen ausgebaut. Die Wärme des Wassers betrug 25°.

Nachdem die Kamele fortgeführt waren, war unser Lager sehr einsam und verlassen, und die Stille ward nur durch das Stampfen des Kornes oder der Negerhirse unterbrochen. Es war bei vollkommener Windstille ein drückend heißer Tag, einer der heißesten unserer ganzen Reise, in dem das Thermometer im besten Schatten, den wir uns verschaffen konnten, mittags um halb eins 44° anzeigte; um zwei Uhr war es wahrscheinlich noch höher, aber ich versäumte, es zu dieser Stunde zu beobachten. Bei der Einförmigkeit der Gegend war die Hitze höchst erschlaffend; jedoch zeigten sich Spuren einer Veränderung des Klimas. Am Nachmittag bewölkte sich der Himmel so stark, daß wir fast Regen erwarteten, und in der Nacht erhob sich ein heftiger Ostwind. Die Kel-owis hatten sich in einiger Entfernung am Abhange der Sandhügel gelagert.

*Beim Vorrücken in der Vollwüstenmitte, der Tiniri (auch Ténéré), einem »Niemandsland«, durchstreift von beutelustigen Nomaden, die den Handelskarawanen arg zusetzten, gerät auch die Expedition in eine Gefahrenzone. In die Tiniri, die »Riesenwüste in der großen Wüste«, ragen Ostausläufer (das Anahef) des zentralsaharischen Hochgebirges*

*Ahaggar hinein. Diese erstmalig vom gesteinskundigen Expeditionsteil-*
*nehmer Adolf Overweg erforschte Gebirgswelt weist mächtige Felsklötze*
*ohne Schuttfüße auf (Gneis des Suggarien). H. Barth und Adolf Over-*
*weg sind die Begründer der durch zahlreiche Abbildungen belegten Sa-*
*hara-Sudan-Geomorphologie.*

*(Donnerstag, 15. August.)* Das heutige Lager war nicht eben ein
ruhiges, und keinem, der Charakter und Sinnesäußerungen der
Leute gebührend beobachtete, konnten die ernsten Anzeichen
entgehen, daß sich ein Sturm über unseren Häuptern an-
sammle. Mohammed Boro, der schon so oft seinen Gefühlen
der Rache wegen der Vernachlässigung, mit welcher er behandelt worden war, Luft gemacht hatte, war Feuer und Flamme,
und indem er das ganze Lager in Aufregung brachte, sammelte
er alle freien Leute zu einer Beratung; denn er hatte, wie er
sagte, die Botschaft erhalten, daß eine große Anzahl Hogar
nach Asïu kommen würde. Wann und wie er diese Nachricht
erhalten, kann ich nicht sagen, vermute aber, daß sie ihm
schon lange bekannt war und er nur sein Geheimnis erst hier

*Abbildung 25.* Im Anahef. Nach einer Zeichnung von Heinrich Barth.

131

enthüllte. Während ich auf das Gerücht von Ssidi Djafels Expedition nur wenig Gewicht gelegt, wurden nun, als ich den aufgeregten Zustand, in welchem sich Boro befand, bemerkte, meine Befürchtungen rege; denn ich kannte die Beweggründe seiner Handlungsweise.

*(Freitag, 16. August.)* Zu früher Stunde brachen wir auf. Kiesiger und felsiger, mit Kieseln bestreuter Boden wechselten miteinander ab. Granit, in vielen Blöcken anstehend, die sich oft nach oben schirmartig ausbreiteten, war die Hauptformation, bis wir nach dreizehn Meilen Weges den schmalen sandigen Sporn einer bedeutenden Erhebung, die sich zur Linken näherte, passierten, wo eine feine Art weißen Marmors sichtbar ward. Danach betraten wir ein rauhes Terrain von besonders ödem Aussehen, namens Ibéllakangh, und überstiegen einen unseren Weg quer durchsetzenden kleinen Gneiskamm, der mit Kies bedeckt war.

Hier trennte sich zu unserem großen Bedauern die Karawane, während eben im Osten ein Gewitter aufzog. Die Tinylkum nämlich zogen ostwärts, um sich, wie man uns sagte, in den Sanddünen nach Weide für ihre Kamele umzusehen.


*(Es folgt ein weiterer Halt.)*

Dies also war Asīu oder Asëu, ein für den Karawanenhandel aller Zeiten wichtiger Punkt, da hier die Straßen von Ghadames und Tauat sich vereinigen, und dies muß, wie ich weiter unten zeigen werde, schon zur Zeit, als der berühmte Reisende Ebn Batuta von seiner unternehmenden Wanderung nach Sudan über Tauat (im Jahre 1353) heimkehrte, der Fall gewesen sein. So verlassen und öde die Stätte auch erscheint, galt sie doch auch uns für eine wichtige Station, weil wir fälschlich glaubten, daß der schwierigste Teil der Reise hier abgetan sei. Denn obwohl ich selbst eine Ahnung von drohender Gefahr hatte, dachte doch keiner von uns, daß die noch bevorstehenden Schwierigkeiten in jeder Weise größer sein würden als die schon überstandenen. Herr Richardson irrte in der Tat bedeutend, wenn er glaubte, daß wir, weil die eingebildete Grenze der Asgar- und Kel-owi-Territorien überschritten war, damit außer dem Bereiche eines Anfalles der nördlichen Stämme seien; er bezeichnete mit der entschiedensten Hartnäckigkeit jede Mutmaßung, daß eine solche Grenze leicht von einem umherschweifenden nomadischen Stamme ohne viel Bedenken überschritten werden könne, als absurd, indem er behauptete, daß diese Grenzbezirke in der Wüste viel gewissenhafter beobachtet würden als irgendeine Grenze von Österreich ungeachtet seiner zahllosen Grenzjäger. Eine ähnliche Meinung hat er in seinem früheren Werke ausgesprochen. aber er ward bald über alle diese Punkte seiner Wüstenpolitik auf seine und unser aller Unkosten aufgeklärt.

Es hatte in der Tat wenig Anziehendes, auf der breiten sandigen Ebene, die nur sehr mißbräuchlich ein Tal genannt werden konnte, umherzustreifen. Hier und da unterbrach eine Gruppe von Granitblöcken die einförmige Fläche, welche an der Nordseite von gemach ansteigendem Felsboden, an der Südseite dagegen von einer höheren Erhebung begrenzt wird.

Wie öde auch die Stätte war und wie trübe unsere Aussichten sich gestalteten, gewährte uns doch im Laufe des Nachmittags die Ankunft der Tinylkum einen heiteren Anblick und flößte uns einiges Vertrauen ein, da wir unsere Kafla wieder ihre frühere Stärke annehmen sahen. Alle unsere Gefährten jedoch trugen Ruhe und Sicherheit zur Schau; nur der Sserki-nturaua machte eine Ausnahme hiervon und tobte in der höchsten Aufregung umher. – Das Tränken der Kamele und Füllen der Wasserschläuche nahm einen ganzen Tag in Anspruch.

*(Sonntag, 18. August.)* Nach zwei Stunden Weges fingen wir an, erst gemach, dann steiler hinaufzusteigen; alle Felsen bestanden hier aus tonigem Sandsteinschiefer von roter und grünlicher Farbe und waren sehr gespalten, zerborsten und stark von Sand verschüttet. Nach fünfundzwanzig Minuten erreichten wir die höhere Fläche, ganz aus rauhem, mit kleinem Gestein bestreutem Boden bestehend; im Westen, bei etwa vier Meilen Entfernung, hatte sie eine Erhebung.

## Alarm!

Während wir ruhig unsere Straße zogen, wir mit den Kel-owi voran und die Tinylkum im Nachtrab, kam plötzlich Mohammed der Ssfakser hinter uns drein gelaufen, die Flinte über seinem Kopfe schwingend, mit dem Rufe: »He auelad, auelad bu adunadja« – »He Burschen, unser Feind ist da«. Ein so drohender Ruf von einem, der sonst nur mit leichtfertigen Fessaner Gesängen die Eintönigkeit des Marsches zu vertändeln suchte, verbreitete natürlich den größten Alarm in der ganzen Karawane; ein jeder griff nach seiner Waffe, gleichviel ob Flinte, Speer, Schwert oder Bogen, und wer immer zu Kamel saß, sprang, wenn es ein Lasttier war, augenblicklich von seinem Tiere herunter.

Es dauerte lange, ehe es möglich war, vor Lärm die Ursache des ganzen Tumultes zu erfahren. Endlich wurden die folgenden Umstände bekannt. Ein Mann namens Mohammed, welcher zu Kafla gehörte, war ein wenig am Brunnen zurückgeblieben und hatte drei Tuareg zu Kamel – »Mehari« – beobachtet, welche eiligen Laufes herankamen. Während er nun selbst der Karawane ohne Verzug gefolgt war, hatte er seinen Sklaven zurückgelassen, um zu sehen, ob noch andere Tuareg hinterdrein kämen. Dieser Sklave nun hatte ihn nach kurzer Zeit eingeholt und ihm berichtet, daß noch eine Anzahl Kamele in der Entfernung sichtbar geworden wären, und beide beeilten sich, uns die Nachricht zu überbringen. Selbst Herr Richardson, der bei seinem schweren Gehör erst nach dem Alarm unsere Lage zu überschauen imstande war, stieg von seiner kleinen, schlanken Naga herab und spannte kriegsgerüstet seine Pistolen. Ein kampflustiger Geist schien sich der Karawane bemächtigt zu haben, und ich bin überzeugt, daß, wenn wir in diesem Augenblicke angegriffen worden wären, alle tapfer gefochten haben würden. Offener Angriff indes ist nicht die Taktik einer Freibeuterschar in der Wüste; sie nistet sich bei einer Karawane ein und zeigt sich anfänglich ruhig und friedfertig, bis sie die geringste Einigkeit, welche in einer solchen, aus den heterogensten Elementen gebildeten Truppe zu finden ist, untergraben und sich aller günstigen Verhältnisse bemächtigt hat – erst dann zeigt sie sich allmählich in ihrem wahren Charakter und erreicht auch gewöhnlich ihren Zweck.

Nachdem endlich ein gewisser Grad von Ruhe wieder unter unsere Schar zurückgekehrt und eine genügende Menge von Pulver und Blei unter diejenigen verteilt worden war, welche mit Feuerwaffen versehen waren, gewann die Ansicht Raum, daß, wenn der Bericht sich wirklich bestätigen sollte, es viel wahrscheinlicher sei, daß wir bei Nacht als bei Tag angefallen werden würden. Wir setzten daher unseren Marsch mit einem stärkeren Gefühl von Sicherheit fort, während ein Trupp Bogenschützen abgesandt wurde, um von einer kleinen Kafla, die vom Sudan kam und in geringer Entfernung von uns hinter einer niedrigen Erhebungskette hinzog, Nachrichten einzuholen. Es waren einige Tebus oder Tedas mit zehn Kamelen und etwa dreiunddreißig Sklaven, die unbewußt einem schrecklichen Schicksal entgegengingen. Wir hörten nämlich später, daß die Imrhad der Hogar oder vielmehr die Hadanara selbst, darüber aufgebracht, daß wir durch ihr Land gezogen wären, ohne daß sie etwas von uns erhalten, die kleine Truppe angegriffen, die drei oder vier Tebus gemordet und ihre Kamele und Sklaven weggeführt hätten.

Während sich die Karawane langsam vorwärts bewegte, konnte ich meinem Mehari erlauben, an einer kleinen muldenartigen Einsenkung namens Ta-ha-ssá-ssa von dem »ne-ssi« *(Panicum grossularium)*, einem von den Kamelen sehr gesuchten Kraute, etwas zu weiden. – Um Mittag fingen wir dann an, auf ein felsiges Terrain hinanzusteigen, und erreichten nach sehr allmählichem Anstieg von drei Meilen die höhere Fläche, welche mit Kies bedeckt war, weiterhin aber rauhen schiefrigen Boden zeigte, bis wir das Tal Fénorangh*) erreichten.

Diese Taleinsenkung, nicht ganz eine Meile breit und etwa deren zwei lang, ist durch ihren gewöhnlich reichen Krautwuchs, namentlich das von den Arabern so genannte »bu-rékkeba« und das so überaus nahrhafte »hhad«, sehr berühmt und bildet daher einen wichtigen Haltepunkt für die Karawanen, welche, vom Norden kommend, den nackten Teil der Wüste, der kaum irgendeine Art von Futter für die Kamele hervorbringt, durchschnitten haben. Ungeachtet der drohenden Gefahr beschlossen wir daher, nicht nur heute, sondern auch den folgenden Tag hier gelagert zu bleiben.

---

*) Herr Richardson nennt es »Takestaat«.

Während die ausgehungerten Tiere, sobald sie ihrer Bürde ledig waren, auf die ringsumher sich darbietende schöne Weide sich stürzten, lagerte sich unser Wanderdorf so dicht wie möglich zusammen und bereitete sich auf das Schlimmste vor, indem wir rundumher nach allen Richtungen ausspähten. Aber kein menschliches Wesen, weder Freund noch Feind, war bis zum Abend zu erblicken. Als aber Dunkelheit sich über das Tal ausbreitete und mit ihrem Schleier die Nachstellungen des Verwegenen deckte, erschienen drei wohlbewaffnete raubluste Gestalten hoch zu Mehari. Es waren eben die drei, die man in der Ferne hatte dem Brunnen zueilen sehen. Nun zeigte sich auch hier gleich deutlich, wie drei oder vier entschlossene Männer imstande sind, eine zahlreiche Karawane in Furcht zu setzen, und wie man ihnen erlaubt, ihr verderbliches Werk, das jeder einzelne mehr oder weniger durchschaut, anzufangen, indem man ihnen ruhig gestattet, sich einzunisten. Gewiß hat es für den ruhigen Wanderer etwas Peinliches, jemanden anzugreifen, ehe er entschiedene Feindseligkeit gezeigt hat; jedoch sollten in der Wüste solche Räuber in gehöriger Entfernung von jeder Karawane gehalten werden. Derjenige, der sie zuläßt, kann sicher darauf rechnen, wie friedlich und in wie geringer Menge sie im Anfang immer auch auftreten mögen, in der Folge ihren Nachstellungen zu unterliegen. So wurden nun trotz aller unserer kriegerischen Zurüstungen, trotz allem Reden und obwohl wir Europäer mit unseren Dienern bereit waren, diese Leute fern zu halten, die drei einsamen Wanderer, die jedermann als Freibeuter kannte und von deren bösen Absichten ein jeder überzeugt war, in unsere Mitte aufgenommen und ihnen nicht nur erlaubt, sich ganz nahe bei uns niederzulegen, sondern uns auch noch zugemutet, sie zu bewirten. Für den Beteiligten, der selbst schon einige Erfahrung auf diesem Felde gesammelt hatte, bot die ganze Verhandlung etwas Tragikomisches. Alles war in der größten Aufregung; Hand anlegen zu rechter Zeit wollte keiner, aber bereit zum Kampfe war jeder, und während ein jeder behauptete, daß von diesen Fremden nichts zu befürchten sei, zitterte er vor Furcht. Während man uns verhinderte, diese Herren mit Gewalt in gehöriger Entfernung zu halten, kam der alte erfahrene

Aued-el-Cher ausdrücklich zu uns, um uns dringend zu warnen, ja auf unserer Hut zu sein, und Boro fing an, den bedeutenden Mann zu spielen, indem er sich mit einer pathetischen Rede an die Kel-owi und Tinylkum wandte und sie ermahnte, uns treu beizustehen.

Alle Welt schrie nach Pulver, und niemand konnte seiner Meinung nach genug bekommen. Unser gewandter, mitunter aber auch höchst lästiger Diener Mohammed faßte einen strategischen Plan und stellte die vier Stücke des Boots an der Nordseite der zwei Zelte auf; hinter diesen sollten wir im Fall eines Angriffs unsere Stellung nehmen. Unsere drei Gäste, welche Zeugen dieser lächerlichen und nutzlosen Parade waren, mußten gewiß im stillen herzlich lachen und sich schon im voraus auf ihre Beute freuen. Auch machten sie gar kein Geheimnis daraus, daß sie in einiger Entfernung Gefährten hätten; da sie aber die Karawane noch in leidlicher Einigkeit fanden und da wir die ganze Nacht hindurch Wache hielten, fanden sie den Zeitpunkt noch nicht gekommen, etwas zu unternehmen, und die Nacht verging ruhig.

Am Morgen entfernten sich unsere drei Gäste, welche, wie ich erkundete, nicht zu den Asgar gehörten, sondern Kel-fade waren, vom nördlichen Distrikte Aïrs, und bei Freunden aus anderen Stämmen zu Besuch gewesen waren. Annur und einige andere Leute unserer Karawane begleiteten sie eine Strecke. Sie gingen langsam fort, gleichsam gegen ihren Willen, aber nur, um zu ihrem Trupp zu stoßen, der sich während der Nacht in einiger Entfernung jenseits der Felserhebung gehalten hatte, welche das Tal im Westen begrenzt oder vielmehr nur unterbricht. Dort fanden einige Leute unserer Karawane, welche sich nach dem krautreicheren Teile des Tales jenseits des Felsrückens gewandt hatten, um dort einen Vorrat für den bevorstehenden Marsch zu sammeln, frische Spuren von neun Kamelen. Bei aller äußeren Ruhe gab dies viel Ursache zu Besorgnis, und große Ängstlichkeit herrschte in der Karawane. Plötzlich entstand die Befürchtung, daß die Kamele gestohlen worden seien; glücklicherweise jedoch erwies sie sich als unbegründet. Der schlaue einäugige Tauater 'Abd el Kader, dessen ich schon erwähnt, machte den Versuch, diese Umstände zu seinem Nutzen anzuwenden. Er kam nämlich zu Herrn Overweg, den er, weil in solchen Wüstenbegebenheiten noch uner-

fahrener, am aufgeregtesten fand, und suchte ihn auf alle
Weise zu bereden, alles, was er von wertvolleren Gegenständen besäße, bei Aued-el-Cher und bei den Kel-owi und einiges dann natürlich auch bei ihm in Sicherheit zu bringen. Wie
man wohl einsieht, war dies ein höchst eigennütziger Rat; wäre
uns etwas zugestoßen, so würden diese Freunde die trauern-
den Erben geworden sein. Am Abend hatten wir wiederum
drei Gäste, aber nicht die von gestern, sondern drei ihrer Ge-
sellschafter, die zu den Hadánara, einer Abteilung der Asgar,
gehörten.

*(Dienstag, 20. August.)* In sehr unruhiger Stimmung brachen wir
auf; denn schon während des so stillen Nachtlagers hatten unsere Verfolger große Vorteile erkämpft. Das religiöse Element
trat scharf in den Vordergrund, und so mußten notwendig die
drei Christen, als einzeln dastehend, verlassen und schutzlos
dem Rest der Karawane gegenüberstehen. In aller Frühe nämlich wurden alle guten Gläubigen zu einem feierlichen Gebete
zusammengerufen, und indem wir uns natürlich ausschlossen,
wurden die Bande, die jeden an uns knüpften, gelockert. Dann
ging es ans Aufbrechen, jedoch nicht in der ungeregelten
Weise, wie wir die letzten Tage gewohnt gewesen waren, wo
jeder kleine Trupp, sobald er fertig war, sich auf den Marsch
machte, sondern alle begannen den Marsch in enggeschlosse-
ner Reihe. Zuerst ging es im Tale entlang, dann auf ansteigendem Terrain; mitunter bestand es aus grobem Sand, zu anderen Zeiten war es felsig. Die Erhebungskette zur Rechten,
welche hier etwas mehr als eine Meile entfernt bleibt, trägt je
nach den mehr oder minder hervorragenden Teilen, in welche
sie durch Einsenkungen oder Sättel getrennt wird, verschiedene Namen. Die südlichste Kuppe heißt Tim-ásgaren, während eine andere Tin-dúr-durangh genannt wird.

Der Imoscharh ist sehr ausdrucksvoll in seinen Benennun-
gen, und wenn es erst möglich sein wird, alle diese Namen zu
verstehen, so werden sich sicherlich sehr interessante Bezeich-
nungen daraus ergeben. Was mich anbelangt, obwohl ich der
Taríeh- oder Temaschirht-Sprache nicht wenig Aufmerksamkeit geschenkt habe, war mir doch, als Reisendem, nicht Muße
genug vergönnt, um der schwierigen und veralteten Ausdrücke
Herr zu werden, und natürlicherweise sind gegenwärtig unter

den Eingeborenen selbst nur wenige fähig, die Bedeutung von Namen anzugeben, welche sich aus alter Zeit herschreiben. Wie ich schon in der Vorrede angegeben, können einzelne Resultate meiner Reise natürlich erst im allmählichen Fortschritt ausgebeutet werden.

Endlich hatten wir jenen eigentümlichen Felszug im Rücken und betraten nun ein anderes flaches Tal, das voll jungen Krautes war, und folgten seinen Windungen. Diese ganze Landschaft hatte eine sehr unregelmäßige Bildung und machte bei der unreinen Luft und der eigentümlichen unruhigen Gemütsstimmung, in der wir uns befanden, einen unbehaglichen Eindruck. Plötzlich erblickten wir auf einer regelmäßig geschichteten Sandhöhe vor uns vier Leute, und ein Trupp Leichtbewaffneter, unter denen drei Bogenschützen sich befanden, wurde alsobald abgesandt, um, wie es den Anschein hatte, zu sehen, was dies zu bedeuten habe. In regelmäßiger Schlachtordnung marschierten sie gerade auf die Anhöhe zu.

Da ich mich gerade in der ersten Reihe der Karawane befand und mich auf meinem Kamele nicht so sicher als zu Fuß fühlte, stieg ich ab und führte meinen Mehari beim Nasenzaum, indem ich meine Augen nicht von der Szene vor mir abwandte. Wie sehr ward ich aber überrascht, als ich zwei der Unbekannten in Gemeinschaft mit den Kel-owi einen wilden Waffentanz ausführen sah, während die Übrigen ruhig auf dem Boden dabeisaßen! Hoch erstaunt und betroffen maß ich langsam meine Schritte ab, als zwei der Tanzenden auf mich zugestürzt kamen, den Zaum meines Kamels faßten und Tribut von mir forderten. Unvorbereitet auf eine solche Szene, besonders unter solchen Umständen, da drei der uns nachstellenden Raubzügler uns stets nahe waren, ergriff ich meine Pistole, als ich noch eben zur rechten Zeit Grund und Charakter dieser eigentümlichen Zeremonie kennenlernte.

Die kleine Anhöhe, auf deren Gipfel wir die Leute beobachtet hatten und an deren Fuße der Waffentanz ausgeführt wurde, ist ein wichtiger Punkt in der neueren Geschichte des Landes, das wir nun betreten. Denn es war hier, daß, als die Kel-owi, bis dahin, wie es scheint, ein unvermischter, reiner Berberstamm, Besitz vom Lande Alt-Gober mit seiner Hauptstadt Tin-schaman nahmen, ein Vertrag von den roten Eroberern mit den ursprünglichen schwarzen Bewohnern eingegangen wurde, daß nämlich die letzteren nicht ausgerottet werden sollten und daß das Haupt der Kel-owi nur eine schwarze Frau heiraten dürfe. Zur Erinnerung an diesen Vertrag hat man die Sitte bewahrt, daß an der Stelle, wo derselbe geschlossen wurde, am Fuße des kleinen Felsens Máket-n-ikelan*), die Sklaven – »ikelan« – der vorbeiziehenden Karawanen ausgelassen sein und von ihren Herren einen kleinen Tribut fordern dürfen. Die Ebene umher hat bei den Arabern den so höchst bezeichnenden Namen »schabet el Ahir« bekommen, der genugsam bezeugt, daß sich an diesem Punkt ganz vorzugsweise die Existenz von Ahir (Aïr) im Gegensatz zu Gober anschließt.

Der Schwarze, welcher mich anhielt, war der Sserki-n-baï, das Haupt oder der Anführer der Sklaven. Diese armen und doch fröhlichen Geschöpfe führten, während die Karawane ihren Marsch fortsetzte, noch einen anderen Tanz aus, und das ganze Verhältnis dieses Gebrauches würde überhaupt das höchste Interesse in Anspruch genommen haben, wenn nicht wir sowohl wie alle gutgesinnten Mitglieder des Zuges sehr bedrückt und unser Geist von der Besorgnis eines Unfalles ganz eingenommen gewesen wären. In der Tat, die Furcht war so groß, daß der liebenswürdige und gesellige Sliman, einer der Tinylkum, der auch später so aufrichtig und herzlich seine Teilnahme an unseren Unfällen ausdrückte, mich, als ich einmal außerhalb der Reihe der Kamele ritt, inständig bat, mich mehr in der Mitte der Karawane zu halten, damit nicht, wie er fürchtete, einer jener Räuber plötzlich auf mich losstürzen und mich mit seinem Speer durchstoßen möge.

Während der Boden hier umher nur aus kahlem Kies bestand, wurde der Weg nachmals unebener und von Granitfelsen unterbrochen; in den von diesen gebildeten Löchern fanden unsere Leute etwas Regenwasser. Das Terrain zur Rechten hieß Tiss-gaúade, während die Höhen zur Linken den Namen

---

*) Ich bedaure, daß ich es vernachlässigt habe, zu erfragen, was der ursprüngliche Gober-Name dieses Platzes war. Denn während es kaum zweifelhaft sein kann, daß er seinen Namen »máket-n-ikelan« von dieser Verhandlung erhalten hat, ist es sehr wahrscheinlich, daß er eine alte Kulturstätte war und als solche einen eigenen Namen hatte.

Tin-ébbeke haben. Ich ritt hier eine Zeitlang neben einem Targi namens Émeli aus dem Stamme der Asgar. Dieser in Kleidung und Benehmen durchaus anständige Mann stieg nie von seinem Kamele herab, in starkem Gegensatze zu den armen Tinylkum, von denen nur der eben erwähnte Sliman einen Mehari ritt. Obgleich er nicht eben sehr feindlich gegen die Freibeuter gesinnt zu sein schien und wahrscheinlich um ihr Vorhaben wußte, mochte ich ihn doch seiner anständigen Manieren wegen wohl leiden, und unter günstigeren Umständen hätte ich gewiß von ihm mancherlei Nachrichten erhalten können. Es befand sich jedoch in seiner Gesellschaft ein übler, unangenehmer Bursche namens Mohammed oder, wie die Tuareg den Namen aussprechen, Mochammed, aus Janet oder Djanet, der im Laufe der Schwierigkeiten, welchen wir ausgesetzt waren, uns großen Schaden zufügte und vollkommene Neigung hatte, uns noch mehr zuzufügen.

Wir lagerten endlich auf einer offenen kiesigen Ebene, die von Felserhebungen umgeben war, doch schlugen wir unsere Zelte nicht auf. Unsere unwillkommenen Gäste hatten nämlich ganz offen vor den Tinylkum erklärt, es sei ihre Absicht, uns drei Christen zu töten, aber zuvor erwarteten sie noch Beistand. Trotzdem mußte Herr Richardson auch diesen Abend wieder diese Raubgesellen bewirten. So groß ist die Schwachheit einer Karawane, obwohl in unserem Falle noch die Verschiedenheit der Religion viel dazu beitragen mußte, die Stärke der zahlreichen Gesellschaft, mit der wir reisten, zu untergraben. Hier hörte ich, daß einige unserer Verfolger Imrhad aus Tádomat seien.

Unter solchen Umständen und bei derartiger Gemütsstimmung war es unmöglich, sich der Spiele und Sprünge der Sklaven – oder vielmehr Haussklaven – der Kel-owi zu erfreuen. Sie liefen mit wilden Gebärden und Geschrei im ganzen Lager umher, um von jedem freien Manne in der Karawane ihren kleinen Tribut – »Máket-n-ikelan« – einzutreiben, wobei sie sich denn mit einer kleinen Quantität Datteln oder einem Stück Musselin, einem Messer, einem Hemd oder irgend sonst einer Kleinigkeit gern zufriedenstellen ließen; aber geben mußte ein jeder etwas.

Trotz unseres langen Tagesmarsches waren Overweg und ich genötigt, die ganze Nacht aufmerksam Wache zu halten.

141

*(Mittwoch, 21. August.)* In aller Frühe bei Mondschein brachen wir auf und stiegen auf dem rauhen Boden aufwärts. Die Felserhebungen zu beiden Seiten traten nicht selten nahe zusammen und bildeten unregelmäßige Pässe. Nach fünfeinhalb Meilen Weges erreichten wir die höchste Stelle und konnten von hier aus die Landschaft ganz überblicken. Mit kleinen Granithügeln wie besät, hatte sie ein höchst ödes Aussehen; in der Ferne jedoch erblickte man zur Linken eine interessante Berggruppe.

Ungeachtet unserer gefahrdrohenden Lage konnte ich es mir nicht versagen umherzustreifen, und fand auf den Blöcken über dem kleinen Teich – »tebki« – einige rohe Felsgekritzel mit Figuren von Ochsen, Eseln und einem hohen, schlanken Tier, das nach den Angaben der Kel-owi eine Giraffe darstellen sollte.

Während ich mich an der Szenerie der Städte erfreute, trat Didi plötzlich hinter mich und machte den Versuch, mich niederzuwerfen. Da ihm dies nicht gelang, legte er von hinten seine Hand auf meine Pistolen und suchte mich so zu hindern, von ihnen Gebrauch zu machen. Indem ich mich jedoch mit einer plötzlichen Wendung seinen Armen entzog, versicherte ich ihn, daß sicherlich ein so verweichlichter Mensch wie er mir nichts anhaben könne. Er war ein schlauer und hinterlistiger Gesell, und ich traute ihm von allen unseren Kel-owi am wenigsten. Der kleine, liebenswürdige Annur dagegen warnte uns und teilte uns mit, daß er erfahren, die Freibeuter wollten die Kamele, welche wir selbst ritten, in der Nacht stehlen. Glücklicherweise hatten wir uns auf einen solchen Fall vorgesehen und konnten die Tiere, indem wir ihre Füße in Eisenringe legten, vor plötzlichem Überfall sichern.

Während ich die erste Nacht Wache hatte, erlaubte mir das glänzende Mondlicht, auf einem Granitblock einige Zeilen an die Meinigen mit Bleistift niederzuschreiben. Große Raubvögel mit schwarzweißem Gefieder ließen sich nahe bei unserem Lagerplatz sehen.

*(Donnerstag, 22. August.)* Da die Kel-owi einige Schwierigkeit hatten, ihre Kamele zu finden, brachen wir nicht sehr frühzeitig auf. Zu unserem Erstaunen durchschnitten wir das felsige Rinnsal und traten in einen sehr unregelmäßigen, steil aufstei-

genden Paß ein, wo wir etwas weiter hin einen anderen Pfuhl Regenwasser passierten. Überall zeigte hier der Kiesboden die Spuren eines erst jüngst geflossenen Regenstromes, dessen Saum mit kleinen, lieblichgrünen Mimosen und einem dunkelgrünen Rasenteppich bezeichnet war. Als wir endlich die Felsen hinter uns hatten, fanden wir uns auf einem sehr hohen Terrain, von wo wir eine klare Fernsicht über die vor uns liegende Landschaft gewannen. Vier bedeutende Bergketten waren genau in der Ferne zu unterscheiden.

Wir verließen das anmutige Tal Gebi durch eine kleine Seitenöffnung, die von großen Granitblöcken umgeben war, während Kuppen von beträchtlicher Höhe hinter den näheren Felswänden sich auftürmten. Wir traten hierauf in ein anderes weites, aber nicht so reich bewachsenes Tal namens »Tá-rhadjit« und lagerten hier auf einem freien Platze kurz nach Mittag.

Das Tal wird dadurch von Wichtigkeit, daß es das erste in der Grenzlandschaft von Aïr oder Asben ist, wo eine feste Wohnstätte oder Dorfschaft sich befindet. Das kleine, aus Lederzelten bestehende Dorf wird von Leuten aus dem Stamme der Fade-angh bewohnt, welche sich in einer gewissen Unabhängigkeit von den Kel-owi halten, während sie doch den Sultan von Agades anerkennen.

Ich werde in einem späteren Abschnitt von diesen Verhältnissen und von dem Charakter dieses Stammes ausführlicher zu sprechen Gelegenheit haben. Hier wollen wir, ehe wir den Leser durch alle die Fährlichkeiten und Widerwärtigkeiten führen, die unseren Eintritt in das Alpenland Aïr oder Asben charakterisierten, ihm eine kleine Ruhe von dem Wüstenmarsch gönnen, die uns selbst nicht zuteil wurde.

# Kapitel 14

## Gefährlicher Eintritt in das Alpenland der Wüste

Die Stimmung unserer Führer und Kameltreiber war vom ersten Augenblicke an, wo wir lagerten, unbehaglich gewesen, und Herr Richardson hatte auf den Vorschlag des kleinen Annur schon am gestrigen Tage die oben erwähnten Asgar, Émeli und Mochammed, vorausgeschickt, um den Häuptling von Fade-angh zu uns zu führen. Dieser Mann nämlich war uns als eine Person von großem Ansehen dargestellt worden und als vollkommen fähig, in diesem gesetzlosen Lande durch seinen Schutz uns vor den Raubzüglern zu wahren, welche unsere neulichen, uns vorausgegangenen Gäste sicher sammeln würden. Aber Mochammed wenigstens war selbst, wie ich schon oben bemerkte, sicherlich ein Schurke, und man konnte als gewiß annehmen, daß er alles, was in seinen Kräften stände, tun würde, um unsere Schwierigkeiten zu vergrößern, damit er bei der Verwirrung gewinnen möge. Es war also keineswegs auffallend, daß wir den Bescheid erhielten, der Häuptling sei abwesend; ein Mann, der für dessen Bruder ausgegeben würde, sollte seine Stelle vertreten. Diese Persönlichkeit machte denn auch ihren Besuch, von einigen Leuten aus dem Dorfe begleitet. Sogleich aber ward es klar, daß dieser Mann nicht das geringste Ansehen genoß, und einer der Imrhad von Tádomat, welche sich während der letzten zwei Tage an uns gemacht hatten, schlug denselben, um uns zu zeigen, wie wenig Achtung er für ihn hege, mit seinem Speere wiederholt auf die Schulter.

Unter den Begleitern dieses unseres neuen großen Beschützers war ein Ttaleb namens Bu-heda, der durch widerliche Geschwätzigkeit und eine gewisse Anmaßung sich auszeichnete. Es gelang ihm vollständig, sich lächerlich zu machen, indem er uns einen Beweis seiner großen Gelehrsamkeit zu geben beabsichtigte. – Ich konnte nicht umhin, von der ungeheueren Ver-

144

schiedenheit betroffen zu werden, welche zwischen diesen verächtlichen, entarteten Mischlingen und unseren hoch und kräftig gewachsenen, kriegerisch aussehenden Verfolgern stattfand. Obgleich ich wohl wußte, daß die letzteren uns ungleich mehr Schaden zu tun vermochten als die ersteren, so konnte ich ihnen doch einen gewissen Grad von Achtung nicht versagen.

Overweg und ich hatten uns, wohl mit unseren Waffen versehen, im Schatten eines Talhabaumes in einiger Entfernung von unserem Zelte niedergelassen, und bald war ein ganzer Kreis von Neugierigen um uns versammelt, die anfänglich bescheiden und anständig waren, jedoch allmählich etwas lästig wurden. Ich gab ihnen kleine Geschenke, wie Scheren, Messer, Spiegel, Nadeln, wodurch sie denn auch sehr befriedigt wurden. Kurz darauf ließen sich auch Frauen sehen, darunter eine besonders ausgezeichnet durch den im Tema-schirht mit dem onomatopoetischen Namen »tebúlloden« bezeichneten und schon von Leo als *le parti di dietro pienissime e grasse* bemerkten Charakterzug der Tuareg-Frauen, und eine andere jüngere, auf einem Esel reitend.

So wie der ganze Charakter dieser Leute sehr erniedrigt schien, da sie durchaus nichts von dem männlichen, freien Benehmen hatten, das niemand verfehlen kann selbst an einem gewöhnlichen Freibeuter der Tuareg zu bewundern, so ist auch das Verhältnis der beiden Geschlechter zueinander keineswegs so rein, wie man es in solcher Gegend erwarten sollte. Jene Frauen nämlich wurden feilgeboten. Allerdings haben wir genügendes Zeugnis in den alten arabischen Schriftstellern, daß so lose Sitten stets unter den Berber-Stämmen an den Grenzen der Wüste zu Hause gewesen sind, und wir fanden dieselben Sitten auch bei dem Stamme der Tagama, und nicht allein Agades, sondern sogar das kleine Dorf Tintéllust war nicht ohne seine Buhlerinnen.

Obgleich diese Tá-rha-djit-Schönheiten kaum einer Erinnerung wert zu sein scheinen, so will ich doch die Namen einiger derselben aufbewahren, da sie für den Sprachcharakter bezeichnend sind; sie haben alle einen schweren, hohen Klang. Das ausgezeichnetste Kleeblatt hieß: Telíttifok, Tatinata und Temétile. –

Wir waren höchst begierig, von dem berühmten Aïr-Käse zu

kaufen, nach dem wir auf der ganzen Reise durch die Wüste lebhafteste Sehnsucht getragen und mit dessen Vorspiegelung wir oft unsere sinkenden Lebensgeister aufgemuntert hatten. Leider aber waren wir nicht imstande, hier auch nur einen einzigen kleinen Käse zu erlangen; ebenso vergeblich bemühten wir uns, ein Schaf oder eine Ziege zu erhandeln. In der Tat, anstatt der Fülle, welche man uns von diesem Lande vorgespiegelt hatte, obwohl unsere Erwartungen schon durch die Berichte der auf der Reise uns begegnenden Karawanen herabgestimmt worden waren, fanden wir im Grunde nur Elend. Die Frauen verlangten besonders eifrig nach dem wohlbekannten, überaus wohlfeilen, »ssimbel« genannten Räucherwerk. – Das Bemerkenswerte, was diese Leute besaßen, waren ihre schmucken und kräftigen Esel, alle mit einem breiten schwarzen Streif am Nacken – höchst stattliche Tiere.

Während wir uns leidlicher Ruhe und Behaglichkeit überließen, wurden wir zuerst einigermaßen beunruhigt, indem man die Forderung von sechs Rialen für Benutzung der Wasserpfütze in Djínninau machte. Wir konnten jedoch begreifen, warum der liebenswürdige, obgleich kraftlose Annur dieses Verlangen unterstützte, indem wir vermuteten, daß dies geschähe, um die Eindringlinge in etwas zu befriedigen. Kaum aber war dieser Forderung Genüge getan, als die Karawane in größte Bestürzung geriet, indem die Nachricht sich verbreitete, daß eine Bande von fünfzig, ja fünfundsechzig Mchara[*] käme, um uns anzugreifen. Obwohl durchaus keine zuverlässige Quelle für dies Gerücht angegeben ward, so wurde doch das ganze Lager in die höchste Verwirrung gesetzt, und jeder schrie nach Pulver und Blei. Boro Sserki-n-turaua benutzte die gute Gelegenheit wieder, sein Rednertalent zu entwickeln, und ermahnte die Leute auf höchst pathetische Weise, tapfer und mutig zu sein. Viele der Tinylkum indes hatten sehr natürliche Beweggründe, friedlich zu sein, da jeder Ausbruch offener Feindseligkeiten ihnen für die Zukunft das Reisen auf dieser Straße unmöglich machen mußte. Ja, selbst zwischen unseren Kel-owi und den uns verfolgenden Hogar kam dieser Gegenstand fortwährend zur Sprache, indem die ersteren be-

---

[*] Mit dem Namen Mehara werden in der Wüste ... zu Mehara (Kamele) berittene Krieger gemeint. – Singular: »méhari«.

tonten, daß sie und der Sudan ohne Verkehr mit dem Norden leben könnten, der Norden aber nicht ohne sie.

In diesem Augenblicke höchster Aufregung erschien Chuëldi, einer der ersten Kaufleute oder vielmehr der erste in Mursuk, den wir hier nicht zu sehen erwartet hatten, obwohl wir wußten, daß er auf dem Wege vom Sudan nach dem Norden sei. Wir waren in einer Lage, wo dieser Mann uns die größten Dienste leisten konnte, sowohl durch seinen Einfluß auf die Leute, aus denen unsere Karawane bestand, als auch durch die Kenntnis, welche er von dem Lande besaß, in dessen Grenzbezirk wir eben eingetreten waren. Unglücklicherweise aber war Chuëldi, obwohl ein erfahrener Kaufmann, kein praktisch durchgreifender und scharfblickender Mann. Anstatt uns einfach darüber zu belehren, inwieweit die Gerüchte begründet sein möchten, welchen Hindernissen wir wirklich begegnen dürften und wie wir sie durch ein den Häuptlingen zu entrichtendes mäßiges Passagegeld beseitigen könnten, leugnete er wenigstens insgeheim das Vorhandensein irgendwelcher Gefahr, öffentlicher aber ging er im Lager umher, erhob unsere Wichtigkeit als die Sendboten einer überaus mächtigen Regierung und ermutigte die Leute, uns im Falle einer Gefahr zu verteidigen.

Infolgedessen faßten die Tinylkum nun auch mehr Herz, begingen aber den Unverstand, um nicht zu sagen die Treulosigkeit, den Einnistlingen von dem ihnen verabreichten Schießmaterial mitzuteilen. Diese, obgleich sie in dem herzlosen Schauspiel, das auf unsere Kosten gespielt wurde, unsere wärmsten Freunde zu sein vorgaben, hatten natürlich nichts Besseres zu tun, als die Bande, zu der sie gehörten, mit ebendem Stoff zu versehen, von dem allein unsere Überlegenheit und Sicherheit abhing.

Obwohl bei allem Lärm und aller Pulververschwendung der unkriegerische Sinn unserer Karawane und der vollkommene Mangel an Einigkeit nur zu klar war, so mußte doch die Szene, die sich am Abend vor unseren Blicken entwickelte, für jedermann belebend und anregend sein; besonders aber trug das glänzende Mondlicht, das zum Lesen und Schreiben hell genug war, dazu bei, das Bild während der Nacht interessant zu machen. Die ganze Karawane war in Schlachtordnung aufgestellt; der linke Flügel ward von uns und einem Teil der Kel-owi gebildet, die ihren eigenen Lagerplatz verlassen und ihre Stellung vor unserem Zelte genommen hatten; das Zentrum bestand aus den Tinylkum und dem Ssfakser und der rechte Flügel, welcher sich an die Felswand anlehnte, aus dem Rest der Kel-owi nebst Boro. Unser ausgesetzter linker Flügel ward durch die vier Teile des Bootes gedeckt.

Um zehn Uhr nachts erschien ein kleiner Trupp Mehara und ward von einem heftigen Kleingewehrfeuer begrüßt.

### »Liefert die Christen aus!«

Unsere Lage blieb auch am folgenden Tage dieselbe und machte sich um so fühlbarer, als sie uns durchaus abhielt, Ausflüge zu unternehmen, welche uns mit dem Charakter des neubetretenen Landes hätten bekannt machen können. Nachdem nochmals vergeblich Alarm verursacht worden, traten die Führer des Raubzuges, welcher sich gegen uns angesammelt hatte, mit dem Versprechen hervor, daß sie die Karawane nicht weiter belästigen wollten, wenn ihnen die Christen ausgeliefert würden. Nachdem diese Forderung ein für allemal zurückgewiesen worden war, blieben wir eine Zeitlang ungestört, da sich die Raubzügler überzeugten, daß es, um ihr Ziel, uns zu plündern, zu erreichen, nötig sei, die ganze Macht, mit welcher sie so lange nur geprahlt hatten, ins Feld zu bringen

Ich bemühte mich, die Namen der Führer und Stämme der Rhasia zu erfahren, konnte aber von den ersteren nur den Namen des Hauptführers erkunden: Er hieß Keiki. Obgleich die anderen Leute den Grenzstämmen von Asben, nämlich den Efade oder Fade-angh, den Kel-fade und den Kel-áha-gar, angehörten, war doch der Anstoß zu dem Raubzug von einigen unruhigen Köpfen aus dem Asgar-Stamm gegeben worden.

Chuëldi besuchte uns am Nachmittag noch einmal. Ganz ebenso, wie er uns hatte glauben machen wollen, daß uns keinerlei Gefahr in diesem Lande drohe, stellte er auch die Zustände im Sudan*) so günstig dar, wie wir es nur irgend wün-

---

*) Ich gebrauche den Ausdruck Sudan, und zwar ganz so, wie er bei uns heimisch geworden, ohne auf die ursprüngliche Schreibweise

schen konnten. Um uns den letzten Rest von Unruhe gleichsam zu versüßen, sandte er uns eine Schüssel ganz vortrefflicher Datteln, welche er von seinem Freunde Hadj Beschir in Iferuan erhalten hatte, und gab uns dadurch wenigstens eine günstige Meinung von dem, was dies Land, das wir jetzt zu betreten im Begriffe standen, hervorbringen könne. Kurz, Chuëldi erwies sich durchaus als ein Mann, der jedem angenehm zu sein strebte. Bei einer späteren Gelegenheit, Ende 1854, als ich eine Zeitlang von allen Mitteln entblößt war, benahm er sich gegen mich auf sehr anständige und wirklich freundschaftliche Weise. In seiner Gesellschaft befand sich ein Bruder unseres ruhigen und treuen Dieners Mohammed von Gatron, der eben mit dem Ertrage seiner Dienstzeit im Sudan nach Hause zurückkehrte, während Mohammed erst auf dem Wege dahin begriffen war. Denn der Sudan ist für die jungen Fessaner eine reiche Quelle des Erwerbes.

Trotz unserer bedrohten Lage konnte ich der Versuchung, ein wenig umherzustreifen, zuletzt nicht mehr widerstehen und machte mich im Laufe des Nachmittags auf, um den Wasserplatz zu besuchen. Er liegt in einer kleinen Seitenschlucht des Tales, das mit üppigen Talhabäumen geschmückt ist und sich von SO nach NO hinschlängelt. In der Entfernung von vielleicht einer Meile traf ich zuerst auf eine Höhle, aus welcher einige Tinylkum Wasser schöpften; dann das felsige Bett eines Regenstromes hinansteigend, fand ich einen kleinen Pfuhl, wo die Kamele getränkt wurden. Unser treuer Freund Mussa, der eben nicht damit zufrieden war, daß ich mich so weit gewagt hatte, sagte mir, daß sich das Wasser hier für längere Zeit hielte, wo dann das belebende Element weiter im Haupttale hinauf gesucht werden müsse.

Da ich von Anfang an genau Boro Sserki-n-turauas Charakter und Verhalten beachtet hatte und nichts so sehr wie seine Intrigen fürchtete, so geschah es auf meine dringenden Aufforderungen, daß Herr Richardson heute abend diesem leidenschaftlichen Manne als Anerkennung des Mutes, welchen er in

»(beled) e' ssudan« Rücksicht zu nehmen, da ich keinen einfacheren Ausdruck weiß. Negroland ist im Englischen eingebürgert, Negerland bei uns weniger, Nigerland ist ganz unpassend, Land der Schwarzen zu weitläufig, Tekrur zu gelehrt und nicht einmal für alle Gegenden passend.

der letzten Zeit in unserem Interesse an den Tag gelegt hatte, befriedigende Geschenke machte. Allerdings kamen sie ziemlich spät; aber es war immer besser, sie jetzt zu geben, um die Folgen von Boros Intrigen soviel wie möglich abzuwenden, als gar nicht. Wären ihm diese Geschenke zwei Monate früher gemacht worden, so möchten uns wohl unsägliche Schwierigkeiten, Gefahren und schwere Verluste erspart worden sein.

*(Sonnabend, 24. August.)* Wir verließen endlich unseren Lagerplatz in Tá-rha-djit und kamen bald an Chuëldis Lager vorbei, das eben im Aufbruche begriffen war. Es war seine Absicht, wenn er Mursuk, nur in Begleitung von zwei Dienern und einem Imoscharh, auf eiligem Marsche erreicht haben würde, von dort nach nur sehr kurzem Aufenthalte, wie er angab, von zehn Tagen, sogleich nach dem Sudan zurückzukehren; denn der Sudan war ihm mehr zur Heimat geworden als Fessan. In Mursuk jedoch wurde er schwer krank und kehrte infolgedessen nicht vor dem Ende des nächsten Jahres nach Sinder zurück. Chuëldi hatte einmal eine bemerkenswerte Reise von Kúkaua nach Mursuk gemacht. Der Beherrscher von Bórnu hatte ihm nicht erlaubt, nach Fessan zurückzukehren, und er hatte infolgedessen vorgegeben, daß er nach Kano ginge. Nachdem er nun die westliche Straße drei Tage lang verfolgt, war er mit Hilfe eines guten Führers über den Komádugu – den sogenannten Yo – gesetzt und hatte sich nordwärts wendend, in gerader Richtung die Wüste durchschnitten. So hatte er, nur wenige Brunnen berührend, Mursuk ohne Unfall erreicht. – Der gewandte Handelsmann nahm seinen Weg nach Norden, während wir den unbekannten Gegenden des Inneren entgegenrückten.

Schon zu früher Stunde am Nachmittag lagerten wir im Tale Ímenan\*), ein wenig zur Seite einer mit Baum geschmückten Krautfurche, auf einem offenen Platze am südlichen Fuße einer felsigen Anhöhe von geringer Erhebung. Das Tal war mit großen Talhabäumen und dem »bu-rékkeba« genannten Grase, das zu üppiger Höhe aufgeschossen war, bewachsen und bot so eine angenehme Lagerstätte dar, die zu Ruhe und Behag-

---

\*) Der Name scheint mit dem des Stammes Imanang in Verbindung zu stehen.

lichkeit einlud. Aber unsere Ruhe ward gegen Abend gar sehr durch die Erscheinung von fünf unserer wohlbekannten beutedurstigen Begleiter gestört. Sie waren zu Kamel beritten und hatten sechs andere unbelastete Tiere bei sich. Abermals wurden wir hier von unseren Begleitern abgehalten, die Gesellen in erwünschter Entfernung zu halten. Sie stiegen, weniger als einen Pistolenschuß weit von unseren Zelten entfernt, ab und besprachen ihr Vorhaben mit den Asgar aus unserer Karawane, unter rohem und wildem Gelächter. Ich konnte kaum das Lachen unterdrücken, als nichtsdestoweniger einige der Tinylkum kamen und die wahrhaft satirische Versicherung brachten, daß wir in solch vollkommener Sicherheit seien, daß wir uns für diese Nacht einem ruhigen Schlafe hingeben könnten. Sie hatten ihr absurdes Gerede kaum geendet, als andere mit der weniger angenehmen, aber aufrichtigeren Warnung kamen, keinen Schlaf über uns kommen zu lassen. Größter Alarm und Aufregung verbreitete sich in der Tat bald über das ganze Lager, und während später am Abend unsere wohlwollenden Gäste ihr Abendessen verzehrten, kam Mohammed e'Tunssi, um mich und Overweg zu benachrichtigen, daß allerdings sehr große Gefahr über uns schwebe; denn diese Hogar, wie er sie bezeichnete, hätten einen Brief von Nachnuchen bei sich, welcher sie auffordere, im Gebiete der Kel-owi Leute zu sammeln und uns dort dermaßen aufzuheben, daß auch nicht eine Spur von uns übrig bleibe, aber uns nichts anzuhaben, solange wir uns in den Grenzen der Asgar aufhielten. Wir müßten demnach bereit sein, sagte er, einen Trupp von mehreren hundert Männern uns angreifen zu sehen.

## Großer Kriegsrat

Natürlicherweise waren wir von der Widersinnigkeit dieser Angabe, soweit sie Nachnuchen betraf, ganz überzeugt; es war dies eine freche Erfindung unserer Verfolger, und ich versuchte unseren Diener darüber aufzuklären. Als er von uns wieder zur Karawane zurückkehrte, ward ein großer Kriegsrat gehalten, in welchem der Beschluß gefaßt wurde, daß, wenn eine Bande von zwanzig bis dreißig Leuten käme, um uns anzugreifen, sie versuchen würden, uns zu verteidigen. Sollte uns aber eine größere Macht bedrohen, so würden sie es unternehmen, mittelst eines Teiles unserer Güter ein friedliches Abkommen zustandezubringen. Mit diesem Entschlusse wurden alle möglichen kriegerischen Vorkehrungen getroffen, und Boro hielt eine andere Rede. Auffallend mußte es jedoch erscheinen, daß, während wir und die Tinylkum alle unsere Kamele zu früher Stunde in die unmittelbare Nähe der Zelte brachten, die Kel-owi den ihrigen erlaubten, die ganze Nacht hindurch frei auf der Weide umherzustreifen; allerdings mochten sie erwarten, daß die Freibeuter nicht kühn genug sein würden, an ihre Tiere Hand zu legen, da sie Eingeborene des Landes waren.

Wie dem auch sei, ein großer Schrecken verbreitete sich, als am nächsten Morgen zu früher Stunde die Kamele fort waren. Kaum dämmerte der Tag, als die Gäste von letzter Nacht, welche sich vor Mitternacht weggeschlichen hatten, sich auf der Felshöhe im Süden zeigten. Von dort ritten sie auf ihren hohen, schlanken Tieren herab und beriefen mit herrischer Gebärde die hauptsächlichsten Glieder unserer Karawane zu einem Rate. Nun folgten jene kriegerischen Szenen, welche Herr Richardson so lebhaft beschrieben hat.

Mutig stürmten wir voran, aber unsere Lage war ganz unhaltbar; wir hätten den Feind vor uns leicht abhalten können, aber das Gepäck in unserem Rücken wäre seine augenblickliche Beute geworden. Wir hatten zu wenig zuverlässige Begleiter, denen wir seine Beschützung anvertrauen konnten. Boro Sserki-n-turaua, das Schwert in der Faust, führte uns energisch an und berief mich, ihm fest zur Seite zu stehen. Ich glaube, daß er nun, da die beleidigende Vernachlässigung einigermaßen gutgemacht war und wir ihn von unserer Überzeugung seiner hohen Stellung und seines Einflusses im Lande versichert hatten, aufrichtig die Absicht hatte, uns zu beschützen. Von den Tinylkum hielten nur der treue Mussa und der junge liebenswürdige Sliman, von den anderen Leuten der Tauati und Mohammed e'Ssfaksi sich zu uns; der letztere jedoch zitterte vor Angst und war bleich wie Schnee. Yussuf Muckeni blieb zurück; Fárredji zeigte bei dieser Gelegenheit großen Mut und forderte den Feind wacker heraus. Was unsere Gegner am meisten beunruhigte, waren die Bajonette an unseren Flinten, da ihnen diese die Warnung gaben, daß nicht allein unser Feuer auszuhalten sein würde, wie dies der Fall bei den Uëlad Sliman gewesen, sondern daß sie dann noch eine andere furchtbare Waffe, mindestens so wirksam als ihre eigenen Speere, zu bewältigen hätten. Es war ein Augenblick hoher Aufregung. Wir drei Reisenden standen dicht beisammen, zum Kampf bereit; Overweg und ich hatten uns das Wort gegeben, abwechselnd zu feuern, um uns nicht bloßzustellen.

Alle Sympathie für unsere Sache war verloren, sobald der Feind beteuerte, daß er es nur mit den Christen zu tun habe, und sobald er das religiöse Element in den Vordergrund stellte. Jeder hegte die Erwartung, daß es keine Schwierigkeit haben könne, uns zum Islam zu bekehren, und unser Diener Mohammed verfiel sogleich, als wir diesen Antrag als etwas ganz Undenkbares zurückwiesen, in seine gewöhnliche Unverschämtheit; er lachte uns offen aus, wie wir so absurd sein könnten, noch an irgendeine andere Rettung zu denken. Und dieser gewandte, aber verdorbene Bursche war ein Schützling des britischen Konsulates in Tunis!

Endlich schien alles abgemacht. Außer ihrer reichen Beute ward die Raubhorde auch noch wohl beköstigt. Wiederholt wurden wir versichert, daß wir nun sicher sein könnten, ohne fernere Beunruhigung die Wohnstätte des großen Mannes von Tintéllust zu erreichen. Da erschien unser Freund Annur, ein trotz seiner Schwachheit und Kraftlosigkeit liebenswürdiger Mensch, und bat uns sehr dringend, auf unserer Hut zu sein für den Fall, daß hinter den Felsen und Klippen noch einige Feinde im Hinterhalt liegen möchten. Auch waren, als wir den ungastlichen Platz nun endlich verließen, unsere Befürchtungen keineswegs beschwichtigt; denn es war ganz deutlich, daß der Horizont noch nicht rein war und daß leicht ein anderer Sturm losbrechen konnte.

Schon nach kurzem Marsche lagerten wir in unregelmäßiger Talbildung, ohne jedoch unsere Zelte aufzuschlagen. Der Anisslim oder Merábet, welcher die Expedition gegen uns gebilligt und sich ihr angeschlossen hatte, war nun in unserer Gesellschaft, und dies wurde als das beste Schutzmittel gegen fernere Belästigungen angesehen. Dieser Mann war, wie ich nachmals erfuhr, niemand anders als Ibrahim ʿAgha-bature, der

Sohn Hadj Beschirs, eines sehr bekannten und einflußreichen Mannes aus Feruan oder Iferuan, der später infolge seines Verhaltens vom Sultan von Agades sehr empfindlich bestraft wurde. Mit ʻAgha-bature selbst traf ich später im Jahre 1853 in einem Dorfe zwischen Tessaua und Sinder zufällig zusammen, wo er dann sein Erstaunen nicht unterdrücken konnte, daß ich trotz des Ungemaches, das ich erduldete, noch am Leben sei.

Boro, welcher mit ihm den Abend im gemeinsamen Lesen des Kurans *(Koran)* zubrachte, bewirtete ihn sehr gastfrei – mit Herrn Richardsons Mohamssa.

# Kapitel 15

## Grenze des Sudan

*(Montag, 26. August.)* Nach einem Marsche von dreieinhalb Meilen durch ein von höheren Granithöhen und Kegeln überragtes Tal stiegen wir ansehnlich aufwärts und gewannen eine freie Aussicht über die große Bergmasse, welche, zwischen Tidik im Norden und Tin-tarh-ode im Westen gelegen, keinen besonderen Namen bekommen zu haben scheint, außer daß sie häufig mit dem allgemeinen Namen »Berg Absen« bezeichnet wird. Ich kann aber nicht entscheiden, ob dieser Name, der auch der alte Gobername der ganzen Landschaft ist, wogegen sie von den Berbern Aïr genannt wird, ursprünglich dieser Berggruppe angehörte oder ob sie ihn nur erhalten, weil sie die, besonders für den vom Norden kommenden Reisenden, auffallendste Erhebung des Landes ist. Aber darüber lassen die übereinstimmenden Angaben der Kel-owi keinen Zweifel, daß dies in den Augen der Eingeborenen die Grenze des Sudan ist, zu welchem weder Tá-rha-djit, noch selbst Tidik gerechnet wird. Wie es scheint, haben die Tuareg keinen eigenen Namen für den Sudan; die meisten derselben nennen es »den Süden«, »aguss«; dagegen scheint Essudán die gewöhnlichste Benennung in der Umgangssprache Asbens zu sein.

Eine hervorragende Kuppe oder vielmehr ein Horn namens Téngik oder Timge erhebt sich über diese Bergmasse. Dies ist nach der Meinung des alten, unterrichteten Häuptlings Annur, der sein Land wohl kennen dürfte, die höchste Spitze im ganzen Lande Aïr. Ich werde auf diesen Punkt zurückkommen, wenn ich vom Berge Dogem spreche. Ich war nämlich der Meinung, der Dogem sei der höchste Gipfel im Lande; meine Ansicht ward aber nachmals von dem alten Häuptling, welcher fest und bestimmt versicherte, daß der Timge der höchste sei, bestritten. Unsere Lage in diesem überaus interessanten Alpenlande war unglücklicherweise eine solche, daß wir nicht daran denken konnten, diese sehr imposante nördliche natürliche Grenzbarriere zu durchforschen. Selbst nicht einmal die Berichte anderer konnten wir hier einsammeln, sondern nur flüchtig aufzeichnen, was uns selbst vor Augen trat. Die Berggruppe muß sehr schöne Schluchten und Täler enthalten, jedoch kehre ich zu unserer Karawane zurück.

Wir waren noch immer in einiger Entfernung von dieser malerischen Bergmasse und mußten noch einen rauhen und öden, nur zuweilen von schöneren Stätten unterbrochenen Wüstenstrich durchschneiden, bevor wir sie erreichten. Hier jedoch sahen wir einen Strauß, wunderbarerweise den ersten, welchem wir auf unserer ganzen Reise begegneten. Nach einförmigem Marsch lagerten wir in einem flachen, muldenartigen Tale ohne irgend interessante Züge. Das eigennützige Benehmen der Tinylkum hatte uns den Tag über gehörig Beschäftigung gegeben, und am Abend wurden auch sie beschenkt.

In der Nacht hatte ich die erste Wache, und indem ich das ganze Lager umkreiste, fiel es mir auf, daß an dem einen Ende hinter den Kel-owi ein kleiner Trupp ganz getrennt gelagert war. Als ich das erste Mal hinging, war alles ruhig; aber kurz nach elf Uhr (auf solcher Reise begibt sich natürlich jeder zeitig zur Ruhe) hörte ich ein Geräusch, und indem ich mich dorthin wandte, sah ich zwei bewaffnete Tuareg ihre Mehara satteln und im Dunkel der Nacht davonreiten. Ich schloß hieraus, daß noch immer etwas gegen uns im Schilde geführt werde; da es aber ohne Nutzen war, Alarm zu verbreiten, hatte ich nur die Vorsicht, Overweg, welcher mich ablöste, zu warnen.

Sehr zeitig am nächsten Morgen brachen wir auf, aber glücklicherweise war das Mondlicht so hell und schön, daß ich nicht einen Augenblick im Niederlegen der charakteristischen Züge des Landes unterbrochen wurde.

Als wir uns wieder in Bewegung setzten, ward das Land interessanter, ja zuzeiten selbst malerisch; mehrere schöne Schluchten stiegen eine hinter der anderen von den herrlich ausgezackten Bergen zur Linken herab, und die Höhen entwickelten nun die ganze Erhebung ihres Abhanges, da die Vorhöhen allmählich sich zurückzogen.

Wir waren nur etwa acht Meilen von Selufiet entfernt, wo wir uns für ziemlich sicher halten konnten. Wir hegten nicht den geringsten Zweifel, daß wir dort schlafen würden, als plötzlich schon vor Mittag, angeführt von einem hochgewachsenen Targi, der von Kopf bis Fuß in eine glänzend-neue Kleidung des dunkelsten Schwarz gehüllt war, unser alter Asgarmádogù Aued-el-Cher von der Straße abbog und haltmachte; am Rande eines breiten Tales mit herrlichem Graswuchse ward der Lagerplatz gewählt. Wie unbewußt und in ominösem Stillschweigen folgte die ganze Karawane; nicht ein Wort war zu hören. Da ward es denn ganz klar, daß wir eine neue Prüfung bestehen sollten, die allem Anschein nach von ernsterer Art als alle vorigen sein würde. Es war unverkennbar, daß ein teuflisches Einverständnis zwischen mehreren Gliedern der Karawane obwaltete. Ohne Zweifel waren einige mit im Geheimnis; Annur indes war nicht weniger in unserem Interesse und hatte den aufrichtigsten Wunsch, daß wir sicher durchkommen möchten. Aber der unruhige Zustand des Landes erlaubte diesem schwachen, kraftlosen Manne nicht, seinen Wunsch zu erfüllen.

Wir waren schon von den Grenzstämmen ausgesogen worden, und nun war eine andere starke Partei zu befriedigen. Es war die der Merábetin oder Anisslimen, welche im Lande großen Einfluß genießen und in gewisser Beziehung dem unumschränkten Ansehen des alten Häuptlings Annur in Tintéllust feindlich gegenüberstehen. Eben jetzt lag dieser Mann, der ganz allein einige Macht besitzt, den unruhigen Geist unter diesen wilden, gesetzlosen Stämmen im Zaum zu halten, krank darnieder. In Agades war kein Sultan, und mehrere Parteien standen sich noch in Streit gegenüber, während bei der großen Expedition gegen die Uëlad Sliman alle Leidenschaften des kampflustigen Volkes aufgeregt worden und seine Gier nach Beute und Raub bis zum höchsten Grade gesteigert war. Um unsere Lage und die Weise, auf welche wir preisgegeben wurden, richtig zu schätzen, muß man all diese Umstände in Betracht ziehen.

Die ganze Verhandlung hatte von Anfang an einen sehr ernsten und feierlichen Charakter. Es war unverkennbar, daß diesmal wirklich andere Beweggründe als der bloße Wunsch, uns zu berauben, im Spiele waren. Jedenfalls glaubten unsere Begleiter oder wenigstens einige derselben, daß wir wohl einem ernstlicheren Angriff auf unsere Religion nachgeben würden, und daher nahmen wohl viele von ihnen regen Anteil an dem

Erfolge des Unternehmens. Ob sie irgendeine klare Vorstellung davon hatten, was hernach aus uns werden solle, ob wir unser Eigentum behalten und unseren Weg ruhig fortsetzen dürften, kann ich nicht sagen. Kaum konnten diese Fanatiker irgendwelche bestimmte Idee von unserem späteren Schicksal haben, und es ist absurd anzunehmen, daß wir, wenn wir unsere Religion wie ein Kleidungsstück gewechselt hätten, gänzlichem Ruin entgangen wären.

Unsere Leute, welche von den Vorgängen vollkommene Kenntnis hatten, rieten uns, nur ein Zelt für uns drei aufzuschlagen; auch baten sie uns, dasselbe in keinem Falle, selbst wenn eine große Menge Leute sich versammeln sollte, zu verlassen. Die Besorgnis und Aufregung unseres Freundes Annur hatte ihren höchsten Gipfel erreicht; Boro schrieb Brief über Brief. – Obwohl eine beträchtliche Anzahl Merábetin zu früher Stunde sich versammelt hatte und eine große Menge anderer Leute noch vor Sonnenuntergang sich einstellte, so brach der Sturm doch nicht eher los, als nachdem alle Glieder unserer Karawane, in langer Reihe unmittelbar bei unserem Zelte aufgestellt, unter Vortritt des geachtetsten der Merábetin als Imam ihr Mughreb-Gebet beendet hatten.

### Der Sturm bricht los!

Die Szene, welche folgte, war wahrlich ernsthafter und tiefer ergreifend, als nach Herr Richardsons Erzählung angenommen werden dürfte. Unsere Leute waren so fest davon überzeugt, daß, da wir uns mit so entschiedener Festigkeit weigerten, auch nur für einen oder zwei Tage unsere Religion zu wechseln, wir augenblicklichen Tod erleiden würden, daß Mohammed der Tunesier und Muckeni dringend ein schriftliches Zeugnis von uns verlangten, daß sie an unserem Blute unschuldig seien. Herr Richardson selbst war so wenig gewiß, daß die Scheichs »nicht dächten, wie sie sprachen«, daß er, nachdem unsere Diener und die Führer der Karawane auf unsere bestimmte und höchst energische Weigerung hin uns mit der einfachen Versicherung verlassen hatten, es stehe uns nun nichts weniger als sicherer Tod bevor, und wir nun stillschweigend in unserem Zelte saßen, einem fast sicheren Tode mit dem erhebenden Bewußtsein entgegenschauend, daß wir ihm in einer unserer Religion sowie des Volkes, in dessen Namen wir uns unter diese barbarischen Stämme begeben, würdigen Weise entgegengingen – in die Worte ausbrach: »Laßt uns doch ein wenig reden, wir müssen ja einmal sterben! Was soll es nützen, so stillschweigend dazusitzen?«

In der Tat, der Tod schien mehrere Minuten lang wirklich über unseren Häuptern zu schweben; der ernste Augenblick aber ging vorüber. Wir hatten eben Herrn Richardson letzten Vorschlag zu einem Versuche, mit dem Leben davonzukommen, besprochen, als gleichsam als Vorläufer des offiziellen Boten der wohlwollende und freundlich gesinnte Sliman in unser Zelt stürzte und mit herzlicher Teilnahme die Worte hervorstotterte: »Ihr sollt nicht sterben!«

In bezug auf den Betrag der Beute, welche man uns abnahm, bemerkte ich nur, daß er nach der Summe, welche wir der Kelowi-Eskorte gegeben, bestimmt ward, indem die beteiligte Partei dieselben Ansprüche an uns zu haben glaubte wie unsere Begleiter. Die hauptsächlichsten, wenn nicht einzigen Triebfedern in dieser Angelegenheit waren ohne Zweifel die Merábetin, und der alte Häuptling Annur von Tintéllust behauptete nachmals stets, daß wir diesen Männern allein alle unsere Unfälle und unser Ungemach zuzuschreiben hätten. Auch ist es allerdings nur zu wahrscheinlich, daß, wie die Daheimgebliebenen dieses fanatischen Stammes uns diese Schwierigkeiten vor uns verursachten, so die Karawane, der wir früher bei Arokam begegnet waren, in unserem Rücken alles gegen uns aufregte. Außerdem befand sich gerade zu derselben Zeit ein junger Scherif aus Medina in Tin-tarh-ode, mit dem wir später in vertraute Verhältnisse kamen und der uns dann gestand, daß er damals das Seine dazu beigetragen habe, das Volk gegen die christlichen Eindringlinge aufzubringen. – Es muß zur Ehre Boro Sserki-n-turauas gesagt werden, daß er das Unrecht der ganzen Angelegenheit schwer fühlte und uns nach Möglichkeit zu beschützen versuchte, obgleich er im Anfang alles getan hatte, um uns Schwierigkeiten zu bereiten.

Eine der fehlerhaften Einrichtungen unserer Expedition war die, daß unsere Waren, anstatt aus wenigen wertvollen Dingen zu bestehen, hauptsächlich Gegenstände von wenig Wert, aber großem Umfang umfaßten, was die Leute glauben machte, wir hätten einen ungeheueren Reichtum mit uns, während der wirkliche Wert unserer Habe weit weniger als zweihundert Pfund Sterling betrug. Überdies hatten wir noch etwa zehn große eiserne Kisten mit Zwieback, von denen aber die unwissenden Leute glaubten, daß sie voll Geld seien.

Die Folge davon war, daß am nächsten Morgen, als endlich alle Forderungen befriedigt waren und wir fortziehen wollten, immer noch Gefahr drohte, daß der Pöbel, der sich noch nicht verlaufen hatte, über den Rest unseres Gepäckes herfallen möchte. Wir wurden daher dem Ssfakser dadurch nicht wenig verpflichtet, daß er nicht nur einen Teil unseres Gepäckes für das seinige ausgab, sondern auch eine der eisernen Kisten zerschlug und so jene einfältigen Leute in nicht geringes Erstaunen setzte, als sie anstatt Haufen von Silber und Gold trockenes, geschmackloses Brot herausfallen sahen.

Unterdes waren wir verfolgten Christen, von einigen Kelowi begleitet, weiter gezogen, und zuletzt kam denn die ganze Karawane wieder zusammen. – Das Tal war hier sehr schön, und nachdem wir einige Einsenkungen überschritten hatten, erreichten wir das prachtvolle Tal Selufiet; es war reich an Bäumen und Büschen, aber ohne Krautwuchs. In der Entfernung von weniger als einer Meile, wie es schien, zur Linken, erhob sich das hohe Horn des Timge.

Bisher hatten wir eben noch nicht viel Ruhe und Sicherheit genossen und fühlten hier deren Mangel um so empfindlicher, als unsere Kameltreiber nur bis zu diesem Punkte gemietet waren. Wir hatten also nun für all unser Gepäck selbst Sorge zu tragen. Ein großer Haufe Volks ließ sich im Laufe der Nacht ringsumher mit schakalähnlichem Geheul vernehmen, und wir mußten sie von unserer Wachsamkeit durch wiederholtes Schießen überzeugen. Trotzdem fürchteten wir ernstlich und mit Recht für unsere Kamele, die nach einem entfernten Platze zur Weide geführt worden waren, da in der Nähe unseres Lagers kein Futter für sie zu finden war. Überdies waren wir genötigt gewesen, die Tiere den Kel-owi anzuvertrauen, da unsere eigenen Diener unfähig waren, sie zu schützen. Da es nun den Freibeutern gelungen war, die Kamele nach allen Richtungen hin zu zersprengen, hatten unsere Freunde am Abend we-

der ihre eigenen, noch unsere Tiere zusammenbringen können, und während der Nacht wurden alle weggetrieben, und
zwar, wie wir nachher erfuhren, von den Merábetin selbst, die
uns doch so wiederholt versicherten, daß wir jetzt nichts mehr
zu besorgen hätten, da wir in ihrem Schutze ständen.

## Briefe nach Europa

*(Donnerstag, 29. August.)* In den Briefen, welche wir heute von
diesem Platze aus mit einer Karawane Araber und Kel-owi, deren größter Teil schon vorausgezogen war, nach Europa sandten, konnten wir noch keine sehr befriedigenden Nachrichten
von uns geben. Wir hatten indes einen großen Schritt vorwärts
getan und durften hoffen, daß wir auch die übrigen Schwierigkeiten besiegen würden, um so mehr, als wir uns nun mit dem
Häuptling Annur in Tintéllust in direkten Verkehr setzen
konnten und erwarten durften, von ihm in kurzer Zeit eine
Schutzbegleitung, die uns sicher zu ihm geleiten würde, zu erhalten.

Da uns einige von den Kamelen wieder zurückgegeben worden waren, obwohl noch fünfzehn fehlten, konnten wir am
nächsten Tage diesen unbehaglichen Platz verlassen. Wir ließen indes das Boot und einige andere Sachen, die dadurch, daß
sie für niemand als uns selbst Wert hatten, eine gewisse heilige
Unverletzlichkeit besaßen, hier zurück.

Das frohe Gefühl, das uns beseelte, vorwärts zu kommen,
ward noch gehoben durch den Charakter des Tales selbst, das
hier den Namen Era-ssa oder vielmehr Erhasar zu haben
scheint.*)

Das Tal von Selufiet scheint keine Verbindung mit dem des
letztgenannten Platzes zu haben; wenigstens war der Haupt-
arm, in welchem unser Pfad entlang führte, durch felsiges Terrain gänzlich vom anderen Tale getrennt.

Wir waren in diesem Tale zwei Meilen weit gezogen, als wir

---

*) »Erhasar« ist ein allgemeiner Begriffsname, der »Tal« bezeichnet;
hier aber scheint es dies besonders ausgezeichnete Tal als Eigenname
zu bezeichnen.

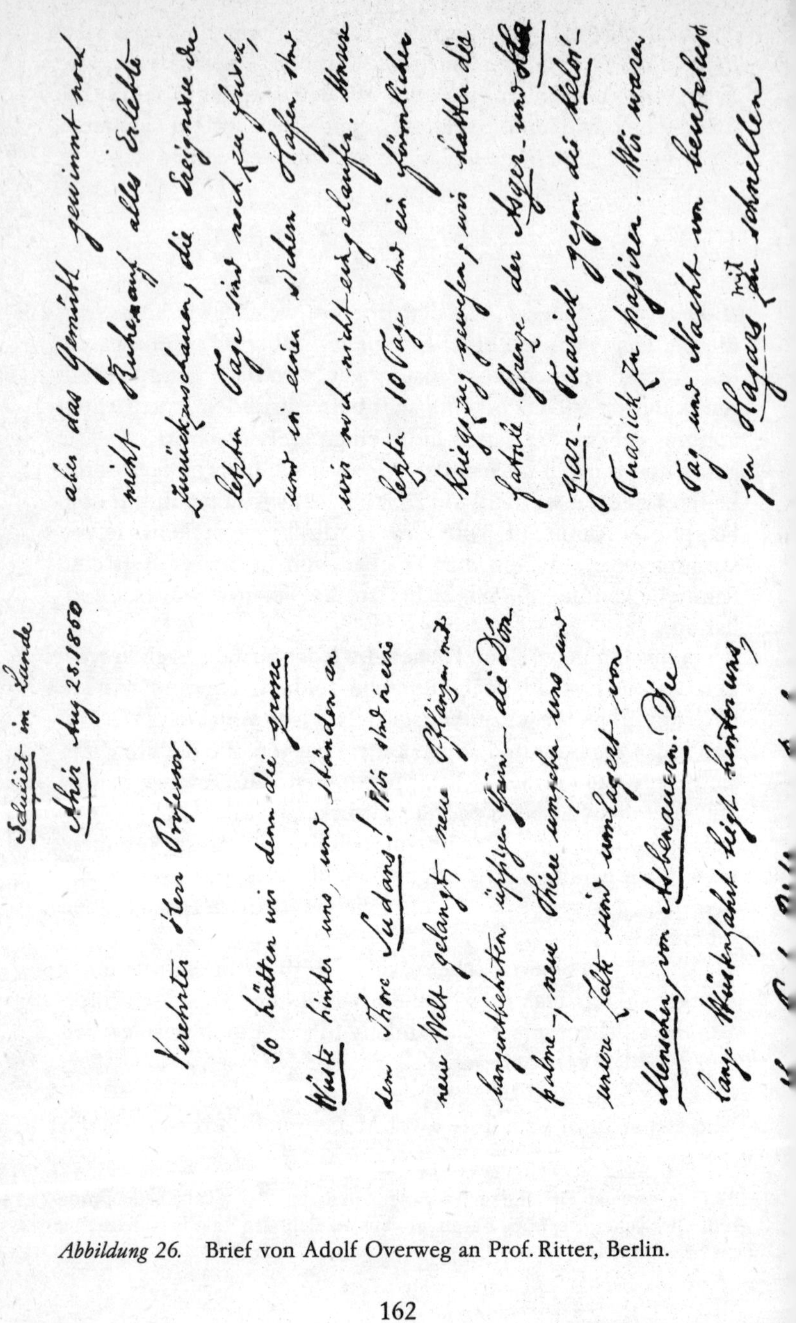
Schuliet im Lande
Ahir Aug 28. 1850

Verehrter Herr Professor,

So hätten wir denn die grosse Wüste hinter uns, und ständen an dem Thore Sudans! Wir sind in eine neue Welt gelangt, neue Pflanzen mit langentbehrten üppigen Grün, die Dompalme, neue Thiere umgeben uns, und unsere Zelt sind umlagert von Menschen, von Abenauern. Die lange Wüstenfahrt liegt hinter uns, aber das Gemüth gewinnt noch nicht Ruhe, um auf alles Erlebte zurückzuschauen, die Ereignisse der letzten Tage sind noch zu frisch, und in einem sichern Hafen sind wir noch nicht eingelaufen. Unsere letzten 10 Tage sind ein förmlicher Kriegszug gewesen; wir hatten die fatale Grenze der Asger- und Hogar-Tuarick gegen die Kelowi-Tuarick zu passiren. Wir waren Tag und Nacht von bewaffneten Hogars mit schnellen

*Abbildung 26.* Brief von Adolf Overweg an Prof. Ritter, Berlin.

4. durchgekommen sind, danken wir
unserer dies zu verdanken, denn wir ä...
zu Mehari's Jamahl angegriffen, mit
guten Nacht stand unserer Kaffe
zu 100 Menschen gegenüber. Der Verlauf war beide Male ähnlich; zunächst
hiß es die Christen sollten angebracht werden; dann sie sollten auf
den Muselmännern werden
ihr umkehren und endlich (— gegen
unter etwas drohender Gefahr —) forderte man hohe Summen, die wir
mit den besten unserer Waaren be-
zahlten. Dass wir mit heiler Haut
und ohne bedeutenden Verlust

Mehari's umgeben, an 25ʰ dagegen
der Mühen der Reise, denn wir ä...
Ghat übergehen waren mit der Reise-
lichkeit die Tenellium (die im
der Gefahr auf ihrer Kameelen
führen), den 14 Piaster eine
imponirende Macht waren.
Dies in Lehylyet, einem Ort mit Palmen
aus Gräsern ist ein Art von Regierung,
die von frommer Muselmännern
hühn) unter einem Scherif ver Melike
ausgeübt wird; daher ist es hier für
uns sicherer, als in der Sahara, ...
jeder Hagar sich ihm Schild nennt.
Wir mögen wir in 3 Tagen Leffa sein ...

uns an einem freien Platz, der rings von den grünen Büschen der Abisga umgeben war, lagerten. Er lag etwas jenseits Tintarh-ode. Dies ist das Dorf der Merábetin oder Anisslimen*) und zieht sich in langer Reihe an den niedrigen Vorhügeln der Bergkette hin. Es besteht aus etwa hundert Wohnungen, meistens Hütten von Gras und den Blättern der Fächerpalme, während nur wenige aus Stein gebaut sind.

Obwohl klein, ist das Dorf doch von Wichtigkeit für den Verkehr zwischen Nord- und Mittelafrika, welcher nur unter dem Schutze des Ansehens jener gelehrten und religiösen Männer mit einer Sicherheit betrieben wird, welche einen in der Tat in Erstaunen setzt, wenn man den wilden und räuberischen Charakter der Bewohner dieser Gegenden in Betracht zieht.

Höchst interessant würde es sein, genau den Zeitpunkt zu kennen, wann diese Niederlassung hier gegründet wurde. Es scheint allerdings, daß es, wenn anders diese Anisslimen dem Stamme der Kel-owi angehören, gleichzeitig mit der Eroberung des Landes durch diesen Stamm geschehen sei, und der Bericht Ebn Batutas, welcher hier keine Niederlassung gefunden zu haben scheint, würde dies bestätigen.

Die Anisslimen indes, obwohl sie sich selbst »gottergébene und fromme Männer« nennen, haben deswegen den Dingen dieser Welt durchaus nicht entsagt; im Gegenteil erhalten sie sich durch ihren Ehrgeiz, ihre Intrigen und ihre ganze Handlungsweise bedeutenden Einfluß auf die Angelegenheiten des Landes und haben sich, wie ich schon oben bemerkte, gewissermaßen in Opposition gegen den mächtigen Häuptling von Tintéllust gesetzt. Vor kurzem jedoch hatte sie ein bedeutendes Unglück getroffen. Die Auelimmiden nämlich, die Ssúrgu der westlichen Reisenden, die unversöhnlichsten Feinde der Kel-owi und im späteren Verlauf meiner Reise meine wärmsten Freunde, hatten bei einem plötzlichen Überfall alle ihre

---

*) »Anisslim«, Plur. anisslimen, ist der Ausdruck in der Tema-schirht-Sprache für das arabische »merabett«, und obwohl es die genaueste Verwandtschaft mit dem Worte »sselem« – »Isslam« – hat und eigentlich einen Mann bezeichnet, welcher sich zum Islam bekennt, ist diese Bedeutung doch ganz verlorengegangen, und ich selbst wurde infolge meines Schreibens und Lesens von den westlichen Tuareg gewöhnlich Anisslim genannt und als solcher betrachtet.

Kamele weggetrieben, und es darf teilweise dem Wunsche, die Gelegenheit, welche sich durch Ankunft einiger unbeschützter Ungläubiger zu möglichstem Ersatz ihres Verlustes bot, nicht ungenutzt vorübergehen zu lassen, zugeschrieben werden, daß sie so feindlich gegen uns auftraten.

Während wir unser Lager aufschlugen, trieb sich eine große Menge Knaben aus dem Dorfe in der Nähe umher, und während wir ein gutes Auge auf sie hatten, um ihnen keine Gelegenheit zur Entwicklung ihrer Geschicklichkeit im Stehlen zu geben, konnten wir nicht umhin, ihre schöne schlanke Gestalt und die lichte, reine Farbe ihrer Haut zu bewundern. Sie gaben den besten Beweis, daß sich dieser kleine Stamm nicht mit der Sudan-Rasse vermischt, obgleich ihre Tracht von der Sitte der Gegenden, die sie gegenwärtig bewohnen, berührt ist. Sie trugen nämlich nichts anderes als einen kleinen Lederschurz um ihre Hüften, während ihr Haar in der Weise der Sudan-Knaben geschoren war, so daß sich ein etwa ein Zoll hoher und breiter Kamm Haare von der Stirn bis in den Nacken zog.

*Wert eines Rasiermessers:*
*6 preußische Silbergroschen – 333 Kurdi – 1/3 Mithkal*

Sobald wir es uns einigermaßen behaglich gemacht, beeilten wir uns, mit den Leuten in Kaufbeziehungen zu treten, um wieder einen Vorrat von Nahrungsmitteln anzulegen. Hierbei wurden wir denn bald gewahr, wie irrig die Ansichten waren, welche wir nach den Berichten anderer über die niedrigen Preise von Lebensmitteln in diesem Lande gefaßt hatten. Wir erkannten, daß wir uns die dringendsten Bedürfnisse nur mit Schwierigkeit würden verschaffen können. Butter und Käse waren wir nicht imstande in geringster Menge zu erlangen, und Negerhirse oder Gero *(Pennisetum typhoïdeum)* wurde nur sehr spärlich angeboten. Außerdem war der Tausch noch sehr unvorteilhaft für uns, da unsere Waren, wie gebleichter und ungebleichter Kaliko, Rasiermesser und dergleichen, zu sehr niedrigem Werte abgeschätzt wurden. Ich war bei alledem noch sehr glücklich, da ich einen ziemlichen Vorrat von Rasiermessern hatte. Ich fand sie sehr geeignet zum Tausch von Sachen geringen Wertes. Ein gewöhnliches Rasiermesser wurde hier mit 10 Sekka Hirse bezahlt, welche im Landesverkehr ein Drittel eines Mithkal wert sind, oder soviel als 333 Kurdi, etwas weniger als 6 Silbergroschen preußisch. Ich war erstaunt, von Émeli, mit welchem ich über die hohen Preise der Lebensmittel sprach, zu hören, daß die Sakomaren, ein später näher zu berührender Stamm der Imoscharh, welcher große Herden Schafe und selbst eine bedeutende Anzahl Rinder besitzt, fast jährlich einen guten Vorrat Butter nach diesem Lande bringen. Diese Angabe fand ich denn auch später aus eigener Erfahrung begründet.

Der eben erwähnte Targi, Émeli, welcher ein sehr feines und einnehmendes Wesen hatte, mußte sich hier von uns trennen, da er nach einem Dorfe namens Aghalen zu gehen hatte. Weil er bald nach Rhat zurückzukehren gedachte, gab ich ihm einen Brief mit. Ich glaube, daß es dieser Brief war, welcher nachmals in geöffnetem Zustande in der Wüste gefunden und von Nachnuchen selbst an Herrn Dickson, den englischen Agenten in Ghadames, abgeliefert wurde. Von dem Schicksal des Briefes hatte der Letztgenannte auf ein mir zugestoßenes Unglück geschlossen.

Wir wurden den ganzen Tag über in leidlicher Ruhe gelassen, aber es verbreitete sich die Nachricht, daß am folgenden Tag ein großer Zusammenfluß von Mehara statthaben würde, um eine Hochzeit im Dorfe zu feiern. Wir waren nämlich genötigt, hier zu bleiben, um auf die Rückkehr unserer Kamele zu warten, und es war daher ein Glück, daß ringsum in der Nachbarschaft so ungeheure Regengüsse fielen, daß am 1. September unser ruhiges Tal in das breite Bett eines reißenden Stromes verwandelt wurde. Hierdurch wurde allerdings unser Eigentum in die größte Gefahr gebracht, aber auch das Vorhaben der Ansammlung einer Anzahl von Kriegsvolk unterbrochen, und was ein großes Übel schien, das bewahrte uns so wahrscheinlich vor einem viel bedeutenderen.

Da wir eben erst der Gefahr, welche uns von dem Fanatismus und der Raubgier der Menschen drohte, glücklich entgangen, war es wahrlich eine schwere Prüfung, nun gegen ein Element kämpfen zu müssen, dessen Macht in dieser Übergangszone wir weit entfernt gewesen waren richtig zu würdigen oder anzuerkennen. Gewiß hatten wir kein warnendes Beispiel vor uns, um die Möglichkeit zu erwägen, daß sich in diesen beziehungsweise so trockenen Landschaften ein Tal von mehr als einer halben Meile Breite in vierundzwanzig Stunden in das Bett eines Stromes verwandeln könnte, welcher reißend genug wäre, die schwersten Gegenstände, selbst ein so großes und starkes Tier wie das Kamel, mit sich fortzureißen. Es war daher eine außerordentliche, fast kindische Freude, mit der wir uns am Nachmittag des bezeichneten Tages in gegenseitiger Aufmunterung aufmachten, den Strom zu betrachten, der eben anfing, seine Fluten im Tale entlang zu wälzen. Es war dies ein höchst anmutiger und erfrischender Anblick; am folgenden Tage entwickelte derselbe Strom ein großartiges Bild der Zerstörung, das uns einen Begriff von der Sintflut zu geben vermochte.

Ich will zu der Beschreibung der Flut, wie sie von Herrn Richardson gegeben worden ist, nichts hinzufügen, aber ich möchte die folgenden Umstände, welche von ihm nicht ganz in das richtige Licht gestellt worden sind, erwähnen.

Als endlich eine halbe Stunde nach Mittag die Fluten anfingen, sich zu verlaufen, während eine Anhöhe nach der andern sich aus dem Strome erhob und wir unser Asyl auf der kleinen Insel außer Gefahr sahen, nachdem sie, von allen Seiten von der zerstörenden Wut eines tobenden und zu der Größe eines bedeutenden Flusses angeschwollenen Bergstromes angegriffen, eine Scholle nach der anderen preisgegeben hatte und kaum noch Platz genug für unsere ganze Gesellschaft und unser Gepäck darbot – erschien plötzlich an dem westlichen Ufer eine Anzahl Mehara, während zu gleicher Zeit die ganze Einwohnerschaft von Tin-tarh-ode in voller Schlachtordnung von der anderen Seite anrückte und sich in regelmäßigen Gruppen teils rund um unsere Zufluchtsstätte, teils den Tinylkum gegenüber aufstellte.

Während wir mit Mißtrauen auf diese Vorbereitungen sahen, namentlich da alle unsere Feuerwaffen naß geworden waren, nahte sich der böswillige Mochammed unserem Hügel, und indem er einen bedeutsamen Blick auf mich warf, rief er aus: »Sieh da, welch eine Menge Menschen!« Er hatte mir am Nachmittag zuvor, als er sich frech auf meinen Teppich gesetzt hatte und ich ihn ersuchte, mir diese einzige Bequemlichkeit zu lassen, mit den verständlichsten Worten und im kaltblütigsten Tone gedroht, »daß ich in der folgenden Nacht auf dem Boden des Tales, er aber auf meinem Teppich liegen würde«. Durchaus nicht eingeschüchtert durch seine Bosheit, obwohl keineswegs der freundlichen Gesinnungen jener Leute gewiß und in etwas zweifelhafter Stimmung, entgegnete ich ihm, daß die Mehara unsere Freunde seien, welche der Häuptling Annur gesandt habe, um uns nach Tintéllust zu geleiten. Mit drohender Gebärde erwiderte er, daß ich mich traurig enttäuscht fühlen würde, und ging fort. Glücklicherweise aber ergab es sich, daß diese berittenen Männer wirklich die von Annur zu unserer Beschützung ausgesandten Leute waren, während sich allerdings auch eine große Menge räuberischen Gesindels versammelt hatte, um noch einen letzten Versuch zu machen, sich unseres Eigentums zu bemächtigen, ehe wir unter dem Schutze jenes mächtigen Häuptlings Sicherheit gefunden. Erst als sie einsahen, daß sie es mit einer starken Gegenmacht zu tun haben würden, zogen sie sich, jedoch widerstrebend, zurück.

So waren wir nun endlich zu der Hoffnung berechtigt, daß wir in einem Hafen eingelaufen seien, welcher uns einen gewissen Grad von Sicherheit gewähren würde, und mit dankbarem und frohem Herzen sahen wir unserer ferneren Reise entgegen. Aber bei alledem war unsere gegenwärtige Lage weit von Behaglichkeit entfernt. Fast all unser Gepäck war bis auf den Grund durchnäßt; unsere Zelte lagen im Schlamme auf dem Boden des Strombettes, und unser bequemes und stark gebautes, aber schweres Tripolitaner Zelt hatte so viel Wasser eingesogen, daß ein Kamel es kaum fortschleppen konnte.

Indem wir endlich unseren schlecht gewählten Lagerplatz verließen, hatten Overweg und ich das Unglück, daß unsere Kamele, beim Passieren des Hauptstromes im Schlamme ausgleitend, niederfielen und uns in der Mitte desselben absetzten. Sie waren von der trübseligen Lage, in der sie sich den ganzen Tag befunden, wo sie, vom Strom in die Büsche getrieben, sich kaum hatten aufrecht halten können, so geschwächt worden, daß sie dem Strome, der noch immer reißend war, obwohl die Fluten seit sechs Stunden angefangen hatten, sich zu verlaufen, nicht widerstehen konnten. Durchnäßt und barfuß, da ich meine Schuhe im Schlamme eingebüßt, war ich froh, in der Dunkelheit das neue Lager zu erreichen, welches auf einem höheren Felsterrain in einiger Entfernung vom Talrande gewählt worden war. Unsere Betten waren im unerfreulichsten Zustande, und ihre Benutzung in einem ungesunderen Klima würde üble Folgen gehabt haben; aber Aïr ist eines der gesündesten Länder der Erde.

Glücklicherweise klärte sich das Wetter am Morgen des folgenden Tages auf, und obwohl die Sonne nur dann und wann hervorbrach, so trocknete doch ein frischer Wind die Feuchtigkeit ab. Es war ein angenehmes Gefühl, ein Stück nach dem anderen trocknen zu sehen, und das Lager glich fast einer großen Bleiche.

Etwa um zehn Uhr setzten wir endlich unseren Marsch fort und wählten die westliche der beiden Straßen, welche von hier nach Tintéllust führen, nämlich die über Fodet, während die östliche über Tago und Tani geht.

*(Dienstag, 3. September.)* Wir machten einen sehr interessanten Marsch durch eine Gegend höchst malerischen Charakters, welche in mehr als einer Hinsicht sich fähig zeigte, die Wohnstätte von Menschen zu sein. Nachdem wir den östlichen Rand des Tales verlassen hatten, hielten wir uns mehr in seiner Mitte, bis wir den schönsten Punkt erreichten, wo sich dasselbe in zwei Arme teilt; der östliche derselben wird von mehreren imposanten Bergspornen begrenzt und bietet eine sehr interessante Fernsicht.

Der ganze Grund der Talsohle, wo am vorgestrigen Tage ein mächtiger Strom sich hingewälzt hatte, glänzte von kleinen mineralischen Bruchstücken, denen selbst unser Geologe unter den gegenwärtigen Verhältnissen keine Beachtung schenken konnte. Dann passierten wir die Ruinen einiger von den Fluten zerstörter Häuser und begegneten weiterhin einer kleinen Truppe mit Negerkorn – »eneli«\*) – beladener Esel. Unsere

---

\*) »Eneli« – der Berber-Name für »Negerhirse« – ist ein häufig von dem berühmten Reisenden Ebn Batuta erwähnter, aber von seinen Erklärern nicht verstandener Ausdruck. Siehe Journal Asiatique, a. a. O., S. 188.191.200. – S. 194 beschreibt er den beliebten aus diesem Korn bereiteten Trank »dakno«.

ganze Karawane war guten Mutes, und unsere Schutzwache veranstaltete, um uns einen Beweis ihrer Reitfertigkeit zu geben, ein Wettrennen, das natürlicherweise ziemlich wunderlich ausfiel.

Man denke sich ein Kamel, mag es auch noch so schlank sein, in Galopp gesetzt, den Reiter auf kleinem, ungenügend auf dem Höcker des Tieres befestigtem Sattel hin- und herfliegend, während seine vielartigen Waffen, Vorratssäcke und plumpen Lederornamente überall herausstecken oder nachschleppen und sein ungeheurer Schild aus steifem Antilopenleder das arme Tier fortwährend in die Seiten schlägt. Zwei oder drei der kühnen Reiter küßten den Staub.

## »Als Christen schuldbefleckt« im Aïr-Bergland

Wir besuchten den alten Häuptling am Tage nach unserer Ankunft *(in der kleinen Gebirgssiedlung Tintéllust, im Norden des Aïr-Berglandes)*. Er empfing uns in einer ungeschminkten und barbarisch-wohlwollenden Weise. Mit größter Einfachheit, die nicht eben wie ein Kompliment aussah, bemerkte er, daß wir, obwohl als Christen schuldbefleckt in sein Land gekommen, doch durch die vielen Gefahren und Mühseligkeiten, welche wir erduldet hätten, reingewaschen seien; wir hätten nun nichts weiter als das Klima und die Diebe zu fürchten. Die Geschenke, welche vor ihm ausgebreitet wurden, empfing er gnädig, aber ohne ein Wort zu sagen; von Gastfreundlichkeit erzeigte er uns nicht die geringste Spur. Alles dies war charakteristisch.

Bald erhielten wir weitere Aufklärung. Wenige Tage darauf nämlich sandte er uns die einfache und unzweideutige Botschaft, daß, wenn wir auf unsere eigene Gefahr hin nach dem Sudan zu gehen beabsichtigten, dies in Begleitung der Karawane geschehen könne; er werde uns zuverlässig kein Hindernis in den Weg legen; wünschten wir aber, daß er selbst mit uns gehe und uns beschütze, so müßten wir ihm eine beträchtliche Summe auszahlen. Indem er diese einfachen Bedingungen stellte, machte er von einem sehr ausdrucksvollen Gleichnis Gebrauch; er sagte nämlich, so wie die Liffa alles, was sie berühre, töte, so hätte sein Wort, nachdem es einmal von den

Lippen enteilt, mit der fraglichen Sache abgeschlossen; es sei kein zweites Wort zu erwarten. Ich kann dies nicht für eine so schamlose Erpressung ansehen, als Herr Richardson daraus gemacht hat, wenn ich bedenke, was wir anderen Leuten bezahlt hatten, die nichts dafür getan, als uns das Vergnügen zu gestatten, selbst zu sehen, wie wir auf eigene Gefahr und Unkosten mit allen Arten von Herumtreibern fertig werden könnten, und wenn ich ferner die Bemühungen, welche wir Annur verursachten, in Betracht ziehe. Im Gegenteil muß ich, nachdem ich bis zuletzt Annurs Handlungsweise beobachtet habe und unter seinem Schutz sicher in Katsena angekommen bin, aussprechen, daß er ein gerader, zuverlässiger Mann war. Er gab einfach und ohne Umschweife an, was er verlangte; aber nachdem er dies erhalten, hielt er an seinem Worte mit der größten Gewissenhaftigkeit fest; und wenn er uns nicht bewirtete, so forderte er auch nichts von uns, kleine, kaum nennenswerte Betteleien abgerechnet, noch erlaubte er seinen Leuten, dies zu tun. Obwohl ich ihn für einen ganz abscheulichen Geizhals halte, der mir, als ich ihn später auf seinem kleinen Landsitze bei Tessaua in der größten Mittagshitze besuchte, nicht einmal einen Trunk »fura« oder Hirsewasser anbot, kann ich ihm dennoch meine Achtung nicht versagen, sowohl als einem großen Diplomaten in seinem merkwürdigen kleinen Reiche als auch als einem Manne, ausgezeichnet durch Aufrichtigkeit und Geradheit.

Uns, die wir als verhaßte Eindringlinge, von der ganzen Welt verfolgt, das Land betraten, konnte er nicht wohl anders als kalt aufnehmen; aber sein ganzes Wesen änderte sich vollkommen an dem Tage, wo ich nach Agades aufbrach, um uns auch den titulären Sultan des ganzen Landes geneigt zu machen. Damals war es das erste Mal, daß er nach unserem Lager kam, um mich aufbrechen zu sehen, und er hörte seitdem nicht auf, uns jeden Tag zu besuchen und den vertrautesten Verkehr mit uns zu pflegen. Dasselbe war der Fall mit seinen Leuten, und ich wurde mit mehreren derselben so befreundet, daß der unruhige Mohammed, Annurs Vetter, wiederholt in Verwunderung ausrief, wie es nur habe kommen können, daß er in der unserer Ankunft in Tintéllust vorhergehenden Nacht der Anstifter jenes Tumultes geworden sei, in dem man uns widerrechtlich behandelt, und unser Gepäck geraubt habe.

171

*Abbildung 27.* Tintéllust, ein damals wichtiger Ort im Norden des Aïr-Berglandes, wo die Expedition ihr Standquartier hatte. Lord Rennell Rodd, London, fand ihn 1922 unverändert. Die Bewohner erinnerten sich an die »Inglesi«. (Photo: R. Rodd)

Trotzdem machten wir, wie sich von selbst versteht, noch manche unangenehme Erfahrung, ehe wir in diesem neuen Lande heimisch wurden.

## Regenzeit ...

Es war die Regenzeit, und die fast täglichen Regengüsse, die sie mit sich brachte, verursachten uns als deutliche Beweise, daß wir nun in der Tat jene neuen, langersehnten Regionen betreten hatten, wenigstens ebensoviel Interesse und Vergnügen, als Unannehmlichkeiten in ihrem Gefolge waren.

Fast regelmäßig kam der Regen am Nachmittag, zur Zeit, wenn die Luft den höchsten Wärmegrad erreicht hatte, das

heißt zwischen zwei und drei Uhr, und der Sturm, der die Regenwolken herbeitrieb, blies fast immer aus West oder Südwest, während sonst Ostwind durchaus vorherrschend war. Einmal war es höchst auffallend, zu beobachten, wie das Unwetter im Osten heraufstieg, aber uns erst erreichte, als es nach Südwesten umgeschlagen hatte. Es ist also klar, daß das Regengewölk in diesem weit vorgeschobenen Sporne des Sudans am großen westlichen Flusse, dem sogenannten Niger, aufsteigt und sich so über diesen nördlichen Gürtel der tropischen Region verbreitet.

Zuzeiten war der Regen sehr heftig; stets von einem gewaltigen Sturme begleitet, war es schwierig, ihn vom Zelte auszuschließen. Unser Gepäck wurde denn auch wiederholt ganz durchnäßt. Der schwerste Regenschlag, den wir hatten, fiel am 9. September, und durch die auf den umherliegenden Höhen gefallene Regenmenge wurde ein mächtiger Strom gebildet, nicht allein im Haupttale, sondern auch in der kleinen Schlucht hinter unserem Lager. Nichtsdestoweniger waren uns die von Regen begleiteten Stürme unendlich willkommener als die trocken vorüberziehenden Sandstürme, die uns oft überaus unbehaglich wurden. In wenigen Tagen nahm die ganze Natur einen so frischen und üppigen Charakter an, und eine so rege Lebenslust verbreitete sich durch alle ihre Gebiete, daß wir uns, solange wir auf unserer kleinen abgeschlossenen Domäne ungestört blieben, trotz der vielen kleinen und großen Scherereien, die wir hatten, bei heiterer Laune erhielten. In der Tat hatte unser Lager, umgeben von wild aufeinandergetürmten Granitmassen, weitspannenden Büschen der Abisga *(Capparis sodata)* und großen, üppigen Mimosen, alles in wilder, höchst malerischer Verwirrung, etwas in hohem Grade Erfreuliches. Es war überaus interessant, jeden Tag das schnelle Wachstum der kleinen frischen Blätter und jungen Sprößlinge und das Dichterwerden des schattigen Blätterwerkes zu beobachten. Die mächtige Masse der Kronen dieser Mimosen bot uns in der Tat einen überraschenden Anblick; hier hatten sie nicht jenen eigentümlichen Wüstencharakter des lichten Schirmdaches, sondern bildeten dichte konische Laubmassen, und ich maß am Mittag einen Schatten, der siebzig Fuß Ausdehnung hatte.

Die ganze Natur atmete neues Leben, und die Tierwelt entwickelte ihre geselligen Eigenschaften in der ganzen Kraft neu erwachender Triebe. Die dichtkronigen Bäume schwirrten von dem fröhlichen Gezwitscher der Ammern und Finken und dem Gegirre der Turtel- und der kleinen Ägyptischen Taube, während der Wiedehopf in fröhlichen Sprüngen auf dem Boden umherspielte.*) Affen stiegen, sooft sie unbemerkt zu sein glaubten, von den Vorhöhlen des Tunān in die kleine Einsenkung hinter unserem Gezelte herunter, um einen Trunk Wasser zu erlangen; Hyänen und Schakale ließen sich regelmäßig in ihren nächtlichen Wanderungen rund um unser Lager hören, während dann und wann der ferne Ruf eines Löwen erschallte.

Trotz der Feuchtigkeit der Regenzeit war die Luft gesund und stärkend, wie ja das Klima von Aïr schon von Leo wegen seiner *»bontà e temperanza dell' aere«* gerühmt wird.

---

*) Herr Overweg schoß manchen Vogel und suchte ihn zu identifizieren, aber er betrieb es leider nicht systematisch, und seine Sachen sind verloren oder zerstreut.

Unglücklicherweise aber stellte sich heraus, daß unsere kleine englische Vorstadt in zu großer Entfernung von dem schützenden Arme des alten Häuptlings sei, und nach jenem traurigen Überfall in der Nacht vom 16. auf den 17. September waren wir gezwungen, unser Lager zu verlegen. Wir zogen denn auf die andere Seite des Tales hinüber und schlugen unsere Zelte in der Ebene ganz nahe am Dorfe auf.

Die Umstände, welche mit diesem Überfall verbunden waren, sind aber so merkwürdig, daß ich sie mit wenigen Worten erwähnen will. In der Tat, wäre er mit Kraft ausgeführt worden, so hätte er unfehlbar unser aller Vernichtung zur Folge gehabt.

Die Regengüsse hatten unser gesamtes Gepäck durchnäßt, so daß wir für unsere Instrumente und Waffen besorgt waren. Overweg und ich beschlossen deshalb, am Tage vor jener Nacht alle unsere Feuerwaffen, welche während der ganzen Zeit geladen gewesen waren, zu reinigen. Nachdem dies geschehen, wollten wir sie gut trocknen lassen und luden sie darum nicht unmittelbar wieder.

Im Laufe des Nachmittags erhielten wir den Besuch von zwei wohlgekleideten Männern zu Mehara. Gegen die Gewohnheit solcher Besucher baten sie um nichts, besahen aber die Zelte mit großer Aufmerksamkeit, wobei es ihnen nicht entging, daß unser Zelt stark wie ein Haus, dagegen das Herrn Richardsons leicht und am Boden offen sei. – Unsere schwarzen Diener, welche diesen Abend ungewöhnlich lebhaft und ausgelassen waren, trieben ihr Spiel, während der Mond die interessante Wildnis glänzend beleuchtete und Musik und Tanz eine Hochzeitsfeier im Dorfe verkündeten, bis sie zu sehr später Stunde ermattet in einen tiefen Schlaf verfielen.

Bevor ich mich niederlegte, machte ich in einiger Entfernung die Runde um unser Lager und bemerkte einen fremden Mehari, ruhig niederkniend und mit dem Kopfe gegen unser Zelt gerichtet. Ich rief meine Kollegen und äußerte ihnen meinen Argwohn, daß nicht alles in Richtigkeit sei; aber unser leichtsinniger, frivoler Diener Mohammed suchte mich zu beruhigen, indem er sagte, er habe das Kamel schon vorher an derselben Stelle gesehen; dies war indes nicht der Fall gewesen. Ich behielt trotzdem eine trübe Ahnung, und indem ich – wie das in ähnlichen Verhältnissen oft der Fall ist – meine

175

Aufmerksamkeit auf einen falschen Punkt richtete, sorgte ich dafür, daß alle unsere Schafe unmittelbar hinter dem Zelte festgebunden wurden.

Infolge der Aufregung hatte ich einen unruhigen Schlaf und glaubte nach zwei Uhr ein sehr eigentümliches Geräusch zu hören, als ob ein Trupp Leute mit festem Tritt unser Zelt umkreiste und einen dumpfen Ton von sich gäbe. Ich lauschte ängstlich und war einen Augenblick davon überzeugt, daß Leute unserem Zelte nahe seien. Schon war ich im Begriff, hinauszustürzen, als die Musik vom Dorfe herübertönte; ich überredete mich, daß das Geräusch eben von dort hergekommen sei, und legte mich wieder nieder, um zu schlafen. Plötzlich aber hörte ich ein lauteres Geräusch, als wenn mehrere Männer den Hügel heraufstürmten. Ich ergriff ein Schwert – unsere Schußwaffen waren ja nicht geladen –, rief laut nach unseren Leuten und sprang aus dem Zelte, aber niemand war zu sehen. Ich umging nun den Hügel, und als ich bei Herrn Richardsons Zelt anlangte, kam derselbe gerade halb angekleidet heraus und bat mich, den Räubern nachzueilen, die mehrere seiner Sachen weggeschleppt hätten. In der Tat waren einige von seinen Kisten aus dem Zelte herausgezogen, aber nicht geleert worden. Von seinen Dienern war keiner außer Said zu sehen; alle übrigen waren davongelaufen, ohne nur Lärm zu machen, so daß wir alle ruhig hätten hingemordet werden können.

Wie kränkend das Gefühl war, sich so unvorbereitet überrumpeln zu lassen, so war die ganze Angelegenheit doch ein Beweis der gnädigen Fürsorge der Vorsehung. Von Wert war nichts verloren. – Die Räuber hatten gerade den Augenblick gewählt, wo der Mond hinter den Felsen verschwunden und nun dem matten Lichte eine vollständige Dunkelheit gefolgt war.

Es war fast beschämend, die sämtliche männliche Einwohnerschaft von Tintéllust herauskommen und um unsere Zelte sich drängen zu sehen, als ob wir nicht selbst Kraft genug gehabt hätten, uns zu verteidigen – wären wir nicht mit so arger Nachlässigkeit von der Vorsehung geschlagen gewesen.

Aber unmittelbar nach diesem unerfreulichen Vorfalle erhielten wir die unzweideutigsten Versicherungen wohlwollender Gesinnung und aufrichtige Schutzzusicherung vom Sultan von Agades sowohl wie vom großen Mállem Asori, einer höchst einflußreichen und angesehenen Person in diesem Lande, von der ich im Verlaufe noch Weiteres zu erzählen habe. Ich fing daher an, meinen schon lange gehegten Plan zu einem Ausflug nach Agades bestimmter zu verfolgen, und trat mit dem Häuptling hierüber ins Vernehmen. In der Zwischenzeit hatte ich eine Menge von Nachrichten über das Land erhalten, sowohl von einem Tauater namens 'Abd el Kader (einem anderen, als dem oben erwähnten Reisegenossen auf unserem Marsche von Rhat), teils von einigen der Tinylkum, die, seitdem sie uns am Tage nach unserer Ankunft in Tintéllust verlassen, sich über die ganze Landschaft zerstreut hatten, einige, um ihre Kamele in den begünstigtsten Tälern weiden zu lassen, andere mit kleinen Handelsspekulationen beschäftigt. Obgleich wir Grund hatten, mit ihnen unzufrieden zu sein, so waren uns doch die Besuche, die uns bald der eine, bald der andere abstattete, überaus willkommen.

Kleine Karawanen gingen und kamen; unter ihnen war ein Trupp aus dem Sudan kommender Kaufleute, die fast ihr ganzes Gepäck auf Packochsen fortschafften. Dies war für uns ein überaus erfreulicher Anblick, der unsere Herzen mit Wonne erfüllte; denn er gab uns den besten Beweis, daß wir die öde Wüste nun hinter uns hatten, wo nur das ausdauernde und nüchterne Kamel dem Menschen die Möglichkeit gestattet, Verkehr zu treiben.

Von hier aus also konnten wir denn beruhigende Briefe an die Regierung und an unsere Freunde in Europa senden und ihnen darin versichern, daß wir nun wohl den größten Teil der Schwierigkeiten überwunden hätten, welche sich unserem Vordringen entgegenstellten, und daß wir uns zu der Erwartung berechtigt glaubten, jetzt auf dem geraden Wege zur Erreichung der Zwecke unserer Expedition zu sein.

Während wir aber in geistiger Beziehung im ganzen reichlichen Stoff zur Befriedigung fanden und uns den schönsten Hoffnungen überlassen konnten, waren dagegen unsere materiellen Verhältnisse nicht gerade die günstigsten; denn unsere Mittel waren so unzulänglich, daß wir mit ihnen kaum das Notwendigste bestreiten konnten, und während Herr Richardson ganz von dem arabischen Kaufmann Mohammed e' Ssfaksi abhing, waren Overweg und ich, besonders während der ersten

Tage unseres Aufenthaltes in diesem Lande, mit Lebensmitteln so spärlich versehen, daß wir vollkommen Not litten. Währenddessen nahm meine Unterhandlung mit dem Häuptling in bezug auf meinen Ausflug nach Agades einen erfreulichen Fortgang. Ich betrieb sie so geheim als möglich, und so gelang es mir, die zahlreichen Hindernisse zu besiegen, die sich meinem Vorhaben anfänglich entgegenstellten.

Am 30. September ging ich, um dem Häuptling meinen Abschiedsbesuch zu machen, und nahm ein anständiges Geschenk für ihn selbst sowie die Geschenke für den Sultan von Agades mit mir, damit er volle Kenntnis davon habe, aus welchen Gegenständen die letzteren beständen, und damit er seine Zustimmung geben möge. Ich hätte die Genugtuung, ihn in beiden Beziehungen vollkommen zufriedenzustellen.

# Kapitel 16
## »Ausflug« nach Agades

*Am Südrand des Aïr-Berglandes (auch Azbin) und ebenso im Über-*
*gang von der Wüste in feuchtere Baumlandschaften (Sahel) gelegen,*
*hatte die einst bedeutende Handelsstadt Agades (auch Egedesh) ihre*
*Stellung als Metropole nahezu verloren. H. Barth konnte sich dort als er-*
*ster Europäer glauben, der sie besuchte; denn von der Reise italienischer*
*Patres im 18. Jahrhundert gab es nur vage Notizen in Fachschriften.*
*Heute ist sie vielbesuchtes Touristenzentrum und Station für Großlaster*
*und Flugzeuge, die vornehmlich der Entwicklung des Uranerzabbaues*
*westlich des Berglandes (bei Arlit) dienen.*

Endlich brach der Tag an, an welchem ich zu meinem ersehnten Ausflug nach Agades aufbrechen sollte. Denn obwohl ich
damals noch keineswegs der ganzen Bedeutung und des ganzen Gewichtes des Interesses mir bewußt war, das sich an diesen Platz knüpft, war er doch für mich ein Punkt der größten
Anziehungskraft geworden. Denn was kann wohl anziehender
sein als eine bedeutende Stadt, die einst an Größe Tunis
gleichgestanden haben soll, mitten unter gesetzlosen, barbarischen Horden gelegen, an der Grenze der Wüste und der
fruchtbaren Distrikte des fast unbekannten Inneren eines großen Kontinentes, gegründet an solchem Platze von alters her
und beschützt als eine Stätte friedlicher Zusammenkunft und
des Handelsverkehrs und Austausches der mannigfaltigsten
Bedürfnisse zwischen Nationen der verschiedensten Charak-
tere? – In der Tat ist es nur ein Zufall, daß diese Stadt bei den
Europäern nicht so lebhaftes und romantisches Interesse erregt hat als ihre Schwesterstadt Timbuktu, obgleich die letztere
natürlich den Vorteil der Nachbarschaft eines Flusses hat. Timbuktu ward in Europa berühmt durch die Menge Goldes, das
einst auf diesem Wege nach Marokko floß, während der Handel von Agades, ja selbst der Name der Stadt während der
Dauer ihrer Blüte in Europa unbekannt blieb.

Es war ein schöner Morgen, der eine gesunde, erfrischende Luft aushauchte und Körper und Seele stärkte. Der alte Häuptling, welcher zuvor unser Lager nie besucht hatte, kam nun aus dem Dorfe heraus und stattete uns einen Besuch ab. Er versicherte mir nochmals, »daß meine Sicherheit auf seinem Haupte ruhe«.

Die kleine Truppe, mit welcher ich gehen sollte, bestand aus sechs Kamelen, fünfunddreißig Eseln und zwei Bullen, von denen der eine mir selbst angewiesen wurde, bis mein Beschützer Hamma ein Kamel für mich zu mieten imstande sein würde. Obgleich ich nun aber wohl gewohnt bin, zu Pferde sowie selbst zu Kamel zu reiten, so hatte ich es doch noch nie versucht, den breiten, ungelenken Rücken eines Rindes zu besteigen. Die Sache war um so schwieriger, als weder ein Sattel noch irgendeine andere Unterlage vorhanden war, um darauf sitzen zu können, sondern nur unregelmäßige Gepäckstücke höchst ungenügend auf dem Rücken des Tieres befestigt waren, die von einer Seite zur anderen schwankten.

Nachdem der erste Bulle durch ganz rücksichtslose Weigerung, mich oder überhaupt irgend etwas zu tragen, seiner Pflicht sich entzogen hatte und im Genusse voller Freiheit eilends zu seiner Herde zurückgekehrt war, wurde der zweite endlich gezähmt, das Gepäck, wie es gerade möglich war, auf seinen Rücken gebunden und ich ersucht, ihn zu besteigen. Offen gestanden, ich würde ein Pferd oder selbst einen Esel vorgezogen haben; aber in der Hoffnung, daß ich das Tier in meine Gewalt bekommen würde, beschloß ich es zu besteigen, nahm von meinen zurückbleibenden Reisegefährten, die mir den besten Erfolg wünschten, Abschied und folgte meinen schwarzen Begleitern.

Ich fürchtete anfänglich, daß mein Sitz zu unsicher sein würde, um Beobachtungen anzustellen, und wollte diese Aufgabe bis zur Rückreise verschieben. Allmählich jedoch wurde ich ein wenig zuversichtlicher, nahm meinen Kompaß vor und zeichnete die Richtung unserer Straße auf; plötzlich aber schwankte das Gepäck und drohte nach der rechten Seite hinabzufallen. Um nun das Gleichgewicht herzustellen, neigte ich mich mit dem ganzen Gewicht meines Körpers nach der linken Seite, tat jedoch zuviel und stürzte plötzlich mit dem ganzen Gepäck vom Tiere herab. Der Boden war überaus rauh und felsig, und ich würde mich sicherlich bedeutend verletzt haben, wäre ich nicht auf die Mündung meiner Flinte gefallen, die ich auf der Schulter trug. Sie war stark genug, um den Sturz aufzuhalten, und bewahrte meinen Kopf davor, auf den Boden aufzuschlagen. Selbst mein Kompaß, den ich offen in der linken Hand getragen hatte, war glücklicherweise ganz unversehrt. Hoch erfreut über einen so glücklichen Sturz, raffte ich mich auf, beschloß aber, nie wieder einen Ochsen zu besteigen.

So blieb ich lieber zu Fuß, bis wir das Tal Eghellua erreichten, wo mehrere Brunnen hinreichend Wasser bieten. Hier machten wir eine Weile halt, und ich saß dann hinter Hamma auf den mageren Rücken seines Kameles auf, indem ich mich an dem Sattel festhielt. Doch konnte ich an meinem neuen Sitz nicht viel Freude finden, da mein Freund, wie viele dieser Leute, auch eine Flinte von dem glücklichen Heereszug gegen die Uëlad Sliman davongetragen hatte und diese nun auf seiner Rechten hervorragte, jeden Augenblick mein Gesicht bedrohend, während auf der Linken sein ungeheurer Antilopenschild fortwährend an mein Bein schlug.

Ich war daher sehr erfreut, als wir das kleine Dorf Tiggerére-ssa erreichten, welches am Rande eines breiten, reich mit Talhabäumen bewachsenen Tales liegt. Ein wenig weiter hin wurde von hervorstehenden Granitblöcken ein anmutig abgeschlossener Winkel gebildet, wo wir uns lagerten. In diesem Dorfe mietete Hamma zwei Kamele für mich zur Reise nach Agades und zurück.

Endlich stiegen wir von diesem rauhen, zerrissenen Felsboden in den oberen Teil des berühmten Tales Aúderas hinab. Ein schwacher Ruf von diesem schönen Tale hatte schon vor mehreren Jahren in Europa sich verbreitet und die Neugierde der Wißbegierigen erregt, mehr davon zu erfahren. Hier lagerten wir, so naß wie wir waren, am Abhange des Felsterrains, um uns gegen die Feuchtigkeit des Talbodens zu schützen. Uns gegenüber, gegen Süden, lag auf dem Gipfel einer Felskuppe das kleine Dorf Aëruën wuen Tidrak. Ein anderes, Ifargen genanntes Dorf, liegt oberhalb im Tale, an der Straße von Aúderas nach Damerghu. Bei unserer Rückkehr sah ich in diesem fruchtbaren Tale eine barbarische Art Ackerbau; drei Sklaven waren nämlich an eine Art von Pflug gejocht und wurden wie Ochsen zur Arbeit getrieben. Dies ist wahrscheinlich der südlichste Platz in Central-Afrika, wo der Pflug gebraucht wird.

Wir lagerten zu früher Stunde am Nachmittage in der Nähe des Wasserlaufs, aber obwohl wir bis zu ansehnlicher Tiefe gruben, gelang es uns doch nicht, auf Wasser zu stoßen, so daß wir nicht einmal ein einfaches Abendessen kochen konnten; ich war daher froh, wenigstens eine Tasse Kaffee zu erhalten. Ich habe mehrere Male Gelegenheit gehabt, auf die Nachlässigkeit der Kel-owi in bezug auf nötigen Wasservorrat aufmerksam zu machen. Weiter unterhalb im Tale war ein reicher Vorrat von Wasser gewesen, und wir waren an einer zahlreichen Karawane von Eseln bei einem ansehnlichen Wasserpfuhl vorbeigezogen, aber meine Gefährten wollten keinen Vorrat einlegen. – Mehrere Tuareg, oder vielmehr Imoscharh, und Imrhad lagerten in unserer Nähe und gaben einen deutlichen Beweis, daß wir uns einem Mittelpunkt des Verkehrs nahten.

Infolge unseres Wassermangels brachen wir zu sehr früher Stunde auf und erreichten nach einem Marsche von etwas mehr als drei Meilen mit einem allmählichen Anstieg die Höhe des steinigen Plateaus, auf welchem die Stadt Agades gebaut ist. Die Straße wurde nun recht belebt, und mit einem gewissen Gefühle nationalen Stolzes zeigten mir meine Gefährten in der Ferne die hohen Mesálladjeh, den Ruhm von Agades.

Jedoch sollten wir diese merkwürdige Stadt noch nicht betreten; denn nachdem wir Vorrat von Wasser eingenommen und unseren Durst gelöscht hatten, machten wir uns zu meinem höchsten Erstaunen daran, uns morgens um halb acht in einer der flachen Einsenkungen zu lagern, und ich mußte nun hören, daß wir hier nach alter Sitte bis gegen Sonnenuntergang liegen bleiben würden, um die Stadt erst im Dunkeln zu betreten. Hier kamen zwei zu Pferde berittene Männer aus Agades zu uns, der Sohn des Kadhi mit einem Begleiter. Ich glaube, sie waren absichtlich herausgekommen, um uns zu sehen. Sie hatten ein sehr ritterliches Aussehen und waren für mich von höchstem Interesse, da sie die ersten zu Pferde berittenen Männer waren, welche ich in diesem Lande sah.

Während wir hier gelagert waren, kaufte ich von Hamma eine schwarze Sudan-Tobe, welche, über einer anderen gleichfalls sehr weiten Tobe oder Hemd von weißer Farbe getragen und von einem weißen Burnus bedeckt, mir ein der Landessitte mehr entsprechendes Aussehen verlieh und außerdem durch das Abfärben des Indigo meine Haut bald einige Grade dunkler machte. Diese äußere Anbequemung an die Landessitte stellte der verständige Hamma als zur Sicherung meines Erfolges unumgänglich nötig dar, und sie hatte noch den Vorteil, daß sie das allgemeine Gerücht hervorrief, der Landesherr selbst habe mich mit diesem Anzuge beschenkt.

Endlich, als die Sonne beinahe schon untergegangen war und es bekannt wurde, daß die Kel-geréss und I-ti-ssan, die in großer Anzahl nach Agades gekommen, um von hier aus nach der Einsetzung des neuen Sultans ihre Reise nach Bilma fortzusetzen, sich in ihre Lager in einiger Entfernung von der Stadt zurückgezogen, brachen wir auf und trafen bald mit mehreren Leuten zusammen, welche aus der Stadt kamen, um meine Gefährten zu begrüßen. So betraten wir die Stadt; und durch ein halb verlassenes und verfallenes Viertel ziehend, erreichten wir bald Annurs Haus, das uns während unseres Aufenthaltes in der Stadt zum Wohnorte dienen sollte. An einem fremden Orte in der Nacht anzukommen, ist aber stets eine unangenehme Sache und muß es noch viel mehr werden in einem Lande, wo es keine Lampen gibt. Es dauerte daher einige Zeit, ehe wir uns einigermaßen behaglich fühlen konnten.

Ich war in der Tat sehr glücklich, mich von seiten unseres früheren Reisegefährten 'Abd el Kader einer gastfreundlichen Behandlung zu erfreuen. Er wohnte in einer Kammer, welche an die meinige stieß, und sandte mir ein wohlzubereitetes Gericht Kuskus, das aus Mais gemacht war; ein Gericht Reis, das mir eine der hier wohnenden Frauen Annurs sandte, konnte ich dagegen durchaus nicht schmackhaft finden. Es war nämlich ganz ohne Salz zubereitet, eine Art Kochkunst, welche mir später weniger unerträglich wurde, mich aber in einem Lande, dessen Handel durchaus auf Salz beruht, nicht wenig in Erstaunen setzte.

Nachdem ich Matte und Teppich auf dem Boden ausgebreitet, überließ ich mich im beruhigenden Gefühl, dieses erste Ziel meiner Wünsche glücklich erreicht zu haben, der Erquickung des Schlafes. Er war von angenehmen Träumen aus der neuen Sphäre menschlichen Lebens umgaukelt, in welche ich nun eingetreten.

Zeitig am andern Morgen kam die ganze Gemeinde der Tauater, welche sich zur Zeit hier aufhielten, 'Abd el Kader an ihrer Spitze, um mir einen Besuch abzustatten. Die Tauater sind noch jetzt, wie ihre Vorfahren vor dreihundert Jahren, die hauptsächlichsten Kaufleute in Agades und scheinen für die eigentümliche Art dieses Marktes ganz geschaffen. Denn da sie nicht eben bemittelt und mehr Kleinhändler sind, so setzen sie sich mit ihrem kleinen Vorrat von Waren ruhig nieder und suchen den möglichsten Gewinn daraus zu ziehen, daß sie Korn oder vielmehr Negerkorn, zumal *Pennisetum*, zu Zeiten, wo es billig ist, das heißt, wenn Kornkarawanen aus Damerghu ankommen, in möglichst großen Quantitäten aufkaufen, und wenn es wieder teuer geworden, ihren Vorrat in kleinen Quantitäten abzusetzen suchen. Spekulation in Korn ist nämlich gegenwärtig das Hauptgeschäft in Agades, nachdem die Handelszweige, von denen ich weiterhin sprechen werde und die dem Platze in früheren Zeiten Wichtigkeit und Reichtum verschafft haben, in andere Kanäle geleitet worden sind.

Ich bemerke hier nur, wie eigentümlich es ist, daß die Bewohner von Tauat, obwohl sehr unternehmende Reisende und gewandte Kaufleute, sich nie zu reichen Handelsherren emporschwingen. Der wohlhabendste unter ihnen, den ich auf meinen Reisen kennengelernt, neben dem jetzt in Katsena angesessenen Bel-Rhet, ist Hadj Ahmed Uëled ben Muchtar, der wohlbekannte Kaufmann in Inssala. Beinahe alles Geld, womit sie handeln, gehört den Bewohnern von Ghadames, und ihr Gewinn erlaubt ihnen eben nur, sich gut zu nähren und zu kleiden, was sie allerdings sehr lieben. Es ist eine bemerkenswerte Tatsache, daß die Kel-owi bis in neuere Zeit den Markt von Tauat in großer Zahl besuchten und von den Märkten in Rhat und Mursuk ganz ausgeschlossen waren, während ihnen im Gegenteil jetzt die letzteren geöffnet sind, der erstere aber geschlossen worden ist. Als ein ganz isoliertes Beispiel steht es da, daß Hadj Beschir, der reiche Mann aus Iferuan, im vorhergehenden Jahre durch seine vielfachen Verbindungen in den Stand gesetzt wurde, Tauat zu besuchen.

Mehrere der Tauater, und unter ihnen 'Abd el Kader selbst, waren eben im Begriff, nach ihrem Heimatland zurückzukehren, und erkundigten sich sehr angelegentlich nach der Zeit, welche die Karawane der Sakomaren, die nach Tintéllust gekommen war, zu ihrer Rückreise bestimmt hätte, da sie, die Tauater, in ihrer Gesellschaft zu gehen wünschten. Denn zwischen beiden walten die innigsten Verhältnisse ob, wenn sie auch bisweilen durch Feindseligkeiten getrübt werden. 'Abd el Kader selbst indes sollte seinen Geburtsort Timīmun nicht wiedersehen; er fiel vorher einer Krankheit zum Opfer.

Unter den Tauatern war noch ein Mann von mittleren Jahren namens 'Abd-Allah. Mit diesem wurde ich nachmals sehr vertraut und erhielt von ihm viel Belehrung, da er nicht weniger als sechsmal in Agades und fünfmal in Timbuktu gewesen und deshalb mit demjenigen Teil dieses Kontinents, welcher zwischen Tauat, Timbuktu und Agades liegt, sehr bekannt, auch seiner geringen Mittel wegen leichter zufriedenzustellen war. Das Interessanteste, was ich heute von diesem gereisten Kaufherrn lernte, war die Identität der Emgédesi-Sprache mit derjenigen von Timbuktu. Von diesem überaus merkwürdigen Verhältnis hatte ich vorher keine Kenntnis gehabt, da ich die Haussa-Sprache, als die Verkehrs- und Geschäftssprache der ganzen asbenauischen Landschaft, auch für die ursprünglich in Agades heimische hielt. Über diese höchst bemerkenswerte Tatsache aber werde ich später mehr zu sagen haben.

Als meine neuen Tauater Freunde eben im Begriffe standen, mich zu verlassen, kam A'magei oder Mággi, wie er gewöhnlich genannt wird, der Hauptdiener des Sultans, ein Eunuch, und ich wurde von meinen Kel-owi-Gefährten aufgefordert, mich bereit zu machen, dem Sultan einen Besuch abzustatten. Sie selbst hatten sich schon längst in höchsten Putz gesetzt. Ich warf also meinen weißen Heláli-Burnus über meine schwarze Tobe, zog meine reich mit Seide gestickten Ghadamsi-Schuhe an, die meinen höchsten Schmuck und den Gegenstand des Neides aller meiner Freunde ausmachten, und nahm Briefe und Vertrag mit mir. Im Fortgehen erbat ich mir meines Dieners Mohammed Hilfe, um mit seinem Beistand diesen Vertrag unterzeichnet zu bekommen; aber mit seiner gewöhnlichen Unverschämtheit verweigerte er es, sich auf so etwas einzulassen. Er betrachtete es schon als besondere Gunst von seiner Seite, überhaupt mit mir zu gehen. – So ist der Europäer in diesen Ländern gestellt.

Da es noch ziemlich früh am Morgen war, so waren der Markt-platz und alle Straßen, welche wir von Ost nach West durchzo-gen, noch menschenleer, und daher war der Gesamteindruck, den das Ganze auf mich machte, um so mehr der einer veröde-ten Stadt – eines Glanzpunktes vorübergegangener Zeiten. Selbst im wichtigsten Stadtteile, dem Mittelpunkte der ganzen Stadt, lagen die meisten Wohnhäuser in Ruinen, und alles schien hier tot und still. Fleisch allerdings war zum Verkaufe ausgelegt; auch ein Rind war an einen Pfahl gebunden.

*H. Barth entwirft im ganzen ein trübseliges Bild der Stadt. Die Au-dienz beim zwar gutwilligen, aber machtlosen Sultan bringt wenig Posi-tives. Wohl verspricht er, auf H. Barths Anklage hin, die Übeltäter, die die Expedition in der Wüste mit dem Tode bedrohten, zur Rechenschaft zu ziehen. Aber ein Vertrag zwischen ihm und den Inglesi als Beauf-tragte der Queen, betreffend den Schutz von Reisenden, kommt nicht zu-stande.*

*Die Wochen des Monats Oktober, die Zeit seines Aufenthaltes in der Stadt, nutzt Barth, um die in Europa unbekannte Geschichte von Aga-des zu schreiben, die wirtschaftlichen Verbindungen darzulegen, die über die ganze innere Sahara hinweglaufen, bis nach Marokko, Algerien (hier vor allem zur Landschaft Tuat) und nach Westlibyen (Ghada-mes). Als Grundlage kommender Handelsentwicklung schien es ihm fer-ner wichtig, die Stationen an den nach allen Himmelsrichtungen aus-strahlenden Wegen festzulegen, auch wenn das nur durch Erfragen bei Bewohnern und den zahlreichen Durchreisenden geschehen konnte. Hierzu verhalf ihm seine Meisterschaft im Erlernen von Sprachen und eine geschickte Ausfragetechnik. Als Beispiel sei angeführt:*

Straße von Agades nach Bilma (nach Angaben des Emgédesi *[Bewohner von Agades, Egedesh]* Idder):

1. Tag: Man verläßt Agades am Abend und schläft die erste Nacht in der etwa eine halbe Stunde von der Stadt entfernten Einsenkung namens Efiggi-n-tarha-lamt.

2. Tag: Tin-taborak, ein Tal mit Wasser, wo man nachmittags ankommt, nachdem man früh am Morgen das Tal Ameluli pas-siert hat.

3. Tag: Binebbu, ein mit Dumpalmen geschmücktes Tal. An-kunft kurz vor Sonnenuntergang. – Am Morgen hält man sich eine Zeitlang im Tale von Tin-taborak entlang; darauf führt der

Weg über die Felsen und durchschneidet, ehe er in das Tal Binebba eintritt, drei verschiedene Täler: Emeller, Aratah und Amdegeru.

4. Tag: Tin-dauen, ein Tal mit Wasser. Ankunft etwa um ein Uhr nachmittags.

5. Tag: Ateserket. Ankunft nachmittags. Alles felsiger Boden.

6. Tag: Man lagert nachmittags auf der steinigen Hamada oder Hochebene.

7. Tag: Fasel, ein Ort zwischen Felsen. Ankunft etwa zur selben Zeit wie gestern.

8. Tag: Efigagen, eine der vorigen ähnliche Stätte. Ankunft um Sonnenuntergang.

9. Tag: Debradu Esakker, ein zwischen Felsen gelegener Kessel. Man macht zwei Stunden nach Sonnenuntergang halt, rastet eine kurze Zeit und bricht dann wieder auf.

10. bis 14. Tag: Man reist Tag und Nacht über die kahle Fläche. Nur ein kurzer Halt wird vom Ascha bis Mitternacht gemacht. Auf der Hamada sind weder Steine noch Bäume und kaum etwas Gras.

15. Tag: Faschi, die westlichste Oase des »henderi Tede« oder Wadi Kauar, wie es die Araber nennen. Hier sind viele Dattelbäume und zwei Kastelle, von denen das eine in Ruinen liegt, während das andere gut erhalten ist.

16. Tag: Man lagert etwa zwei Stunden nach Sonnenuntergang auf der Hamada. Nach drei bis vier Stunden aber wird wieder aufgebrochen und erst am

17. Tag spät abends gelagert. Man bricht, wie am gestrigen Tage, bald wieder auf.

18. Tag: Bilma, die wohlbekannte Stadt in Kauar mit den Salzgruben. Die Tuareg nennen alle Teda oder Tebu »Berauni«, was ich im nächsten Bande aus der ursprünglichen Verbindung dieses Volkes mit dem Kanori- oder Borno-Stamme *[am Tschadsee]* zu erklären suchen werde.

*Manchem Leser dieses Buches ist vermutlich der Weg bekannt als Teil einer Touristik-Tour. Sie wird seit fünf Jahren mit Landrovern oder anderen Fahrzeugen durchgeführt. Man verfolgt dabei den Weg der Aïri, der Salzkarawane, die immer noch, wie zu Barths Zeiten und lange zuvor, von den Salzlagern von Bilma aus über Agades ins nördliche Nigeria und auch weit nach Westen und Osten führt.*

*Die Darstellung eines »Erlebnisses« in Agades soll den Bericht über die untertreibend als »Ausflug« von Barth bezeichnete Expedition nach Agades beschließen. Sie wirft ein Licht auf Erziehung und Moralauffassung des Mannes, aber wiederum auch auf seine Kunst der Selbstbeherrschung, die sein Überleben sicherte.*

## Die Stunde der Versuchung

Am nächsten Morgen hatte ich einen noch auffallenderen Beweis der leichten Sitten von Agades. Fünf oder sechs Mädchen oder Frauen kamen in unser Haus, um mir einen Besuch abzustatten, und luden mich mit großer Einfachheit ein, mit ihnen lustig zu sein, da es jetzt bei der Abwesenheit des Sultans nicht mehr nötig sei, zurückhaltend zu sein. Es war in der Tat unterhaltend, zu sehen, welche Schlüsse diese Sünderinnen aus dem Motto »sserki yátafi« zogen und mit welcher Frivolität sie mich unter vielem Gelächter um ein zweideutiges »máganin-tscheki« baten.

Zwei von ihnen waren leidlich hübsch und gut gebaut, mit schwarzem, in Flechten herabhängendem Haar, ohne Überfluß von Fett, mit lebhaften Augen, heller Gesichtsfarbe und angenehmen Zügen. Die stattlichste unter ihnen war ganz in Weiß gekleidet. Sie gehen unverschleiert, ziehen aber gelegentlich, mehr aus Koketterie als aus Schamhaftigkeit, ein Obergewand über den Kopf; die Brust ist vollkommen bedeckt.*) Es wäre zu gefährlich gewesen, eine genaue Untersuchung aller Einzelheiten ihres Gewandes vorzunehmen, aber, soviel ich bemerkte, war es gegürtet und überhaupt sehr verschieden von dem bei den westlichen Sonrhay und in Túmbutu üblichen, an der Brust etwas aufgeschlitzten weiblichen Kleide.

Diese Emgédesier Fräulein oder Frauen gingen in ihrem Übermute jedenfalls etwas zu weit, und ich war zu sehr überzeugt von der Notwendigkeit, in der ein Europäer sich befindet, der unangetastet und angesehen diese Länder durchwan-

---

*) Leider erscheinen in der Ansicht von Agades die auf der Terrasse dargestellten Frauen mit unbedecktem Busen; dies ist aber nur eine Freiheit, die sich Herr Bernatz bei der Ausführung meiner Skizze genommen hat.

dern will, sich mit äußerster Vorsicht und Zurückhaltung in bezug auf das weibliche Geschlecht zu benehmen, als daß diese ausgelassenen, keineswegs abstoßenden Personen mich hätten wankend machen können. Es würde ohne Zweifel für einen Reisenden in diesen Ländern besser sein, wenn er eine Gefährtin mit sich nehmen könnte, sowohl hinsichtlich seiner eigenen Bequemlichkeit als auch wegen der Achtung, in der er dann bei den Eingeborenen steht, die in ihrer Einfalt nicht begreifen, wie ein Mann möglicherweise ohne weibliche Genossenschaft leben kann. Die westlichen Tuareg, besonders die freien, reinblütigen Auelimmiden, die in ihren Sitten ungleich strenger sind als die Kel-owi, hatten nichts gegen mich einzuwenden, als daß ich als Junggeselle und ohne Genossenschaft einer Frau lebte. Da es aber mit einiger Schwierigkeit verknüpft sein würde, eine Gefährtin, wenigstens eine einigermaßen liebenswürdige, für solche Reise zu finden, und man sich durch Heirat mit einer Eingeborenen vielfach Unannehmlichkeiten, besonders in bezug auf die Religion, aussetzen würde, so wird der europäische Reisende in den Ländern des nördlichen Central-Afrikas – ich schließe natürlich die unter ägyptische Herrschaft gefallenen und von dem Auswurf Europas täglich durchzogenen oberen Nilländer aus – gewiß am besten tun, so streng in seinem Wesen gegen das andere Geschlecht sich zu zeigen als möglich, obwohl er sich dadurch mancherlei Spötteleien von seiten der leichtsinnigeren Eingeborenen aussetzen mag – wie es mir mit meinen Kel-owi ging. Dennoch wird mir der strenge Leser erlauben, zuweilen einige scherzhafte Unterhaltungen mit dem zarteren Geschlechte einzuflechten, die man dem verlassenen Reisenden schon gönnen muß.

Die übermütigen Emgédesierinnen wurden mir indessen in der Abwesenheit des Landesherrn so lästig, daß ich es für besser hielt, einige Tage zu Hause zu bleiben, wodurch ich in den Stand gesetzt wurde, den mannigfaltigen Stoff der Belehrung, den ich zu sammeln Gelegenheit gehabt hatte, zu ordnen. Während dieser Beschäftigung erfreute mich die Gesellschaft einer kleinen, niedlichen Art von Finken, welche in großer Anzahl alle Zimmer in Agades heimsuchen und dort ihre Nester bauen, ganz ebenso wie in dem in allen Beziehungen Agades so schwesterlich zur Seite stehenden Túmbutu. Namentlich ist das Männchen mit seinem roten Halse überaus niedlich. Die

# Zu den Farbtafeln

Die in den fünf Bänden des Hauptreisewerks erstaunlich zahlreich bei-gegebenen Lithos (60 von insgesamt 229 Abbildungen) sind das Werk des damals in München angesehenen Professors J. M. Bernatz, mit dem H. Barth nach der Rückkehr engen, kritisch überwachenden Kontakt hatte. Er selbst zeichnete ziemlich unbeholfen. Aber die Genauigkeit seiner Details war dem Maler wertvolle Hilfe.

Der »romantische« Stil der Farbbilder ist geprägt von der Malweise der Landschaftsgestalter im Münchner Raum nach dem Tode von C. D. Friedrich (gestorben 1840). Unseren gegenwärtig so zahlreichen Photo-Touristen in Sahara und Sudan ist es möglich, fast alle Motive mit eigenen Farbaufnahmen zu konfrontieren.

Wie R. Italiaander mitteilt (»Im Sattel durch Nord- und Zentral-afrika«, Wiesbaden 1967, S. 377), hat H. Barth vergeblich um Nachsen-dung des Malers gebeten. Auch seine Bitte um einen Botaniker und Zoologen wurde aus finanziellen Gründen nicht erhört. (Wohl waren A. Overweg und E. Vogel naturwissenschaftlich vorgebildet.)

Wie sehr er bemüht war, die »modernsten« Mittel zur Dokumenta-tion einzusetzen, erhellen seine (gescheiterten) Photographierversu-che während der Mittelmeer-Reise 1845–1847. Es war, was wenigen bekannt sein dürfte, noch die Zeit, als W. H. Fox im englischen Dorf Lacock am Avon Daguerre in Paris den Ruhm als Erfinder der Photo-graphie streitig machte.

Afrikanische Historiker und Geographen der Gegenwart, die sich um die Rekonstruktion ihres Erdteilbildes *vor* der Aufteilung durch die Europäer bemühen, haben als optisches Hilfsmittel nur jene Hun-derte von Abbildungen (Zeichnungen und Karten) zur Verfügung, die von den damals (z. Zt. von .H. Barth) reisenden Malern und Wissen-schaftlern aus ihrem Nachbar-Erdteil überliefert wurden. Bei gutem Willen läßt sich, über das diese Bilder prägende europazentrierte Ele-ment hinaus, eine Fülle wertvollster afrikaeigener Details eliminieren. Dazu ist freilich eine leidenschaftslose und umfangreiche Quellenar-beit erforderlich. Das vorliegende Werk möchte hierbei eine Hilfe lei-sten. (Siehe auch: H. Schiffers, »Afrika als die Weißen kamen. Bilder und Dokumente der Augenzeugen«, Düsseldorf 1967.)

*Abbildung 28 (Farbtafel 1)*

El Hassi, der für Nord-Süd-Karawanen wichtige Brunnen am Südrand der Roten Hamada, in unbewohnter Wüste.

*Abbildung 29 (Farbtafel 2)*

Wadi Egeri, einer der zahlreichen, einst von Handelskarawanen zwischen Tripolis und dem Tschad-Umland mühevoll gequerten »romantischen« Taleinschnitte in der Bergwelt südwestlich des Fessan.

*Abbildung 30 (Farbtafel 3)*

Tintéllust. Station der Expedition im Aïr-Bergland, von der aus H. Barth seine ergebnisreiche Reise südwärts nach Agades unternahm. Vgl. das Foto auf den Seiten 171 und 172, das Lord Rennell Rodd um 1920 ebendort aufnahm.

*Abbildung 31 (Farbtafel 4)*

Mursuk (Mourzouk). Altes umwalltes Städtchen, Haupt-Fessan-Ort der Türkenzeit; von zahlreichen Forschern als Karawanenstation der Sklavenhandelszeit eingehend beschrieben. Heute ist Sebha der modern ausgebaute Verwaltungs-Mittelpunkt des Fessan.

*Abbildung 32 (Farbtafel 5)*

Edri (Ederi). Felder und die Siedlung, die von der alten Festung überragt wird. Diese, eine der vielen Burgruinen im südlichen Fessan, zeugt von turbulenter Vergangenheit. Alte westliche End-Siedlung in der einst dicht besiedelten Talung des Wadi Schati, in der Nähe von Garamanten-Gräbern der Römerzeit.

*Abbildung 33 (Farbtafel 6)*

Misda (Mizda), ein Ort im Tal des Wadi Sofedjin, Nordlibyen, einhundertachtzig Kilometer südlich von Tripolis, an der uralten, von Ptolomäus erwähnten Handelsstraße zum Fessan.

*Abbildung 34 (Farbtafel 7)*

Kano, nach H. Barth das »afrikanische London«. Eine historisch, wirtschaftlich und politisch bedeutsame Großstadt in Nordnigeria.

*Abbildung 35 (Farbtafel 8)*

Egedesh (Agades, auch Agadez), alter Handels- und Residenzort am Südrand des Aïr-Gebirges. Heute teil-modernisierte Touristen-Station, Passage-Ort der Großlastwagen nach und von Arlit und Flugplatz.

*Abbildung 36 (Farbtafel 9)*

Sokoto, damals wie heute ein wichtiger Wirtschafts-Mittelpunkt im Nordwesten Nigerias.

*Abbildung 37 (Farbtafel 10)*

Demmo, ein Ort am Südrand des Sudan. Die Zahl der Streitereien von Ort zu Ort und der »Kriegszüge« von »Reich« zu »Reich«, bei denen

H. Barth Augenzeuge war, ist nicht einmal zu schätzen. Hier ein Ort mit rauchenden Trümmern, den Barth passierte, als er den Sklaven-Raubzug des Sultans von Bórnu ins Mussgu- und Tuburi-Land begleitete. Das war für den Forscher die einzige Möglichkeit, neues Land kennenzulernen, brachte ihm aber im fernen Europa die Kritik der »Antisklavagisten« ein. – Ingaldam (Ngaldjam) ist ein Wasserlauf.

*Abbildung 38 (Farbtafel 11)*

Tschadsee-Westrand (Tschad). Die kilometerbreite Uferzone zeigt je nach Jahreszeit wechselndes Aussehen (Hinterwasser, schwimmende Inseln). Eine Lokalisierung der Hunderte von Namen auf den Karten seit der Erforschung (hier Kali-Lemma) ist oft unmöglich.

*Abbildung 39 (Farbtafel 12)*

Musgo (Mussgu-Land), ein als Idylle gestaltetes Zeltlager der Sklavenjäger aus Bórnu-Land.

*Abbildung 40 (Farbtafel 13)*

Kuka (Kúkaua), Residenz des Sultans von Bórnu. Damals Doppelstadt, mit platzartiger Straßenerweiterung, der »Déndal«. Davon sind heute nur noch Reste beim Ort gleichen Namens in Nordost-Nigeria erhalten.

*Abbildung 41 (Farbtafel 14)*

Sonrhaí. Die Orte im Nigerbogen, wo einst das »Reich« der bis zum Aïr herrschenden Sonrhaí (die Großen) sich dehnte, haben noch viel von diesen »romantischen« Zeugen ausgeprägter Siedlungs-Kultur der Alt-Sudaner bewahrt.

*Abbildung 42 (Farbtafel 15)*

Túmbutu (Timbuktu). Für H. Barth war der gefahrvolle Einzug in die den Europäern des 19. Jahrhunderts als Inbegriff einer »Wüsten-Metropole« erscheinende, aber herabgekommene Siedlung am Südrand der gewaltigen Sahara der Höhepunkt seiner jahrelangen Forscher-Pilger-fahrt.

*Abbildung 43 (Farbtafel 16)*

Isa (Niger). Heute im gleichen Ambiente (Umwelt, Milieu) wie zu H. Barths Zeiten – von Touristen befahren.

*Abbildung 28 (Farbtafel 1)*

*Abbildung 29 (Farbtafel 2)*

*Abbildung 30 (Farbtafel 3)*

*Abbildung 31 (Farbtafel 4)*

*Abbildung 32 (Farbtafel 5)*

*Abbildung 33 (Farbtafel 6)*

*Abbildung 34 (Farbtafel 7)*

*Abbildung 35 (Farbtafel 8)*

*Abbildung 36 (Farbtafel 9)*

*Abbildung 37 (Farbtafel 10)*

*Abbildung 38 (Farbtafel 11)*

*Abbildung 39 (Farbtafel 12)*

*Abbildung 40 (Farbtafel 13)*

*Abbildung 41 (Farbtafel 14)*

*Abbildung 42 (Farbtafel 15)*

*Abbildung 43 (Farbtafel 16)*

Jungen wurden jetzt gerade flügge; ein loser, übermütiger Bursche, der sich zu früh der mütterlichen Sorge entziehen wollte, ward ein Opfer seiner jugendlichen Unbesonnenheit.

## Abschied von Agades

*(Mittwoch, 30. Oktober.)* Endlich verließen wir Agades. Es schien mir, als ob ich einen Blick in eine völlig andere Welt getan, in eine neue Lebenssphäre, von welcher viele Beziehungen noch ganz dunkel für mich waren. Timbuktu bildete den Hintergrund dieses in schwachen Umrissen sich darstellenden Bildes, und sowie Bekanntschaft mit ihm unfehlbar Licht auf diesen Vorposten einer eigentümlichen Nationalität und den Zustand ihrer Zivilisation werfen würde, so schien es damals ein fast unerreichbarer Gegenstand. Denn damals dachte ich wenig daran, daß es meine Bestimmung sein sollte, fast ein Jahr lang in und um Timbuktu zu hausen, ja, ich hatte sogar Grund, die Möglichkeit zu bezweifeln, es von dieser Gegend aus zu erreichen. Alle meine Gedanken richteten sich damals nach dem Süden, und obwohl ich augenblicklich meine Schritte wieder rückwärts nach Norden wandte, betrachtete ich doch selbst diesen Rückgang, der mich wieder nach unserem Hauptquartier führte, von wo aus ich bald in die südlicheren Regionen vorzudringen erwarten konnte, als einen Fortschritt.

Am Morgen des 5. November, des Tages unserer Ankunft in Tintéllust, war es so kalt, daß wir erst zu später Stunde aufbrachen, indem Hamma ganz einfach erklärte, die Kälte verbiete die Reise: »Dari yahánna fatautschi.« Nachdem wir uns endlich aufgerafft, legten wir eine starke Tagereise zurück und erreichten nach einem elfeinhalbstündigen Marsch unseren heimatlichen Sandhügel, Tintéllust gegenüber, wo unser Lager so viele Tage gestanden hatte. Jedoch erreichten wir ihn nicht auf dem geraden Wege, sondern auf »dem Diebsteig«, um ungesehen selbst zuerst beobachten zu können. Aber die Residenz des großen Häuptlings Annur war in die tiefste Ruhe versenkt; Höflinge, Schmiede, alle großen Männer und großen Frauen waren abgezogen. Hamma schlich sich hinein, um zu sehen, ob niemand zurückgeblieben sei, während wir unseren Reis kochten und uns für das Nachtlager einrichteten. Ruhe und Rast jedoch kam ganz außer Frage; denn als Hamma zurückkehrte, rief er uns zum Aufbruch. Nichts ist schrecklicher als ein nächtlicher Marsch, vorzüglich wenn er auf eine starke Tagereise folgt. Aber in der Begeisterung, südwärts vorzudringen, stimmte ich aus vollem Herzen in den Ausruf mit ein: »Se fatautschi se Kano«, »keine Rast vor Kano«.

Es war um zehn Uhr abends, als wir wieder aufbrachen. Während die rüstigen, in ihre Lederschurze gekleideten Sklaven Abárschi und Didi mit Hamma eifrigst Kamele und Esel beluden und auch mein hitziger Schuschan mit Feuereifer zur Weiterreise trieb, streifte ich zwischen Büschen, Bäumen und Felsklippen umher, um alte liebe Plätze aufzusuchen und Abschied von dieser Stätte zu nehmen, wo wir zuerst in ganz neue Anschauungen und in eine ganz neue Welt uns eingelebt hatten. Ungeachtet manchen kleinen Ungemaches war mir dies Bergland voll ungeahnten neuen Interesses unendlich lieb geworden, und mit tiefem Gefühl nahm ich Abschied von Hügel, Tal und Klippe.

## Jahreswende (1850/51)

Es war Christabend, aber wir hatten nichts, um ihn irgendwie zu feiern; das einzige Ungewöhnliche, was diesen Tag auszeichnete, war vielmehr beunruhigender Art, nämlich wir hatten die Nachricht erhalten, daß sich in Tripoli die Cholera gezeigt. Eine Kafla, welche jenen Platz vor drei Monaten verlassen zu haben vorgab, brachte uns diese Botschaft, aber sonst nicht einen Gruß, geschweige denn eine Zeile. Auch mußten wir darauf verzichten, den Tag mit einer feierlichen Mahlzeit zu begehen, und daher in Ermangelung etwas Besseren unseren ewigen bitteren Basin verzehren.

Wir blieben die beiden folgenden Tage hier gelagert und wurden am Weihnachtstag von Astáfidets Musikanten mit einer musikalischen Unterhaltung ergötzt. Dies war eine erfreuliche Auszeichnung des Feiertages, obwohl unsere Besucher diesen Zweck nicht im Auge gehabt hatten, sondern vielmehr gekommen waren, um ein Geschenk zu erhalten. Es waren der Künstler nur zwei, ein Trommler und ein Flötist, und obgleich sie nicht eben die anderen Virtuosen des Landes, deren Fähigkeit wir schon zu prüfen Gelegenheit gehabt hatten, übertrafen, so machte uns doch die Feier des Tages mehr aufgelegt, daran Gefallen zu finden.

Ich mußte hier von meinem besten Kel-owi-Freunde Hamma Abschied nehmen. Er war ein in jeder Hinsicht zuverlässiger Mann, ausgenommen vielleicht in bezug auf das schöne Geschlecht, und ein aufgeweckter Gefährte, dem unsere ganze Gesellschaft, und ich insbesondere, nicht wenig verpflichtet war. Hamma sowohl als Mohammed Byrdji, der jugendliche Enkel Annurs, der jenen bei dieser Gelegenheit begleitete, kehrten hier mit Astáfidet zurück, um diesen jungen Fürsten in seinem mühseligen Werke, während der Abwesenheit des alten Häuptlings und des größten Teils der männlichen Bevölkerung der nordöstlichen Bezirke eine Art von Ordnung im Lande aufrechtzuerhalten, zu unterstützen. Beide waren froh und munter, ohne Ahnung der Zukunft, aber sie zeigten beim Abschiede große Teilnahme, trösteten sich jedoch, mich gewiß einmal irgendwo wiederzusehen. – Die Armen! – Beiden war es bestimmt, in dem blutigen Kampfe, der im Jahre 1854 zwischen den Kel-geréss und Kel-owi ausbrach, zu fallen. Welche tiefe Wunden jener Kampf diesem Ländchen geschlagen haben muß, wo sechshundert der Tapfersten auf dem Platze blieben, ist überhaupt schwer zu denken.

*(An einem Brunnen, südlich des Aïr-Berglandes)*

Der ganze Weg von unserem letzten Nachtlager an führte länger als siebeneinhalb Stunden über kahle Sandhügel. Der Lagerplatz wurde unweit des Brunnens in einem flachen Tale oder einer Einsenkung gewählt, die sich von O nach W zieht und an der Südseite von Sandhügeln mit etwas Graswuchs abgeschlossen wird. Ein kalter Nordostwind wehte mit solcher Heftigkeit, daß wir unsere Zelte nur mit Mühe aufschlagen konnten.

*(Dienstag, 31. Dezember.)* Es war ein kalter, unbehaglicher Tag, mit dem das Jahr 1850 von uns schied; die Landschaft, in der wir ihn zubrachten, war überaus einförmig. Nachdem wir die Sandhügel überschritten hatten, lag eine große, unermeßliche

Sandfläche vor uns, die nur an wenigen begünstigten Stellen mit Bäumen bewachsen war. Der bemerkenswerteste Gegenstand war hier die Erscheinung der eigentümlichen Sudanklette oder vielmehr des *Pennisetum distichum*, das an der Straße nach Agades so viel nördlicher gedeiht, von dem wir aber selbst im pflanzenreichen Tale Unān verschont geblieben waren. Als wir uns lagern wollten, hatten wir nicht wenig Schwierigkeit, eine Stelle zu finden, welche von dieser Plage des afrikanischen Reisenden leidlich frei gewesen wäre. Aber selbst das nützte wenig; denn der starke Wind führte die stachelige Samenkapsel selbst aus weiter Entfernung herbei. – Unsere ganze Feier des Silvesterabends beschränkte sich auf ein Gericht von zwei Straußeneiern, und nüchternen Sinnes legten wir uns frühzeitig nieder.

*(Mittwoch, 1. Januar 1851.)* Der Zustand, in welchem die verschiedenen Mitglieder der Karawane, Berber, Haussa-Leute, Tebu, Araber, Mischlinge, Engländer und Deutsche, am Morgen von ihrem Nachtlager sich erhoben, war ein in hohem Grade kläglicher und bedauerlicher und zeigte das menschliche Dasein in all seiner Schwäche und Hinfälligkeit. Jeder dachte nur an sich, wie er sich zusammengekauert vor der schneidenden Kälte schützen möge. Niemand dachte an zeitigen Aufbruch; mehrere Kamele hatten sich verloren. Als endlich die durchdringende Kälte nachzulassen begann und die Tiere wiedergefunden worden waren, suchte ein jeder sich selbst und seine Decken von den Kletten zu reinigen, die wie Nadeln jeden weicheren Stoff fest zusammenhielten. Was der eine eben mit großer Mühe von seinen Gewändern abgelöst, wurde vom heftigen Winde alsbald einem anderen zugetragen. In unbehaglichster Stimmung brachen wir endlich um neun Uhr dreißig auf. Für mich indes war es ein wichtiger Tag, an welchem mir fürstliche Gunst in auffallender Weise erzeigt werden sollte.

Ich bemerkte oben, daß an dem Tage, als ich nach Agades abreiste, der alte Häuptling den zurückbleibenden Mitgliedern unserer Gesellschaft einen Bullen zum Gastgeschenk gemacht hatte. Von diesem Geschenke nun, obwohl ich die Hauptursache dazu gewesen war, hatte ich nichts genießen können, und da es das einzige Zeichen von Gastfreundschaft und Freigebig-

212

keit war, das Annur uns gegeben hatte, war mir von ihm noch kein Geschenk irgendeiner Art zuteil geworden. Vielleicht war unser freigebiger Freund sich dessen selbst bewußt und wollte mir ebenfalls einen wohlgefälligen Beweis seiner fürstlichen Huld geben. Ich fürchte indes, daß er zu gleicher Zeit noch einen ganz anderen Beweggrund zu dieser großmütigen Handlung hatte. Er hatte nämlich mehr als einmal meine türkische Jacke gelobt, und ich hatte ihn mit einem Rasiermesser oder sonst einer Kleinigkeit getröstet; er hatte unverhohlen meinen warmen, schwarzen Burnus begehrt und auf seine verständlichen Anspielungen nichts zur Antwort erhalten, als daß ich meine warme Kleidung enger an mich zog.

Um die Ermüdungen der Reise leichter ertragen zu können, hatte er schon längst den kleinen, engen Kigi, d. i. Mehari-Sattel, mit dem breiten Packsattel – »élakef« – vertauscht, mit einer Salzladung als solider Unterlage. Seine Abteilung des Aïri zog gerade in mehreren langen, eng aneinandergeschlossenen Reihen nebeneinander her. Er war in seiner Reihe einer der ersten, während ich auf meinem Bu-ssaefi, der nach dem Verluste meines schlanken Mehari wieder mein Lieblingssatteltier geworden war, außerhalb der Züge ritt, von ihm durch mehrere Reihen getrennt. Er rief mich beim Namen, und als ich seinem Rufe geantwortet, forderte er mich dringend auf, zu ihm zu kommen. Ich hatte einige Not, mit meinem etwas schwerfälligen arabischen Kamel alle die Reihen zu umgehen und ihm nahezurücken. Endlich hatte ich ihn erreicht, und er fing nun an, über die durchdringende Kälte zu klagen, von der er selbst so viel leide, während ich in meinen warmen Kleidern mich ganz behaglich zu fühlen schiene. Darauf fragte er, ob uns die Straußeneier von gestern geschmeckt hätten, wogegen ich ihm versicherte, daß seine Leute durch dies Geschenk uns unbewußt in den Stand gesetzt hätten, einen unserer Feiertage festlicher zu begehen. Da streckte er die Hand in seinen Vorratssack, und indem er einen kleinen Käse herauszog, kaum größer als ein Theresientaler, und ihn so hoch emporhielt, daß alle Leute ihn sehen konnten, machte er mir ein Geschenk mit dieser fürstlichen Gabe, die er mit gnädig herablassender Miene als ein »mágani-n-dari«, »ein Mittel gegen die Kälte«, pries. Doch war ich keineswegs ganz sicher, ob ich diese Worte nicht vielmehr als eine ironische Andeutung zu fassen habe, daß ich ihm das wirkliche mágani-n-dari, meinen schwarzen Burnus, vorenthalten habe.

## Neue Landschaft

Es gewährte uns einige Erheiterung, als sich am Mittag die Ebene mit Buschholz bekleidete und nach kurzem Zwischenraume auch Bu-rékkeba sich zeigte. Große Strauße ließen sich sehen. So wie die Wüste mehr den Charakter der Steppe annahm, die »ténere« den des »dadji«, zeigte sich auch sogleich Leben in der Natur. Eine ganze Familie, das alte Paar, der Edlim und die Ribeda, mit den Jungen in verschiedenen Altersstufen, alle in einer einzigen Reihe, eines hinter dem anderen herlaufend, eilte mit Windeseile zwischen den Büschen in geringer Ferne vor uns vorüber. Wir lagerten um halb vier nachmittags. Der Platz war ziemlich frei von der lästigen Karéngia, aber durchwühlt von den Höhlengängen des Fének oder Niauniaua *(Megalotis pallidus?)*, namentlich in der Nähe von Ameisenhaufen. Neben diesen engeren Höhlen aber waren große, bis zwanzig Zoll im Durchmesser haltende Löcher des Erdschweines zu sehen. Dieses höchst eigentümliche Tier *(Orycteropus Aethiopicus)* kommt fast niemals zur Tageszeit aus seiner Höhle und wird selbst von den Eingeborenen nur selten gesehen; die Höhlen, allmählich sich absenkend, sind mit großer Regelmäßigkeit gemacht und für Reiter oft überaus nachteilig. Dies Tier scheint fast über den ganzen Sudan verbreitet zu sein, obgleich mehr vereinzelt. Ich erinnere mich nur einmal, daß wir es aus der Ferne zwischen den Büschen bemerkten, aber es eilte sogleich in seine unterirdische Behausung. Die größte Höhle dieser Art, die ich je sah, war groß genug für einen Menschen.

Am nächsten Tage blieb während der ersten Hälfte unseres Marsches die Gegend kahl, aber nach halb drei nachmittags wurde sie reicher an Bäumen und Büschen und bildete so die südliche begünstigtere Zone dieser sandigen Hochfläche. Sie wird häufig zu zeitweiligen Lagerstätten benutzt. Die Durchschnittserhebung dieser flachen Übergangszone scheint etwa eintausendachthundert Fuß über der See zu sein. Wir lagerten uns endlich mitten in dem stacheligen Unterholz und hatten

214

nicht geringe Mühe, ehe wir den Platz zum Aufschlagen des Zeltes geeignet machen konnten.

*(Freitag, 3. Januar.)* Kurz nach unserem Aufbruch begegneten wir einer Karawane, die aus zwanzig mit Korn beladenen Lastrindern bestand, oder vielmehr, wie ich sagen sollte, aus großen, kräftigen gebuckelten Zebus; denn die Region des eigentlichen Rindes hatten wir schon bei Rhat verlassen. Weiterhin trafen wir eine ganze Herde dieses besonderen Sudan-Rindes; sie gehörte den Tagāma und gewährte einen für uns überaus erfreulichen Anblick. Die Nähe einer menschlichen Wohnstätte kürzte unseren Marsch ab, und wir lagerten uns schon vor zehn Uhr, eine kurze Strecke jenseits eines Dorfes, das einer nach dem nahen Brunnen, In-assamet, benannten Abteilung der Tagāma zugehört.

## Trennung der Reisenden im Sudan

*(Sonnabend, 4. Januar.)* Unser Aufbruch ward an diesem Morgen etwas verzögert, da, nachdem die Kamele beladen und die Männer schon aufgestiegen waren, bei uns eine »Königin der Wüste« erschien, eine Schönheit ersten Ranges, wenigstens in bezug auf ihre Dimensionen. Die Dame, die wirklich regelmäßige und einnehmende Züge hatte, ritt einen Bullen, der unter seiner gewaltigen Bürde heftig schnaufte. Dieses üppige Exemplar von Weiblichkeit war aber kränklich und wünschte den Beistand des »tabib« oder »ne-meglan«. Diesen Titel hatte sich Herr Overweg durch sein Doktorieren erworben, obwohl seine Kuren eigentümlicher Art waren; denn gewöhnlich behandelte er seine Patienten nicht nach ihren Krankheiten, sondern nach den Tagen der Woche, an denen sie gerade kamen. So hatte er einen Tag für Kalomel, einen für Dovers Pulver, einen für Glaubersalz, einen für Magnesia, einen für Brechweinstein und die beiden übrigen Tage für andere Arzneien bestimmt. Es ereignete sich demnach zuweilen, daß jemand, dessen Inneres schon ohnehin nicht eben in ganz festem Zustande war, Glaubersalz erhielt und ein anderer, der an Verstopfung litt, mit einer Dosis von Dovers Pulver beglückt wurde. Natürlich gab es auch Ausnahmen, wo Zeit und Umstände es erlaubten, auf

den Zustand des wirklich Kranken mehr einzugehen. In der Eile, in der wir augenblicklich waren, konnte er selbst beim besten Willen kaum die eingebildete oder wirkliche Krankheit dieser Dame ergründen; was ihr jedoch zuteil ward, weiß ich nicht. Sie war jedenfalls eine Frau von hohem Ansehen, da der alte Häuptling selbst voll freundlicher Rücksichten und Ehrerbietung für sie war. Wir waren nicht wenig verwundert, daß er seine braune Mähre gegen ein mageres weißes Pferd vertauscht hatte, dessen frühere Besitzer mit gutem Grunde über ihren Handel entzückt zu sein schienen.

Endlich setzten wir uns in Bewegung, dem Lande der Verheißung entgegen. Unser Richtung war beinahe genau südlich. Nach einer Strecke von drei Meilen zeigte sich der dicke Busch »dilu« in dem dichteren Unterholz, und das Land rund umher ward hügeliger und voll Ameisenlöcher. Etwas östlich vor uns wurde in der Ferne eine niedrige Kette, die sich von Ost nach West erstreckt, sichtbar. Plötzlich aber machte der bisherige Sandboden einem felsigen Aufsprung Platz, und die ganze Karawane geriet in Unordnung. Wir konnten erst nicht begreifen, was die Ursache sei, bis wir gewahr wurden, daß ein steiler Abhang als regelmäßige Terrasse wenigstens einhundert Fuß tief in eine niedrigere Ebene hinabführte. Das war der erste unverkennbare Beweis, daß wir die einförmige, im ganzen unfruchtbare Hochfläche passiert hatten. Der Pflanzenwuchs war hier ein anderer, und eine neue Pflanze namens »águau« trat auf. Es ist dies ein mittelgroßer Busch, der in einer dicht aufstrebenden Masse von Zweigen sehr weißen Holzes besteht. Er war gerade augenblicklich blätterlos, und die jungen Sprößlinge brachen eben hervor. Auch wilde Melonen gab es hier reichlich, aber sie waren ohne Geschmack. ...

Während wir bei dieser ersten größeren Ansammlung stehenden Regenwassers im Tropenlande vorüberzogen, hatte ich eine Unterredung mit meinem närrischen Freunde Mohammed, Annurs Vetter, der ebenfalls nach Sudan ging. Ich sagte ihm, daß sein Onkel seine Leute wohl zu kennen scheine, da er einen so mutwilligen Burschen nicht hinter sich zu Hause lasse. Er war, wie immer, guter Laune und freute sich auf die ihm im Lande der Schwarzen bevorstehenden Genüsse. Er klagte oft, daß sich im hungrigen Asben weibliche Schönheit nicht zu den Herz und Sinn wohlgefälligen Dimensionen entwickeln könne; nur im Sudan gebe es schöne Frauen. Er teilte mir auch mit, daß Annurs Abteilung fast die erste sei, da ihr nur das Salz Salahs, des Häuptlings von Egéllat, zuvorgekommen. Er prahlte wiederum mit seinen Taten bei dem neulichen Heereszuge, wobei sie die räuberischen E-faday in Tálak und Búgaren überholt und ihnen alle ihre Habe abgenommen hätten. Weiterhin zogen wir an dem Brunnen namens Fárak vorbei, der jetzt ausgetrocknet war, und lagerten uns zwei Meilen jenseits desselben an einer dicht mit der verhaßten Karéngia überwachsenen Stelle.

*(Sonntag, 5. Januar.)* Wir waren kaum aufgebrochen, als ich eine ganz neue Art Pflanze bemerkte, die im mittleren Sudan ziemlich selten vorkommt, die ich aber in der Folge an dem nördlichen Ufer des sogenannten Niger, zwischen Timbuktu und Tosáye, in großer Menge fand. Es ist eine Euphorbia, wird eineinhalb bis zwei Fuß hoch und ist sehr giftig; in der Haussa-Sprache heißt sie »Kumkúmmia«. ...

Dies war ohne Zweifel ein wichtiger Abschnitt in unserer Reise. Wir hatten allerdings einige wenige Stellen mit kleinen Kunstfeldern, worauf Korn gezogen wurde, in Selufiet, Aúderas und an anderen begünstigteren Stätten gesehen, aber in so beschränkten Verhältnissen, daß sie nicht für den kleinsten Teil der Bevölkerung des Landes hinreichend Korn zu tragen imstande waren. Hier nun hatten wir endlich jene fruchtbare Region des Innern Afrikas erreicht, die nicht allein ihre eigene Bevölkerung ernähren kann, sondern selbst jetzt bei wenig Industrie genug erzeugt, um fremde Länder zu versorgen. – Ich fühlte mich durch diesen Anblick innig erfreut und dankte der Vorsehung, daß sie meine Bemühungen soweit mit Erfolg gekrönt hatte; denn hier war ein reichlicher lohnendes Feld für unsere Bemühungen eröffnet, ein Gebiet, das in der zukünftigen Geschichte der Menschheit von der höchsten Wichtigkeit werden dürfte.

Während ich mich glücklichen Träumereien von neuen Entdeckungen und einer frohen Heimkehr überließ, wurde ich plötzlich durch das Erscheinen dreier Reiter zu Pferde aufgeschreckt, die an mich heranritten und mit den Worten »lá ílah ilá allah« grüßten. Es war Dan Ibra (oder Ibram) – »der Sohn Ibrahims« – mit zwei seiner Gefährten, der berühmte und gefürchtete Häuptling der Tamisgida, den der Häuptling von Tintéllust selbst in früheren Zeiten nicht hatte unterwerfen können, sondern genötigt worden war, ihm eine Art kleinen Tributs oder Passagegeldes zu zahlen, um den freien Durchzug seiner Karawanen nach Sudan zu sichern. Der kriegerische Häuptling, der leidlich beritten war, hatte allen seinen Schmuck angelegt; er trug über einer reichen Sudan-Tobe einen hübschen blauen, mit Gold gestickten Burnus. Ich beantwortete seinen Gruß, indem ich schwor, daß ich Allah besser als er selbst kenne, worauf er freundlicher ward und einige Worte mit mir wechselte; er fragte, was wir in seinem Lande sehen wollten, und entfernte sich bald, um sich an Herrn Richardson zu wenden. Hier überzeugte ich mich, daß, wären wir nicht von Annur selbst begleitet gewesen und wäre nicht überdies fast all unser Gepäck vorausgesandt worden, wir hier ernstere Zwiegespräche hätten haben können. Vom Anfang unserer Ankunft in Asben an hatten wir uns vor dem Grenzlande von Damerghu gefürchtet und auch in unseren Briefen diese Besorgnis nicht verhehlt.

*Die Reisenden durchziehen nun ein mit Dörfern und Feldern besetztes Land. Beim kleinen Ort Tághelel lagern sie.*

Für den Fortgang unseres Reiseunternehmens war Tághelel aus mehreren Gründen ein wichtiger Punkt. Hier hatten wir Gegenden erreicht, wo es einzelnen Reisenden möglich ist, ihre Straße zu verfolgen, und Overweg und ich mußten uns nun infolge des schlechten Zustandes unserer Finanzen von Herrn Richardson trennen, damit ein jeder von uns versuchen möchte, was er allein, und ohne Aufsehen zu erregen, ausrichten könne, bis neuer Nachschub aus der Heimat angekommen wäre.

Hier dürfte demnach die erste Abteilung meiner Erzählung am geeignetsten abgeschlossen werden.

# Kapitel 17

## Im »Land der Schwarzen«

*Vom »afrikanischen London« zum Tschadsee*

*(Sonnabend, 11. Januar 1851.)* Der bedeutsame Tag brach an, an welchem früherer Verabredung gemäß unsere Reisegesellschaft sich teilen sollte. Aber nicht allein wir drei Europäer sollten uns voneinander trennen, sondern Overweg und ich sollten auch zu gleicher Zeit, wie es wenigstens hieß, Abschied von dem alten Häuptling nehmen, in dessen Händen unser Geschick so lange geruht hatte.

Unser schlauer Freund nämlich, wie er in allen Angelegenheiten mit der größten Verschwiegenheit zu handeln pflegte, hatte seine eigentliche Absicht auch diesmal bis zuletzt verheimlicht. Mit einem sehr natürlich scheinenden Zaudern schien er mir und Overweg gegenüber einzugestehen, daß die Verhältnisse ihn zwängen, anstatt, wie er wünsche, uns zu geleiten, vorderhand nach Sinder zu gehen. Wie die Folge aber zeigte, war dies nichts als ein fälschliches Vorgeben.

In Übereinstimmung mit seiner ausgesprochenen Absicht übergab er mich öffentlich der Fürsorge seines Bruders Eleidji, dem die Führung des Aïri nach Kano übertragen war, und versprach mir, daß ich unter dessen Schutze sicher jenen großen Handelsplatz erreichen solle. Und die ganze Erscheinung und der Charakter Eleidjis flößten volles Vertrauen ein. Er war nur ein Jahr jünger als sein Bruder, aber in jeder Hinsicht verschieden; denn während der letztere nur darauf bedacht war, seine Macht und sein Ansehen aufrechtzuerhalten, schien Eleidji keine andere Sorge zu haben, als die Gottheit mit Wort und Tat zu preisen, und er war eine höchst wohlgefällige Erscheinung, ein wohlwollender alter Herr, vom Alter nur ein wenig gebeugt.

Während also das Geleit dieses Mannes die beste Hoffnung erregte, war ich so glücklich gewesen, einen überaus nützlichen Mann in meine Dienste bis Kano zu nehmen. Dies war Gadjere, der Hauptsklave – »babá-n-baua« – Annurs in Tághelel. Mein Kamel nämlich war zu schwach, um all mein Gepäck fortzuschaffen, und ich bedurfte eines Reittiers für mich selbst. Nun traf es sich, daß Gadjere einen sehr schönen, starken Lastochsen und eine kleine Stute besaß und selbst mit Freuden die Gelegenheit ergriff, den großen Marktort des Sudans zu besuchen.

Es ist mir zugleich eine angenehme Pflicht, das ausgezeichnete Benehmen Annurs bei dieser Gelegenheit zu rühmen. Der alte Häuptling nämlich rief mich und Gadjere zu sich und machte seinem treuen Diener vor allen Leuten ein Geschenk mit einem roten Burnus, ausdrücklich meinetwegen, und trug ihm in den ernstesten Ausdrücken auf, mich sicher nach Kano zu geleiten. So trennte ich mich von unserem alten ehrenwerten Freunde mit dem tiefsten und aufrichtigsten Bedauern. Er hatte uns ein höchst interessantes Beispiel eines gewandten Diplomaten und friedfertigen Herrschers mitten unter gesetzlosen Horden gezeigt, und ich erkläre offen, daß er sich im ganzen höchst ehrenwert gegen uns benommen hatte.

Ich muß in der Tat dem Bedauern Ausdruck geben, mit welchem ich später den Schritt betrachtete, den zu tun Herr Richardson sich für berechtigt hielt, sobald er aus Annurs Hän-

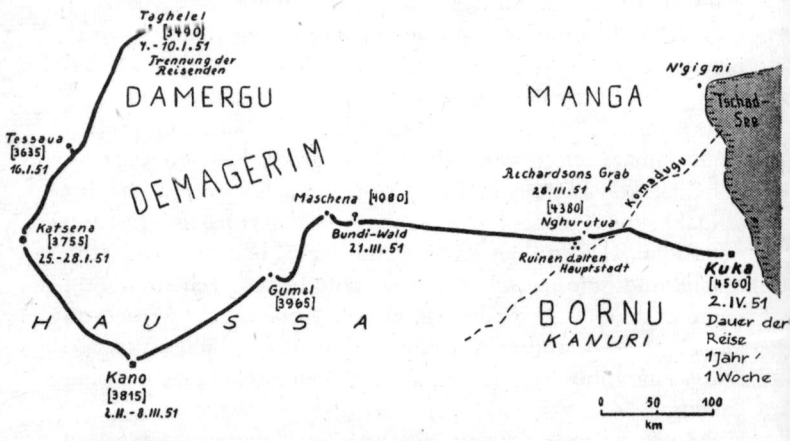

*Abbildung 44.* Wegekarte: Zur Reise durch den Sudan nach Kuka.

den in die der Bórnu-Autoritäten übergegangen war. Er forderte nämlich den Scheich von Bórnu dringend auf, nicht nur Vergütung des Wertes aller Sachen, welche uns die Grenzstämme der Wüste abgenommen, sondern auch Zurückerstattung eines Teils der Summe, die wir Annur bezahlt hatten, zu fordern. Ich gestehe, daß ich diesen Schritt nicht allein für unpolitisch, sondern auch für ungerecht halte; für unpolitisch, weil die Reklamation nutzlos sein mußte und nur dazu dienen konnte, einen Mann uns zu entfremden, den wir mit Mühe uns zum Freunde gemacht hatten; für ungerecht, weil, wenn auch die Summe, die wir dem Häuptling gezahlt, in Betracht unserer geringen Mittel ansehnlich war, wir sie doch nicht erzwungen gegeben hatten, sondern nur, weil es uns zu verstehen gegeben worden, daß wir so viel zahlen müßten, wenn wir des Häuptlings persönliches Geleit forderten. Ich hatte in der Tat Gelegenheit, die üblen Folgen zu erkennen, welche Herrn Richardsons Handlungsweise in dieser Beziehung nach sich zog. Denn als ich im Anfang des Jahres 1853 auf dem Wege nach Timbuktu durch Sinder kam und dem alten Häuptling, der sich gerade dort aufhielt, einen Besuch abstattete, kam er gleich mit dieser Angelegenheit hervor und fragte mich sehr bewegt, ob er durch sein Benehmen gegen uns verdient habe, wie ein Räuber behandelt zu werden. – Doch kehren wir zu unserem Lager in Tághelel zurück.

Als ich dem »Alten« – »ssofo« – die Hand zum Abschiedsgruß reichte, saß er wie ein Patriarch in der Mitte aller seiner Sklaven und freien Untergebenen beiderlei Geschlechts und teilte Geschenke, wie schwarze Gesichtsbinden, Frauengewänder – »túrkedis« –, hauptsächlich aber Armspangen aus Ton und in allerlei Farbenpracht, besonders aber von grüner Farbe, unter den Umhersitzenden aus; diese buntscheckigen Armspangen werden aus Ägypten eingeführt und sind von den Frauen leidenschaftlich geliebt.

Herr Richardson stand zum Aufbruch bereit neben seiner kleinen, sanften Naga, und ich nahm herzlichen Abschied von ihm. Wir bestimmten unser Zusammentreffen in Kúkaua ungefähr um den 1. April. Er befand sich damals im ganzen recht wohl, obgleich er unverkennbare Symptome gezeigt, daß der Übergang von der schönen, frischen Luft der Berglandschaft Aïr zu dem drückend warmen Klima der Fruchtländer Sudans ihn stark angegriffen habe; auch war er gar nicht imstande, dem Einfluß der Sonne zu widerstehen; er trug deshalb stets einen Regenschirm, anstatt sich allmählich an die Sonne zu gewöhnen. Es erschien bedeutungsvoll, daß ich nicht Mut genug hatte, im Augenblicke der Trennung seiner Fürsorge ein Paketchen Briefe für Europa anzuvertrauen, das ich eigens mit der Absicht gesiegelt hatte, es ihm nach Kúkaua mitzugeben, um es sogleich nach seiner dortigen Ankunft mit seinen eigenen Depeschen fortzuschicken, nun aber lieber selbst mit mir nach Kano nahm. Alle meine besten Freunde unter den Kel-owi (Kel-oï) waren im Begriffe, nach Sinder zu gehen, um, wie es schien, ihren Herrn zu begleiten, obwohl nur ein kleiner Teil der Salzkarawane jene Straße einschlug. Overweg und ich blieben noch einige Tage beisammen.

Ich fühlte mich im höchsten Grade glücklich, als ich einmal wieder zu Pferde saß, wie unscheinbar meine kleine Stute auch war. Ich glaube in der Tat, daß nur wenige energische Europäer großen Geschmack daran finden werden, für längere Zeit ein Kamel zu reiten, da sie von den Launen des Tieres weit abhängiger sind. In wüsten Gegenden natürlich ist das Kamel unentbehrlich; sobald aber der Reisende fruchtbarere Gegenden betritt, sieht er sich nach einem rüstigeren Gefährten um. Dazu kommen die dichten Waldungen im Sudan, die das Reisen zu Kamel nicht allein höchst lästig, sondern selbst ganz verzweifelt machen. Es war halb acht Uhr morgens, als wir unser Lager in Tághelel verließen.


*Geld zählen ...*

Freitag, den 17. Januar 1851.

*In Tessaua, das er auf zehntausend Einwohner schätzt, besucht Barth mit Overweg einen Handelsmann,* der eben mit jener überaus langweiligen und zeitraubenden, mit allen Handelsgeschäften in diesen Ländern verbundenen Arbeit, nämlich mit Muschelzählen, beschäftigt war. Denn in allen diesen Binnenlandschaften sind die als Geld kursierenden Muscheln – Cypraea moneta – nicht, wie an der Westküste, in Reihen zu je hundert zusammengebunden, sondern müssen einzeln gezählt werden; denn wenn auch die großen Herren sie in Mattensäcken zu je zwanzigtausend zusammenpacken lassen, nimmt doch kein Privat-

222

mann diese Summen ungezählt an. *Barths Bekannter bringt mit fünf oder sechs Genossen schließlich das »heroische Werk« zustande, fünfhunderttausend Muscheln einzeln zu zählen! Dann kann er die eifrigen Geldzähler zum Sultan begleiten.*

## Plackereien in Katsena

Mittwoch, den 22. Januar 1851.
Eine arme, schutzlose Frau, welche ein Bündel auf dem Kopfe trug und ein paar Ziegen an der Hand führte, hatte sich unserer Gesellschaft in Gasaua angeschlossen, und obwohl sie ihre Ziegen gestern nachmittag im Gedränge verloren hatte, verfolgte sie doch wohlgemut und entschlossen ihren Weg. Ein jeder findet sich hier leicht in sein Schicksal und ist bei den stets wandelbaren Zuständen des Landes auf alles gefaßt.

Ich hatte hier das Gebiet jenes merkwürdigen Stammes der Fulbe erreicht, der in nachweisbarem, allmählichem Strome von Westen, von den Ufern des Senegals her, sich über das ganze Innere von Central-Afrika verbreitet hat; zuerst lebte er still und bescheiden als »berrorodji« *(Viehzüchter)* friedlich in den Waldungen und Triften mit seinen Herden, mit dem Rinde, das die Fulbe in diese Gegend erst einführten; dann, immer stärker und stärker werdend, und schon im 16. Jahrhundert selbst in Bórnu als ein bemerklicher Teil der Bevölkerung auftretend, mischte er sich allmählich in die politischen Verhältnisse ein, und zwar schon seit dem Fall des Sonrhai-Reiches *(eines großen Neger-Reiches im Nigerknie, dessen militärische Macht durch eine Expedition des Sultans von Marokko vernichtet worden war)*; im Anfange des 19. Jahrhunderts ward er vom reformatorischen Impuls des Islam ergriffen und gründete siegreich neue Reiche auf den Trümmern der alten. Für den ganzen Erfolg meiner Entdeckungsreise war es von höchster Bedeutung, wie ich mich zu diesem herrschenden Stamme *(den Fellani oder Fulbe)* stellen sollte. Hier war eine bedeutende Provinz jenes ausgedehnten Reiches, hier der erste, fast unabhängige Statthalter *(in der Stadt Katsena).*

*Dieser Statthalter, der Sultan, Mohammed Bello genannt, kam gerade mit zahlreichen Reitern des Wegs, und Barth war genötigt, ihm seine Aufwartung zu machen.*

Während er sich gegen mich auf recht freundliche Weise benahm, äußerte er sich gegen diejenigen, die ihm zunächst saßen, daß er ein Tor sein würde, wenn er mich aus seinen Händen entließe. *(Er wollte erpressen.)*

Mein Geschenk *(für den Statthalter)* bestand aus zwei schönen
roten Mützen, einem Stück gedruckten Kattuns, das ich in
Mursuk *(im Fessan)* für vier spanische Taler gekauft, das aber
hier kaum die Hälfte wert war, da dessen Muster keineswegs
dem Sudangeschmack entsprach; ferner gab ich ein englisches
Rasiermesser und Scheren, ein Pfund Nelken, ein Pfund Weihrauch, ein Stück wohlriechender Seife und ein Paketchen englischer Nadeln.

*Aber das genügte dem Statthalter nicht. Es gab mehrere Tage ein un-
erfreuliches Hin und Her. Endlich bekam aber Barth eine Aufforderung, den hohen Herrn in seinem Palast in Katsena zu besuchen.*


Dienstag, den 28. Januar 1851.
Bello empfing mich in seinem Privatzimmer und hielt mich
volle zwei Stunden auf, damit ich ihm vollständige Belehrung
über den Gebrauch der Arzneien *(die ihm Barth noch gesandt
hatte)* geben möge. Außerdem wünschte er aber noch zwei
Dinge sehr verschiedener Natur, welchem Verlangen ich aber
nicht Genüge leisten konnte. Das eine war ein Mittel zur Erhöhung männlicher Kraft und Stärke, um ohne Erschlaffung in
den Genüssen der Liebe zu schwelgen, das andere eine Arznei
des Krieges, um seinen Feinden Schrecken einzujagen. Unter
dem letzteren verstand er Raketen, ein Produkt europäischer
Zivilisation, von dessen ungeheurer Wirkung die Bewohner
des Sudan durch die frühere Expedition *(englischer Forscher)* in
Kenntnis gesetzt waren.

Ich hatte heute auch eine sehr interessante, obwohl ernste,
doch auch andererseits amüsante Verhandlung mit meinem alten fanatischen Freunde Bel-Rhet. Es scheint, daß er, nachdem
ich dagegen protestiert, daß er mich »kafer« nenne, mit Leuten
seines eigenen Glaubens sich über diese Angelegenheit ernsthaft besprochen hatte. Er kam also heute auf diesen Punkt zurück und begann damit, mich nach den verschiedenen Nationen zu fragen, welche dem Christentum angehörten, und
welche unter ihnen denn nun die Kofar wären, denn er wäre

ganz gewiß, daß einige unter ihnen verdienten, Kofar genannt zu werden. Ich entgegnete ihm, daß es sehr auf die Bedeutung ankäme, die er dem Worte »Kofar« unterzulegen beliebe. Verstände er unter Kafer jeden, der die Sendschaft Mohammeds als Propheten Gottes bezweifelte, so wäre natürlich die größte Anzahl der Christen Kofar; wenn er aber, und zwar mit mehr Recht, diejenigen so bezeichnete, welche die Grundsätze des Islam leugneten und zumal an dem Hauptprinzip, der Einheit der Gottheit, zweifelten und anderen Gegenständen dieselbe Verehrung neben ihm erweisen könnten, so wären nur wenige Sekten der Christen Kofar, und zwar namentlich die griechische und der weniger aufgeklärte Teil der katholischen Kirche, selbst diese aber beteten zum Kruzifix und den Bildern viel mehr als zu Symbolen denn als Idolen. Ich gestand ihm übrigens freiherzig zu, daß in bezug auf die Einheit des Schöpfers der Islam ohne Zweifel bei weitem reiner sei als die Glaubensbekenntnisse der meisten christlichen Sekten, und gab ihm zu, daß gerade, als Mohammed auftrat, die Christenheit tief unter ihr anfängliche Reinheit und Einfachheit gesunken gewesen sei. Der alte Mann, hoch erfreut durch das, was ich ihm gesagt, schwor, daß er die Engländer und Preußen nicht länger Kofar nennen würde, daß ich ihm aber erlauben müsse, die »Mósko« (die Russen) so zu nennen, welche in der ganzen mohammedanischen Welt, bis ins Herz von Afrika hinein, ihrer Feindschaft gegen Stambul wegen wohlbekannt sind.

Nachdem ich in meine Wohnung zurückgekehrt war, empfing ich dankbar die Glückwünsche, welche mir von allen Seiten über den erfreulichen Ausgang meiner Angelegenheit mit diesem »munáfeki« oder »dhalem«, »Übeltäter«, wie der Statthalter allgemein genannt wird, dargebracht wurden. Redefreiheit und absolute Herrschaft sind auf wunderbare Weise in diesen Staaten Binnenafrikas gemischt. Obwohl das Pferd, welches erst am nächsten Morgen gebracht wurde, nachdem wir geraume Zeit darauf gewartet, ein sehr unansehnliches Tier war und der Sattel zerbrochen, obgleich außerdem das Geschirr gänzlich fehlte, war ich doch sehr zufrieden und pries mich glücklich. Die Schilderung meiner persönlichen Verhältnisse in dieser Stadt habe ich absichtlich so ausführlich behandelt, weil sie einen Blick in die Verhältnisse dieser Gegenden tun läßt und nachfolgenden Reisenden von Nutzen sein kann.

# Kapitel 18

## Einzug ins »afrikanische London«

*In Kano*

*Trotz der anfänglich zwischen Bello und Barth aufgetretenen Spannungen trennen sich beide, dank der Geschicklichkeit des Forschers, in bestem Einvernehmen, und die Reise kann weitergehen. Je mehr sie nach Osten kommen – durch einen von großen und kleinen Trupps und Vieh gebildeten regen Verkehr, durch eine anmutige, gehölz- und felderreiche Landschaft und vorüber an zahlreichen Siedlungen –, desto deutlicher machen sich die Anzeichen bemerkbar, daß sie sich der wichtigsten Stadt des mittleren Sudan zwischen Niger und Tschadsee, dem »afrikanischen London«, Kano, nähern. Barths Begleiter schildert es in üppigen Farben:*

Sonnabend, den 1. Februar 1851. Die ungeheure Ausdehnung der Stadt, die Größe des Palastes und die zahllose Mannschaft des Statthalters, die dichte Menschenmasse, die alltäglich auf dem Marktplatze einherwogte, der Glanz und der Reichtum der feilgebotenen Waren, die Verschiedenheit der Delikatessen, die Schönheit und Anmut der Frauen – das alles wurde gerühmt und gepriesen, so daß mein feuriger tunesischer Freigelassener oft aus bloßem Vorgenuß der seiner wartenden Freuden laut aufjauchzte.

*(Um die Stadt Kano vor Anbruch der Nacht, also vor Sonnenuntergang zu erreichen, da dann die Tore geschlossen wurden)*, beschleunigten wir unsere Schritte soviel als möglich. Unsere so verschiedenartig zusammengesetzte Reisegesellschaft mußte einen eigentümlichen Anblick darbieten. Sie bestand aus einem sehr mageren, schwarzen Pferde mit grobem, wolligem Fell, im Werte von höchstens vier Talern, einer Mähre von etwa gleichem Werte in ihrem gegenwärtigen Zustande und einem Kamel, meinem treuen Bu-ssaefi. Dieser war jedenfalls das respektabelste Tier in der Gesellschaft und mit einer

226

höchst wunderlichen Ladung belastet, die meinen gesamten Hausrat, nämlich Garderobe, Zelt, Kochgeschirr, Schreibtisch und Bettgestell umfaßte; sodann war noch ein Saumochse dabei, der schwerbeladen einherwandelte. Endlich folgten die vier dazugehörigen menschlichen Individuen: ein halbbarbarisierter Europäer, ein halbzivilisierter tunesischer Freigelassener, ein junger, schmächtiger Tibbu-Bursche *(ein Bewohner des Berglandes Tibesti, den Barth in seine Dienste genommen hatte)* und der wohlgenährte, handfeste und ernste Aufseher aus Tághelel.

Mit Zuversicht rückten wir auf den tiefen, die Tonmauer *(Kanos)* durchbrechenden Torgang zu, vor dem sich ein gewaltiger Rimi *(Baum)* in die Luft erhob, während ein dichter Wald von allerlei Bäumen und Büschen den Stadtgraben ausfüllte. Innerhalb der Stadt, nahe dem Tore, wohnte ein Wächter; diesem gaben wir an, wo wir abzusteigen beabsichtigten, und zogen dann rüstig, ohne Aufenthalt und Aufsehen zu machen, vorwärts, als wären wir Eingeborene des Landes. *(Es folgt nun, innerhalb der Mauern, fast eine Stunde lang offenes, angebautes Land. Dann erst wird der Rand des nördlichsten bewohnten Viertels erreicht.)* Daher war es mittlerweile völlig dunkel geworden, und wir hatten einige Mühe, von der uns durch unseren neuen Wirt angewiesenen Wohnung Besitz zu nehmen.

Der Name »Kano« hat mir nun schon länger als ein Jahr in den Ohren geklungen; denn es war einer unserer großen Zielpunkte gewesen: als ein Mittelpunkt des Handels, als die große Niederlage von Nachrichten und als der Ort, der den besten Ausgangspunkt zur Erreichung entfernterer Gegenden bilden würde. Endlich, nach fast einem Jahr voller Mühen und voller

*Abbildung 45.*
*Kartenskizze Barths*
*von Kano.*

Entbehrungen, hatte ich es erreicht! Ich hätte nun glücklich und zufrieden sein sollen. Ob ich es wirklich war, wird die Beschreibung meines Aufenthaltes in dieser Stadt im nächsten Abschnitt lehren.

### Banu, ein schlechter Verwalter

*Schon gleich am Abend der Ankunft mischen sich in den Becher der Freude über die Erreichung des ersten Zieles die ersten Wermutstropfen. Banu, der Bewohner des Hauses, das sie aufgesucht hatten, war ihnen von Gagliuffi, dem Agenten in Tripolis, empfohlen. Die Expedition hatte ihn daraufhin zum Geschäftsführer bestellt. Er erwies sich als ein armer Mann ohne Einfluß und war obendrein wenig vertrauenswürdig. Sodann stellte sich hier eine weitere, besonders quälende Sorge ein, die Barth während der nächsten Jahre nur selten verlassen sollte. Es war die Frage nach der Finanzierung der Reise. Sie verursachte eine nicht abreißende Kette von Schwierigkeiten, die Zeit, Nerven und ein immer wieder erneutes Aufraffen erforderte. Hinzu kamen die Mühseligkeiten, welche durch Böswilligkeit, Unfähigkeit oder Gleichgültigkeit der großen und kleinen Tyrannen und der Begleiter hervorgerufen wurden. Und dann auch diese Reisestrapazen, die ein ungesundes Klima noch erhöhte. Die Expedition hatte statt Geld Waren mit auf die Reise genommen; das erwies sich als zweckmäßig, denn es war sicherer; aber die Waren erwiesen sich nicht als von erster Qualität. Alles, was Barth nach den Erpressungen im Aïr-Bergland noch verblieben war, hatte er nach Kano vorausgesandt. Es stellte einen Wert von 500 000 Kurdi (Muscheln) oder 200 span. Talern dar. (2 500 Muscheln oder Kurdi = etwa 1 spanischer Taler, 4 Taler = ein schlechtes Pferd.) Bei der Ankunft in der Stadt mußte er sogleich eine Schuld von 112 300 Kurdis abtragen: 55 000 für den Transport der obengenannten Waren, 8 300 für die auf diesem Wege gemachten Salams (Geschenke), 18 000 als Miete für sein Pferd und den Lastochsen, 31 000 für die Anleihe, die er in Katsena machen mußte, um Bello überhaupt Geschenke überreichen zu können. Nun sollte er auch dem »Reichsverweser von Kano« ein stattliches Geschenk geben, und der Diener Mohammed, aus Tunis, der sich wegen seiner Schwätzereien als unbrauchbar erwies, mußte zurückgesandt und abgelöhnt werden. Obendrein erfuhr Barth, daß der Wert seiner Waren, besonders der Zucker und »rohe, abscheulich schlechte Seide« – die man der Expedition aufgehängt hatte –, in Kano zur Zeit sehr gedrückt sei.*

Während ich so in überaus gedrückten Umständen, von meinen Gläubigern verfolgt, von meinem Diener verspottet, in meiner unerfreulichen Behausung mit meinem rastlos vorwärts strebenden Unternehmungsgeist rang, erklärte mein junger Wirt, der oft mit seinem Troß hungriger Gefährten mich zu besuchen kam, daß es unumgänglich nötig sei, nicht allein dem Statthalter, dem Sserki, selbst, worauf ich ganz vorbereitet war, sondern auch dem Galadima, seinem ersten Minister, ein ansehnliches und dem für den ersteren fast gleiches Geschenk zu machen.

## Große Pläne

*Es kam noch hinzu, daß Richardson dem Statthalter seinen Besuch angekündigt hatte. Barth war aber, ohne offizielle Ankündigung – nach vorheriger Vereinbarung mit Richardson – in die Stadt gewissermaßen heimlich gelangt. Er hoffte, dadurch mit einem kleineren Geschenk abzukommen. Nun fiel er auf diese Weise gleich bei dem Herrscher in Ungnade, da er die Etikette verletzt habe – die ein größeres Geschenk verhieß.*

*Wie sollte er da seine Pläne verwirklichen können, für die Kano doch nur den Ausgangspunkt bildete! Um 1830 waren englische Forscher in den unteren Benuë, den östlichen Nebenfluß des Niger, eingedrungen; aber die Frage war noch nicht geklärt, ob es sich bei diesem Wasserlauf, der irrtümlich Tschadda genannt wurde, um einen Abfluß des Tschad oder einen selbständigen Strom handele. Dieser Benuë konnte, das war Barths Meinung, je nach seiner Gestaltung einmal eine wichtige Zugangsstraße zum Innern Afrikas werden, eine Handelsstraße. Und um neue Handelswege zu erkunden, war doch die Expedition ausgezogen! Des Rätsels Lösung schien ihm in der fernen, noch von keinem Europäer gesuchten Landschaft Adamaua zu liegen. Dort hinzukommen kostete aber sehr beträchtliche Mittel, ganz abgesehen von den sonstigen Fragen, die das Gelände und das Verhalten der eingeborenen Herrscher betrafen.*

*Kein Wunder, daß Barth sich in seiner »dunklen, unbequemen und unerfreulichen Behausung«, in »diesem weitberühmten Entrepot des Handels und Verkehrs von Central-Afrika« höchst ungemütlich vorkam und ein Fieberanfall ihn aller Kräfte beraubte.*

Damals bedauerte ich es, den liebevollen Rat des englischen Generalkonsuls in Tripolis, Herrn Crowe, nicht befolgt zu haben, der mir dringend anriet, mich mit weichen Matratzen zu versehen. Denn mein Teppich, obwohl sonst eine völlig genügende Unterlage, konnte mich in meinem geschwächten Zustande nur höchst ungenügend vor dem harten Druck der Bretter schützen.

Glücklicherweise besaß ich Geisteskraft genug, um mich so weit aufzuraffen, einer Einladung zu einer Audienz bei dem Statthalter auf den 18. Februar Folge zu leisten. Indem ich da die wenigen wertvollen Sachen, die ich noch besaß, aufopferte, ebnete ich mir den Weg zu fernerem Vordringen.

## Straßenleben einer sudanesischen Handelsstadt

Es war ein sehr schöner Morgen, und die ganze Szenerie der Stadt wirkte auf mich ein: mit ihrer Mannigfaltigkeit von Lehmhäusern und einfachen Hütten, in allen möglichen Gruppierungen und in den verschiedensten Stadien des Verfalles; seien es nun leichte Buden oder nur Schattendächer. Da waren ferner die begrasten freien Plätze, auf welchen Rinder, Pferde, Kamele, Esel und Ziegen in bunter Gemeinschaft miteinander weideten, oder große und tiefe Gruben, die mit Wasser hoch gefüllt waren, dessen Oberfläche von Wasserpflanzen bedeckt und belebt wurde.

Andere Löcher waren frisch gegraben, um das nötige Material zu neuen Wohnungen zu gewinnen. Dann erfreute mich die einzeln umherzerstreute Flora von den verschiedensten und schönsten Arten, namentlich die prachtvolle symmetrische Gonda *(Carica Papaya)* und die schlanke Dattelpalme, beides Zeugen des tätigen Eingreifens der Menschen in die schaffende Natur. Und endlich zeigten sich mir die Menschen selbst in dem buntesten Gemisch der Kleidung, vom fast nackten Sklaven aufwärts bis zum farbenreich und prächtig gekleideten Araber: Alles bildete eines der belebtesten und anregendsten Schauspiele.

Der Marktplatz jedoch hatte bei unserem Hergang noch keineswegs sein volles Leben erreicht, sondern begann erst sich zu füllen; die meisten Buden waren noch leer, und Scharen von Aasgeiern trieben sich noch ungestört auf dem Boden umher, um die Abfälle des vorigen Tages aufzulesen.

Der Palast des Statthalters ist ein vollkommenes Labyrinth von Hofräumen, voneinander getrennt durch Lehmhütten, die mit zwei einander gegenüberliegenden Türöffnungen versehen sind und die als Wartezimmer dienen. Enge, gewundene Gänge setzen sie miteinander in Verbindung. Hunderte von trägen und anmaßenden Höflingen, Freien und Sklaven, wohlgenährt von der Arbeit der Armen und gekleidet in weite, unkriegerische Gewänder, trieben sich hier umher oder hockten in zahlreichen Gruppen zusammen, ihre reiche Muße mit fadem Geschwätz oder albernen Späßen verbringend. Jedoch gewahrte man auch manches ausdrucksvolle Gesicht und einige wenige kernige Gestalten. Die herrschenden Fulbe zeichnen sich hier gern durch einen schwarzen Gesichtsschal aus, während sich sonst ihre Kleidung nur wenig von derjenigen der *(von ihnen beherrschten Masse der eigentlichen Bevölkerung des Landes, der)* Haussa unterscheidet.

*In prächtiger Halle wird Barth von dem Sserki (Herrn) namens Othman, einem stark gebauten, schönen, achtunddreißigjährigen Mann, empfangen. Von seinem Diwan aus hört er in halb sitzender, halb liegender Stellung an, was der Sprecher des Fremden, der alte Eleidji, der ebenfalls in Kano weilte, ihm zugunsten des im Aïr-Lande so schwer erpreßten Reisenden zu sagen hatte.*

*Der Galadima machte einige intelligente Bemerkungen, während der Sserki nichts weiter zu sagen hatte als: Es habe den Anschein, daß Barth trotz aller schweren Erpressungen, die er erduldete, noch ganz annehmbare Geschenke für ihn hätte.*

*Barth gab ihm einen prächtigen schwarzen Burnus im Werte von sechzigtausend Kurdi, eine rote Mütze, einen weißen Schal, ein großes Stück Musselin, zwei Fläschchen Rosenöl, ein Pfund Gewürznelken, ein Pfund Weihrauch, ein Rasiermesser, Scheren, ein Schlagmesser und einen großen Spiegel von Neusilber. Ähnliches erhielt der Galadima.*

*So waren sie zufrieden und entließen den vielgeplagten Doktor.*

Da ich nun mit dem Sserki auf friedlichem Fuße stand und Erlaubnis hatte, mich nach Wohlgefallen umzutun, und da ich mich überzeugt hatte, daß körperliche Anstrengung und geistige Anregung die besten Arzneien für meine Kränklichkeiten seien, beschloß ich, mich rüstig umzusehen. Ich bestieg daher am nächsten Tage wieder meinen armen Gaul, und geleitet von einem Burschen, dem die Topographie der Stadt wohlbekannt war, machte ich einen Ritt von mehreren Stunden durch die Stadt in allen Richtungen.

Wie wir so kreuz und quer alle bewohnten Quartiere durchzogen, konnte ich von meinem Sattel aus die verschiedenen Szenen des öffentlichen und Privatlebens übersehen: Bilder ruhiger Behaglichkeit und häuslichen Glückes, eitler Verschwendung und verzweifelten Elends, rüstiger Tätigkeit und schlaffer Trägheit. Hier ein Bild des Gewerbefleißes, dort ein anderes äußerster Gleichgültigkeit.

Alle Seiten des Lebens zeigten sich mir in den Straßen, auf den Marktplätzen und in dem Innern der Häuser. Es war ein reiches, lebendiges Bild einer kleinen Welt für sich, äußerlich durchaus von dem, was man in europäischen Städten zu sehen gewohnt ist, verschieden und doch in seinen vielfachen Triebfedern so ähnlich.

Hier war eine Reihe Läden voll einheimischer und fremder Waren, mit Käufern und Verkäufern in allen Abstufungen von Gestalt, Farbe und Kleidung, aber alle auf das eine Ziel bedacht, durch Übervorteilung des andern sich einen kleinen Gewinn zu machen; dort eine große Schattenbude, wie eine Hürde voll halb nackter, halb verhungerter Sklaven.

*Inzwischen sammelte er wertvolle Nachrichten über Zusammensetzung und Ausbreitung von Handel und Wirtschaft in Kano und in seinem Einflußbereich, Nachrichten, die auch heute noch von hohem Interesse sind.*

*Etwa eine Million Menschen lebten damals in dem Bezirk um Kano! Die Stadt selbst mochte an die fünfzigtausend Bewohner haben.*


## Eines der glücklichsten Länder der Welt

Der Haupthandel von Kano besteht in einheimischen Fabrikaten, besonders in Baumwollzeug, das in der Stadt selbst oder den umliegenden kleineren Ortschaften der Provinz aus einheimischer Baumwolle gewebt und mit selbstgezogenem Indigo gefärbt wird.

Es ist der große Vorteil dieser Stadt, daß Handel und Manufaktur Hand in Hand gehen und daß fast jede Familie Anteil

232

daran hat. Es ist etwas wahrhaft Großartiges in diesem Industriezweige. Während er sich im Norden bis nach Mursuk und Rhat, ja selbst bis Tripoli verbreitet, erreicht er im Westen nicht nur Timbuktu, sondern selbst die Küsten des Atlantischen Ozeans; gegen Osten erstreckt er sich über ganz Bórnu, obwohl er dort mit der eigenen Manufaktur der Eingeborenen in Berührung kommt. Was Timbuktu betrifft, so ist es eine in Europa gänzlich unbekannte und doch so überaus merkwürdige Tatsache, daß, so viel man auch von dem feinen Baumwollenzeug, das in Timbuktu gefertigt wird, sprechen mag, doch alle dort getragene Kleidung besserer Qualität aus Kano oder Sansandi eingeführt wird, wenn sie nicht aus englischem Kaliko besteht.

In welch hohem Begehr die Baumwollwaren von Kano in Timbuktu stehen, kann man aus dem ungeheuren Umweg ersehen, den die Ware nimmt, um den Gefahren der direkten Straße von Kano nach Timbuktu zu entgehen, welche ich verfolgt habe. Dieser führt nämlich regelmäßig über Rhat und selbst Ghadames, mit einem ganz scharfen Winkel von hier nach Tuat, und, nun erst gen Süden abbiegend, auf Arauan zu, den hauptsächlichsten Markt für diese Ware, und von hier aus nach Timbuktu.

*Zu bedenken ist, daß in jenen Breiten der Begriff »Zeit« keine Rolle spielt; daß auf dem Umwege immer lokalen Unruhen ausgewichen oder die Befriedung abgewartet werden mußte; daß heute diese Gegenden öde Vollwüste darstellen, in der auch nicht mehr die Spur eines derartigen Handels zu finden ist. Einmal also haben es die Bewohner Nordafrikas vermocht, sich ein in ihrem Sinne gut funktionierendes Wirtschaftssystem aufzubauen. Heute sind sie dabei, wieder einmal eigene Wirtschaftsräume aufzubauen.*

Ich glaube mit Recht, die durchschnittliche jährliche Gesamtausfuhr dieser Manufakturwaren zum Werte von dreihundert Millionen Kurdi veranschlagen zu können. Welch eine Quelle nationalen Reichtums dies ist, werden meine Leser ermessen, wenn ich sage, daß eine Familie, alle Ausgaben, auch für Kleidung – die sie doch meist selbst fabrizieren –, eingeschlossen, mit sechzigtausend Kurdi jährlich in sehr angenehmen Umständen leben kann. Überdies müssen wir bedenken, daß die Provinz eine der fruchtbarsten der Welt ist, Korn nicht allein in hinreichender Menge für ihre eigene Bevölkerung hervorbringt, sondern auch zur Ausfuhr erübrigt und nebenbei die prachtvollsten Weidegründe besitzt. Berücksichtigen wir nun, daß diese Gewerbetätigkeit nicht, wie in Europa, in ungeheuren Fabriken betrieben wird und den Menschen zur niedrigsten Stellung hinabdrückt, sondern daß jede Familie zu der wirtschaftlichen Blüte beiträgt, ohne ihr Privatleben aufzuopfern, so dürfen wir schließen, daß Kano eines der glücklichsten Länder der Welt sein müsse.

Und so ist es auch in der Tat, soweit die Lässigkeit und Schlaffheit der Fürsten imstande sind, die Einwohner gegen die Gelüste der Nachbarn, die eben durch den Reichtum des Landes immer wachgehalten werden, zu verteidigen.

*Hier nun haben wir ein Zeugnis der Darstellungskraft, der sachlichen, ruhigen und vornehmen Beurteilung von Dr. Barth über ein Gebiet, das Europa so gut wie unbekannt war. Was vor allem auffällt, ist der Gerechtigkeitssinn des Forschers, der keineswegs von »armen schwarzen Wilden« spricht; dem jeder Europäerhochmut fehlt, der immer wieder darauf hinweist, wie gleich doch das Denken und Fühlen hier wie dort sind. Dieses Einfühlungsvermögen, dieses Unvoreingenommensein, dieses Sichgeben wie Gleicher unter Gleichen, aber auch das mutige Vertreten des eigenen Standpunktes sind es, was Barths Erfolge ausmachte und ihm hohes Ansehen in ganz Nordafrika verlieh.*

*In seinem Bericht geht er dann zu den europäischen Waren über, die auf den Markt von Kano gelangen:*

*Es sind: gebleichter, ungebleichter und gedruckter Kattun von Manchester, französische Seide und Zucker, jährlich etwa hundert Kamelladungen, rotes Tuch aus Livorno und aus Sachsen, drei- bis vierhundert Kamelladungen jährlich, Glasperlen aus Venedig, eine grobe Art roher Seide, sehr grobes Papier mit dem Zeichen der drei Monde (zum Einschlagen der Ware), Spiegel, Nadeln und Kurzwaren aus Nürnberg, Schwertklingen aus Solingen (fünfzigtausend jährlich), Rasiermesser aus der Steiermark.*

*Die Steuerkraft der Provinz, der Tribut, den der Statthalter erhebt, beläuft sich auf ca. hundert Millionen Kurdis. In der Hauptsache ist es die Grundsteuer. Sie wird von jedem Familienhaupt entrichtet und beträgt zweitausendfünfhundert Kurdi, also einen spanischen Taler.*

*Der Verkehr mit landeseigenen Gütern vollzieht sich in der Hauptsache im Sudanbereich, also auf südlichen Wegen. Die europäischen Waren kommen von Norden durch die Wüste. Will europäischer Handel mehr als bisher am afrikanischen teilhaben, so muß er sich, nach Barths Meinung, den Weg vom Niger her über den Benuë nach Norden suchen. Nun haben gerade, so schreibt er, die Engländer unter vielen Opfern an Gut und Blut den unteren Niger erschlossen. Leider sei diese Hochstraße des Handels in die Hände südamerikanischer Sklavenhändler gefallen, die einen regelmäßigen Sklavenhandel mit den Landschaften des Binnenlandes eröffnet hätten. So würden deren Waren in großen Mengen auf den Markt von Nupe gebracht und hätten angefangen, den Mittel-Sudan zu überschwemmen. Aber es sei doch der Europäer Bestreben, den unwürdigen Sklavenhandel zu beseitigen. Die anderen aber nähmen für ihre Ware und ihr Geld nichts zurück als Sklaven.*

## Aufbruch von Kano nach Kúkaua (Kuka)

Der Reisende in diesen Gegenden wird stets mannigfachen Aufenthalt und mannigfache Sorge haben, wenn er einen Ort verläßt, wo er sich längere Zeit niedergelassen hatte. Denn alle Mittel des Fortkommens sind durch seine eigenen Vorkehrungen bedingt, und hundertfache Verzögerungen werden ihm von allen Seiten bereitet. Jedoch war meine Lage, als ich am Sonntag, den 9. März 1851, im Begriff stand, Kano zu verlassen, eine besonders beunruhigende. Da war keine Karawane, die Straße wurde von Räubern unsicher gemacht, und ich hatte nur einen Diener, auf den ich mich verlassen konnte oder der mir wirklich zugetan war. Dazu war ich am vorhergehenden Tage so krank gewesen, daß ich mein Lager nicht hatte verlassen können. Aber Selbstvertrauen besiegte alle Hindernisse, und das hatte ich. So eilte ich mit demselben Entzücken, mit welchem ein Vogel seinem Käfig entflieht, aus den engen, schmutzigen Lehmmauern hinaus in Gottes freie Schöpfung.

Da ich außer meinem getreuen Gatroner keinen Diener hatte, nahm das Beladen meiner drei Kamele eine ungeheure Zeit in Anspruch, und der Reiter, welcher mich bis an die Grenze des Kano-Gebietes geleiten sollte, verlor alle Geduld. Endlich, gegen zwei Uhr nachmittags, waren meine Tiere gepackt; ich nahm Abschied von den wenigen Bekannten, die sich bei meiner Armut eingestellt, um mir Lebewohl zu sagen, und bestieg meinen Vier-Dollar-Gaul. Mein stattlicher Begleiter erschien in einem der Kleidung unserer Vorfahren zur Zeit des Dreißigjährigen Krieges ähnelnden malerischen Aufzug, mit hohen, bis auf die Schenkel hinaufreichenden bunten Lederstiefeln und einem wie ein Wams gegürteten Hemd, einen roten Burnus faltenreich um die Brust geworfen, ein gerades, langes Schwert an dicker Seidenschnur mit mächtigen, weit herabhängenden Quasten über die Schulter geschlungen und auf seinem Kopfe über schwarzem, weiß und rot gestreiftem Schal einen kleinen Strohhut, dem nur die Feder fehlte; so warf er sein schönes Streitroß in Parade, und dahin ging es aus den engen Straßen Dalas hinaus in das offene Feldland.

Meine Brust fühlte sich erleichtert, alle Sorge und Unruhe, die armselige Lage, in der ich mich in Kano befunden, war vergessen; in den anlockendsten Umrissen lag das weite Feld der Forschung vor meinen Blicken, das sich mir öffnete, wenn uns neue Mittel in Kúkaua erreichen sollten: die unerforschten Gebirgslande im Süden, die großen Flußsysteme, die neue lebendige Natur, unbekannte Länder und Völker – ein unbegrenztes Feld ruhmwürdiger Anstrengung! Träumend hing ich auf meinem Gaule – erst am Tore ward ich wieder an die Gegenwart erinnert.

Wir hatten einen großen Umweg genommen, um den weitesten, geräumigsten der die großartige Stadtmauer durchbrechenden Schlünde zu erreichen und ungehindert ins Freie zu kommen. Aber selbst dies Tor war nicht für ein Gepäck wie das meine berechnet; der lange, tiefe Burggang war zu eng, und alles mußte abgeladen werden, während mein eingebildeter Geleitsmann, da er sah, daß wir das bestimmte Nachtquartier zu erreichen nicht imstande sein würden, in Verzweiflung geriet und seine Ungeduld nicht mehr beherrschen konnte. Endlich war alles wieder auf dem Rücken der geduldigen Tiere, und mein treuer Bu-ssaefi stellte sich, seinen kurzen, stämmigen Nacken zurückwerfend, im vollen Bewußtsein seiner Würde an die Spitze der kleinen Reihe meiner Karawane. So zogen wir vorwärts, uns zuerst eine Weile der Mauer entlang haltend, bis wir die Straße, welche von der Kofa Wambay ausgeht, erreichten. Auch hier gehört ein bedeutender Grundbesitz einem Ba-Asbentschi, einem Manne aus Asben, der eine Anzahl Sklaven hier angesiedelt hat, die ihm sein Korn bauen. Langsam zogen wir durch das wohlbebaute Land dahin und erreichten ein kleines Gewässer. Hier erfuhr ich ein interessantes Beispiel, wie rein menschliche Sitten überall, selbst unter den verschiedensten gesellschaftlichen Verhältnissen, dieselben sind. Ich wünschte zu wissen, in welcher Richtung der Regenbach seinen Lauf nähme, und nicht imstande, mich durch eigene Beobachtungen darüber zu belehren, war ich so frei, meinen Begleiter zu fragen. Aber der eitle Höfling, obwohl als Sklave geboren, hielt sich fast für beleidigt, eine solche Frage an sich richten zu hören. Wie könne man nur, meinte er, auf so kleinliche Sachen wie den Lauf eines Wassers oder den Namen eines Dorfes seine Aufmerksamkeit wenden.

### Briefe aus der Heimat und – zwei ganze Taler

Sonnabend, den 15. März 1851.
Dies war ein überaus glücklicher und erfreulicher Tag für mich! Ich erhielt nämlich plötzlich, ohne die geringste Ahnung von einem so angenehmen, mir bevorstehenden Ereignis zu haben, den Besuch eines Arabers aus Sokna *(südlich von Tripolis. Es erhebt sich hierbei die Frage, wie dieser Mann wohl Barth gefunden haben mochte! Der Reisende selbst teilt darüber nichts mit.)*

Nachdem er mich begrüßt hatte, zog er unter seinem Barrakan *(Gewand)* ein Paket hervor, das mich augenblicklich in ganz andere Verhältnisse versetzte: aus dieser Welt der Einfalt und Roheit in die gekünstelte Zone europäischer Bildung und Wissenschaft.

Da gab's Briefe aus Deutschland, England und von meinen Freunden aus Tripoli – denn selbst von letzteren hatte ich seit zehn Monaten keine Nachricht erhalten –, ferner Briefe aus Berlin, die wissenschaftliche Fragen behandelten; Briefe von meinen Angehörigen, voll von Ausdrücken sorgender Liebe. Aber doch war noch etwas Materielles bei den Briefen, das mich, da es wunderbar zu meinen Verhältnissen paßte, wenigstens im Augenblick noch tiefer berührte. Ich war nämlich gänzlich ohne Geldmittel.

Wie freute ich mich daher, als ich in Herrn Gagliuffis Brief ganz unerwartet zwei spanische Taler fand, die er mir sandte, um einen kleinen Irrtum in meiner Rechnung auszugleichen – zwei spanische Taler! Es war das einzige gangbare Geld, das ich damals hatte, und deshalb waren mir diese zwei Taler im

Augenblick gewiß mehr wert als ebensoviel hundert Taler zu einer anderen Zeit.

*Außerdem hatte der gleiche Mann Waren im Werte von hundert Pfund Sterling mit sich geführt, sie aber nach – Kano gehen lassen! Barth bekam sie erst, als er aus Adamaua nach Kuka zurückkehrte, und litt mit seinem Gefährten Overweg infolgedessen in der Zwischenzeit bitterste Not!*

Für den Augenblick jedoch wäre ich lieber im weiteren Vordringen durch Not umgekommen, als noch einmal nach Kano zurückzukehren.

*Zwei Tage hatte er nun mit Lesen und Beantworten zu tun. Schon damals schrieb er seinem Freunde, dem Prof. Richard Lepsius, er habe so eine Ahnung, als wenn er beim Mißlingen seines Vorstoßes nach Süden doch noch nach dem Westen werde gehen müssen, um dann weiter dem Niger zu und in andere neue Reiche zu ziehen und Timbuktu zu erreichen.*

*So verließ Barth nun seinen gebildeten Freund, den »Herrn Schlaf«, wenn auch schweren Herzens, da dieser andere Reiseziele hatte als er selbst. Und mit sèinem einzigen Diener und einem neu eingestellten jungen Burschen ging es weiter nach Osten.*

Ich mußte also voraussehen, daß die Hälfte der materiellen Arbeit mir selbst zur Last fallen würde, sowohl beim Beladen und Entlasten der Kamele als beim Aufschlagen des Zeltes, und daß ich stets über alles würde wachen müssen; aber ich besaß das, was den Sterblichen zum Sieg verhilft, volles Vertrauen zu mir selbst.

*Die Landschaft hat inzwischen einen öderen Charakter angenommen. Die Reisenden näherten sich der Grenzprovinz, die schon zum Reiche Bórnu gehörte und unter dessen Herrscher, dem Scheich Omar, stand.*

Dienstag, den 18. März 1851.

*Trommeln und Gesang, die von ferne aufklangen, kündigten Barth das Nahen eines jener unruhigen Gesellen, wie sie damals allerorts im weiten Sudan ihr Wesen trieben. Es war Bochari, der Statthalter im Fulbe-Reich Sokoto gewesen war und dessen Bruder ihn beim Oberherrn anschwärzte, so daß der ihn absetzte und des Landes verwies. Nun nahm Scheich Omar ihn auf, gab ihm eine Residenz und unterstützte ihn insgeheim in seinen Vorbereitungen zu einem Rachezug.*

Dies aber wurde, wie der Erfolg bewies, ein bemerkenswerter Feldzug, der sich in diesem Teile des Sudans bemerkbar machte und der Anfang schwerer Sorgen für den ganzen umliegenden Landstrich wurde. Denn nachdem Bochari die sehr starke, doppelt befestigte Stadt Chadedja *(seine ehemalige Residenz)* glücklich erobert und seinen Bruder getötet hatte, fand er sich nicht allein kräftig genug, sich in seiner neuen Lage selbst zu verteidigen, indem er alle gegen ihn gesandten Heere (unter diesen die ganze Militärmacht des Reiches Sokoto, welche vom Vezier selbst gegen ihn geführt wurde) in die Flucht schlug, sondern er verbreitete auch Schrecken und Furcht bis an die Tore von Kano.

Ich werde bei der Schilderung meiner zweiten Reise durch diese Landschaften *(als Barth von Kuka westwärts über Kano zum Niger zog)* die traurige Pflicht haben, den Zustand des Elends in diesen Gegenden zu beschreiben. Befanden sie sich doch noch bei meiner ersten Reise in blühenden Verhältnissen! Während sie damals dicht bevölkert waren, wurden sie bald darauf durch diesen kriegerischen Häuptling verheert und verwüstet. Denn anstatt ein starkes Königreich zu gründen und sich als ein großer Fürst zu zeigen, zog es Bochari vor, gleich den meisten seiner Landsleute, seine Macht auf die Zerstörung und Verwüstung der Nachbarländer zu gründen und sich selbst zum Sklavenhändler im großen zu machen. – Aufgeregt durch den kriegerischen Lärm und mit nicht eben beruhigenden Betrachtungen über die Schwäche unserer kleinen Reisegesellschaft bei so unfriedlichem Zustande der zu durchwandernden Landstriche, zogen wir schweigend unseres Weges. Auch der Charakter der Landschaft selbst hatte nichts, was einigermaßen aufzuheitern geeignet gewesen wäre. Der Landbau hörte auf, und nichts war zu sehen als ein ungeheurer Strich flachen, mit einigen einförmigen Bäumen bestandenen Landes.

*Die »Straße«, die angeblich durch die Landschaft zwischen den so bedeutenden Residenzen Kano und Kuka führen sollte, durch eine Landschaft mit lebhaftestem Verkehr, bestand in Wirklichkeit aus unscheinbaren Pfaden, die im Zickzack, von einem Dorf zum andern, nur ungefähr in der Hauptrichtung führten.*

*Eine unheilvolle Nachricht*

Montag, den 24. März 1851.
Es war ein schöner Morgen. Die Sonne schien in reinem, ungetrübtem Glanze, und indem ich mich den Eindrücken der Umgebung hingab und über die ursprüngliche Heimat und die allmähliche Verbreitung der verschiedenen Vertreter des Pflanzenreiches nachdachte, hing ich sorglos auf meinem Gaul, als plötzlich eine ungewohnte Erscheinung meine Aufmerksamkeit erregte.

Eine malerisch und fremdartig aussehende Gruppe kam mir entgegen. In der Mitte ritt ein Mann von edlem Aussehen, arabischen Zügen, heller Hautfarbe, prächtig gekleidet und nach arabischer Sitte mit reich geschmückten Feuergewehren versehen; drei Reiter, weniger reich gekleidet, ritten an seiner Seite. Ich sah, daß es eine Person von Ansehen sei, und hielt daher scharf auf ihn zu, um ihn zu begrüßen.

Sobald er mich erblickte, machte er halt und fragte mich, ob ich der Christ sei, welcher in Kuka erwartet werde. Auf meine bejahende Antwort meldete er mir ohne Umschweife, daß mein Reisegefährte Jakub (Herr Richardson) gestorben sei, noch ehe er Kuka erreicht, und daß all sein Eigentum verschleudert worden sei.

Ich sah ihm fest ins Antlitz und sagte, daß dies, wenn es auf Wahrheit beruhe, eine höchst ernsthafte Nachricht sei, und er teilte mir nun einige Einzelheiten mit, welche wenige Zweifel an der Richtigkeit der Angabe zuließen. Als ich ihn nach seinem Namen fragte, nannte er sich Ismail; ich erfuhr aber nachmals von anderen, daß es der Scherif el Habib gewesen sei, ein Araber aus Marokko von wirklich edlem Geblüt. Er war ein sehr gelehrter, aber außerordentlich leidenschaftlicher Mann und war eben, infolge eines Streites mit Mallem Mohammed, vom Scheich von Bórnu aus Kuka, wo er sich einige Zeit aufgehalten, verbannt worden. Er wandte sich damals nach Sokoto, um bei Emir el Mumenin sein Glück zu versuchen, und ich sah ihn zu späterer Zeit, als er, von letzterem gekränkt, nach Bórnu zurückgekehrt und wieder in Gnaden angenommen war, eben in Kuka wieder. Später ließ er sich in der Stadt Gummel nieder. Diese wandernden Abenteurer aus dem Norden und Osten spielen eine hervorragende Rolle in den Ländern der

Schwarzen, wie sie es schon vor fünfhundert Jahren taten *(als sie an der Spitze weniger Getreuer unter den Massen der Neger wirkten und die Triebfeder zur Bildung mehrerer bedeutender und sehr ausgedehnter Negerreiche vom Niger bis zum Tschadsee wurden).*

Die Trauerbotschaft machte natürlicherweise einen tiefen Eindruck auf mich, da sie nicht nur ein einziges Menschenleben betraf, sondern das Schicksal unseres ganzen Unternehmens in Frage stellte. Allerdings konnte ich noch einigem Zweifel Raum geben; aber im ersten Augenblick der Aufregung beschloß ich, meine zwei Burschen mit den Kamelen zurückzulassen und meinen Weg allein zu Pferde zu verfolgen. *Der treue Gatroner Mohammed vermochte ihn zu beruhigen; sie seien ja nur noch vier Tage von Kuka entfernt, und allein würde er sich großen Gefahren aussetzen. Daher ritten sie zusammen weiter.*

*Sie erreichten nun eine oberflächlich recht bewegt gestaltete Landschaft. Es waren hohe, überwachsene Dünen, die den Kamelen viel Arbeit bereiteten. In regenreichen Zeiten, die dem jetzigen Wüstenzustand des Landes vorausgingen (Pluvial genannt), hatten sich in der Gegend des Tschad und weit darüber hinaus die von Süden heute als Schari und Logone herbeifließenden Wasser zwischen diesen Dünen gestaut, die einer dem Pluvial noch vorausgehenden Wüstenzeit entstammen. Die damaligen Ablagerungen, verbunden mit denen der jetzigen jährlichen Regenzeit, machen aus diesen Niederungen zwischen den Dünenkämmen kleine fruchtbare Bezirke, die dem Anbau dienen. In der unmittelbaren Nähe des Sees hat sich auf ebenen und jährlich überschwemmten Flächen ein schwarzer Tonboden gebildet, der »firki« genannt wird.*

## Heuschrecken und Turmfalken

Donnerstag, den 27. März 1851.
*Im Manga-Land erlebte er auch die Heuschreckenplage.* Alle Bäume rings umher waren voll von Heuschrecken, während der Himmel durch Schwärme von Turmfalken verdunkelt wurde. Mit merkwürdigem Instinkt folgten uns diese Vögel, wohin wir unsere Schritte wandten, um die Heuschrecken, sobald sie bei unserer Annäherung an einen Baum emporflogen, wegzufangen. In ihrer Gier schlugen sich dabei die Vögel nicht allein mit ihren Flügeln, sondern belästigten auch häufig uns selbst und unsere Tiere auf das unangenehmste.

241

## An Richardsons Grab

*(Ein Dorf kündigt sich von weitem durch Musik und Lärm einer Hochzeit an.)* Froh darüber, daß wir die Bewohner bei guter Laune fanden, schlugen wir das Zelt hart an der Ostseite des Dorfes auf. Ich war eben im Begriff, mich einzurichten, als ich zu meiner nicht geringen Bestürzung hörte, daß die Mädchen, welche kleine Geschenke zu dem Feste gebracht hatten und nun in Prozession nach Hause zogen, nach Nghurutua gehörten, demselben Orte, wo vor kurzem der Christ (Herr Richardson) gestorben war. Ich beschloß demnach, sie zu begleiten, obwohl es schon spät war, um wenigstens einen Blick auf das Grab meines Reisegefährten werfen zu können. – *(Nghurutua ist eine allgemeine Bezeichnung für eine »an Flußpferden reiche Stelle« und kommt verschiedentlich im Tschadgebiet vor. Barth findet das Grab unter einer schönen Sykomore. Es galt bei den Eingeborenen als eine Stätte der Verehrung.)*

Der Vorfall hatte in der ganzen Umgegend großes Aufsehen erregt. Herr Richardson war am Abend des 28. Februar in schwächlichem Zustand angekommen und schon am nächsten Morgen gestorben.

Es war spät abends, als ich nach meinem Zelte zurückkehrte, voll von Betrachtungen über mein eigenes Schicksal und beseelt von dem aufrichtigen Gefühl der Dankbarkeit gegen die Vorsehung für die ausgezeichnete Gesundheit, welcher ich mich, trotz der vielfachen Mühseligkeiten, erfreute.

*Bei der Weiterreise trifft er auch einen Hauptmann der Grenzwache des Reiches Bórnu, welcher die unruhigen schweifenden Horden der Tuareg im Zaum zu halten hatte, die, wenn sie irgend konnten, über ein Dorf herfielen und Vieh und Sklaven raubten. Barth riet in Kuka dem Scheich Omar, zum besseren Schutz an der Grenze kleinere Forts anzulegen.*

Aber selbst der beste unter den Machthabern dieser Länder bekümmerte sich mehr um den Silberschmuck seiner zahlreichen Frauen als um die Wohlfahrt seines Volkes ...

*Aus der sandigen Gegend kommen die Reisenden bald in die vorher erwähnte tonige Ebene mit den Firki-Böden. Das ganze Land, von mittelgroßen Mimosen bekleidet, hat einen überaus düsteren, einförmigen Charakter.*

242

# Kapitel 19
## Ankunft in der Residenz Kuka

Mittwoch, den 2. April 1851.

Dies sollte ein bedeutender Tag werden, entscheidend für die ganze Richtung meiner Tätigkeit in diesen Gegenden. Ich sollte endlich die Hauptstadt des Fürsten erreichen, an den wir ausdrücklich gesandt worden waren, ja, der eigentlich das Ziel des Unternehmens, wie es ursprünglich angelegt war, selbst bildete. Alles hing von seiner Neigung ab, Erfolg oder Fehlschlagen unseres ferneren Unternehmens. Und wie näherte ich mich ihm! Ohne Mittel irgendwelcher Art, ohne Bevollmächtigung, im ärmlichen Aufzuge!

*Mit Scheich Omar sollte Richardson einen Handelsvertrag abschließen. Nun war Barth ganz auf sich selbst angewiesen. In seiner Unruhe eilte er allein der kleinen Karawane voraus. Galt es doch, auch für den Tag der Ankunft schon ein gutes Quartier auszumachen.*

### Vor der Stadtmauer

Die Stadt lag nahe vor mir.

Ich sah mich nach einem Menschen um, welcher mir wenigstens einen Rat erteilen konnte, wohin ich mich zuerst zu wenden hätte. Die Hitze war gerade am höchsten; kein lebendes Wesen war zu sehen, weder im Dorfe *(das er gerade erreicht hatte)* noch auf der Straße; und ich überlegte, einen Augenblick zaudernd, ob es nicht besser sei, hier meine Kamele abzuwarten, um wenigstens nicht ganz ohne Begleitung zu sein. Aber dann spornte ich meinen Gaul an und erreichte bald die westliche Vorstadt von Kuka. Einen Augenblick machte mich die in der heißen Mittagsglut glimmende weiße Lehmmauer irre; und ich wußte nicht recht, ob es Kunst oder Natur sei. Dann sprengte ich darauf zu, und hinein gings durch das leidlich feste Tor. Obgleich es noch zeitig am Nachmittag war, fehlte es hier doch nicht an müßigen Zuschauern, die mich mit Neugierde angafften; aber höher stieg ihr Erstaunen, als ich nach der Wohnung des Scheichs fragte.

*(Man muß bedenken, daß die ersten und letzten Europäer, die Engländer Denham, Oudney und Clapperton, 1822 am Tschad gewesen waren!)*

Indem ich so den kleinen täglichen Nachmittagsmarkt passierte, welcher voll Menschen war, ritt ich den Déndal, d. i. die Königsstraße, entlang nach dem Palast zu.

In höchst einfachem Aufzug, wie ich war, auf schlechtem Gaul beritten, ohne Begleiter, Geleitsmann oder auch nur einen Buben, um mein Pferd zu halten, ward ich von den Sklaven mit offenem Mund angestaunt, als ich nach dem Scheich fragte; sie verstanden nicht, was ich wollte. Endlich ward Diggama gerufen, der der Minister des königlichen Haushaltes genannt werden kann und besonders auch die Verpflegung der Fremden unter sich hat. Dieser hatte denn von 'Abd el Kerim gehört und gab mir einen Sklaven mit, um mich zum Vezier zu führen.

### Der erstaunte Vezier

Dieser wollte eben zu seiner täglichen Nachmittagsaudienz zum Scheich reiten; sein schönes stattliches Kriegsroß stand gesattelt vor der Tür seines Palastes, und etwa hundert Reiter, Araber und Sklaven mit Flinten, freie Eingeborene mit Speer und Lanze, im buntesten Kleiderschmuck, waren umhergruppiert, um ihn zu begleiten. Ich wartete nur einen Augenblick, da kam Hadj Beschir *(so hieß der Vezier)* heraus, eine große, kräftige Gestalt, mit offenen, wohlwollend und lebenslustig lächelnden Zügen. Die Reiter drängten auf allen Seiten heran, ohne von mir Notiz zu nehmen. Aber mit dem freundlichsten Lächeln begrüßte mich der Vezier, indem er mir sagte, obgleich er mich nie gesehen, kenne er mich doch schon aus dem Briefe, den ich an seinen Agenten in Sinder *(Stadt nördlich von Kano)* gerichtet und der ihm zu Händen gekommen sei. Dann fragte er, wo denn aber meine Begleiter wären. Groß war sein Erstaunen und Frohlocken, als er hörte, daß ich ganz allein gekommen sei und selbst meine beiden Diener zurückgelassen hätte.

*Abbildung 46.*
Grundriß der Doppelstadt
Kuka. Rechts die wan-
dernde Uferlinie des
Tschadsees.

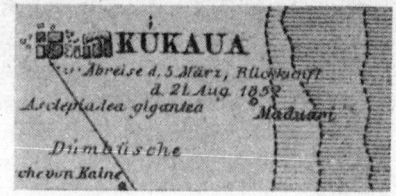

*(Nun reitet der Vezier zu seinem Fürsten, und Barth wird in sein
Quartier geleitet.)*

Mein Quartier stieß unmittelbar an das Haus des Veziers
und bestand aus zwei ungeheuren Hofräumen, deren hinterer
außer einem halbvollendeten Lehmgebäude eine sehr geräumige, nett und sorgfältig gebaute Hütte einschloß. Diese Wohnung war, wie man mir sagte, ganz besonders für unsere Reisegesellschaft eingerichtet worden, ehe man gewußt, daß unsere
Mittel höchst beschränkt seien, indem man nach dem Vor-
gange der früheren Expedition erwartete, daß wir wohl mit
harten Talern ausgerüstet kämen.

## »Blutsauger« und »Nichtstuer«

*Kaum ist Barth eingerichtet, kaum Mohammed mit den Kamelen ange-
kommen und sind die Tiere entladen, so eilen von allen Seiten die Diener des Unternehmens herbei, die nach Richardsons Tod eiligst nach
Kuka gereist waren, um ihren Lohn zu fordern. Der höchst sachliche
Doktor Barth kann sich hierbei aber nicht zurückhalten, sie allesamt als
Blutsauger und zum größten Teil auch als unfähige Nichtstuer zu bezeichnen. Nun hatte er dreihundert spanische Taler Lohnschulden auf
seinem Halse! Dazu aus früheren Anleihen etwa zweitausend Taler.
Und es kam auch noch hinzu, daß man von ihm erwartete, er werde
dem Scheich Omar ein höchst glänzendes Geschenk machen.*

*Jetzt besaß er abermals nicht viel mehr als einen einzigen Taler und
keinen einzigen Burnus von Wert, um ihn jemandem zu schenken.
Trotzdem sagte er den jammernden Dienern, er erkenne die Schulden
an und werde sie begleichen. Zum Glück wird er vom Scheich noch am
Abend glänzend bewirtet und kann sich so nach den Strapazen des ersten aufregenden Tages in Kuka zur Ruhe legen.*

Mit frischen Kräften brach ich am nächsten Morgen auf, um dem Vezier meine Aufwartung zu machen.

Ich fand in dem Herrscher von Bórnu, Omar, dem ältesten Sohn Mohammeds el Kanemi, einen höchst einfachen, wohlwollenden und selbst aufgeweckten Mann; er war damals sechsunddreißig Jahre alt. Seine Züge sind regelmäßig und angenehm, nur etwas zu rund, um vollen Ausdruck zu haben; auffallend war mir seine schwarze Hautfarbe; denn er hat ein so glänzendes Schwarz, wie man es selten in Bórnu sieht. Er saß oder lag vielmehr in nachlässiger Stellung auf einem mit einem Teppich bedeckten Diwan im Hintergrund einer hohen, luftigen, wohlgeglätteten und geschmückten Halle.

## Ein gewagter Entschluß

*Ein zweiter Besuch am gleichen Nachmittag beim Vezier förderte den Nachlaß Richardsons zutage, vor allem die kostbaren, von dem Reisenden sehr sorgfältig geführten Tagebücher. Aber als Barth am nächsten Tage um die Übergabe dieses Nachlasses bat, wurde er in den Palast gebeten und von Lamino, dem vertrauten Diener des Veziers, empfangen. Dieser behauptete, daß eine reich geschmückte Flinte und ein paar hübsche Pistolen verkauft worden seien. Nun sah sich Barth in der peinlichen Lage, als mittelloser Fremdling, der überaus gastfrei aufgenommen war, energisch auftreten zu müssen. Konnte nicht tiefste Ungnade, ja eine Fülle von Intrigen, wenn nicht gar Schlimmeres, die Folge sein? Aber kurz entschlossen hieb er diesen »gordischen Knoten« mitten durch.*

Bei dieser Nachricht konnte ich, trotzdem daß ich bei meiner Ankunft sehr freundlich und gastfrei behandelt worden war und obgleich ich einen Überfluß an Mundvorrat aller Art erhalten hatte, nicht umhin, zu erklären, daß, wenn sie in Wahrheit so gewissenlos mit anderer Leute (Richardsons) Eigentum umgegangen wären, ich ferner hier nichts mehr zu tun hätte – und damit ging ich nach meiner Wohnung zurück.

Meine Festigkeit hatte den gewünschten Erfolg, und ich erhielt spät am Abend vom Vezier die Botschaft, daß, wenn ich eine geheime Zusammenkunft mit ihm zu haben wünsche, ich jetzt zu ihm kommen möchte. *(Barth findet ihn ganz allein im inneren kleinen Hofraum seines Hauses, der von zwei Wachskerzen spärlich erleuchtet war.)*

Wir hatten eine lange Unterredung, die bis Mitternacht dauerte und deren Resultat war, daß ich förmlich dagegen protestierte, daß von den von Herrn Richardson hinterlassenen Sachen irgend etwas verkauft werde, daß dieselben im Gegenteil an mich und Herrn Overweg, sobald der letztere ankäme, ausgeliefert werden sollten. Dann würden wir dem Scheich und dem Vezier alle die Gegenstände, von denen wir wüßten, daß unser Gefährte die Absicht gehabt, sie ihnen zum Geschenk zu machen, in formeller Weise überreichen. *(Weiterhin ersuchte er auch um die Erlaubnis, im Lande umherzureisen, um seine Forschungsziele zu erreichen, und stellte den Dank der Regierung Englands eindringlich vor die Augen des Veziers, der nach vielem Hin und Her nachgab und großzügigen Schutz verhieß.)*

Nachdem ich alle meine Wünsche erreicht hatte, ließ ich mich in ein vertraulicheres und freundschaftlicheres Gespräch ein, und bezaubert von dem umgänglichen Wesen des Ministers und voll der besten Hoffnungen, zog ich mich erst nach Mitternacht zurück.

Mein armer Kátsena-Gaul hatte mich, fast wider Erwarten, glücklich bis Kûkaua getragen, er bedurfte nun aber zum wenigsten mehrere Monate, um sich einigermaßen zu erholen, und dabei war er zu unansehnlich für einen längeren Aufenthalt in einer großen Residenz. Ich war also ohne Pferd und mußte anfangs zu Fuße gehen, was in dem tiefen Sande und bei dem heißen Wetter sehr angreifend war. Einmal hatte ich den Vezier gebeten, mir ein Pferd zu leihen, aber Lamíno sandte mir einen so elenden Gaul, daß ich mich weigerte, ihn zu besteigen. Da der Vezier nun hörte, daß ich wegen eines Pferdes in Handel stehe, sandte mir auf sein Zureden der Scheich ein solches zum Geschenk. Es war ein wohlgebautes Tier, aber von einer Farbe, die mir nicht zusagte, und da es vom Lande kam, wo es kein Korn bekommen hatte, war es sehr mager, so daß es für mich nicht eben passend war, weil ich ein starkes Pferd bedurfte, das bedeutende Anstrengung ertragen konnte; ich bereitete mich schon auf meine Reise nach Fúmbina oder Adamaua vor. Da ich die Bekanntschaft eines Negers namens Mállem Katori gemacht, welcher aus Yakoba gebürtig und ein trefflicher Mann war, auch an mehreren großen Kriegszügen in jene halberoberten Länder teilgenommen hatte, namentlich an dem höchst bemerkenswerten Heereszug unter der Anführung Amba-Ssámbos, Statthalters von Tschámba, der bis nach dem Ibo-Lande am Niger-Delta vorgedrungen war: so nahm ich ihn in meinen Dienst und kaufte ein gutes, starkes Reisepferd für ihn. Auch kaufte ich einen leidlichen kleinen Mussgu-Gaul für meinen Diener Mohammed ben Sád, so daß ich, nunmehr im Besitz von drei Pferden, mit Eifer meine Laufbahn als Forscher im Negerlande antrat. Natürlich war dies alles mit einigen Schulden verknüpft.

Der Vezier, welcher die Schwierigkeiten und Gefahren, die mit meinem beabsichtigten Unternehmen nach Adamaua verknüpft waren, recht gut kannte und mich davon abhalten wollte, war geneigter, mich nach dem Mussgu-Lande zu schikken, wohin eben ein Kriegszug unter dem Befehle des Kaschélla Belal unternommen werden sollte. Zum Glück für mich aber, und vielleicht auch für die Kenntnis jener Gegenden des noch so unbekannten Erdteiles, wurde diese Kriegsunternehmung vereitelt, indem die Tuareg eben damals den oben erwähnten Einfall machten, der die Gegenwart des kriegerischen Hauptmannes des Reiches erforderte. Dieser Raubzug der freibeuterischen Kindin – so werden die Tuareg auf Kanori genannt – bestand aus einem beträchtlichen Heere; aber nachdem sie vergeblich versucht, eine Stadt an der Grenze von Bórnu unversehens zu überfallen, richteten sie ihren Marsch gegen Kanem und kamen bis nach Báteli, wo sie aber in ihren räuberischen Absichten keineswegs ganz glücklich waren.

Da ich nun ein Pferd zu meiner Verfügung hatte, machte ich täglich einen Ausritt, entweder nach der östlichen Stadt, um dem Scheich oder Vezier einen Besuch abzustatten, oder rund um den ganzen Umfang der Hauptstadt streifend, um die verschiedenen Szenen, welche das Volksleben darbot, zu beobachten. Das Gebiet der Stadt mit ihren Vorstädten ist in der Tat ebenso interessant, als ihre Umgebung namentlich in den letzten Monaten vor der Regenzeit über alle Maßen einförmig ist.

Allerdings trägt die ganze Anlage der Residenz viel dazu bei, dem Bilde, welches sie darbietet, Abwechslung zu geben, indem sie aus zwei ganz und gar getrennten Städten besteht, deren jede mit einer eigenen Mauer umgeben ist und von denen die eine, als der besondere Wohnplatz der Reichen und Wohlhabenden, sehr große Haushaltungen enthält, während die andere mit Ausnahme eines einzigen Hauptverkehrsweges, des Déndals, welcher die Stadt von West nach Ost durchzieht, mehr aus engen Quartieren mit schmalen, krummen Gäßchen besteht. Diese zwei geschiedenen Städte sind durch einen Platz von etwas weniger als einer halben Meile Breite getrennt, der in der Mitte eine breite, offene Straße bildet, welche die beiden Städte verbindet, zu beiden Seiten aber dicht bewohnt ist. Hier aber ist die Anlage der Wohnungen weniger regelmäßig, und das Ganze bietet ein Bild der interessantesten Verworrenheit: große, stattliche Lehmgebäude und kleine strohgedeckte Hütten, ungeheuere Hofräume, von hohen Lehmmauern umschlossen, und leichte Einfriedungen von Rohr in mehr oder weniger vorgerücktem Zustande des Verfalls und in der größten Verschiedenheit der Färbung, je nach ihrem Alter, vom freundlichsten Hellgelb bis zum dunkelsten Schwarz. Rund um diese zwei Städte reihen sich kleine Dörfer oder Gruppen von Hütten und große einzeln stehende Meiereien, die von Lehmmauern umgeben sind, niedrig genug, um vom Sattel herab einen Blick über die eingeschlossenen Hütten und deren mannigfaches häusliches Leben zu gewähren. ...

In diesem Labyrinth von Wohnungen kann jemand, der für die vielfachen Formen, unter denen das menschliche Leben sich zeigt, lebendiges Interesse hat, zu jeder Tageszeit mit erneutem Vergnügen umherschweifen, obgleich das Leben der Kanori im ganzen recht einförmig dahinfließt, mit Ausnahme einer gelegentlichen kleinen Festlichkeit. Während der heißen Tagesstunden ist die Stadt und ihr Gebiet natürlicherweise ziemlich ruhig, in allgemeiner Lethargie versunken; eine Ausnahme machen die Markttage, an welchen wenigstens der Marktplatz selbst und die dahin führende Straße gerade um diese Stunden am meisten belebt sind. Es ist in der Tat merkwürdig, daß in Kúkaua sowohl als fast in diesem ganzen Teile des Negerlandes die Märkte nicht eher stark besucht werden, als bis die heiße Tageszeit am unerträglichsten zu werden anfängt, und es ist eigentümlich, wie sehr in dieser Beziehung sowohl als auch in anderen Dingen die Gebräuche dieser Länder von den in Yoruba bestehenden abweichen, wo fast alle Märkte in der Abendkühle abgehalten werden.

## Schicksal an seidenem Faden

*Die folgenden Wochen flogen nun nur so dahin im eifrigen Forschen. Was er später vor den Augen einer erstaunten Welt über die wechselvollen Geschicke der großen Reiche des Sudan ausbreiten konnte, das trug er hier im wesentlichen zusammen. Aber je mehr er in die Gegenwart hineingelangte, desto mehr mußte er sich wie der »Reiter über dem Bodensee« vorkommen, der nichtsahnend eine trügerische Eisdecke überquert. Die Herrschaft des freundlichen Scheichs war keineswegs so gefestigt, wie es einem Fremden auf den ersten Blick erscheinen konnte. Wie oft mochte da das Schicksal der Christen, als der Freunde des Herrschers, an einem seidenen Faden gehangen haben!*

*Bis zum frühen Mittelalter verfolgte Barth die Geschicke der vielen Dynastien zurück, die zwischen dem Tschadsee und dem fernen Nigergebiet entstanden, blühten und in zahllosen blutigen Fehden wieder untergingen. Der Parallelen zum europäischen Mittelalter sind viele. Am Westufer des Tschadsees bildete sich ein Reich, das zeitweilig bis zum Fessan hinauf reichte, im Osten bis an den Nil, nach Süden bis fast nach Adamaua und nach Westen über Kano hinaus. Im 13. Jahrhundert teilte sich der Herrscher von Bórnu mit dem von Tunis (!) das weite Land mit der großen Wüste dazwischen in Einflußbereiche; und wie einst Harun al Raschid dem berühmten Kaiser Karl nach Aachen über die vielen tausend Kilometer hinweg einen Elefanten zum Geschenk übersandte, so langte vom Ufer des Tschad im Jahre 655 islamischer Zählung eine stattliche Giraffe als Geschenk in Tunis an. Fast alle Völker, die wir heute friedlich als Hirten oder Ackerbauer am Tschad antreffen, haben ihre gewichtige Rolle auf dem Welttheater im »Bilad es Sudan«, dem »Land der Schwarzen«, gespielt. Da waren die Fulbe, die als wandernde Hirten sich still und bescheiden schon im 16. Jahrhundert am Ufer des Tschad niedergelassen hatten. Als nun ihre Brüder vom westlichen Sudan aus sich zu Beginn des 19. Jahrhunderts über die Haussa-Staaten des mittleren Sudan ergossen und im reichen Kano die Macht an sich rissen, witterten auch die ersteren, nunmehr als der unterstützungsbereite Vortrupp, Morgenluft.*

*Schon 1809 wälzte sich ein Fulbe-Heer über die reichen Gefilde Bórnus und vertrieb den Herrscher aus seiner Residenz. Wenn nun nicht der »gottesfürchtige, aber zugleich energische und weltverständige« Faki Mohammed el Amin el Kanemi, den seine Laufbahn aus dem Fessan hierher geführt hatte, wackere Lanzenträger der Kanembu, der Bewohner Kanems (östlich des Tschad), um sich versammelt und dem schlaffen*

*Sultan sein Reich wieder zurückerobert hätte, wäre es mit diesem Bórnu-Herrscher aus gewesen.*

## »Schwarze Politik« – Wie die Residenzstadt Kuka entstand

*Mohammed el Kanemi wollte die einmal gewonnene Macht jedoch nicht gänzlich zurückgeben, wenn er auch dem König seinen Thron ließ. Darum ging er daran, sich eine eigene Hauptstadt zu schaffen. So entstand an der Stelle einer mächtigen Adansonie, die am Tschad »Kuka« genannt wird, um 1814 die gleichnamige Stadt, in der Barth nun weilte, die also nur wenige Jahrzehnte alt war.*

*Im weiteren Verlauf der Kämpfe wurde aber Mohammed mehrmals besiegt, und als unser Reisender nach Kuka zog, stand die Fulbe-Macht drohend vor den Toren Bórnus. Im Jahre 1835 starb Scheich Mohammed. Er hatte Omar, seinen ältesten Sohn, zum Nachfolger bestimmt. Es war jener Regent, der Barth so freundlich aufgenommen hatte. Omar machte dem Schattenkönigtum der alten Dynastie, wie weiland die Pippiniden dem der Merowinger, ein Ende, ohne aber deren Parteigänger alle vernichten zu können. Diese konspirierten nun gegen den verhaßten »Landfremden« und seinen Anhang (landfremd, da der Vater ja aus dem Fessan stammte) mit dem Ausland, mit dem östlichen Reich Wadai.*

*Dessen Fürst rückte eilends heran, eroberte und verwüstete Kuka, setzte den Sohn des von Omar hingerichteten letzten Königs ein, zog sich aber, als Omar Hilfsvölker auf die Beine brachte, schleunigst wieder zurück, bot sogar Frieden an und überlieferte die Briefe, die er von den Parteigängern des ehemaligen Königs erhalten hatte, dem Scheich. »So wurde auch hier Verrat mit Verrat belohnt.« Doch Omars Glück war darum nicht vollständig. Barth hält ihn trotz seiner Kriegszüge für einen wenig tatkräftigen Mann, der zwar gerecht und persönlich sogar sanftmütig sei und zur Askese neige, der aber den draußen und auch drinnen drohenden Gefahren nicht genug Widerpart biete. Ungebeugt lauerten die Fulbe im Westen. Nur selten gestraft, machten die räuberischen Tuareg von Nordwesten her ihre Einfälle. Omars von einer anderen Mutter geborener Bruder Abderraman war eifersüchtig auf den Einfluß, den der Vezier auf den Scheich Omar gewonnen hatte. Zwar heiratete der Vezier eine Tochter des Abderraman; aber die Spannung blieb. Im Winter 1853, als Barth schon in Timbuktu weilte, brach am Tschad der offene Bürgerkrieg aus.*

*Doch entwickelten sich die Dinge in der Zeit, da Barth in Kuka war,
nur hinter den Kulissen. Immerhin ließ Abderraman den Reisenden,
kaum daß sie miteinander bekannt geworden waren, durch eine geheime
Botschaft um Gift bitten, »das er wahrscheinlich dazu benutzen wollte,
sich seines unversöhnlichen Gegners, des Veziers, zu entledigen«.*

*Außer dem jetzt residierenden Scheich und dessen wenig sympathi-
schem Bruder waren aber auch noch an die vierzig andere Söhne des alten Mohammed el Amin el Kanemi am Leben. Wenn man nun die
große Zahl der dazu gehörigen Frauen bedenkt, so wird man leicht einsehen, daß an Intrigen kein Mangel sein konnte.*

## Enttäuschung am Tschadsee

*Ende April zieht Barth als Gast des Scheichs mit dessen gesamtem Hof-
staat an die Ufer des Tschadsees und lernt damit jenes große Binnenge-
wässer kennen, von dem in Europa in gelehrten Kreisen soviel die Rede
gewesen war, seitdem die englische Expedition der Jahre 1822–24 seine
Ufer zuerst erreicht hatte.*

*Frühmorgens schwingt sich Barth auf sein Pferd, voller Erwartung,
dem See entgegenzureiten. Vor ihm dehnt sich eine endlos grasige Ebene,
dann folgen sumpfige Stellen mit hohen Gräsern, in denen er steckenzu-
bleiben droht. Voller Enttäuschung gibt er nach stundenlanger Bemü-
hung seinen Vorstoß auf. War überhaupt noch etwas vom See übriggeblieben? Denn das wußte er, daß diese flache Lache ihre Grenzen stetig
veränderte, und Ende 1854 erlebte er selbst, daß dort, wo er geritten
war, sich eine einzige Wasserfläche dehnte.*

*Am nächsten Tag hatte er mehr Glück. In kleiner Gesellschaft ritt er
durch viele seichte Buchten, oft bis zu den Hüften im Wasser, umgeben
von einer Tierwelt, die der bisher erlebten so völlig entgegengesetzt war.
Da wälzten sich die riesigen Leiber der Flußpferde. Antilopen, »ariel«
genannt, schreckten auf. Die gewaltigen Kolosse der Elefanten kamen
ihm zu Gesicht. Und er lernte auch das damals noch räuberische Insel-
volk der Budduma kennen, die sich unter der zeitweise so schlaffen Regierung des Scheichs Omar zu ähnlichen Plagegeistern entwickelt hatten
wie die Tuareghirten im Nordwesten des Reiches. Auf leichten Binsen-
booten und den schwimmenden Inseln im Tschad führten sie mit ihren
Herden ein amphibisches Leben.*

*In der Nähe des Ufers kam er auch zu dem kleinen Dorf Maduári
und in das Haus des freundlichen Fugo Ali. Damals ahnte er noch*

nicht, »daß hier die Grabstätte eines anderen weißen Mannes sein würde«, nämlich Overwegs, daß eine Revolution mit Mord und Brand den freundlichen Fugo hinwegraffen würde und daß er 1855 mit einem anderen Landsmann, dem Dr. Eduard Vogel, hierher kommen würde, demselben, der gleichfalls in diesem »Lande der Schwarzen« ein tragisches Ende finden sollte.

Kaum waren nun in rastloser Arbeit die Ergebnisse seiner Forschungen am Westufer des Tschad in Beschreibung, langen Namenslisten und Skizzen festgelegt, so ging es wieder zur »Landeshauptstadt« zurück.

Ich war eben zur rechten Zeit von meinem Ausflug zurückgekommen; denn am folgenden Tag schlug eine Kafla, die sich nach dem Fessan in Bewegung setzte, ihre Zelte außerhalb der Stadt auf, und ich mußte zwei meiner Leute mit ihr abschikken.

Der eine war der Zimmermann der Expedition; der andere, den er nur ungern fortreisen sah, war der treue Gatroner Mohammed, der sich aber nicht mehr halten ließ, da er Weib und Kind wiedersehen wollte.

Ich gab ihm daher, wie die Heerführer Roms, Urlaub, »pueris procreandis daret operam«.

Gleichzeitig bekam dieser zuverlässige Mann den Nachlaß Richardsons und wichtige Post an die Regierung und seine Freunde zur Weiterbeförderung mit. Die Kaufleute dieser Karawane trieben etwa siebenhundertfünfzig Sklaven nach dem Norden, »den bedeutendsten Ausfuhrartikel Bórnus zu jener Zeit«.

Bei der Kafla befanden sich zwei höchst achtbare Männer, nämlich Hadj Hássan, ein Mann, welcher der Familie des El Kanemi angehörte und in dessen Gesellschaft nachmals Herr Dr. Vogel seine Reise von Fessan nach Bórnu machte, und Mohammed Titiwi. Am 2. Mai ritt ich daher zur Stadt hinaus, um diesen Männern einen Besuch abzustatten; ich fand indes nur Titiwi, Hadj Hássan war schon nach dem Komádugu vorausgezogen, wo die Kafla gewöhnlich einigen Aufenthalt macht, um sich mit Fischen zu versehen. Ich empfahl daher meinen Diener der freundlichen Fürsorge Titiwis, und dieser versprach mir auch, ihm jede Hilfe, deren er bedürftig werden sollte, zu leisten.

Ich habe nur wenig Verkehr mit diesem Manne gehabt, aber die Gelegenheit dazu war stets von wichtiger und bedeutungsvoller Art, und sein Name ist mir daher eine angenehme Erinnerung geworden. Diesmal nämlich sandte ich den literarischen Nachlaß meines unglücklichen Gefährten ab und bot der englischen Regierung meine Dienste für den Fall an, daß sie mir als Ausländer ihr Vertrauen schenken sollte, mir die fernere Direktion der Expedition zu übertragen und die Mittel dazu zu senden. Es traf sich nun, daß Titiwi es wiederum war, welcher mir die höchst ehrenvolle Depesche der Regierung überbrachte, welche mich bevollmächtigte, die Zwecke der Expedition, wie sie von Anfang an bestimmt gewesen, auszuführen, und zu gleicher Zeit die dazu nötigen Mittel. Titiwi war es, welcher an dem Tage, als ich Kúkaua bei meinem Aufbruch zu meiner gefahrvollen Reise nach Timbuktu verließ, in mein Haus kam, um mir zu meinem Unternehmen den besten Erfolg zu wünschen, und wiederum endlich war es Titiwi, welcher mich am 2. August 1855 im Hause des Konsuls zu Tripoli zur glücklichen Rückkehr aus dem Inneren beglückwünschte.

Er war ein verständiger Mann, und da er gehört hatte, daß ich im Begriff stehe, eine Reise nach Adamaua zu unternehmen, deren Gefahren ihm wohlbekannt waren, bat er mich dringend, nicht mit einem so schwachen Pferde, wie ich damals ritt, meine Reise anzutreten, und bestärkte mich so in meinem Vorsatze, mir ein kräftigeres Tier zu verschaffen.

*Nun sehnte Barth voller Ungeduld die Rückkehr Overwegs herbei; denn es war viel zu besprechen. Die ersten bestimmten Anzeichen der Regenzeit hatte es am 5. Mai mit schweren Donnerschlägen und folgendem Regen gegeben. In Adamaua, seinem fernen, nächsten Reiseziel, mußte sie schon längst eingetreten sein.*

Herr Dr. Overweg war noch nicht angekommen, wir hatten aber die Nachricht erhalten, daß er auf dem geraden Wege von Sinder sei; er hatte also seine Absicht, Kano zu besuchen, aufgegeben. Bevor ich meine Reise nach Adamaua antrat, war es notwendig, daß ich eine Menge Dinge mit meinem Gefährten besprächte, vor allem, um uns zu vereinigen, was er selbst unternehmen möchte. Die Regenzeit war aber selbst hier schon stark im Anzuge, während sie in Adamaua schon längst eingetreten war; es schien daher notwendig, daß ich meine Reise nicht länger hinausschöbe. Am Nachmittag des 5. Mai hatten wir wirklich die ersten bestimmten Anzeichen der Regenzeit durch einige schwere Donnerschläge, denen Regen folgte. Ich zögerte nicht länger; noch an demselben Tage kaufte ich alles, dessen ich zu meiner Reise bedurfte, und es gelang mir am folgenden Tage, einen starken, schön gezeichneten Apfelschimmel mit vorwiegendem Weiß – »keri bul« – für 1270 Rottel zu kaufen, einen Preis, der dem Betrage von 32 österreichischen Talern gleichkommt; dagegen verkaufte ich meinen schwachen »bidi-keme«, womit mich der Scheich beschenkt hatte, für 900 Rottel oder 22½ Taler.

*(Mittwoch, 7. Mai.)* Endlich kam Dr. Overweg an; aber die Art, wie mir seine Ankunft angezeigt wurde, war so eigentümlich, daß ich sie hier beschreiben will.

Es war etwa eine Stunde vor Mittag, und ich war eben damit beschäftigt, von meinem Futauer Freunde Ibrahim einige interessante Nachrichten über Taghanet zu sammeln, als plötzlich der kleine Mádi kam. Dieser Bursche, ein befreiter Sklave, war Herrn Richardsons Diener gewesen und ist in seinem Tagebuche mehrfach erwähnt. Da er sich unter denjenigen von meines Gefährten Leuten befunden, welche zu meinem großen Bedauern am Tage vor meiner Ankunft Kúkaua verlassen hatten, ohne daß ihre Forderungen berichtigt waren, so freute es mich sehr, daß er zurückgekommen war, und ich sprach ihm meine Zufriedenheit darüber aus, konnte aber nicht aus ihm herausbringen, wie er dazu gekommen, nun wieder umzukehren. Da plötzlich, nach manchem Hin- und Herreden, sagte er mir beiläufig, der Tabib (Dr. Overweg) sei auch da und warte auf mich in Kalílua. Natürlicherweise war eben er es, der Mádi zurückgebracht hatte, da er ihm auf der Straße begegnet war, und der ihn nun ausdrücklich absandte, um mich von seiner Ankunft zu unterrichten. Dieser dumme, aber gutmütige Mensch, der nachmals in unserem Dienste gefährlich verwundet wurde, ist nun Herrn Dr. Vogels Hauptdiener.

Sobald ich den Inhalt dieser wichtigen Botschaft ganz verstanden hatte, ließ ich sogleich mein Pferd satteln und stieg auf; in der Aufregung und Beeilung aber bedachte ich nicht, daß es gerade die heißeste Tageszeit war und überdies im Anfang der Regenzeit, und versäumte es, meinen Kopf mit einem dicken Turban zu schützen. Die Folge dieses Versäumnisses hätte leicht von der schlimmsten Art sein können, und ich litt wirklich mehrere Tage. Ein Reisender in diesen Ländern kann mit seinem Kopfe nicht vorsichtig genug sein.

Ich fand Herrn Overweg im Schatten eines Nebekbaumes

nahe bei Kalílua; er sah sehr angegriffen aus und bei weitem nicht so rüstig, als wie ich ihn vor vier Monaten in Tessaua verlassen hatte. Er erzählte mir nun, er habe sich bei seiner Rückkehr von Gober nach Sinder so unwohl befunden, daß er ernstlich befürchtet habe, er werde Herrn Richardson bald ins Grab folgen müssen. Vielleicht, daß ihn die Nachricht vom Tode unseres Gefährten, welche er gerade damals erhalten, ängstlicher gemacht hatte. Auch schrieb er den üblen Einfluß besonders dem engen, ungemütlichen Quartier zu, das ihm in Sinder angewiesen worden. Immerhin priesen wir uns glücklich, uns lebendig wiederzusehen, und tauschten unsere Hoffnungen aus, daß wir imstande sein würden, noch gar manches zur Erforschung dieser Länder zu tun. Overweg hatte Gelegenheit gehabt, während seines Aufenthaltes in Gober und Maradi ein Augenzeuge des interessantesten Kampfes zu sein, der zwischen dem edelsten Teile der Haussa-Nation und den Fulbe oder Fellani wütet, welche die politische wie religiöse Unabhängigkeit jener bedrohen*), und er war voll Begeisterung über die vielen anziehenden Szenen eines heiteren, ungezwungenen Lebens, welche sich ihm in jenen Heidengemeinschaften vor Augen gestellt hatten. Ich konnte ihm die Versicherung geben, daß mein Empfang in Bórnu Aussicht auf einen guten Erfolg unserer Unternehmung eröffne, obwohl unter den gegenwärtigen Verhältnissen nur wenig Hoffnung da wäre, daß wir je imstande sein würden, eine Reise rund um den ganzen Tsad zu machen; doch glaubte ich, daß es mit Hilfe jener Leute aus Sinder und Maduári, die ich soeben besucht hatte und die auf freundschaftlichem Fuße mit den Inselbewohnern zu sein schienen, möglich sein würde, den schiffbaren Teil der großen Lache im Boote zu durchforschen.

Herr Overweg war in materieller Beziehung unangenehm daran; er hatte nicht einmal mehr Kleider bei sich als die, welche er eben am Leibe trug. Sein Gepäck lag noch in Kano, ob-

---

*) Unglücklicherweise hat Herr Overweg, wahrscheinlich infolge seines Unwohlseins in Sinder, über diese Reise nie einen Bericht abgefaßt; später hielt ihn wohl seine Aufmerksamkeit auf andere Gegenstände und die Beschäftigung mit denselben davon ab. Seine Notizen sind in solchem Zustande, daß es selbst mir nur mit größter Anstrengung möglich ist, etwas mehr als bloße Namen daraus zusammenzusetzen.

wohl er schon zwei Männer danach abgesandt hatte. Ich mußte ihm daher mit meinen eigenen Sachen aushelfen, und er nahm seine Wohnung in einem anderen Teile unseres Hauses, obwohl es für unsere gemeinschaftliche Haushaltung etwas beschränkt war.

Der Vezier war über Herrn Overwegs Ankunft sehr erfreut und sandte uns nun, meiner Verabredung mit ihm gemäß, den ganzen Nachlaß Herrn Richardsons auszuliefern, sobald Herr Overweg angekommen sein würde, am Abend des folgenden Tages alle Kisten und Kasten unseres unglücklichen Gefährten, die freilich wenig genug enthielten. Selbst die Flinte und Pistole sowie alle anderen Sachen, die schon verkauft waren, wurden wieder herausgegeben; die einzige Ausnahme machte Herrn Richardsons Taschenuhr; denn da der Scheich dieselbe so lieb hatte, daß er sie Tag und Nacht bei sich führte, hielten wir es für weise, ihm die Beschämung zu ersparen, sie zurückgeben zu müssen.

Nachdem nun so das Besitzrecht des Fremden anerkannt worden, trafen Herr Overweg und ich eine Auswahl von allen diesen Gegenständen, wie wir wußten, daß es Herrn Richardsons Absicht gewesen war, und übergaben am Morgen des 9. Mai dem Vezier, am Nachmittag dem Scheich die für sie ausgesuchten Gegenstände. Gewiß konnten diese Geschenke nicht mehr die Wirkung von neuen haben, noch in den Empfängern ein Gefühl aufrichtiger Dankbarkeit erwecken, da sie schon so lange im Besitz derselben gewesen waren; aber obwohl Herrn Richardsons Dolmetscher ihnen zu verstehen gegeben, daß unser Gefährte die einzige von der englischen Regierung autorisierte Person gewesen und daß sie sich daher mit vollem Recht als Eigentümer der Sachen, die ohnehin zum größten Teil für sie bestimmt gewesen, ansehen könnten: So mußten sie doch immer einigen Zweifel in die Rechtmäßigkeit ihrer Handlungsweise gesetzt haben, und sobald ich ankam und mit Festigkeit auftrat, schämten sie sich, den Worten treuloser, intrigierender Diener geglaubt zu haben. In der Tat, obwohl wir ihnen manche Beschämung bereitet, schätzten sie uns doch weit mehr infolge unserer Konsequenz und empfingen ihre Geschenke in sehr gnädiger Weise.

Während wir so in offizieller Weise den Charakter der Mission aufrechterhielten, brachten wir zugleich den Vertrag zur

Sprache, dessen Abschließung der Fürsorge unseres Gefährten ganz besonders übertragen worden, aber nun durch seinen Tod uns anheimgefallen sei. Beide versicherten uns, daß es ihr innigster Wunsch sei, Handelsbeziehungen mit den Engländern anzuknüpfen; sie verhehlten aber zugleich nicht, daß ihr Hauptziel dabei sei, Feuergewehre zu erlangen. Auch gaben sie den Wunsch zu erkennen, daß zwei ihrer Leute mit uns nach England reisen sollten, um das Land und seine Gewerbe zu sehen, und wir konnten ihnen darauf nur erwidern, daß dies unseres Wissens der englischen Regierung nur höchst erfreulich sein würde. Unsere Unterredung war so ungezwungen und freundschaftlich, daß der Scheich selbst Gelegenheit nahm, sich darüber zu entschuldigen, daß er Herrn Richardsons Uhr sich zugeeignet habe.

Das Folgende wird indes zeigen, wie sehr europäische Reisende, welche neben ihren wissenschaftlichen Forschungen auch in politische Beziehungen eingehen, gegen die Intrigen der Araber zu kämpfen haben; denn diese haben allerdings das richtige Bewußtsein, daß, sobald die Europäer, oder vielmehr die Engländer, freien Zutritt zum Sudan erhalten, nicht allein ihr Sklavenhandel, sondern überhaupt ihr ganzer Handelsverkehr, wie sie ihn bis jetzt betrieben haben, vernichtet ist.

Wir waren kaum in unsere Wohnung zurückgekehrt, und das Gerücht über unseren gnädigen Empfang und die besprochenen Gegenstände hatte sich kaum im arabischen Quartier verbreitet, als El Chôdr, aus Dar-For gebürtig und der bedeutendste der eingeborenen Handelsleute, zum Scheich ging und die Nachricht brachte, daß sieben große Schiffe der Engländer plötzlich nach Nyffi gekommen seien und die Eingeborenen große Furcht vor ihnen hätten. Natürlicherweise stellte sich die Unwahrheit dieser Nachricht bald heraus, aber trotzdem erreichte man seinen Zweck, die freundliche und wohlwollende Gesinnung, welche der Landesherr für uns gezeigt, etwas abzukühlen.

Am folgenden Tage machten wir uns daran, das große Doppelzelt, welches dem Scheich zuteil geworden, auf dem Platze vor seinem Palaste in der östlichen Stadt aufzuschlagen. Es gelang uns vollständig, trotzdem daß einige Stücke fehlten, und es wurde den ganzen Tag über an seiner Stelle gelassen und machte auf die gesamte Bevölkerung einen großen Eindruck.

Obwohl es den Leuten im Anfang etwas sonderbar und schwerfällig erschien, da ihre Zelte, selbst diejenigen von bedeutender Größe, von sehr einfacher Art sind und von einem einzigen Pfahl getragen werden, so gefiel es doch dem Scheich mit der Zeit so sehr, daß er mich, als ich im Jahre 1855 das Land schließlich verließ, dringend bat, die britische Regierung zu bewegen, ihm ein zweites, ähnliches Zelt zuzusenden.

# Kapitel 20

## Forschung und Abenteuer
## im »Herzen Afrikas«

Der Starke ist am mächtigsten allein.

*F. Schiller*

*Der sagenhafte See im »Herzen Afrikas«\*), der schon die römischen Besatzungsoffiziere in der nördlichen LIBIA REGIO aufregte, über den die englische Expedition der Oudney, Denham und Clapperton Näheres dreißig Jahre vor H. Barth nach London brachten, war nun erreicht.*

*Overweg konnte ihn befahren und seine Inselwelt erforschen. Zur gleichen Zeit drang vom Süden des Erdteils aus der Forscher-Missionar Livingstone weit nach dem Norden vor und fand den Ngamisee.*

*Seen und Gewässer des afrikanischen Innern waren damals das große Thema. Sie sollten den Weg in das »Herz« des »dunklen Kontinents«, genauer die »Mitte«, bahnen helfen. Dieses romantisch verbrämte Ziel wird immer wieder in Briefen und Berichten angegeben.*

*Das andere war der Wunsch, die unendliche Masse des Kontinents ganz zu queren. Das galt für alle Erdteile. Es plagte schon die Jesuiten-Sendboten des 16. und 17. Jahrhunderts, als sie unter unwahrscheinlich schrecklichen Opfern Asien zur See oder zu Lande bewältigen wollten.*

*H. Barth hoffte eine Zeitlang, über den Tschad hinaus zur Ostküste Afrikas vorzustoßen, bis nach Mombasa. Aber auch ihn beherrschte der »Traum«, unbekannte Flußsysteme zu enträtseln.*

*Greifbar nahe lag vor ihm das des Tschadsee, mit den Südzuflüssen Logone und Schari. Ihr Weg sollte (südwärts) angeblich zu einem mächtigen Gebirge führen. Aber E. Vogel stellte dessen Nichtexistenz fest, als er die Räume südlich des Tschad durchwanderte.*

*Dabei tauchten Namen von Ländern auf, von denen man in Europa zumeist nur wenig oder gar nichts wußte: Adamaua, Kanem, Tuburi,*

---

*\*) Dieser damals gängige Begriff bezog sich auf ganz verschiedene Gebiete. Für Europäer schien die »Mitte« lange Zeit »im Kongo« zu liegen. Geographisch sollte man sie heute südöstlich des Tschadsees fixieren.*

*Bagirmi und Wadai, das wegen seiner Fremdenfeindlichkeit berüchtigt war.*

*Südwärts kam man durch die Zone der Feuchtsavannen bis in die des Nordrandes der dichten Regenwälder, wo die »unabhängigen Heidenvölker«, zwischen ländlicher Idylle und Hetze der wattegepanzerten Reiter aus dem Sklaven jagenden Bórnu-Land im Norden, ein unsicheres Leben führten.*

*Kein Wunder, daß 'Abd el Kerims Packkamele aus der fernen Wüste in den feuchten Urwald-Gassen bestaunt wurden. Kein Wunder auch, daß Wasserstürze der Regenzeit, mangelnde Hygiene, Nahrungsnot und ständiger Mangel an Tauschmitteln oder blanken Talern H. Barth, A. Overweg und E. Vogel mit Fieber, Erschöpfung und Zukunftssorgen plagten.*

*Schriftlos blieb das meiste, was hier »unten« seit Jahrhunderten geschah. Wenn da nicht die Moslem-Chroniken gewesen wären. Sie freilich boten mit langen Entstehungszwischenräumen, mit dem Islam-Blickpunkt und dem Vorwalten von Berichten über Dynastisches und Kriege einer systematischen Auswertung Schwierigkeiten genug. Einem Gelehrten wie H. Barth war es gegeben, Ordnung in die Faktenmasse zu bringen. Er breitete bei seinen wiederholten Aufenthalten in Kuka über Hunderte von Seiten Natur und Geschichte der Länder des Sudan und auch südlich angrenzender Räume aus. Scharf wußte er zu trennen das Halbgewußte vom annähernd Gesicherten. Zumal es für ihn weder die Sprachen- noch die Mentalitäten-Barriere gab, er bis dato unbekannte Chronikenbruchstücke aufzuspüren und einzuordnen und mit sechs, sieben, ja zehn Sprachen vergleichend zu hantieren vermochte. (Siehe die Anhänge.)*

*Was obendrein an Abenteuerlichem geschah, bis er, nach etwa dreizehntausend Kilometern und eintausendsechshundert Tagesabläufen, während deren er ganz auf sich allein gestellt war, bei Tripolis wieder das Meer erblickte, wird im Folgenden dargestellt.*

## Entdeckungen in Adamaua

Montag, den 26. Mai 1851.

Am 24. Mai hatte ich eine Depesche an die englische Regierung geschrieben, in der ich sie von meinem Unternehmen benachrichtigte und die feste Hoffnung aussprach, daß der Fluß (der Benuë), dem ich meine Schritte zuwendete, eine große Verkehrsstraße ins Innere von Afrika eröffnen werde.

*Unverzüglich machte sich Barth nun auf die Reise zum unbekannten Süden. Overweg begleitete ihn noch ein Stück des Weges und befuhr dann den Tschadsee mit dem Boot, das auf dem Rücken der Kamele in einzelnen Teilen glücklich durch die Wüste bis hierhin transportiert worden war.*

*Dr. Barth wird von zwei Dienern und einem Haussa-Krieger begleitet. Die Landschaft südlich des Tschadsees ist flach und wohl angebaut. Selbst Weizenfelder finden sich hier. Kleine Dörfer werden durch ein verwirrendes Netz von grasigen Pfaden verbunden. Bald kommt die Reisegesellschaft in das Wohngebiet der Schua-Araber.*

Diese eingeborene arabische Bevölkerung ist ganz entschieden vom Osten her eingewandert *(etwa um 1600)*, und zwar aus Kordofan und Nubien, indem sie allmählich und ohne Aufsehen zu erregen als friedliche Rinderhirten durch die östlichen Teile des Negerlandes vordrang und sich so endlich auch über dieses Land verbreitete, ohne weiter nach Westen vorzudringen. So also sehen wir hier zwei ganz verschiedene, rinderzüchtende Völkerschaften zusammenstoßen: die Fulbe vom fernen Westen, die Araber vom fernsten Osten; beide traten, bei ähnlichen Sitten, obgleich von ganz verschiedenem Ursprung und verschiedener Sprache, in freundschaftliche Berührung miteinander. Die in Bórnu angesiedelten Schua dürften ca. zweihundertfünfzigtausend Seelen ausmachen, da sie etwa zwanzigtausend Mann leichter Reiterei ins Feld stellen können; denn sie sind fast alle beritten.

## In den Wäldern der Marghi

*Anfang Juni kommen sie in die dicht besiedelte Landschaft schwarzhäutiger Heiden, der Marghi, bald durch gut bebautes Land, bald durch dichten Wald.*

*(Freitag, 6. Juni.)* Jetzt endlich traten wir unsere Reise in ernster Weise an; bisher war es eitel Spielerei gewesen, und wir waren trotz unserer langen Abwesenheit von Kúkaua kaum vom Flecke gerückt. Ibrahim hatte sich indessen nach seines Herrn Untertanen, die in die Sklaverei geschleppt worden waren, auf allen benachbarten Dörfern emsig umgetan, aber der Erfolg war keineswegs günstig gewesen. Unsere Straße führte nahe bei Udje Ka-ssúkula vorüber, aber es sah heute ganz verlassen

und öde aus; alle Marktbuden, gestern so voll von regem Leben, waren leer. Dann betraten wir eine volkreiche Gegend mit sehr vielen Dörfern und schönem Weideboden; hier fiel mir das von den Fulbe »wálde« genannte Kraut auf.

Während ich in Kúkaua Nachrichten über das Land einsammelte, welches ich zu besuchen beabsichtigte, hatte ich große Mühe, von meinen Berichterstattern zu erfahren, ob Schnee auf den Bergen sei oder nicht, und nie gelang es mir, Gewißheit über diesen interessanten Punkt zu erlangen, da keiner von den Eingeborenen nördlichere Gegenden besucht hatte, so daß er das im Norden Gesehene mit den Erscheinungen seiner Heimat hätte vergleichen können. A'hmedu Bel Medjub kannte allerdings den Deren oder Atlas und hatte den Schnee auf manchen Gipfeln jener Kette gesehen, aber er hatte diesen Gegenstand auf Reisen in Adamaua nicht mit Aufmerksamkeit beachtet und fühlte sich nicht berechtigt, die Frage zu entscheiden. Diesen Morgen, als wir einen Blick auf den Berg Dalántuba hatten, kamen wir auf den Gegenstand zurück, und nach allem, was meine Begleiter aussagten, durfte ich annehmen, daß ich wirklich Schnee auf den höchsten Bergen Adamauas sehen würde. Demungeachtet stellte es sich heraus, daß ich im Irrtum gewesen; denn sie hatten von Wolken oder vielmehr Höhenrauch gesprochen.

Unglücklicherweise hatte Bíllama einen anderen Weg eingeschlagen als wir, so daß ich heute niemanden hatte, der mir die Namen der Dörfer, bei denen wir vorüberzogen, hätte angeben können. Manche Geographen halten dies für eine unwichtige Angelegenheit, und es ist ihnen genügend, wenn nur die Lage der Hauptplätze nach genauen astronomischen Beobachtungen angegeben ist; mir dagegen scheint der allgemeine Charakter eines Landes, die Art und Weise, in welcher die Bevölkerung eingerichtet ist, und die Natur und der Charakter der Niederlassungen selbst einer der interessantesten Gegenstände einer Reise durch ein neues, unbekanntes Land zu sein.

*Ein andermal notiert er:*

Ich zog vor *(statt die angewiesene Hütte als Raststätte zu nehmen)*, mein Zelt aufzuschlagen, indem ich mich der Hoffnung hingab, daß das Ungewitter, welches uns am Nachmittag bedroht, vorübergezogen sei, weil die Wolken eine westliche Richtung genommen hatten. Ich gewann indessen sehr bald die Überzeugung, daß in den tropischen Ländern nicht mit Sicherheit angenommen werden darf, daß ein Ungewitter vorübergezogen sei; denn die Wolken kehren oft von der entgegengesetzten Seite wieder zurück.

Sonnabend, den 7.Juni 1851.

Hinter dem kleinen Dorfe Dala Dissoa sah ich das erste Beispiel der heiligen Haine der Marghi. Es war ein dichter, mit einem Graben umgebener und vom übrigen Terrain abgesonderter Teil des Waldes, wo in dem am üppigsten aufschießenden und am weitesten sich ausbreitenden Baume ihr Gott Tumbi angebetet wird. Es ist dies eine überaus interessante Erscheinung, welche diese Heidenvölker im Herzen von Central-Afrika mit den zivilisierten, noch heute von uns in ihren Kunstwerken bewunderten heidnischen Völkern der alten Welt in die engste Verbindung setzt: dieselbe Stufe der rohen Naturanbetung, auf welcher die Hellenen standen, ehe sie vom Baum- und Steinkultus zur Verehrung selbstgeschaffener bildlicher Idole übergingen.

… diese Mädchen *(der Marghi)* waren von hellbrauner Farbe, und ihre kurz-gekräuselten Haare hatten durch Einreiben mit dem Staub aus Rotholz dieselbe Farbe angenommen; sie trugen sehr dünne metallene Stifte in ihrem Kinn und Schnüre roter Glasperlen um ihren Nacken; ihre Züge waren angenehm und kindlich. Sie gerieten außer sich vor Freude, als ich ihnen einige kleine Geschenke machte, und wußten nicht, wie sie mir genugsam danken sollten. Als die Bewohner der benachbarten Gehöfte sahen, daß ich ein gutgearteter Mensch sei und ihnen wahre Teilnahme schenkte *(im Gegensatz zu dem Verhalten der Sklavenjäger und der überheblichen Araber diesen »armseligen Heiden« gegenüber)*, sandten sie einen großen Topf voll ihres berauschenden Getränkes *(aus Hirse bereitet)*. Anstatt mit solchem Getränk mein Gehirn zu betäuben, setzte ich mich hin und schrieb etwa zweihundert Wörter in ihrer eigenen Sprache nieder …

*Immer weiter südwärts geht es durch waldreiches und wegen der Sklavenjäger und anderer Räuber recht unsicheres Land, entlang einer tausend Meter hohen Gebirgskette (Mándara oder Mendif), welche die Wasserscheide zwischen dem Benuë-Niger-System und den südlichen Zuflüssen des Tschad bildet. Die Kamele, welche glücklich durch die*

264

*Regenzeit und diese südlichen Landstriche mitgeführt werden können,
erregen überall das größte Aufsehen. Weit hinter ihnen im Norden lagen
nun die einförmigen tonigen Ebenen um den Tschad. Hier unten waren
sie in einem bergigen Lande. Granitische Felsmassen türmten sich empor. Dazwischen lagen die Siedlungen eines, nach Barths Annahme, den
Marghi verwandten Stammes des Volkes der Batta. Es war in der
Übergangslandschaft nach Adamaua, wo der Reisende eines der großen
Ziele seiner Reise, den Benuë, erreichen sollte.*

*Die Nachricht vom Auftauchen der Reisegesellschaft mit einem wei-
ßen Manne, der sich freundlich wie ein guter Gott mit den Eingeborenen
unterhielt und ihnen sogar Geschenke machte, ohne etwas dafür zu fordern, verbreitete sich mit Windeseile unter diesen, Europa unbekannten,
weltentfernten Völkerschaften.*

### Der »gute weiße Gott«

Donnerstag, den 12. Juni 1851.
*(Barth sitzt auf hohem Felsen, das Gelände überschauend und aufneh-
mend, in Gesellschaft zweier niedlicher Fulbe-Mädchen, die sich kindlich darüber freuen, ihm ersten Sprachunterricht geben zu dürfen.)*
Nachdem ich meinen Zweck erfüllt, verließ ich, von den Mädchen begleitet, meinen hohen Sitz. Aber die Ruhe, die ich vor-
hin genossen, war jetzt dahin, und nicht einen Augenblick
ward ich alleingelassen. Alle diese armen Leute wollten meinen Segen haben. Besonders war da ein alter Grobschmied,
der, wiewohl er äußerlich zum Islam übergegangen, mich mit
seiner dringenden Bitte unaufhörlich belästigte, ihn mit meinem Wort und Gebet zu erfreuen. Die armen Heiden taten mir
die Ehre an, die ich natürlich ablehnte, mich mit ihrem Gott
»fete« zu identifizieren; denn sie glaubten, der sei heute zu
ihnen gekommen, um einen Tag gemütlich in ihrer Mitte zuzubringen und sie ihr Unglück und ihre Unterdrückung *(durch
die Sklavenjäger)* vergessen zu machen.

Die Heiden ließen mich jedoch endlich mit einbrechender
Nacht in Ruhe; die Fulbe-Frauenzimmer aber, mit Ausnahme
der verheirateten Frauen, wollten nicht fort, oder wenn sie
einen Augenblick sich entfernten, kehrten sie sogleich wieder
zurück und blieben bis Mitternacht. Wirklich machte mir die
ältere einen Heiratsantrag; aber ich tröstete sie mit der Erklärung, daß ich glücklich sein würde, ihr Anerbieten anzuneh-

men, wenn es meine Absicht wäre, im Lande zu bleiben. Dies arme Mädchen hatte jedenfalls allen Grund, sich nach einem Manne umzusehen, da sie mit fünfzehn Jahren ihre erste Blüte ebensoweit hinter sich hatte als eine europäische Dame von fünfundzwanzig Jahren. Ich wunderte mich nur, daß ihr Vater sie so frei sich umhertreiben ließ; denn sie waren die Töchter des Ardo. Viele der umherziehenden Pilger aber heiraten ein Mädchen in jedem Lande, das sie auf ihrer langen Reise passieren.

Freitag, den 13. Juni 1851.

Ich nahm aufrichtigen Abschied von diesen guten Leuten; das arme Mädchen sah ganz bekümmert aus, als ich mein Pferd bestieg und ihr Lebewohl sagte.

Unser Weg führte uns zuerst durch Ackerland, dann durch eine Gegend, wo ausschließlich Negerhirse gebaut ward, dann über reiches, leicht bewaldetes Wiesenland. Die Luft war sehr feucht, und Regenwolken hingen auf den Bergen. Weiterhin bestand der Boden ganz aus rotem Lehm und war vom Regen so zerrissen, daß wir nicht geringe Schwierigkeit und langen Aufenthalt hatten, um die Kamele rund um die Spalten und Schluchten herumzuführen. Hier ließen wir ein Sklavendorf *(das das Eigentum eines Freien ist und nur von seinen Sklaven bewohnt wird)* zu unserer Seite. Es war ganz zerstört, und die Lehmwände waren alles, was davon geblieben war.

Hier, in diesen Ländern, hat die Natur alles für den Menschen getan: Schüsseln, Löffel und Flaschen wachsen an den Bäumen *(sie werden aus Flaschenkürbissen hergestellt)*; im Wald wächst Reis; Korn und Erdmandeln gedeihen ohne Mühe; der Boden liefert neben dem Rohr des Waldes und Feldes das nötige Material für die Wohnung; und nur etwas Kleidung und Perlenschmuck müssen noch erhandelt werden.

*Immer weiter geht es nach Süden. Felspartien, Dörfer, Wälder, Felder, aber auch kleine Seen, die in dieser Regenzeit rasch an Umfang zunehmen, folgen einander. Nicht sehr ferne kann die große Stadt Yola (Jola) liegen, nicht mehr ferne auch der große Fluß ...*

Der Hauptstrom *(dessen Nebenfluß, der bis dahin noch unbekannte Faro, hier einmündete)* floß von Ost nach West in majestätischer Breite durch ein vollkommen offenes Land.

*Barth folgte mit seinem geistigen Auge dem ferneren Verlauf, bis er den Niger erreicht und mit diesem dann zum Guinea-Busen strömt.*

Eine große Bahn lag hier offen, ein Eingangstor für die rüstigen, alles überwältigenden Kräfte des Nordens; aber selbst mit der lebendigsten Hoffnung konnte ich damals nicht voraussehen, wie bald ein Schiff, so wie es die jüngste Erfindungsgabe des Europäers geschaffen *(gemeint ist ein Dampfer)*, diesen Strom bis in geringe Entfernung von dem Punkte, wo ich ihn überschritten, heraufkommen würde. – *(Aufgrund seiner Berichte drang der Schotte Baikie, von der englischen Regierung unterstützt, 1854 auf dem Dampfer »Plejade« vom Niger aus in den Benuë vor, fast bis zu der oben von Barth beschriebenen Stelle. Der Forscher erfuhr erst viel später davon.)*

Da war also die feste Hoffnung begründet, daß längs dieser Naturstraße europäischer Handel und Einfluß in das Innere dieses Kontinentes eindringen und die auf den Unterschied der Religion wenigstens äußerlich begründeten Sklavenjagden verdrängen werde, welche die natürlichen, selbst im einfachen Leben der Heiden entwickelten Keime menschlicher Glückseligkeit zerstören und Wüstenei und Wildnis rund umher verbreiten.

*Mit Mühe konnte die kleine Gesellschaft über den hier etwa einen Kilometer breiten und fast zwei Meter tiefen Fluß gesetzt werden. Die fünf Pferde machten nicht so viel Arbeit wie die drei Kamele.*

## Unfreundliche Tage in Yola

*Als Barth dann Yola, eine wenig eindrucksvolle Anhäufung von Hütten mit etwa zwölftausend Bewohnern, erreichte, lösten sich die Spannung der Erwartung und die überstandenen Strapazen in heftigen Fieberanfällen. Hinzu kam ein unfreundlicher Empfang durch den Herrscher des Landes Adamaua. Dieses war erst vor etwa zwanzig Jahren von den Fulbe erobert worden, aber durchaus noch nicht sicher in ihren Besitz gefügt. Wegen der großen Entfernung vom eigentlichen Zentralpunkt der Macht, von Sokoto, dem auch das von Barth besuchte Katsena und Kano unterstellt waren, hatte der Herr von Yola ziemliche Selbständigkeit. Eine gewisse Rivalität bestand zwischen ihm und Scheich Omar von Bórnu. Dieser benutzte nun die Reise Barths, um ihm einen Vertrauten mitzugeben, der zwar Barth unterwegs sehr behilflich war, in*

*Yola aber vor dem dortigen Herrscher mit einem Brief Omars heraus-*
*rückte, der Forderungen auf Teile des von den Fulbe beherrschten Gebie-*
*tes erhob.*

*Natürlich erschien der nichtsahnende Barth da im ungünstigen Licht*
*und erhielt nach einigem Hin und Her die Aufforderung, die Stadt*
*schleunigst wieder zu verlassen. Und das zu einem Zeitpunkt, wo seine*
*fiebrige Erkrankung den Höhepunkt erreicht hatte. Mit Aufbietung*
*aller Willenskraft bestieg er sein Pferd, und obwohl er nicht weniger als*
*zweimal ohnmächtig wurde, begann er, schwer gekränkt über den un-*
*gnädigen Empfang und auch dadurch, daß der Scheich ihn zu solcher*
*Mission gewissermaßen mißbraucht hatte, seine Rückreise.*

*Ein gelehrter und weitgereister Araber, den er in Yola getroffen, hatte*
*ihm von den Landschaften um den Njassasee erzählt, und die Versu-*
*chung, weiter nach Südosten vorzudringen, um die Rätsel der großen*
*Ströme Central-Afrikas zu lösen, stand eine Weile verlockend vor seinen*
*Augen. Hätte Barth die Mittel gehabt oder auch wohl eine gewisse Toll-*
*kühnheit besessen, vielleicht wäre er zu den Ufern des Kongo und der*
*Nilquellen vorgestoßen. Als Sohn Hamburgs, an einem großen Strom*
*aufgewachsen, war es immer sein Traum gewesen, den Lauf der Flüsse*
*zu verfolgen. Aber, überlegend, wie er war, erkannte er klar, wie wenig*
*Chancen dieses Unternehmen ihm bieten würde.*

*(Sonntag, 20. Juli.)* Endlich traten wir unsere letzte Station an,
um nach Kúkaua zurückzukehren – wieder nach Kúkaua!

Der liebe Leser, der daheim bequem in seinem Lehnstuhl
sitzt, denkt, der Reisende in diesen Gegenden sollte ins Unendliche vorwärts streben; anmaßende und unwissende
Schreier erwähnen spöttelnd den Aufenthalt der Reisenden an
einem schon bekannten Platze. Sie haben keine Ahnung davon, oder geben sich wenigstens das Ansehen, nicht zu bedenken, was der Reisende zum Vordringen in jene Gegenden gebraucht: Gesundheit, Geld, vor allem aber die schiere
Möglichkeit, daß ihm der Machthaber des Landes vorzudringen erlaubt und ihn nicht etwa in Ketten legt oder mit einem
Machtgebot aus seinem Lande wegweist.

Durch den dreitägigen Aufenthalt in Udje hatte ich meine
Kräfte etwas wiederhergestellt, dennoch aber war ich so
schwach, daß ich froh war, als wir uns nach einem kurzen drei-
stündigen Marsche durch eine sehr freundliche, fruchtbare
und gutbevölkerte Landschaft für die Nacht in einem Orte na-

mens Gúlfo einquartierten, von dessen Bewohnern ein großer Teil aus Schua bestand. Nachdem ich mich hier während der heißen Tageszeit in einer recht geräumigen und luftigen Hütte ausgeruht hatte, genoß ich eine Weile die Kühlung des Abends draußen im Hofe, wo ich mich zu gleicher Zeit an dem Anblicke des von der Weide heimkehrenden Viehes labte.

Mittwoch, den 23. Juni.

Wir waren jetzt nur noch einen einzigen Tagemarsch von unserem einförmigen Standlager in Kúkaua entfernt.

Als wir vom Brunnen Káine aufbrachen, kamen uns Leute aus der Stadt entgegen, und ich hörte zu meiner großen Freude, daß der schlaue Araber Mohammed el Mughárbi endlich mit den ihm anvertrauten Waren angekommen sei. Da sich der angenommene Wert dieser Sendung auf hundert Pfund Sterling belief, so war wenigstens einige Hoffnung vorhanden, in beschränkten Verhältnissen und kleinem Maßstabe die Mission fortzuführen.

Aber schwach von Krankheit und geistig niedergedrückt, wie ich war von dem Fehlschlagen meiner weiteren Unternehmungspläne, konnte ich nur höchst angenehm berührt werden von dem Empfange, der mir bei der Rückkehr nach meinem Hauptquartier zuteil wurde. Denn als wir uns dem südlichen Tore der Stadt näherten, kamen drei Reiter, die dort aufgestellt waren, im gestreckten Galopp auf mich zugeritten, begrüßten mich in kriegerischer Weise mit geschwungener Lanze, stellten sich an die Spitze unseres Zuges und führten mich in stattlicher Prozession mitten durch die Stadt nach meinem Hause, in dessen Nähe mich dann die Weiber mit lustigem Händeklatschen und einem im gemütlichen langgezogenen »lale, ʿAbd el Kerim, lale« ausgedrückten Willkommen empfingen. Ein reiches Abendessen ward mir später vom Vezier geschickt, und ich konnte mich ruhig meinen Gedanken überlassen, nun wieder im sicheren Hafen angekommen zu sein, von wo ich nach einiger Rast, nachdem das Schiff gehörig kalfatert und neu mit Proviant versehen worden, wieder auslaufen mochte, wohin eben der Wind mich trüge. Mein Geist war aber mit Vorliebe auf die reichen Gegenden im Süden gerichtet, und nur ungern dachte ich daran, dazu gezwungen zu sein, meine Kräfte in anderer Richtung zu versuchen.

Es herrscht hier die Etikette, daß Leute, die mit dem Hofe in Verbindung stehen, wenn sie vor 'Asser (»lassar«), das heißt vor dem zweiten Nachmittagsgebet, das zwischen vier und fünf Uhr verrichtet wird, von einer Reise zurückkommen, sich noch denselben Tag dem Vezier vorstellen müssen; nun war meine Ankunft gerade um den entscheidenden Zeitpunkt erfolgt, aber aufgrund meines angegriffenen Zustandes schob ich meinen Besuch bei Hofe auf den folgenden Tag auf; ich fand aber später, daß der Vezier erwartet hatte, daß ich ihn noch an demselben Abend besuchen würde.

Als ich mich am folgenden Morgen in die Hofstadt – »bílla gedibe« – begab, war der Vezier gerade auf einen frühen Besuch zum Scheich ausgegangen, er kam jedoch bald zurück und gab mir eine öffentliche Audienz vor allen Leuten, wo er dann, um sich mit seiner Kenntnis der Europäer zu brüsten, nachdem er seine Teilnahme an meinem geschwächten Gesundheitszustande ausgesprochen und sich nach der mir in Adamaua gewordenen Aufnahme erkundigt hatte, nicht unterließ, sich mit mir über die Form der Erde und das ganze Weltsystem zu unterhalten. Er fragte mich dann, was ich jetzt zu unternehmen beabsichtige, worauf ich ihm entgegnete, daß es meine Absicht sei, zuerst womöglich den Tsad zu umkreisen und dann den Versuch zu machen, in die Gegenden südlich von Bagirmi vorzudringen. Hierauf sprach er augenblicklich in betreff der Möglichkeit, rund um den See bis zum Bahr el Ghasál zu gehen, seinen Zweifel aus, aber er versprach, meine Pläne, soweit es ihm möglich sei, zu fördern, obgleich er der Meinung war, daß ich schon genug getan hätte und lieber daran denken sollte, mit den gewonnenen Resultaten meiner Arbeiten in die Heimat zurückzukehren.

Es war meine erste Regenzeit in den Tropen – denn die Regenzeit im Alpenlande Aïr, am Rande der Wüste, konnte keine großen Gefahren mit sich bringen –, und als der Vezier mich so geschwächt und gänzlich entkräftet sah, war er nicht ohne Besorgnis, daß ich unterliegen möchte. Als ich aber in der Folge diese Kränklichkeit bei unausgesetzter Anstrengung glücklich überwunden hatte, faßte er das höchste Vertrauen in die Stärke meiner Gesundheit und sprach, selbst wenn ich auch noch so krank war, die feste Hoffnung aus, daß es mir gelingen würde, alle Fährlichkeiten des Klimas zu überwinden.

Wohlzufrieden mit meiner Audienz, kehrte ich in mein Quartier zurück und schrieb einen kurzen Bericht an die englische Regierung über die Resultate meiner Reise, indem ich sie benachrichtigte, daß meine höchste Erwartung in betreff jenes Flusses im Süden übertroffen worden sei. Ich forderte sie demnach auf, ein Schiff auszusenden, um der von mir nicht bezweifelten Verbindung jenes Stromes mit dem sogenannten Tschadda ganz gewiß zu werden. Dieser Bericht, der ein oder zwei Tage vor Dr. Overwegs Ankunft mit einem Eilboten abgesandt und noch von einem zweiten Eilboten mit einem kurzen Bericht über die von meinem Gefährten glücklich beendete Beschiffung des Tsad überholt wurde, erregte in Europa allgemeine Aufmerksamkeit und verschaffte mir das Zutrauen Lord Palmerstons und der englischen Regierung. Mittlerweile bemühte ich mich, die Geldangelegenheiten der Mission so gut wie möglich zu ordnen.

# Kapitel 21

## Erkundungsritt im Alt-Reich Kanem

*Rückblick in graue Urzeiten*

*Als ein großer Teil Europas in der Eiszeit zu einer Kältewüste geworden war, erfreute sich Nordafrika eines weitaus günstigeren Klimas als heute. Große Ströme durchrauschten das heute wüste Land. Wälder und wildreiche Steppen bedeckten es und boten Jäger- und Hirtenvölkern wie auch Ackerbauern gute Lebensmöglichkeiten.*

*In dieser Zeit – dem vorerwähnten Pluvial – war es, als die in der Gegend des heutigen Tschad sich sammelnden Wasser, dem natürlichen Gefälle folgend, einen Abfluß nach Nordosten fanden, wo sie vor gebirgiger Umrahmung sich weithin ausbreiteten und sich dann, soviel wir vermuten können, unterirdisch in unbekannter Richtung verloren.*

*Heute ist davon noch das Trockental des Bahr el Ghasal übriggeblieben, der am Ostrand des Tschadsees seinen Anfang nimmt und sich zu der Niederung des Djurab absenkt, wo dünenüberdeckte Tonflächen, Oasen und Brunnenstellen, weiterhin aber auch zahllose Reste von Wassertieren und Gefäßscherben Zeugen längst vergangener, besserer Zeiten sind. Durch die englische Tschadsee-Expedition der Jahre 1822–24 hatte man von jenen Gegenden gehört, und Overwegs Wunsch war es gewesen, sie zu besuchen.*

*Im Mittelalter hatte sich, wie Barths Forschungen ergaben, östlich des Tschad das große Reich der Kanembu-Neger erstreckt mit vielen volkreichen Städten. Aber es war untergegangen und Bórnu, westlich des Tschad, an seine Stelle getreten. Wohl siedelten in den zahlreichen, mit Grundwasser versehenen Talungen noch fleißige Kanembu in Dattelpalmen-Oasen und bei Getreidefeldern mit ihren Schafherden; aber sie hatten im Südosten zum Nachbarn das ausgedehnte Steppenland Wadai mit unruhigen Bewohnern. Im Nordwesten lag das Gebiet der räuberischen Tuareg des Aïr-Berglandes, der uns wohlbekannten Kel-owi; und nun hatte sich seit Anfang des 19. Jahrhunderts ein neuer Plagegeist gezeigt in der Gestalt räuberischer Araber, der Uëlad Sliman, die einst an der Syrte wohnten.*

*Dort trieben sie zwischen friedlicheren Rassegenossen Jahrzehnte hindurch das einträgliche Spiel von Viehräubern. Schließlich wurden sie verjagt und zogen sich allmählich nach Süden, durch die ganze Wüste, am Bergland Tibesti vorbei, wo sie die Tibbus in ihren Dörfern plünderten; bis sie dann, angelockt von den Reichtümern südlicherer Landschaften, also des Sudan, an den Ufern des Tschad ein neues Feld für ihre gesetzlose Betätigung zu erreichen gedachten.*

*Aus allen Ländern längs des Mittelmeeres, bis nach Marokko hin, stießen unruhige Gesellen zu ihnen. So waren sie in den ersten Jahrzehnten des 19. Jahrhunderts, trefflich auf prächtigen Pferden beritten und mit Flinten wohlbewaffnet, nördlich des Tschad in Erscheinung getreten, nicht ohne sogleich mit den Tuareg in Kampf zu geraten, welche sich ihr eigenes Raubgebiet von keinem anderen streitig machen lassen wollten. Nachdem sie diesen, die den so lebensnotwendigen Salzhandel von den Salzlagern der Wüste zum Sudan betrieben oder geleiteten, viele tausend Kamele abgenommen hatten, sammelte sich ein Heer von etwa siebentausend Kamel- und Pferdereitern der Tuareg. Insgeheim wurden diese letzteren unterstützt von dem Machthaber Bórnus, dem Scheich Omar in Kuka, dem die Nachbarschaft der Uëlad Sliman nicht angenehm sein konnte.*

*Kurz bevor Barth seine Reise mit Richardson bei Mursuk begann, kam es zum Kampfe gegen die mit Speer, Schwert und Dolch für das Nahgefecht besser bewaffneten Tuareg. Diese siegten.*

*»Die Blüte der Truppe der Uëlad Sliman wurde vernichtet, und nur die minder Tapferen und Jüngeren blieben übrig.«*

*Trotz der empfangenen Niederlage trieben die Uëlad Sliman, angeführt von ihrem zwanzigjährigen Scheich Rhet, ihr Unwesen weiter. Sie sannen eben auf neue Taten, als Barth die Gelegenheit ergriff, sich ihnen anzuschließen, da sich ihm nur so die Möglichkeit bot, das Land Kanem und, wenn möglich, auch das Tal des Bahr el Ghasal zu besuchen. Gleichzeitig wollte er dem ungesunden Klima, das während der Anfang August stark einsetzenden Regenzeit in Kuka herrschte, entfliehen und seine aufs äußerste geschwächte Gesundheit in der frischen Wüstenluft wiederherstellen. Doch hatte er seine liebe Not mit solchen gesetzlosen Gesellen. Ohne die geringste Ordnung und Disziplin trieben sie sich in größeren und kleineren Horden umher. Bald fielen sie in einen am Wege liegenden Garten ein. Bald nahmen sie wehrlosen Negern ihre*

*Herden weg. Es war eine ununterbrochene Kette großer und kleiner We-*
*gelagereien, so daß der Forscher selber häufig in Lebensgefahr geriet.*
*Aber unentwegt trieb er seine Studien, sammelte Nachrichten über das*
*Reich Kanem, über Wadai, über die Sprache der Kanembu, der Tibbu*
*und studierte Sitten und Gebräuche der Landesbewohner wie seiner tur-*
*bulenten Begleiter.*

*Am Donnerstag, dem 11. September 1851, verabschiedete er sich von*
*dem Vezier in Kuka, Hadj Beschir, nachdem er sich von ihm neue Mit-*
*tel durch Ausstellung einer Anweisung von fünfundsiebzig Dollar auf*
*Fessan (auf die englische Vertretung in Mursuk) verschafft hatte. Nun*
*ging es in gemächlichem Reisetempo nordwärts am Westufer des Tschad-*
*sees entlang.*

Donnerstag, den 25. September 1851.
Rechts in der Ferne rückte eine ganze Herde Elefanten in regel-
mäßigem Aufzug langsam heran zur Tränke, einer Heer-
schar vernünftiger Wesen nicht unähnlich. Den Vortrab bildeten die Männchen, deutlich an ihrer Größe erkennbar, in
regelmäßiger Schlachtordnung; in kleinem Abstand folgten die
Jungen, in einem dritten Zuge die Weibchen. Den Nachtrab
des ganzen Zuges bildeten fünf Männchen von ungeheurer
Größe. Die letzteren bemerkten uns, obwohl wir in ziemlicher
Entfernung waren und uns ganz ruhig verhielten; einige von
ihnen warfen Staub in die Luft, wir störten sie jedoch nicht. Es
waren ihrer zusammen sechsundneunzig Stück

Mittwoch, den 1. Oktober 1851.
Frühzeitig aufgebrochen, trafen wir nach zweistündigem Ritt
einen Reiter, welcher vom Lager der Uëlad Sliman kam und
uns in ihrer Wildnis willkommen hieß. Kaum hatte er seinen
Gruß bestellt, als in fast ununterbrochener Reihenfolge aus
dem Dickicht zur Rechten und Linken Araber hervorstürzten,
ihre Flinten abfeuerten und uns mit ihrem gewöhnlichen Feld-
geschrei »Ya riab, ya riab!« begrüßten. Wir rückten auf diese
Weise eine halbe Stunde lang vorwärts und machten dann halt,
um in feierlicherer Form die Begrüßungen einer zahlreicheren,
von einem Mann von Bedeutung geführten Reiterschar in
Empfang zu nehmen.

Nachdem der von den Pferdehufen aufgewehte Staub sich
etwas gelegt hatte, erblickten wir nun hier, wo die Waldung et-

was mehr gelichtet war, die gesamte Reiterei der Uëlad Sliman im besten Aufzuge, in einer Linie vor uns aufgestellt, ihren Häuptling Rhet und dessen Oheim Omar in ihrer Mitte. Dieser von mir und Herrn Dr. Overweg nicht erwartete feierliche Empfang machte einen großen Eindruck auf uns; man gestattete uns jedoch nicht lange, passive Zuschauer zu bleiben, indem die Araber, die mit uns aus Kuka gekommen waren, uns aufforderten, der Reihe vorauszugaloppieren, um den Häuptlingen unsere Ehrerbietung zu zeigen. Wir eilten daher unseren neuen Freunden entgegen und begrüßten sie mit unseren Pistolen. Sie erwiderten unsere Komplimente und hießen uns willkommen, worauf sich der junge Rhet mit blankem Schwerte an die Spitze seiner Schwadronen stellte, die uns unter dem fortwährenden Rufe »Ya riab, ya riab!« nach dem Lager geleiteten, wo man uns unseren Zeltplatz anwies.

So hatten wir nunmehr unser Geschick mit demjenigen dieser Rotte von Freibeutern verknüpft.

*Ruhig fließen die nächsten Tage dahin. Barth widmet sich dem Studium der Tibbu-Sprache, deren Zusammenhang mit der der Kanuri-Neger westlich des Tschad er erkennt. Am Mittwoch, dem 8. Oktober, erscheint ein Tibbu-Häuptling im Lager zu Besuch, begleitet von siebzehn Reitern; sie führten zur Begrüßung des Scheichs Rhet allerhand bemerkenswerte Reiterkunststücke vor.*

Er (der Tibbu-Häuptling) war eben kein gewissenhafter Mann, wie ich bald erfuhr, als er mit den Begleitern uns einen Besuch machte und uns, sobald er sich vorgestellt hatte, um Gift bat. Wir schlugen ihm natürlich seine Bitte kurzweg ab. Er ließ sich dann mit seinen Gefährten ruhig nieder und fand großes Vergnügen an der Musik meiner Spieldose, welche ich wirklich nebst der Uhr auf meiner ganzen Reise für das geeignetste Instrument fand, um die Eingeborenen von der großen Überlegenheit des europäischen Geistes und der Kunstfertigkeit der Europäer zu überzeugen. Diese Leute zeigten sich sehr empfänglich für die lebhaften Weisen, welche das kleine Instrument aufführte, und saßen eine lange Zeit still, um sich an der geheimnisvollen Musik zu ergötzen. Bald ward die kleine Dose der Hauptgegenstand allgemeiner Unterhaltung, und Scheich Rhet begehrte gleichfalls, mit dem geheimnisvollen Kästchen bekanntgemacht zu werden.

Der Tag endete jedoch nicht auf so harmlose Weise, denn es kam schlimme Kunde. Hadj Abbas hatte nämlich auf dem Wege nach Bórnu bei Ngigmi *(einem Weiler am nordwestlichen Ufer des Sees)* einen Trupp Tuareg angetroffen und hieß die Araber, vor einem Überfall auf der Hut zu sein. Unruhe und Besorgnis verbreiteten sich daher durch das Lager, und Streifwachen wurden in alle Richtungen durch das Land entsandt.

## Aufbruch zum Raubzug

*Aber es kam, wie so oft, nicht zu einem Kampf. Vielmehr wurden eifrig Pläne geschmiedet zu einem großen Plünderungszug gegen die Stadt Mao östlich des Tschad, wo der Beherrscher des Steppenreiches Wadai seinen Sitz gehabt und von wo er infolge politischer Wirren geflüchtet war. Auch seien große Kamelherden nordöstlich des Sees in der Djurab-Niederung auf der Weide. Daher gab es lockende Ziele genug. Vorläufig wurde das wirkliche Ziel aber noch nicht verraten.*

*Am Sonnabend, dem 11. Oktober 1851, bricht der Heereszug auf.*

Die Landschaft Kanem *(nördlich und nordöstlich des Sees)* war eine sandige Ebene, mit Bäumen mittlerer Größe – fast durchgehend Mimosen – geschmückt und in günstigen Jahreszeiten zum Anbau von Sorghum *(Hirse)* wohl geeignet, hie und da durch tiefe Einsenkungen von bald größerer, bald geringerer Ausdehnung unterbrochen. Diese sind meist hinreichend mit Wasser versehen, um schöne Pflanzungen oder Weizenfelder hervorzubringen, und jetzt bei dem verwahrlosten Zustande, in den dieses Land versunken ist, mit üppigem Waldwuchs bedeckt, der nur den Tieren der Wildnis zur sicheren Zufluchtsstätte dient.

Freitag, den 17. Oktober 1851.

*(Nach einem langen Ritt in südlicher Richtung stellt sich am Nachmittag die ganze Schar in langer Reihe auf)*, um sich zur Tapferkeit zu ermahnen und Befehle zu erteilen für den Fall eines Zusammentreffens mit dem Feinde. Kein Pardon sollte gestattet werden. Außerdem wurde noch vieles ausgerufen, was mir, der ich am Ende der Schlachtlinie stand, unverständlich blieb. Zwei Reiter sprengten die Reihe entlang und schwenkten weiße Banner.

*Es kommt nun zu unübersichtlichen Scharmützeln, und H. Barth, den auch A. Overweg begleitet, hat von dem Hin und Her bald genug. Sie absentieren sich von den unruhigen Gesellen, indem sie sich einer nach Kuka ziehenden kleinen Karawane anschließen. Ihre »Beute« waren neue Landeskenntnis und Einblick in »interessante« Zustände.*

*Am 15. November 1851 waren sie wieder in Kuka. Zum Ausruhen blieb hier wenig Zeit; alle Welt war mit Kriegsrüstung beschäftigt. Als Ziel erschienen die südlichen Sumpfwälder am Logone, wo man Sklaven jagen wollte.*

*Sollte man dabeisein? Eine schwerwiegende Frage für friedliche Forscher. Es lockte zwar die Möglichkeit, neues, unbekanntes Land zu sehen. Aber später, daheim in Europa, würden die Bekämpfer des Sklavenhandels mit Verdächtigungen, an einem »Jagdzug« teilgenommen zu haben, nicht sparen. Trotzdem entschlossen sich die beiden Forscher, mitzuziehen, im stillen hoffend, Distanz vom inhumanen Geschehen wahren zu können.*

# Kapitel 22

## In den Sumpfwäldern von Tuburi

Als direktes Ziel war nur Mándara angegeben *(das irgendwo südlich des Tschad liegen mußte)*, um den Fürsten dieses kleinen, von Bergen geschützten Ländchens zum Gehorsam zu bringen. Die Hauptsache aber war, daß die Kisten und Sklavenräume leer waren und gefüllt werden mußten; woher, war Nebensache.

Es war schon jetzt viel Gerede von einem Ausbruch der Feindschaft zwischen Abderraman *(dem früher erwähnten Bruder des Scheichs)* und dem Vezier, da der erstere in enger Beziehung zum Fürsten von Mándara stand, und dies war auch der Grund, weshalb Herr Dr. Overweg anfangs lieber zurückbleiben wollte. *(Aber der tatkräftigere Barth ließ sich dadurch nicht zurückhalten.)*

*Schon am 25. November 1851 ist der unermüdliche Forscher, neu gestärkt durch die kühlere Jahreszeit, wieder unterwegs zum Lager des Scheichs, der bereits vorher mit seinem Heer aufgebrochen war. Wohlgemut durchzieht er die ausgedehnte Ebene südlich Kukas, die zahlreiche Dörfer aufwies und sorgfältig mit Baumwolle und Getreide bestellt war.*

Diese ganze fruchtbare Ebene ward im Jahre 1854 ein Raub der Überschwemmung des Tsadsees, herbeigeführt durch ein Einsinken des Bodens, wodurch das Land die wunderbarste Veränderung erlitt ...

*Wenige Kilometer südlich der Hauptstadt erhob sich das Lager.*

Für den Scheich und den Vezier ward sogar bei jedem Lagerorte, solange wir uns auf Bórnu-Gebiet befanden, stets eine Umzäunung aus Mattenwerk errichtet.

*Das Kriegsvolk baute sich hochgiebelige kleine Hütten aus dem Stroh, das zur Erntezeit auf den Stoppelfeldern in Fülle umherlag.*

*Die Reisenden lernen den Polizeigewaltigen des Scheichs, Lamino, näher kennen. Barth beschreibt die »eigentümliche Persönlichkeit«.*

Wir finden hier ganz dasselbe Verhältnis wie in Europa, wo notorische Spitzbuben mitunter die trefflichsten Polizeibeamten abgeben. So war Lamino früher gefürchteter Straßenräuber gewesen und nun »chef de police« oder Zwangsmeister geworden; er leistete dem sanften Vezier durch seine Hartherzigkeit und Schamlosigkeit vortrefflichste Dienste, und wir nannten ihn daher nur »die schamlose Linke«. Einkerkern und Peitschenlassen war sein Hauptvergnügen; er konnte indessen auch sehr sanftmütig und liebenswürdig sein, und nichts amüsierte Herrn Dr. Overweg und mich mehr, als wenn er uns in höchst sentimentalen Ausdrücken von seiner Liebe zu der begünstigten Beherrscherin seines Herzens erzählte, die er auf dem Kriegszuge mit sich führte. Auch war es überaus spaßhaft, den Schrecken wahrzunehmen, den er empfand, wenn wir die Erde mit einem Straußenei verglichen, da es ihm bei seiner Schwere und Plumpheit unbegreiflich war, wie er sein Gleichgewicht darauf bewahren sollte.

## Aufmarsch zum Kriegszug

Mittwoch, den 26. November 1851. Die vor dem Zelt des Scheichs ertönende große Trommel gab früh am Morgen das Zeichen zum Aufbruch, und in breiter Schlachtordnung rückte das Heer mit seinem mächtigen Reitertrosse über die mit hohem Rohr bedeckte Ebene hin, die nur hie und da Anbau zeigte. Ich blieb jedoch diesmal noch bei den Kamelen und Lastochsen, die mit Fußgängern und vereinzelten Reitern den langen, unabsehbaren Zügen zur Seite marschierten, während einzelne Trupps Kanembu in ihrer spärlichen, meist aus Lumpen zusammengefügten oder bloß aus einem Schurzfell bestehenden Kleidung und mit ihren Holzschilden unter munteren Zurufen am Lastzuge vorbeieilten.

Unser Beschützer Lamino sandte uns dann ein vortreffliches Gericht aus gekochtem Reis mit aufgelegtem Honigbrot. Der Scheich war in seiner geräumigen Tonbehausung und gab gerade den Leuten des Ortes große Audienz. Bald nach den gewöhnlichen Begrüßungsformeln ward die Unterhaltung durch den Vezier auf *(den englischen Forscher)* Denham *(»Rais Chalil« damals von den Eingeborenen genannt)* gerichtet, der einst *(1822 nach Erreichen des Tschadsees)* denselben Weg gezogen sei.

279

Der Scheich sandte uns am Abend zwei Hammel, eine Last Hirse und zwei Schüsseln zubereiteter Speise, und da uns nun auch ein hier angesessener lustiger Spielmann, den wir von früher her kannten, bewirtete, so war des Schmausens kein Ende. Übrigens fehlte auch geistige Unterhaltung nicht, da der wißbegierige Vezier auf diesem Heereszuge, wo er mehr Muße hatte als daheim in seinem Palaste, so viel als irgend möglich von uns lernen wollte.

Montag, den 1. Dezember 1851.
Das wie aus dem Boden hervorspringende Heereslager mit seinen mannigfaltigen, für den Augenblick gebildeten leichten Wohnungen, den verschiedenen Truppengattungen, der Menge zum Teil vortrefflicher Pferde aller Farben, dann die ankommenden Züge der Lasttiere, Kamele und Packochsen mit dem Hausgerät und den wohlverhüllten Frauen – alles bildete ein überaus interessantes Bild; denn jetzt hatte sich schon fast das ganze Kriegsvolk zusammengefunden, so daß sicherlich zwanzigtausend Menschen mit zehntausend Pferden und ebenso vielen Lasttieren hier versammelt waren.

Am Abend entspann sich zwischen uns und unserem Gönner *(dem Vezier)* ein sehr ernstes Gespräch über die Mittel Bórnus, sich wieder zu seiner früheren Größe emporzuschwingen. Herr Dr. Overweg betonte in einer begeisterten Rede die Abschaffung des Sklavenhandels, wogegen der Vezier geltend machte, daß ihm die Sklaven die Mittel in die Hand gäben, Feuerwaffen zu kaufen. Da hatte er gerade den Nagel auf den Kopf getroffen; denn eben die Begierde nach den Feuerwaffen der Europäer hat den Sklavenhandel an der ganzen Westküste hervorgerufen. Aber wozu wollen diese Leute Gewehre haben? Nicht um sich damit eine überwiegende Herrschaft zu verschaffen, sondern besonders eben deshalb, um wieder Sklaven einzufangen und mit einem guten Vorrat dieser schmählichen Handelsware sich diejenigen Luxusartikel europäischer Zivilisation zu verschaffen, mit welchen sie bekannt geworden.

*Unweit des Lagers liegt die Stadt Dikoa, von mächtiger Mauer umgeben. Sie hat wohl fünfundzwanzigtausend Einwohner, deren Hauptbeschäftigung die Baumwollweberei ist.*

Aber es ist hier sogar eine Pulverstampferei; denn Pulvermühlen gibt es hier noch nicht, sondern das Pulver wird in einem großen hölzernen Mörser gestampft, und ich kam in der Folge jedesmal wenn ich meinen Kaffee stampfen ließ, da ich keine Kaffeemühle besaß, in den Verdacht, Pulver zu bereiten.

Leider war durch die Anwesenheit des Heeres die friedliche Beschäftigung der Einwohner gestört, und anstatt des Klopfens von Geweben, das in vielen Städten des Sudans einen so angenehmen, reges gewerbliches Leben veranschaulichenden Ton hat, hörte man nichts als den Schall des Pulverstampfens, der aus einer auf sehr einfachen Grundsätzen beruhenden Pulverfabrik, wo acht Sklaven beschäftigt waren, hervorschallte.

*Die Tage des Lagerns, bis alle Hilfstruppen zusammen waren, benutzte Barth eifrig, die Kanuri-Sprache der Bórnu-Leute zu erlernen und ein Wörterbuch anzulegen. Zwischendurch hat er ein Erlebnis mit dem grausamen Polizeiminister Lamino.*

Der ließ einen Raubmörder vorführen, der mit seinem Nakken in die schwere, vier bis fünf Fuß lange Holzklemme gespannt war, und ihn zu seiner und, wie er meinte, auch meiner Belustigung sich mit einem anderen ebenso eingeklemmten Sträfling gegenseitig durchpeitschen. Um ihn loszuwerden, beschenkte ich ihn als Anerkennung für die verschiedenen Gerichte, welche er uns gelegentlich zuschickte, mit einer ansehnlichen Menge Nelken für seine in der Kochkunst wohlbewanderte Aischa, und er wiederholte mir mit verliebtem Lächeln, daß er sie sehr lieb habe und sie ihn auch, dies sei doch das Schönste auf Erden. So sentimental war diese, nichts weniger als liebenswürdige Fleischmasse, und ich war froh, als ich ihn entfernt hatte.

Unsere Unterhaltung in den abendlichen Soireen beim Vezier ward zuweilen so gelehrt, daß selbst Ptolemäus mit seinem »mandaros oros« *(Mandarus-Gebirge)* herbeigezogen wurde. *(Arabische Schriftsteller hatten schon früh klassische Reisewerke übersetzt. Manchen abenteuernden Europäern jedoch gingen, da sie wenig gebildet waren, die nützlichen Möglichkeiten ab, welche sich hieraus für unseren vielseitig belesenen Barth ergaben. Zahlreiche Potentaten Nordafrikas erwiesen sich als gut unterrichtet, und Barths Ansehen stieg infolgedessen in dem Maße, wie er mit ihnen über die sie selbst interessierenden Fragen der islamischen Religion und Gelehrsamkeit diskutieren konnte.)*

Montag, den 8. Dezember 1851.

*Langsam wälzt sich nun der Heerwurm in südlicher Richtung durch Felder und Wälder der zur Regenzeit oft weithin überschwemmten und von den Strömen Logone und Schari durchzogenen Landschaften südlich des Tschadsees.*

Wehe den Gegenden – selbst in Freundesland –, durch welche hier ein Heereszug seinen Weg nimmt! Wir passierten heute einige ausgedehnte Getreidefelder, die in voller Pracht standen; aber ihre reichsten Ähren fielen trotz des Schreiens der auf hohen Gerüsten *(zur Überwachung)* sitzenden Sklaven den hungrigen Reitern zu ihrem und ihrer Tiere Unterhalt anheim.

Während der Rasttage unterhielt ich mich, wenn ich nicht besondere Nachrichten zu sammeln Gelegenheit hatte oder mit meinem Kanuri-Wörterbuch beschäftigt war, überaus gern mit der Lektüre allgemeiner Lehrbücher, um nicht bei der Anschauung dieser speziellen Verhältnisse das Allgemeine zu vergessen. Leider hatten wir überhaupt nicht alle die Bücher mit, die wir auf unserer Reise hätten brauchen können; denn bei der gegenwärtigen Unternehmung konnte ich auf meiner einzigen Kamellast nur sehr wenig mitnehmen. Ich fing hier auch mit Hilfe zweier Mándara-Sklaven mein Wörterbuch der Mándara-Sprache an.

*Die Landschaft wird von zahlreichen Wasserläufen durchzogen, die bald selbständig ein kleines System bilden, bald, je nach dem Regen, miteinander in Verbindung treten. Überall sind breite Wiesensäume. In den dichten Waldungen halten sich Elefanten- und Giraffenherden auf. An vielen Stellen findet sich wild wachsender Reis. Wo Weideflächen sind, erscheinen die Fulbe mit ihren Rinderherden. Unter dem elften Breitengrad, westlich des Logone, erreicht der Heereszug das Land der Mussgu-Neger, eine Gegend, die noch nicht von einem Europäer besucht worden war.*

*Größere und kleinere Trupps des Heereswurms machen sich selbständig und führen Krieg auf eigene Faust. Die Bewohner ziehen sich auf Baumfestungen zurück.*

*Dem Heereszug zu folgen, war auf oft sehr engem Waldpfad und aus Mangel an jeder Disziplin nicht leicht. Immer noch war es nicht klar, wohin man sich wenden solle. Einige der kleinen Negerreiche waren halb, andere noch gar nicht unterworfen, aber man scheute sich, sie in diesem unübersichtlichen Gelände anzugreifen. Von der heimatlichen*

*Bequemlichkeit durfte nichts geopfert werden. Der berittene Harem war stets zur Hand. Dicht verschleiert, in weiße wollene Burnusse gekleidet und von Eunuchen streng bewacht, folgten die Schönen. Immer noch versammelt man sich abends zu gelehrten Gesprächen beim Vezier.*

*Kurz vor Weihnachten kommt der Mussgu-Fürst Adischen selbst, um dem Scheich von Bórnu seine Aufwartung zu machen.*

Er war mit einer schwarzen Tobe bekleidet, trug aber keine Beinkleider und erschien mit unbedecktem, glattgeschorenem Haupte. Auf dem Boden niederkniend und mit Händeklatschen die Worte »Gott gebe dir ein langes Leben!« wiederholend, streute er Staub auf sein Haupt. Sobald aber der auf den Trümmern seiner Nationalität sich sträubende, auf allen Seiten seines Landes von Feinden bedrohte Häuptling diese erniedrigende Zeremonie ausgeführt hatte, nahm er seine Würde wieder an und beschwerte sich nun über seine westlichen Nachbarn, die Fulbe. Der Scheich sagte ihm Hilfe zu und beschenkte ihn mit Kleidungsstücken. So war aus diesem kleinen, heidnischen Mussgu-Häuptling eine Art bórnuesischer Amtmann geworden, und er fristete auf diese Weise seine armselige, unbeneidenswerte Existenz.

### Bescheidene Weihnacht in wildem Land

Weihnachtstag 1851.
Es war heute Weihnachtstag, und da Herr Dr. Overweg und ich als Hamburger dieses Fest durch eine außerordentliche Abendmahlzeit feiern wollten, sahen wir uns, aber leider vergeblich, nach Fischen um, welchen Genuß die Sumpfwasser *(die das Mussgu-Land nach allen Seiten durchziehen und es namentlich in der Regenzeit unpassierbar und unangreifbar machen)* doch in Aussicht stellten. Mit Elefantenfleisch hatten wir bittere Erfahrung gemacht, und Giraffenfleisch, das den höchsten unserer afrikanischen Genüsse bildete, war leider auch nicht aufzutreiben. Deshalb erquickten wir uns denn in Ermangelung höherer Genüsse mit einer Extra-Portion von Kaffee und Milch.

*Der Heereszug bewegt sich weiter über die flache Wasserscheide zwischen den Flüssen Benuë und Schari.*

Sonnabend, den 27. Dezember 1851.
Der erste Teil unseres Marsches führte heute durch dichte

Waldung; dann traten wir in freieres Sumpfland hinaus, welches mit hohem, frischem Grase bewachsen und voll ungeheurer Fußstapfen von Elefanten war; auch wurden Perlhühner in Menge gefangen. Nur hier und da überragte eine einzelne Mimose die flache Linie der grasigen Savanne. Nach einem Marsch von sechs Meilen erblickten wir die erste Delebpalme *(Fächerpalme)* im Mussgu-Lande.

Sonntag, den 28. Dezember 1851.

*Barth war an dem schönen Morgen in der reizvollen Landschaft ganz seinen Betrachtungen auf seinem Roß träumerisch hingegeben und hatte dabei den Anschluß an den Heereszug verloren. Dieser war unvermutet eiligst nach vorne gezogen und nun ganz verschwunden. Der Forscher hatte nur eine Handvoll Schua-Araber bei sich.*

In wilder Unordnung irrten hier einzelne Reiter zwischen den Zäunen der Gehöfte hierhin und dorthin, während dort ein Eingeborener in äußerster Verzweiflung sein Heil in der Flucht suchte; hier ward ein anderer aus seinem Versteck hervorgeholt, dort diente ein oben im dichten Laube eines breitästigen Baumes Hockender zum Ziele von Pfeilen und Kugeln; einzelne Schüsse fielen in verschiedenen Richtungen. Ein kleiner Trupp Schua war unter einem Baum versammelt und suchte ein Rudel geraubten Viehs zusammenzuhalten. Umsonst wandte ich mich an Schua und Kanuri mit der Frage, wohin der Vezier sich gewendet.

Verschiedene Trupps, in gleicher Ungewißheit wie ich selbst, kamen mir entgegen. Würden die armen Mussgu, denen es wahrlich nicht an Mut fehlt, von erfahrenen Anführern geleitet, und warteten sie die rechte Gelegenheit ab, sie könnten in diesen dichten Waldungen, wo Reiterei nur ein Hemmnis ist, diesem meist feigen Troß unendliche Verluste beibringen. Aber sie haben keine Pfeile, sondern nur Lanzen und Handeisen. Ihre Gegner besitzen zwar Feuerwaffen, aber welch geringen Nutzen sie daraus ziehen, hatte ich Gelegenheit selbst zu beurteilen. Mehrere Gewehrträger baten mich dringend um Feuersteine, da sie die ihrigen entweder verloren oder diese sich nicht bewährt hatten.

*Nach einiger Zeit vernahm man die große Trommel des Veziers und fand dessen Lager am Rande eines Sumpfwiesenwassers auf weiten, von schönen, großen Bäumen beschatteten Stoppelfeldern. Trotz des Durch-*

*einanders hatte die große Heeresmasse doch am Abend aus den umlie-*
*genden Dörfern etwa tausend Menschen zusammengetrieben.*

Die erwachsenen Männer wurden ohne Schonung abge-
schlachtet, oder man ließ sie vielmehr verbluten, indem man
ihnen ein Bein abhieb. Ihre Zahl belief sich auf einhundert-
siebzig.

Ihr Vorderkopf war, anstatt rückwärts geneigt zu sein, bei
den meisten sehr hoch und die Gesichtslinie gerade, aber ihre
buschigen Augenbrauen, weit offenen Nasenlöcher, aufgewor-
fenen Lippen, hohen Backenknochen und ihr grobes, buschi-
ges Haar gaben ihnen ein sehr wildes Aussehen. Die Gestaltung der Beine mit den nach innen gebogenen Knieknochen
war besonders häßlich.


## Barbarischer Besuch

Montag, den 29. Dezember 1851.
*(Fürst Adischen, der unglückliche Herrscher der gequälten Mussgu,*
*kommt, ungeachtet der schrecklichen Vorkommnisse, ins Lager. Dabei*
*besucht er auch Barth. Er hat sich, um als Moslem zu erscheinen, das*
*Haar glattgeschoren.)* Von seinen Begleitern trug nur einer ein
Hemd, die anderen hatten ihre Hüften mit einem ledernen
Schurz verhüllt.

Am merkwürdigsten ist bei diesen Leuten die Art, wie sie
sich zu Pferde halten; sie ist wahrhaft barbarisch; denn absichtlich machen sie eine breite, offene Wunde auf dem Rücken
ihrer kleinen, stämmigen Pferde, um fest zu sitzen, und wenn
sie schnell reiten wollen, ritzen sie sogar oft noch ihre Beine
auf der inneren Seite auf, damit sie durch das herabrieselnde
Blut an den Seiten ihrer Pferde festkleben, denn sie entbehren
alles, Sattel, Bügel und Zaum. Sie tragen gewöhnlich nur einen
Speer, aber mehrere Handeisen, »golio«. Der Golio ist offenbar
ihre beste Waffe, auch aus der Ferne, indem sie dieses scharfe,
doppelspitzige Eisen sehr geschickt von der Seite werfen und
Beine von Menschen und Pferden wegschneiden; so wenigstens behaupteten meine Freunde. Einige ihrer Häuptlinge
schützen ihren Oberkörper durch einen starken Panzer, der
aus Büffelfell gemacht ist.

Während der Nacht, wo ich keinen Schlaf finden konnte,

vertrieb ich mir die Zeit mit den Possen eines der Rufer, der dafür sorgte, daß die Leute nicht zu tief schliefen. Vorsicht war gewiß höchst nötig.

*Am Jahresende erreicht das Heer die Landschaft Tuburi. Waldungen, Sümpfe, Wiesen, zahllose, träge fließende Gewässer wechseln hier auf der schmalsten Stelle der Wasserscheide zwischen den Tschadsee-Zuflüssen Logone und Schari und dem Benuë miteinander ab. Wie die Indianer Amerikas Entsetzen packte, als sie zum ersten Male die Pferde der Spanier erblickten, so flüchten auch die Tuburi-Neger vor dem Anblick der Kamele. Wie die Bórnuaner beim Anrücken der Tuareg Löcher ausheben, in denen die Pferde der Feinde sich die Glieder brechen, so machten die Tuburi es auch in den unübersichtlichen Waldungen. Stets waren die Dörfer leer, wenn die Soldaten herankamen. Nur Alte und Schwache blieben zurück. Aber immer wieder wurden einige Haufen erwischt und zu Paaren getrieben oder eingefangen. Vergebens ermunterten die Bórnuaner den Doktor Barth, er solle sich doch auch an der Hetze beteiligen, und verächtlich sagten sie abends, wenn vor dem Vezier das Gespräch darauf kam: »Er ist zu nichts nütze.«*

*Der Neujahrstag 1852 geht ungefeiert vorüber. Barth gab sich der Hoffnung hin, noch im Verlaufe dieses Jahres nach Hause zurückkehren zu können und ...*

Ich ahnte nicht, daß ich noch drei Jahre mehr in diesen Ländern eines fast rohen Naturzustandes zubringen sollte, stets wechselnden Eindrücken, neuer Entdeckung und Enttäuschung, bald freundlicher, bald schnöder Behandlung und vielerlei Not, Trübsal und Krankheit ausgesetzt.

*Lange steht er an den Ufern des Logone und schaut hinüber nach Osten ins unbekannte Land, wo die »Mondgebirge« liegen sollten und die Quellen des Nils und noch viele unbekannte Riesenströme.*

*Der Vezier unterhielt sich oft mit Barth über dessen Wunsch, noch viel weiter nach Süden, bis zum Äquator, ja bis zur Ostküste vorzudringen, in jene Gegenden, wo Livingstone bald seine aufsehenerregenden Entdeckungen machen sollte. Dabei jagte er den ebenso bequemen wie feigen Hofschranzen von Kuka manchmal mit Absicht einen heillosen Schrecken ein, indem er versicherte, der Heereszug solle über das Tuburi-Land hinausführen, über den Logone hinüber und den Schari, und für Barth wäre es doch sicher von hohem Interesse, ihn zu begleiten.*

*Aber dazu kam es nicht. Man vertrieb sich die Zeit damit, bald hierhin, bald dorthin vorstoßend, Dorf um Dorf zu plündern und nach lebender Beute zu durchsuchen. Überall lagen bald abgeschlachtete oder*

*sterbende Menschen zwischen den rauchenden Trümmern. Obwohl die
Natur diese Landschaften mit sehr fischreichen Gewässern versehen, war
eine Hungersnot die gewöhnliche Folge der Sklavenjagden. Flöße zu
bauen und über den Logone zu setzen, um den dorthin geflüchteten
Mussgu der Tuburi-Landschaft zu folgen, dazu sah sich das Riesenheer
nicht imstande.*

## Ein Wasserkampf

Da bot sich ein willkommener Gegenstand, woran das er-
grimmte Heer seine Erbitterung auslassen konnte. In einer kanalartigen Wasserrinne, wo wir gerade unsere ermüdeten Tiere
tränkten, zeigten sich vier Eingeborene, die, offenbar im Vertrauen auf ihren Mut und ihre Geschicklichkeit im Schwim-
men, hier im tiefen Wasser ihre Zuflucht genommen hatten,
um beim Abzug des Heeres den Ihrigen ein Zeichen zu geben.
Diese kleine Heldenschar beschloß man zu opfern, und das
ganze Reiterheer stellte sich in dichten Gliedern an beiden Seiten des Wassers auf. Jedoch war es nicht so leicht, als es
schien, und alles Feuern der schlechten Schützen war umsonst,
da die Mussgu geschickt untertauchten. Da ließ der Vezier einige Kanembu ins Wasser gehen, und es entspann sich ein eigentümlicher Kampf, wie ich ähnliches nie gesehen, ein Was-
serkampf mit Schild und Lanze, der wahrhaftig nicht geringe
Anstrengung erforderte; denn während die Leute sich mit
ihren Füßen über dem Wasser halten mußten, hatten sie zugleich den Speer zu schleudern und den Wurf des Gegners zu
parieren. Die armen Mussgu kämpften nicht allein für ihr eigenes Leben, sondern gleichsam für ihre Nationalehre. Es waren
große, muskulöse Gestalten, die einzeln den Kanembu bei weitem überlegen waren; aber die Mehrzahl siegte nach langem
Kampfe; drei von den Mussgu schwammen bald als Leichen
auf dem Wasser; der vierte jedoch war unbesiegbar, und die
Kanembu, die zwei der Ihrigen verloren hatten, gaben ihn in
der Verzweiflung auf.

Nach diesem schimpflichen Siege setzten wir unseren
Marsch fort.

In der Tat ist für einen fühlenden, wißbegierigen Reisenden
nichts trostloser, als solch einen Raubzug zu begleiten; aber

bei den gegenwärtig in diesen Landen noch obwaltenden Verhältnissen muß er entweder den Besuch vieler Gegenden ganz aufgeben oder eine solche Gelegenheit ergreifen. Er wird dann aber auch das Recht haben, mit um so mehr Bestimmtheit von dem Elend zu sprechen, das durch diese Raubjagden über die schönsten und volkreichsten Gegenden dieses Weltteiles gebracht wird.

*Etwa auf elf Grad Nord wurde bei der Rückkehr nach Norden an der Nordgrenze des »feindlichen« Mussgu-Landes gelagert, um hier die Beute zu teilen. Denn weiter nördlich, auf »befreundetem« Gebiet, würde sich die Masse in einzelne Trupps auflösen und jeder weiterhin eifrig plündern und morden, wo es ohne Risiko ging.*

*Am Nachmittag des 17. Januar 1852 waren zwei befreundete Mitglieder des Heeres in nahe liegende Dörfer gezogen, um Pferdefutter aufzutreiben. Am Abend aber brachten sie achthundert Sklaven und zahlreiche Rinder mit. Das geschah mit Einverständnis des »Fürsten« Adischen, der so seine eigenen Landsleute zum Zeichen seiner Unterwürfigkeit auslieferte. Huldvoll ließ der Vezier ihm zweihundert der ältesten und fast nutzlosen Weiber wieder zustellen* mit dem freundlichen Bemerken, sie sollten das Land bestellen, und er wolle, wenn er wiederkomme, den Ertrag davon essen.

*Trotz einer für diese Gegend »grimmigen« Kälte von 10,5 Grad etwas vor sechs Uhr morgens, so daß die nackten Sklaven, die ihren warmen Hütten entrissen worden waren, die Nacht über jämmerlich schrien, blieb der Heereszug noch einige Zeit beisammen. Angeblich waren zehntausend Sklaven erbeutet. Barth meint aber, das sei großsprecherische Übertreibung gewesen, die Zahl habe sich auf dreitausend belaufen. Ein Drittel bekam der »Heerführer«.*

*Bevor sie die weiten Tonebenen südlich des Tschad und damit Bórnu-Gebiet wieder betreten, erscheinen Boten und melden, daß für Barth und Overweg ein Kurier aus dem Fessan angekommen sei. Aber die Tuareg hätten ihm die Briefe und andere für die Reisenden bestimmte Dinge geraubt.*

*Am Sonntag, dem 1. Februar 1852, wird feierlich Einzug in die Hauptstadt Kuka gehalten. Hier war auch der Scheich Rhet jener Uëlad Sliman zum Empfang erschienen, mit dem Barth den Raubzug nach Kanem gemacht hatte.*

Sonntag, den 1. Februar 1852.
Das war der Ausgang eines Feldzuges, der uns einen leichten

288

Fernblick in die reich bewässerte Zone der Äquatorial-Landschaften eröffnete, wo sich wegen des geringen Gefälles der Flüsse bei der ungeheuren, ihnen plötzlich zugeführten Wassermenge unzählige Hinterwasser und seichte Wasserläufe auf wenig ausgetieftem Wiesengrund bilden. Und doch hatte man von ebendiesem, einen großen Teil des Jahres der ungeheuren Wasserfülle wegen fast unpassierbaren Ländergürtel die Meinung gehegt, daß er als hohe Gebirgskette eine unübersteigliche Barriere bilde.

Dieser Zug hatte uns ferner mit Stämmen in Verbindung gesetzt, die als dem Zustand wilder Bestien sich nähernde Wilde dargestellt worden waren, während wir bei ihnen manche Keime eines bescheidenen menschlichen Glückes fanden.

— … die Vegetation wird fort allmählich reich und die …
… Gruppen von Reitern …
blieben … vor …
… erreichte ich mit den Reitern … um 10,5 der …
Tagesordnung, wo die Sonne … 11,35 …
Unser Rast war heute ziemlich …
… — Reis des Mohammed …
… zum Theil sehr …
… ein Gericht …
… mit … fleisch, und ein freilich nicht sehr
schmackhafter Fisch aus dem nahen …

    Dienstag den 23ten December brachen wir
6,20 Uhr mit S. 20 O. durch … , wo die junge
Reiterei … Halt machte in langen
Fronten, das erste Mal weil First Adraehen
… und einem trupp … sattellosen
Reitern … mit nicht kleinem Schaden, das zweite
Mal als ein trupp von etwa 100 … unhaltsäm…
… Churbu's des Großen von
Fette … in geringer …
… gelegt hatten, zum … Fluß, um am
der … Theil zu nehmen, die die … …
über … Musgabe um … fiel …
Unsere Richtung … um 8 U. S. 35 O. Da die …
nicht … die Rast von gestern mir nicht …
… bleib ich weit hinter der Masse
zurück und hielt mich von der ersten …

*(Aus) Dr. Barth's Tagebuch*
*vom 22ten Dezember 1851–26sten März 1852*

– das Dorngebüsch hörte allmählich auf und viel wilder 5,50–11,35
Reis zeigt sich. Hier und da war ein Wasserteich herrli- 5 St. 45 M.
cher Baumwuchs umher ... und augenblicklich belebt
von Gruppen von Reitern die hier ihre durstigen Gäuler
tränkten. In solcher Umgebung fortreitend erreichte ich
mit der Reiterei um 10,5 den Lagerplatz, wo die Kamele
11,35' eintrafen; Unsere Kost war heute äußerst mannig-
fach; außer unserer gewöhnlichen Zeltkost – Reis oder
Mohamssa mit Bohnen – ward uns heute zu Theil ein
Gericht Hasenfleisch, ein Gericht Elephantenfleisch,
was durchaus eßbar war, etwas Ähnlichkeit mit Schwei-
nefleisch, und ein freilich nicht sehr schmackhafter
Fisch aus dem nahen Wasserpol.

Dienstag, den 23sten Dezember brachen wir 6,20 auf 6,20 fort
mit S. 20 O. durch Karaga, wo die ganze Reiterei zwei- S. 20 O.
maligen Halt machte in langer Fronte, das erste Mal, weil
Fürst *Adischen* herankam mit einem Trupp seiner sattellosen Reiter auf meist kleinen Pferden, das zweite Mal
als ein Trupp von etwa 200 Fellata unter Anführung
(eines Dieners) *Churso's* des Großen von Fette, das wir
schonend in einiger Entfernung im W. gelassen hatten,
zum Bornuheere stieß, um an der Razzia Teil zu nehmen, die die ihnen verhaßt überlegenen Musgostämme
schwächen sollte. Unsere Richtung war um 8 U. S. 35 O. 8 U
Da die Mannigfaltigkeit der Kost von gestern mir nicht S. 35 O.
eben förderlich gewesen, blieb ich weit hinter dem We-
zir zurück und hielt mich an den ersten Kamelen, ...

Excursion nach Musgo

*Abbildung 47.* Erste Seite eines der Tagebücher von Heinrich Barth. Aufbruch im Dezember 1851 von der Bórnu-Hauptstadt Kúkaua nahe dem Tschadsee, südwärts nach Mussgu-Land. (Staatsarchiv Hamburg.)

# Kapitel 23

## Gefangen in Bagirmi

*Ohne Geldmittel, ohne Nachricht von seinen Verwandten, von den Auf-*
*traggebern der Expedition will Barth noch einen letzten, verzweifelten*
*Versuch machen, seine Forschungen fortzusetzen, bevor er nach Europa*
*zurückkehrt.*

*Südöstlich des Tschadsees, östlich des Schari, liegt die Landschaft Ba-*
*girmi mit der Stadt Massenja. Barth sollte den Fluß etwa an der Stelle*
*überschreiten, wo heute Ndjamena (Ex-Fort Lamy), der Verwaltungs-*
*mittelpunkt des Tschad-Gebietes, liegt. Overweg begleitet ihn eine*
*Strecke und nimmt dann Abschied von ihm, um das Gebiet des Sees wei-*
*ter zu erforschen und nach Maduari zu reisen, wo ihm bestimmt war,*
*dem Schicksal zu erliegen.*

*Obwohl der Tschad ganz süßes Wasser hat, ist alles Wasser der*
*Brunnen dicht südlich davon so natronhaltig, daß Barths ohnehin ge-*
*schwächte Gesundheit wieder sehr erschüttert wird.*

*Überall trifft er Baumwollanbau, der seiner Ansicht nach noch sehr*
*ausgedehnt werden könnte. Ostwärts des Logone kommt er in völlig un-*
*bekanntes Land. Weite Waldungen von Mimosen und Delebbäumen*
*sind zu durchziehen.*

*Am 1. Februar 1852 war Barth nach Kuka zurückgekehrt und am*
*4. März von dort wieder aufgebrochen; am Donnerstag, dem 18. März,*
*setzte er heimlich über den Schari. Er wollte den Nachstellungen eines*
*Bezirksgewaltigen entgehen, der in ihm einen Handelskonkurrenten ver-*
*mutete. Vielleicht war dieser Mann aber auch von dem sonst so freundli-*
*chen Scheich von Kuka aufgestachelt worden, um dem Forscher ein Vor-*
*dringen in das ihm (dem Scheich) feindliche Land Wadai unmöglich zu*
*machen.*

*Von dem unheimlichen Gefühl verfolgt, daß man ihn an der Weiter-*
*reise mit allen Mitteln hindern wolle, zieht Barth langsam durch ebenes,*
*stellenweise gut angebautes Land. Nie habe er so viel Gewürm gesehen*
*wie hier, berichtet er. Es schien sich mit der herannahenden Regenzeit*
*(die Anfang April einsetzte) noch zu vermehren. Ein langer, schwarzer*
*Wurm kroch gefräßig zu Millionen umher. Weiße Termiten verfolgten*

*Barth unaufhörlich. Sie fraßen ihm ganze Stücke seines Teppichs weg,
auf den er sich zu betten pflegte. Gelbe Käfer mästeten sich an den Er-
zeugnissen des Landes und wurden dann von den Bagirmiern selber
verspeist.*

*In einem Ort dicht vor der Hauptstadt Massenja muß Barth warten.
Der Häuptling hält ihn für Tage fest, bis die Erlaubnis zu seiner Weiterreise gekommen sei. Da kann er die vielen Trupps studieren, die,
Handel treibend oder als Pilger auf dem Wege von und nach Mekka,
durchziehen. Klug für die Verbreitung guter Nachrichten über sich selbst
sorgend, verschenkt er, da er Wertvolleres nicht mehr besitzt, Tag für
Tag Nadeln an reich und arm. Bald ist er als der »Nadelprinz« überall
bekannt. Voll Dankbarkeit erinnert er sich des »abessinischen Reisenden« Charles Beke, auf dessen Rat er in London ein kleines Sortiment
dieser Nadeln eingekauft hatte. Jetzt bestritt er damit auch noch seinen
Unterhalt. Drei Stopfnadeln brachten ihm ein Huhn.*

*Endlich aber ist Barth des Wartens müde, und er macht sich wieder
auf den Rückweg. In Mele, am Schari, erwartet ihn eine böse Überraschung. Aus der Hauptstadt sind ihm Boten vorausgeeilt, ihn, das kostbare Erpressungsobjekt, nicht außer Landes zu lassen.*

## In Fesseln

*Am Montag, dem 19. April, kommt der Vorsteher des Dorfes plötzlich
in sein Zelt und teilt ihm mit, daß er nicht weiter dürfe. Barth entgegnet
ihm, da wolle er in der Zwischenzeit in der Gegend etwas umherwan-
dern und sich das Land ansehen. Das wollte der Ortsvorsteher aber
nicht, und mit einemmal erschienen mehr und mehr Leute im Zelt,
packten ihn ganz plötzlich und fesselten ihm die Füße.*

*Zum Glück ging alles so schnell, daß Barth nicht in die Versuchung
kam, zur Waffe zu greifen. Man schleppte alles weg, was er besaß,
selbst sein Tagebuch, und fesselte auch seinen Diener. Sein Pferd nahm
ein Sklave und ritt damit nach der Hauptstadt. Ein anderer stellte sich
vor ihn hin und ermahnte ihn, sein Geschick mit Geduld zu ertragen;
denn alles komme von Gott.*

*Vier Tage liegt er so.*

Glücklicherweise hatte ich die Beschreibung von Mungo
Parks erster Reise bei mir *(der 1805 den Niger erforschte)*, und die
Schilderung seiner Leiden unter den Lundamar hätte mir nie
einen so hohen Genuß *(Genuß im Sinne von Nutzen)* gewähren

können wie in meiner jetzigen Lage, und sein Beispiel verfehlte nicht, meine Geduld zu stärken.

Während ich mich in diesem Zustand befand, dachte ich darüber nach, welche Möglichkeit für Europäer vorhanden sei, diese Länder zu zivilisieren.

*Am Abend des 23. April kommt ein einflußreicher Mann aus Bakada (dem Ort kurz vor Massenja), dessen Zuneigung er erworben hatte, sieht ihn in Fesseln und läßt ihn ungesäumt befreien. Auch seine Habe erhält er wieder samt der Erlaubnis, die Hauptstadt zu besuchen. Diese ist aber nur eine Ansammlung von Ruinen, ein Spiegelbild der Siedlungen des ganzen, einst so blühenden Landes, jetzt infolge von Bürgerkriegen und Einfällen beutelustiger Nachbarn verödet. Da der Sultan selbst abwesend war, bekam er es mit dem Vizestatthalter zu tun, der ein ungebildeter und argwöhnischer Mann war und ihn, der umherging, mit allen und jedem sprach und über die Nachbarländer Erkundigungen einzog, reichlich verdächtig fand. Barth bat denn auch, ihn wieder abreisen zu lassen; aber das verbot er, bevor nicht der Sultan zurückgekehrt sei.*

*Am 21. Juni sandte er dem Forscher nun folgende seltsame Botschaft: Die Leute der Residenz hätten ihm erzählt, wenn Wolken, die Regen zu bringen versprächen, am Himmel aufzögen und er (Barth) schaue sie nur gebieterisch an, so würden sie sogleich wieder verschwinden. Jedesmal käme er, wenn ein Gewitter aufstiege, aus seiner Wohnung und geböte den Wolken, sich zurückzuziehen.*

*Da kann selbst der so bedachtsame Doktor nicht an sich halten und bricht in lautes Lachen aus. Voller Entsetzen nimmt es der Abgesandte des Vizestatthalters wahr und ermahnt ihn wohlwollend und ernsthaft, die Sache nicht so leicht zu nehmen.*

*»Nun«, sagte Barth, »das einfachste ist, ihr laßt mich ziehen; dann will ich Tag und Nacht ununterbrochen um Regen beten. Gegenwärtig aber kann ich ihn keinesfalls brauchen; denn sonst schwillt der Fluß (Schari), und ich komme nicht wieder hinüber!«*

*Doch der Vizestatthalter war nicht recht überzeugt. Vielleicht sei Barth doch ein Zauberer und ließe sich bestimmen, Regen herbeizuschaffen, wenn er seine Bewirtung verbessere. Als aber einige Tage danach immer noch kein Regen kam, wurden wieder die alten Rationen ausgeteilt.*

*Inzwischen gewinnt Barth viele Freunde, und die Unterhaltungen, die er mit ihnen führt, verkürzen ihm die Zeit und geben wichtige Auf-*

schlüsse. Besonders eng schließt er sich an einen alten, sehr hoch gewachsenen und hageren Fulbe, den blinden Faki Ssambo, an, von dessen Gelehrsamkeit er schon oft hatte rühmen hören. Der Greis war nicht nur in allen Zweigen der arabischen Literatur wohlbewandert, sondern kannte die ins Arabische übertragenen Schriften von Aristoteles und Plato und besaß sie sogar selbst in Handschriften. Einmal besucht ihn Barth in seinem Hause und ist tief erschüttert, als er den blinden alten Mann in seinem Hofraum inmitten eines Haufens alter Handschriften sitzend findet, »an denen er sich jetzt nur noch wie Polyphem an seinen Schafen *(Erzählung aus der Odyssee!)* durch Betasten ihrer ledernen Umschläge erfreuen konnte«.

*Endlich rückt der Sultan, nach wiederholten falschen Gerüchten, gegen seine Hauptstadt heran. Er ist ein halbes Jahr fort gewesen mit seinem Heer, auf Kriegszug, d.h. auf Sklavenjagd, wie Barth sie kurz vorher selber erlebt hatte.*

## Einzug des Sultans in Massenja

Sonnabend, den 3. Juli 1852.
Schimmernder Pomp und barbarische Pracht wurden in Fülle entfaltet. Der Sultan trug einen gelben Burnus und ritt einen Grauschimmel, dessen Vortrefflichkeit jedoch kaum zu erkennen war, da er in Kriegszeug von buntgestreiftem Stoff gekleidet war. Auch der Kopf des Sultans selbst war kaum sichtbar, nicht nur wegen der zahlreichen Reiter, sondern wegen zweier Schirme, der eine von grüner, der andere von roter Farbe – welche ein paar Sklaven auf jeder Seite neben ihm trugen. Sechs Sklaven, deren rechte Arme in Eisenblech gekleidet waren, fächelten ihm mit Straußenfedern, die an langen Stangen befestigt waren, Kühlung zu; um ihn her ritten fünf Häuptlinge. Dann folgten zahlreiche Vornehme des Landes, diesen das Kriegskamel, das der Trommler ritt, der seine Geschicklichkeit auf zwei an jeder Seite des Tieres befestigten Pauken zur Schau stellte. Neben ihm ritten drei Musikanten.

*Dann folgte eine lange Reihe von fünfundvierzig bevorzugten Sklavinnen oder Konkubinen des Sultans, welche zu Pferde und vom Kopf bis auf den Fuß in einheimisches, schwarzes Baumwolltuch gekleidet waren; jede hatte rechts und links einen Sklaven. Die Reihe endete mit elf Kamelen, welche das Gepäck trugen.*

*Der Sultan erwies Barth viel Aufmerksamkeit. Er sandte Bruder und Sohn seines Vertrauten Maina. Zu diesem ging Barth am folgenden Tag. Da er sehr krank war, hatte er um Arznei gebeten. Barth überzeugte sich von seinem ernsten Zustand und verweigerte ihm unter dem Vorwand, es sei hier zur Verabreichung zu dunkel, das Heilmittel. Er pries sich nachher deswegen glücklich; denn als Maina nach wenigen Tagen starb, hätten die Hofleute ihm oder seinen Arzneien sicher die Schuld an Mainas Tod gegeben.*

*Zur gleichen Zeit erhält Barth Nachricht von der Ankunft eines Boten aus Kuka mit Depeschen für ihn, da eine Karawane aus dem Fessan die seinerzeit von den Tuareg zurückgehaltenen Postsachen mitgebracht hatte.*

## Post aus Europa!

Weil ich aber schon zu wiederholten Malen mit ähnlichen Berichten getäuscht worden war, überließ ich mich nicht eitler Erwartung. So brach nach ruhig vollbrachter Nacht der 6. Juli an, welcher Tag einer der glücklichsten meines Lebens werden sollte; denn nachdem ich über ein Jahr ohne Mittel irgendeiner Art gewesen war und mit meinem Geschick gekämpft hatte in dem Bestreben, vor meiner Heimreise noch soviel wie möglich zu tun – sah ich mich plötzlich beauftragt, die Zwecke dieser Unternehmung in größerem Maße auszuführen, und fand hinreichende Mittel mir zu Gebote gestellt, um dieselben zu erreichen.

Der Bote verstand sich jedoch sehr gut auf seine Sache: Denn er brachte mir, obgleich er zwei große Briefpakete für mich hatte, bloß das erstere, welches in Kuka sehr sorgsam in einen langen Streifen feiner Baumwolle gepackt und noch in rotes und gelbes Leder eingenäht worden war, ohne auch nur mit einem einzigen Worte des zweiten Paketes Erwähnung zu tun. Erst nachdem ich mit Muße die Depeschen, welche mich mit dem Vertrauen der englischen Regierung beehrten, gelesen und seinen Eifer mit einem neuen Hemde belohnt, ging er schweigend fort, kehrte aber bald mit dem zweiten Briefpaket und einem anderen zurück.

*Nun hat Barth lange Zeit damit zu tun, die vielen Briefe aus Deutschland und England zu lesen. Man erwartet alles mögliche von dem bisher so Erfolgreichen. Der Londoner Gesandte von Bunsen hält es gar für möglich, daß er die unbekannte Äquatorial-Zone durchwandert und die Südostküste erreicht.*

Ja, man betrachtete uns zur Zeit gleichsam schon als glücklich in Mombas *(Hafen an der afrikanischen Ostküste)* angelangt.

*Er selbst freilich hatte das früher auch schon einmal gewollt: Aber die Reise nach Adamaua und mehr noch die ins Tuburi-Land hatten ihn von der Unmöglichkeit überzeugt, dieses Unternehmen in seiner Lage durchzuführen. Daher freute er sich besonders über Lord Palmerstons Vorschlag, nach Westen vorzudringen und zu versuchen, Timbuktu zu erreichen.*

*Nach Richardsons Tod hatte Barth in einem Briefe an Bunsen geäußert, daß er sich, wenn er nun die Expedition weiterführe, vielleicht zu sehr binden müsse. Aber Bunsen beruhigte ihn mit seinem Brief vom 5. Januar 1852, in dem er schrieb:*

*»Sie müssen im Auftrag Englands reisen, da Sie nur unter englischem Schutz Ihre Reise fortsetzen und vollenden können. Ich bitte Sie, so viel Vertrauen zu mir zu haben, daß ich Sie gewiß nicht an England verkaufen oder zugeben werde, daß man Ihnen irgendwie lästige Bedingungen vorschreibt ...«*

*Und in der Tat ließ der Bescheid des englischen Auswärtigen Amtes ihm alle Möglichkeiten offen. Er stellte die Antwort auf seinen Brief vom 19. April 1851 dar, war am 7. Oktober 1851 ausgefertigt worden und gelangte erst am 6. Juli 1852 in Massenja in seine Hände (also fünfzehn Monate, nachdem Barth seinen Brief geschrieben hatte!).*

*Es hieß in dieser englischen Note:*

*»Zur Zeit der Ausfertigung jenes Memorandums (vom Dezember 1849, worin die Forschungsziele festgelegt worden waren) schien es, als hegten Sie den Gedanken, Ihre weiteren Unternehmungen ostwärts gegen den Nil oder südöstlich gegen Mombas (Mombasa) auszudehnen. Mögen Sie nun hieran noch festhalten oder einen Grund haben, eine westliche Reise in der Richtung auf Timbuktu vorzuziehen, so läßt Ihnen Lord Palmerston durch mich mitteilen, daß er ganz einverstanden ist, Ihnen die Weiterführung und den Abschluß der Expedition anzuvertrauen, wie es in dem Auftrage an Mr. Richardson lag.*

*Sie wollen sich demzufolge hierdurch als autorisiert ansehen, die Leitung der Expedition für die Zukunft zu übernehmen und denjenigen Weg zu verfolgen, der Ihnen nach reiflicher Überlegung der passendste zu sein scheint ...«*

Mitten im Genusse meiner brieflichen Schätze, während alle meine Briefschaften aus jenen fernen Gegenden auf meinem einfachen Lager ausgebreitet lagen, ward ich plötzlich durch einen meiner Diener unterbrochen, der in mein Gemach geeilt kam und mich rasch davon benachrichtigte, daß eine zahlreiche Schar von Hofleuten soeben mein Gehöft betreten habe.

Ich hatte kaum Zeit gehabt, meinen Schatz unter der Matte zu verbergen, als die Hofleute in mein Gemach eintraten, so daß sich dasselbe in wenigen Augenblicken mit schwarzem Volk und schwarzen Toben *(den hemdartigen Sudan-Gewändern)* anfüllte.

*Die Höflinge hatten schon allerhand von den vielen Briefen gehört. Von Anfang an hatten sie Barth in Verdacht, ein türkischer Spion zu sein. Ein Pilger aus dem fernen Westen behauptete das ganz entschieden; denn – nur solche Leute trügen Strümpfe.*

Die Besucher wollten zunächst einmal die Geschenke für den Sultan sehen, bestaunten die Repetieruhr aus Nürnberg, mehr aber noch das Fernrohr.

Dann verlangten sie nach vielem Zusammenducken und leisem Beraten, das mir ein etwas unheimliches Gefühl einflößte, das Buch zu sehen, in das ich alles, was ich sähe und hörte, niederschriebe. Ohne Zaudern nahm ich mein Tagebuch heraus, las ihnen dann freiwillig mehrere Seiten daraus vor, die sich auf die Geographie und Ethnographie des Landes bezogen, und es gelang mir, ihnen ein herzliches Lächeln abzugewinnen und ihre gute Laune so zu wecken, daß sie selbst einige Namen hinzufügten.

*Barth gab ihnen das Tagebuch sogar bereitwillig mit, so daß nun beim Sultan alle möglichen Leute zusammengerufen wurden, um das geheimnisvolle Ding zu entziffern. Der blinde Ssambo erzählte Barth später, man habe auch ihn gerufen, er habe aber alles aufgeklärt; der Grund der ganzen Aufregung sei überhaupt etwas anderes, sei ein Brief des Sultans von Kuka an den von Massenja gewesen, mit der Aufforderung, den Reisenden sofort und ungehindert zurückkehren zu lassen. Das habe das Unabhängigkeitsgefühl des Herrschers von Bagirmi beleidigt.*

*Doch sein Tagebuch erhielt Barth zurück.*

*Kurz darauf kamen wichtigtuende Abgesandte des Sultans zu ihm und fragten ihn, ob er nicht eine Kanone bei sich hätte. Als das verneint wurde, wollte man wissen, ob er nicht eine machen könne.*

*Am Tag darauf erschienen die Höflinge wieder. Der Sultan wolle ihm ein Kamel und eine hübsche Sklavin schenken.*

*Aber die Möglichkeit zur Abreise ergab sich trotzdem noch lange nicht. Inzwischen stellte sich jedoch heftiger Regen ein, und alles Volk wußte es nun genau: Erst die Ankunft ihres Sultans hatte den Zauber gebrochen, der mit dem weißen Mann über die Stadt gekommen war! Das einzige Gute, das der sich so lange hinziehende Aufenthalt in Massenja mit sich brachte, war die Fülle an Nachrichten über Bagirmi und dessen großes Nachbarreich Wadai, das eine Zeitlang verlockend vor ihm lag, in das er sich aber, kühl überlegend, nicht hineinwagte, da das Feuer eines verheerenden Bürgerkrieges dort noch nicht gänzlich ausgebrannt war.*

*Am 10. August kam endlich der Tag der Rückreise nach Kuka.*

*Jedoch so oft war Barth mit dem Versprechen der Abreiseerlaubnis getäuscht worden, daß er, als er sie wirklich erhielt, zunächst gar nicht daran glauben wollte und sich nicht darum kümmerte. Dann aber erschien ein Schwarm von Höflingen, um von ihm Abschied zu nehmen. Vor allem wollten sie ihm sein Pferd abkaufen, das wegen seiner Qualität überall ein Gegenstand des Neides war. Als er nichts davon wissen wollte, gaben sie ihm den Beinamen »der Stolze, der Hochmütige«, wie sie ihn ähnlich vorher als den »Vater der drei« verspottet hatten, weil er über seine Strümpfe und Schuhe manchmal noch Überschuhe trug, während sie nacktfüßig waren. Das Anderssein nahmen sie ihm übel.*

Ich hatte ein Vorgefühl, daß mir das Pferd noch auf manchem Zuge ein nützlicher Genosse sein werde, und es sollte mich in Wirklichkeit noch zwei Jahre lang tragen und den Neid meiner Freunde und Feinde in Timbuktu erregen, wie es hier *(in Massenja)* geschah.

Durch den vielen Regen war das ganze Land verändert. Die Dorfschaften, mit deren Aussehen wir während der trockenen Jahreszeit so genau vertraut gewesen, waren kaum wiederzuerkennen *(Mitte August)*, indem die Hütten durch die hohen Saaten jetzt dem Blicke völlig entzogen waren.

*Ununterbrochen gibt es Regengüsse, und Barth hat alle Mühe, seine Reisegefährten voranzubringen. Schari und Logone führten viel Wasser, und es war höchste Zeit überzusetzen. Die Plackereien der letzten Mo-*

*nate und die geschwächte Gesundheit ließen Barth seine Isolierung in dieser fremden, feindlichen Welt besonders fühlbar werden. Er sehnte sich nach einem Menschen seiner Art. Bald würde er Overweg wiederse-hen, der ihm ein rechter Freund geworden war.*

Während meines nächsten Tagesmarsches führte ich ein gar amphibienartiges Leben, indem ich mich ebensoviel im Wasser als auf festem Boden befand; denn außerdem, daß ich von einem heftigen Regenschauer, welcher den größten Teil des Tages über anhielt, durchnäßt wurde, hatte ich noch drei be-trächtlich angeschwollene Bäche ohne Hilfe eines Bootes zu passieren, wobei ich mich zweimal entkleiden und, indem ich Kleidung und Sattel auf dem Kopfe befestigte, mit dem Pferde durchschwimmen mußte.

Als wir endlich beim Dorfe Gudjari *(nahe dem Tschad)* den schwarzen Tonboden verließen, aus welchem diese ganze, in der gegenwärtigen Jahreszeit in einen ununterbrochenen Sumpf verwandelte Alluvialebene *(Anschwemmungsland)* be-steht, trat ein leichter Sandboden auf, so daß wir von nun an unseren Marsch behaglicher fortsetzen konnten.

Ich hatte einen Mann vorausgeschickt, um dem Vezier und Herrn Dr. Overweg meine Ankunft anzuzeigen; dann hatten wir bei einer der vielen stehenden Lachen eine kurze Zeit halt-gemacht und waren eben im Begriff, wieder zu Pferde zu stei-gen, als mein Freund *(Overweg)* dahergaloppiert kam. Unser Wiedersehen war beiderseitig ein höchst freudiges, da wir diesmal viel länger voneinander getrennt gewesen waren als je vorher.

# Kapitel 24

# Tod des Freundes und Vereinsamung

Herr Dr. Overweg hatte inzwischen eine sehr interessante Reise nach dem südwestlichen Gebirgslande von Bórnu (Yakoba) ausgeführt und war bereits vor zwei Monaten von dort zurückgekehrt; aber ich war höchst erstaunt, daß er ungeachtet dieser langen Ruhe viel schwächer und erschöpfter aussah, als ich je früher bemerkt hatte. Er teilte mir mit, daß er seit seiner Rückkehr viel gekränkelt habe und sich auch jetzt noch nicht hergestellt fühle, beschrieb mir aber auf die lebhafteste und aufmunterndste Weise die Mittel, welche zu unserer Verfügung gestellt worden waren, und mit den kühnsten Entwürfen für die Zukunft betraten wir die Stadt.

Hier fand ich mich nun, wieder in den Besitz meiner alten Wohnung gelangt, von Genüssen umgeben, denen ich während des letzten Halbjahres fast entfremdet worden war – wie Kaffee und Tee mit Milch und Zucker.

Es war ein sehr glücklicher Umstand für mich, daß sich meine Ankunft nicht einen halben Tag verzögert hatte; denn sowohl eine *(für Tripolis bestimmte)* Karawane wie ein Kurier *(dorthin)* waren abgegangen, letzterer vor vier Tagen, so daß die Leute meinten, es würde nicht mehr möglich sein, ihm meine Briefe nachzusenden. Der Vezier aber stellte drei Reiter, die ihn einholen sollten. Meine Diener *(donon Barth auf seinem schnellen Pferde vorausgeeilt war)* kamen nicht vor dem folgenden Abend an, und zwar in einem sehr trübseligen Zustand, indem sie sowohl mit dem Kamel als auch mit dem Gepäck viele Not gehabt hatten.

Montag, den 23. August 1852.

Der Scheich gab *(in einer Privataudienz)* den Wunsch zu erkennen, die englische Regierung möchte mich zum Konsul bestellen, worauf ich ihm erwiderte, daß dies untunlich sei, da es mir vielmehr obliege, unbekannte Länder zu erforschen, mit ihnen

Verkehr anzuknüpfen und sodann in die Heimat zurückzukehren.

Am letzten August unterzeichnete der Scheich den Vertrag *(mit England)* und machte uns dabei die Hoffnung, daß, wenn wirklich englische Kaufleute in das Land kommen und also nach anderer Ware als Sklaven nachfragen sollten, dann der Sklavenhandel allmählich abgeschafft werden könne.

Ich war jetzt in den Stand gesetzt, alle unsere pekuniären Angelegenheiten in Ordnung zu bringen.

Wir hätten nunmehr, wenn auch mit nur mäßigen Mitteln, allerdings recht Bedeutendes leisten können, wäre es uns beschieden gewesen, beisammen zu bleiben; aber während im Anfange alle unsere Anstrengungen durch die Geringfügigkeit unserer Mittel, welche keine umfassenderen Unternehmungen gestatteten, gelähmt worden waren, wollte es nun unser Geschick, daß, als endlich hinlängliche Mittel eingetroffen waren, einer von uns beiden erliegen sollte.

Da Overweg sich nach einer kleinen Luftveränderung sehnte, es auch unserem Zwecke, der Erforschung des Tsad, ganz entsprach, den Zustand des Komádugu *(der von Westen zufließt)* in dieser Jahreszeit zu beobachten, während größere Unternehmungen gegenwärtig nicht möglich waren, so kamen wir überein, daß Overweg einen kleinen Ausflug nach dem unteren Teil des Flusses machen sollte. Demgemäß reiste er am 29. August ab.

Ich begleitete ihn bis zur Dorfschaft Dauergu, und wir trennten uns mit der Zuversicht, daß ihm der Ausflug recht zuträglich sein würde. Herr Dr. Overweg fand auch viel Unterhaltung an dem reichen Pflanzenwuchs des Komádugu; er erfuhr durch Erkundigung bei den Eingeborenen die sehr interessante Tatsache, daß dieser Fluß, welcher in der trockenen Jahreszeit aus einer Reihe von einzelnen Pfützen besteht, am 21. oder 22. Juli einen ununterbrochenen, ostwärts dem Tsad zuziehenden Strom zu bilden anfängt und dann sieben Monate lang, also bis Mitte Februar, zu fließen fortfährt; im Monat November beginnt er über seine Ufer zu treten. Aber so sehr sich auch mein Freund für die ihn umgebenden Gegenstände interessierte, so mußte er sich doch für deren aufmerksame Beobachtung nicht stark genug gefühlt haben; denn die von ihm auf diesem Ausfluge verzeichneten Bemerkungen sind äußerst kurz und unbefriedigend. Bei so geschwächtem Zustand beging er die Unbedachtsamkeit, den letzten Tagesmarsch seiner Rückreise nach Kuka, am 13. September, zu sehr zu beeilen, und ich bemerkte mit Bedauern, als wir zusammen zu Abend aßen, daß der Appetit gänzlich fehlte.

Mit der Unzuträglichkeit des Klimas während des Monats September vollkommen bekannt, kamen wir beide überein, uns soviel Bewegung wie möglich zu verschaffen und täglich einen kleinen Ritt zu machen. Wir verabredeten demgemäß auf Sonntag, den 19. September, einen Besuch in dem Dorf Dauergu. Aber unglücklicherweise verhinderte uns ein Geschäft, früh am Morgen aufzubrechen.

Da nun mein Freund an jenem Tag starkes Kopfweh hatte, so schlug ich vor, unseren Ausflug auf einen anderen Tag zu verschieben; er meinte jedoch, daß ihn die freie Luft stärken würde. Wir brachen daher während der Tageshitze auf; doch schien die Sonne nicht sehr hell, und Herr Dr. Overweg verfehlte nicht, sich den Kopf soviel wie möglich gegen die Sonnenstrahlen zu schützen.

Nachdem wir uns im Schatten eines Hadlidj *(Seifenbaum, Balanites)* erholt hatten, hielt sich Herr Dr. Overweg für stark genug, jagen gehen zu können, und war so unvorsichtig, daß er sich bei der Verfolgung eines Wasservogels in tiefes Wasser begab und, ohne auch nur ein Wort davon zu sagen, den ganzen Tag über in seinen nassen Kleidern blieb. Ich hatte keine Ahnung davon, bis er nach unserer Rückkehr in die Stadt spät am Abend seine Kleider am Feuer trocknete.

Obgleich er den ganzen Tag über in Bewegung gewesen, vermochte er doch nicht, unser einfaches Abendessen zu genießen. Er klagte jedoch nicht. Am folgenden Morgen fühlte er sich so schwach, daß er nicht vom Lager aufzustehen vermochte. Anstatt nun ein schweißtreibendes Mittel zu nehmen, wie ich ihm ernstlich riet, war er so eigensinnig, gar keine Arznei gebrauchen zu wollen, so daß seine Krankheit mit beunruhigender Schnelligkeit zunahm, am folgenden Tage seine Zunge wie gelähmt und seine Aussprache ganz undeutlich, ja rein unverständlich war. Er wurde sich nun selbst der Gefahr bewußt, in der er sich befand, und erklärte, er werde in der Stadt nicht genesen können; er müsse durchaus eine Luftveränderung haben und hege die Hoffnung, daß er, wenn ich ihn nach Maduari schaffen könnte, bei unserem Freunde, dem Fugo Ali, bald wiederhergestellt werden würde.

Es war eine schwierige Aufgabe, meinen kranken Genossen nach dem gewünschten Orte zu bringen, welcher über acht Meilen von Kuka entfernt ist. Obgleich er die Reise am Donnerstagmorgen antrat, vermochte er doch nicht, seinen Bestimmungsort am Freitag früh zu erreichen. Ich machte Fugo Ali ein Geschenk, damit er ihn sorgfältig pflege, ordnete das sonst noch Erforderliche an und kehrte alsdann nach der Stadt zurück, um meine Depeschen zu schließen; aber noch am selbigen Abend kam einer von den Dienern, die ich bei Herrn Dr. Overweg zurückgelassen hatte, mit der Nachricht zu mir, daß es viel schlimmer mit dem Kranken gehe und daß sie nicht ein einziges Wort von ihm verstehen könnten.

Ich stieg alsbald zu Pferde und fand, in Maduari angekommen, meinen Genossen in beklagenswertem Zustande im Hofraum liegen, da er sich hartnäckig geweigert hatte, in der Hütte zu schlafen. Er war in kalten Schweiß gebadet und hatte alle Decken von sich geworfen. Er erkannte mich nicht und wollte weder mir noch sonst jemand gestatten, ihn zuzudecken. Sobald Delirium eintrat, murmelte er fortwährend ganz unverständliche Worte, in welchem ein Gewirr von allen Begebenheiten seines Lebens enthalten zu sein schien. Er sprang wiederholt rasend von seinem Lager auf und rannte mit solcher Wut gegen die Bäume und das Feuer, daß vier Männer ihn kaum zurückzuhalten vermochten.

Gegen Morgen wurde er endlich ruhiger und hielt sich still auf seinem Lager, ohne daß ich bemerkte, wie seine Kraft schon ganz gebrochen sei. In der Hoffnung, er habe die Krisis überstanden, glaubte ich nach der Stadt zurückkehren zu können. Ich fragte ihn, ob er etwas Besonderes wünsche, und er deutete an, er habe mir etwas zu sagen; es war mir aber unmöglich, ihn zu verstehen. Aus dem, was sich bald ereignete, kann ich nur den Schluß ziehen, er habe mir im Bewußtsein des nahen Todes seine Familie empfehlen wollen.

Am Sonntag morgen sehr früh kam Herrn Dr. Overwegs erster Diener mit der Nachricht zu mir, daß der Zustand meines Freundes höchst bedenklich sei und daß er nicht ein Wort mehr gesprochen habe, seitdem ich ihn verlassen hatte, son-

O was für ein Jubel wird das für unsere Freunde am Tsad=See *) sein! dachte ich, für die Wackeren, die sich nun schon über drei Jahre mit Todesverachtung und ungeschwächtem Eifer unter dem lästigen Raub= gesindel der Tuariks und den gefährlichen Horden der fanatischen Fu= lahs herumgetummelt, fast ganz abgeschnitten von Europa und der übrigen civilisirten Welt! Nun werden sie endlich in wenig Monaten, mit verdoppelter Kraft, ihre große Reise südwärts antreten!

Diese meine Freude war von kurzer Dauer. Am nächsten Mor= gen, wo Vogel das Schiff bestieg, welches ihn nach Afrika führen sollte, kommt die Nachricht von Overweg's Tode und Barth's Entschluß, anstatt nach Süden, westwärts nach Timbuktu zu gehen. Was sind alle Pläne der Menschen, wo Gottes Hand waltet! Die Depeschen enthielten außer der Todesnachricht die wichtigsten Resultate der Ex= pedition, die bisher nach Europa gekommen, nämlich die Karte von Barth, welche Central=Afrika vom Kowara=Fluß bis Darfur umfaßt und die Entdeckungen und Nachrichten in Adamaua, Bagirmi, Waday und darüber hinaus, darlegt. Wohl durfte mir das Herz aufjauchzen beim Anblick dieses geographischen Schatzes, aber beim Gedanken an das schwere Opfer, welches selbiges gekostet, konnte ich Thränen nicht zu= rückhalten. Schmerzlicher noch mußte die Nachricht sein, weil der Tod des Dahingeschiedenen so ganz unerwartet und plötzlich war. Denn während dreier ganzer Jahre hatte sich die Gesundheit Dr. Overweg's ganz vortrefflich bewährt, ja es schien als ob er sich ganz acclimatisirt habe, und als ob sein Körper gegen die mörderischen Eigenschaften des afrikanischen Tropen=Klima's gesichert sei. In allen seinen Briefen, selbst in dem letzten, giebt er die frohe Versicherung seiner vollkomme= nen Gesundheit und so plötzlich wurde er dahingerafft, daß er selbst nichts Schriftliches aufzeichnen konnte über seine Krankheit. Wenig= stens befindet sich in seinen hinterlassenen, von Barth heimgeschickten

---

*) Seit Dr. Barth, der stets der Orthographie von Eigennamen besondere Auf= merksamkeit gewidmet, ausdrücklich bemerkt hat, daß die richtigere Schreibart Tsad und nicht Tschad ist, habe ich mich bewogen gefühlt, diese Schreibart anzunehmen.

---

*Abbildung 48.* Auszug aus der Zeitschrift für Allgemeine Erdkunde 1854, worin A. Petermann Vogels Abreise und Overwegs Tod mitteilt. Bemerkenswert der gefühlsbetonte Stil in einer Fachzeitschrift: sen= dungsbewußter Ton in der Zeit der Suche nach dem »Dunklen Herzen Afrikas«.

dern regungslos daliege. Ich ritt unverzüglich nach Maduari, aber ehe ich noch das Dorf erreichte, kam mir ein Bruder Fugo Alis entgegen und erklärte mir mit Tränen in den Augen, unser Freund sei verschieden.

Mit Tagesanbruch, während einige Regentropfen fielen, hatte sich sein Geist nach kurzem Kampfe vom Körper gelöst.

Am Nachmittag legte ich ihn in sein Grab; es war im Schatten eines schönen Hadlidj gegraben und gegen Raubtiere wohlgeschützt.

*Forscher-Tod*

So starb mein einziger Freund und Gefährte im dreißigsten Jahre seines Lebens, in der Blüte der Jugend.

Es war ihm nicht mehr beschieden, seine Reisen zu vollenden und glücklich heimzukehren; aber er fand einen höchst ehrenvollen Tod im Dienste der Wissenschaft. Es ist in der Tat ein bemerkenswerter Umstand, daß er seine Grabstelle selbst bestimmte, genau am Rande jenes Sees, durch dessen Beschiffung er seinem Namen ewige Berühmtheit verschafft hat. Sicher war es ein Vorgefühl des herannahenden Todes, daß ihn die unwiderstehliche Sehnsucht nach dieser Stelle erfaßte, wo er dicht an der Seite des Bootes starb, in dem er seine Reise gemacht hatte.

Viele Einwohner des Dorfes, denen er während seines wiederholten hiesigen Aufenthaltes wohlbekannt geworden war, beklagten bitter seinen Tod. Und sie werden gewiß des »tabib« *(Arzt)*, wie er genannt wurde, noch lange gedenken.

Tief erschüttert und voll von trüben Betrachtungen über meine verlassene Lage kehrte ich am Abend nach der Stadt zurück; aber unsere Wohnung, welche mein Gefährte während meines Aufenthaltes in Bagirmi bedeutend verbessert hatte, schien mir jetzt gänzlich verödet und überaus trübselig. War es nun gleich ursprünglich mein Vorhaben gewesen, noch einen Versuch zu machen, nach dem Ostufer des Tsad vorzudringen, so kam mir doch jetzt jeder längere Aufenthalt an diesem Orte so unerträglich vor, daß ich mich zur ungesäumten Abreise nach dem großen westlichen Strome entschloß, um mit neuen Ländern und Menschen in Berührung zu kommen.

*Am 7. Oktober 1852 schrieb er an Bunsen nach Europa (so berichtet G. von Schubert):*

Anstatt mich durch den Tod meines Reisegefährten nieder-
gebeugt zu fühlen, fühle ich meine ganze Kraft verdoppelt. Im
Bewußtsein, daß nun ferner hier nichts geschieht, was ich
nicht tue, fühle ich eine Riesenkraft in mir, allen Ansprüchen
zu genügen. Mein Schlachtfeld wird der Westen und, so Gott
will, der Südwesten werden. Mein erstes Ziel wird hierbei die
Erreichung Timbuktus sein, mein zweites Yakoba und die
nach Süden angrenzenden Lande mit dem unteren Laufe des
Benuë.

»*Nie hat Barth größer dagestanden als in diesem Augenblicke, in
welchem er, allein und abgetrennt von der gebildeten Welt, ungebroche-
nen Mutes einem großen Ziele unverrückt nachging, unbekümmert um
die Zukunft, wie gleichzeitig mit ihm ein Livingstone und in unseren
Tagen ein Nansen ...«* (v. Schubert).

# Kapitel 25

## Aufbruch nach dem »Fernen Westen«

*Vom Tschadsee zum Niger-Strom*

Der Tod meines letzten einzigen Gefährten, des Herrn Dr. Overweg, der sich gerade in dem Zeitpunkte ereignete, als sich die Aussichten unserer Mission aufklärten, hatte mich bewogen, meinen ursprünglichen Plan, mein Glück noch einmal an den nordöstlichen Gestaden des Tsad zu versuchen, aufzugeben. Denn in meiner vereinsamten Lage war ein solches Unternehmen zu gefährlich, und im Vergleich mit der Gefahr schienen die vernünftigerweise zu erwartenden Resultate bei der geringfügigen Macht, unter deren Schutz ich mich zu stellen hatte, ganz abgesehen von ihrem ruchlosen Charakter und dem gänzlich verwahrlosten Zustande des Landes, das ich zu erforschen hatte, zu unbedeutend. So kam ich zu dem Entschlusse, meine ganze Aufmerksamkeit dem Westen zuzuwenden, um, der Aufforderung Lord Palmerstons gemäß, die am mittleren Laufe des großen Flusses von Westafrika gelegenen Länder zu erforschen. Zur selbigen Zeit wollte ich auch Freundschaft mit dem mächtigen Beherrscher des Reiches von Sókoto anknüpfen und seine Erlaubnis für mich sowohl wie für andere Europäer erwirken, die südöstlichen Provinzen seines Reiches zu erforschen, vorzugsweise Adamaua, von dessen weiterer Erforschung mich die vorgegebene oder wirkliche Furcht des Statthalters jener Provinz vor dem Mißfallen seines Lehnsherrn zurückgehalten.

Ich war so glücklich gewesen, den Vertrag, der endlich vom Scheich und seinem Vezier unterzeichnet worden war, zugleich mit einer Karte, die die Resultate meiner Reisen und Forschungen in Binnen-Afrika in vorläufigem Entwurfe enthielt, in der Mitte Oktobers abzusenden, und ich hatte bei derselben Gelegenheit den englischen Konsul in Tripoli ersucht, mir durch einen besonderen Eilboten eine gewisse Summe

Geldes nach Sinder zu senden; denn ich war mit der Länge der vor mir liegenden Reise wohl bekannt und wußte, daß sie durch die Gebiete einer großen Menge verschiedener Häuptlinge führe, von denen einige die Beherrscher ansehnlicher Reiche seien.

Sobald ich Sinder passiert haben würde, konnte ich keine frische Unterstützung erwarten, und die Geldsendung, die ich bei meiner Rückkehr von Bagirmi erhalten hatte, war beinahe ganz verbraucht durch die Bezahlung von Schulden, die wir unter sehr unvorteilhaften Bedingungen während der Zeit gemacht hatten, als wir ohne Mittel gelassen waren. Außerdem war eine Summe von vierhundert Talern, zusammen mit einer Kiste, die ausgewählte englische Stahlwaren enthielt, unterwegs; aber der Tebu, dem sie übergeben war, ein Mann namens A'hmed Hadj 'Ali Bíllama, anstatt geradewegs mit der Karawane seinen Weg fortzusetzen, wie es sicherlich seine Schuldigkeit gewesen wäre, blieb in seiner Vaterstadt Bilma zurück, um dort eine Hochzeit zu feiern, und die Karawane, mit der er Fessan verlassen und die ansehnlich genug war, um leidliche Sicherheit zu gewähren, da sie zwanzig Pferde und einhundert Kamele zählte, kam am 10. November an, ohne das geringste für mich zu bringen, mit Ausnahme des Beweises einer so großen Gewissenlosigkeit, die mich in die größte Verlegenheit setzte. Aber da ich nicht imstande war, noch längere Zeit auf diese Sendung zu warten, begnügte ich mich damit, die Anweisung zurückzulassen, sie bei ihrer Ankunft sogleich nach Sinder weiterzubefördern.

Außer von dem baren Gelde war auch von den gesandten Waren ein großer Teil schon verbraucht, da wir uns gezwungen gesehen hatten, eine Menge Freunde zu belohnen, die so lange Zeit über ihre Gastfreundschaft gegen uns bewiesen und uns wesentliche Dienste geleistet hatten, fast ohne die geringste Erkenntlichkeit dafür zu finden, und so war es am Ende nur unter dem Zwange der Umstände, daß ich daran denken konnte, mit den Mitteln, die mir damals zu Gebote standen, meine Reise nach Westen anzutreten.

Aber glücklicherweise war eine hübsche Summe Geldes – eintausend harte Taler – unterwegs nach Sinder. Ebendort rechnete ich auch darauf, einige neue Instrumente zu erhalten, da der größere Teil meiner Thermometer zerbrochen war und ich zur Zeit nichts besaß, um hypsometrische Beobachtungen zu machen.

Ich wäre gern so bald wie möglich von Bórnu aufgebrochen; aber der Einfall, den ein Stamm der Tuareg oder, wie sie in Bórnu genannt werden, Kindin unter dem Häuptling Mu-ssa in die Provinz Múniomas machte, verzögerte meine Abreise um ein beträchtliches. Dieser Einfall der Horden der Wüste nahm ein größeres Interesse als gewöhnlich in Anspruch und wird es auch wohl für den Leser haben, wenn er ihn im Zusammenhange mit den Tatsachen betrachtet, die ich bei früherer Gelegenheit entwickelt habe, nämlich daß die Tuareg oder Berber ursprünglich einen integrierenden Teil der angesessenen Bórnu-Bevölkerung bildeten. Die Díggera nämlich – denn diesem Stamme gehörten jene einfallenden Raubbanden an – hatten augenscheinlich den festen Plan gefaßt, sich wiederum in jenen schönen Talebenen der Provinz Múnio anzusiedeln, die so überaus günstig für die Kamelzucht sind, weshalb sie denn selbst zur Zeit, als das Land in den Händen des Bórnu-Volkes war, ihre Kamelherden auf diese Weidegründe zu senden pflegten, während in früherer Zeit diese ganze Landschaft in ihren Händen gewesen war.

Endlich, nach wiederholtem Aufenthalt, wurde der Weg nach Westen offen, und ich nahm am 19. November 1852 Abschied vom Scheich in einer Privataudienz, in der nur der Vezier zugegen war, und ich hatte Grund, mir zu schmeicheln, daß ich nach der Weise, in der ich ihnen die Beweggründe auseinandergesetzt, die mich bewogen hatten, eine Reise zu den Häuptern der Fulbe oder Fellata zu unternehmen, keinen Grund zum Argwohn zwischen uns zurückließ; nur machten sie es mir zur Bedingung, daß ich Kano vermeiden und diese wichtige Stadt nicht besuchen sollte. Sie wünschten dann, daß ich ihnen versprechen sollte, nach meiner Rückkehr von Timbuktu bei ihnen zu bleiben, aber sie nahmen die Gründe meiner abschlägigen Antwort gütig auf und schienen einzusehen, daß ich ihnen daheim mehr nützen könne als in ihrem eigenen Lande. Damals war ich allerdings der Ansicht, daß die englische Regierung sich bewogen fühlen möchte, einen Konsul nach Bórnu zu senden, und ich machte ihnen Hoffnung dazu. Jedoch während meines Aufenthaltes in den westlichen Landschaften veränderte sich infolge des zeitweiligen Interregnums des Usurpators 'Abd e' Rahman und des Sturzes und der Ermordung des Veziers der Zustand der Angelegenheiten in Bórnu vollkommen und nahm einen weniger geordneten Charakter an, so daß die Basis meines Versprechens entrückt und ich meines Wortes gewissermaßen entbunden wurde. Ich fügte am Schlusse meiner Abschiedsaudienz die Bitte an meine freundlichen Wirte hinzu, daß sie eine Abschrift der Geschichte des größten ihrer Könige, Edriss Alaoma, nach England schicken möchten, da ich überzeugt wäre, daß bei dem eifrigen Wunsche der Europäer, die Geschichte und Geographie dieser Gegenden aufzuklären, dieses Buch ihnen ein sehr annehmbares Geschenk sein würde.

Der Vezier insbesondere nahm großes Interesse an meinem Unternehmen und bewunderte das Vertrauen, von dem ich erfüllt war, daß der Scheich el Bakáy in Timbuktu, von dem ich mir doch nur nach den Berichten anderer eine Meinung gebildet, mich freundlich aufnehmen und mir vollen Schutz gewähren würde, wogegen ich nicht unterließ, ihm und dem Scheich vorzustellen, daß, wenn es den Engländern gelänge, diese großen Straßen friedlichen Verkehrs in das Innere zu eröffnen, dies für sie selbst den größten Vorteil haben würde; denn sie könnten dann die Erzeugnisse des westlichen Sudans, die sie bedürften, wie Guronüsse und Gold, mit weit weniger Kosten und mit größerer Sicherheit sich verschaffen, und so hätten sie denn gern gewünscht, selbst von diesem meinem Unternehmen Vorteil zu ziehen. Denn da der Scheich die Absicht hatte, eine Reise nach Mekka zu unternehmen, wünschte er, daß ich ihm einiges Gold in Timbuktu verschaffen möchte; aber bei der Ungewißheit meiner Aussichten und der Schwierigkeit meiner Lage konnte ich mich dazu nicht hergeben, außerdem daß ich mich so unabhängig wie möglich von der Regierung Bórnus halten mußte, um nicht den Argwohn der Fulbe zu erregen. Demungeachtet sandte mir der Scheich zwei sehr schöne Kamele zum Geschenk, ein Männchen und ein Weibchen, die beide die Reisestrapazen wunderbar bestanden; ja, das Weibchen unterlag erst auf meiner Rückreise drei Tagereisen von Kúkaua, und zwar so, daß es noch lange sein Leben fristen konnte, indem ich es einem anwohnenden Mállem zum Geschenk machte.

Nachdem ich meine Briefe beendet, setzte ich meine Abreise auf den 25. November fest, ohne länger auf die Araber-Karawane zu warten, die in kurzer Zeit nach Sinder aufbrechen wollte. Allerdings gewährte die Gesellschaft dieser Handelsleute vom Norden die Aussicht eines größeren Grades von Sicherheit, aber zu gleicher Zeit würde sie mich vielen Unannehmlichkeiten und wiederholtem Aufenthalt aussetzen.

*(Donnerstag, 25. November 1852.)* Es war halb elf Uhr morgens, als ich die Stadt Kúkaua verließ, die ich seit mehr als zwanzig Monaten als mein Standquartier betrachtet hatte und als eine Stätte, wohin ich mich unter allen Umständen in Sicherheit zurückziehen könnte. Allerdings erwartete ich selbst damals, daß ich genötigt sein würde, noch einmal nach diesem Platze zurückzukehren, und legte ganz von freien Stücken meinen Plan demgemäß an; dennoch aber war ich überzeugt, daß ich im nächsten Verlaufe meiner Unternehmung nicht imstande sein würde, weitere Hilfe von der Freundschaft und dem Schutze des Scheichs von Bórnu zu ziehen, und ich war mir auch völlig bewußt, daß der Fall eintreten könnte, wo mich die Umstände zwängen, meinen Rückweg über die westliche Küste zu nehmen. Allein niemals kam es mir in den Sinn, einen solchen Plan aus freien Stücken zu machen, da ich es für die Regierung, in deren Dienst ich zur Zeit die Ehre hatte angestellt zu sein, für viel bedeutsamer hielt, den Lauf des großen Flusses von Timbuktu abwärts zu verfolgen, als, nachdem es mir wirklich gelungen wäre, jene berühmte Stadt zu erreichen, den Versuch zu machen, auf der entgegengesetzten Seite des Kontinents wieder zum Vorschein zu kommen. Denn ich konnte kaum darauf rechnen, auf meiner Hinreise, selbst unter den günstigsten Umständen, imstande zu sein, mich am Flusse entlang zu halten, der ja ganz in den Händen gesetzloser Tuareg-Horden war, denen ich mich unter keiner Bedingung anvertrauen konnte, ehe ich mir den Schutz eines in jenen Gegenden mächtigen Häuptlings erworben hatte. Inzwischen aus eigener Erfahrung mir völlig bewußt, wie weit gemeiniglich jeder hinter seinem Vorhaben zurückbleibt, stellte ich in meinem Briefe an die Regierung als den hauptsächlichen und vorläufigen Zweck meiner Unternehmung nur dar, den sogenannten Niger bei der Stadt Ssai zu erreichen, während darüber hinaus alles äußerst ungewiß sei.

Meine kleine Schar bestand aus den folgenden Individuen. Die Hauptperson, die mir am meisten Vertrauen einflößte, war Mohammed der Gatroner, derselbe junge Bursche, der mich als Diener den ganzen Weg von Fessan bis Kúkaua begleitet hatte und den ich bei meinem Aufbruch nach Adamaua sehr gegen meinen Willen mit meinen Briefschaften und dem Privateigentum des verstorbenen Herrn Richardson heimgesandt hatte, unter der Bedingung, daß er, nachdem er einige Zeit als guter *pater familias* mit Weib und Kind zugebracht, zu mir zurückkehren sollte, und der nun seinem Versprechen gemäß mit derselben Kafla, die mir neue Mittel zuführte, sich wirklich wieder eingestellt hatte. Auch ich blieb meinem Versprechen treu, machte ihn beritten und setzte ihn als meinen Hauptdiener ein, mit einem monatlichen Lohne von vier spanischen Talern und daneben einem Geschenk von fünfzig Talern im Falle einer glücklichen Beendigung meines Unternehmens.

Mein zweiter Diener, auf den ich mich neben Mohammed am meisten verließ, wenn auch nicht gerade wegen kriegerischer Tüchtigkeit, war 'Abd-Allahi oder vielmehr, wie der Name hierzulande ausgesprochen wird, 'Abd-Allehi, ein junger Schua aus der Provinz Sótoko, den ich auf meiner Reise nach Bagirmi in Dienst genommen hatte. Da dieser Mensch niemals zuvor in ähnlicher Lage gewesen war und nie mit Europäern etwas zu tun gehabt hatte, verursachte er mir im Anfang viel Unannehmlichkeit, besonders da er eben in Bagirmi vierzig Tage lang an den Pocken daniederlag. Er war ein junger Mann von sehr gefälligen Manieren, aufrichtigem Charakter und reinen Sitten und bildete als guter und frommer Muslim ein nützliches Vermittlungsglied zwischen mir und den Mohammedanern; aber er war zuweilen äußerst launenhaft, und nachdem ich seinen Kontrakt für die ganze Reise nach Westen und zurück abgefaßt hatte, machte es mir die größte Mühe, ihn zu zwingen, an den von ihm selbst eingegangenen Bedingungen festzuhalten. Es war jedenfalls ein überaus günstiger Griff von mir, der mir in der Folge unbedingte Kontrolle über meine Leute gab, daß ich mich mit ihnen dahin vereinte, daß sie nichts von ihrem Lohn während der Reise, sondern das Ganze erst nach meiner glücklichen Rückkehr nach Haussa empfangen sollten

Auch 'Abd-Allehi machte ich beritten, gab ihm aber nur zwei

Taler monatlichen Lohn und außerdem die Zusicherung eines Geschenkes von zwanzig Talern.

Nach diesen meinen berittenen Leibwächtern, Mohammed dem Gatroner und ʿAbd-Allehi dem Schua, kam Mohammed ben Aʾhmed, derselbe Bursche, von dem ich schon auf meiner Reise nach Kanem gesprochen habe. Obgleich von sehr unbedeutenden Fähigkeiten und zugleich aufs höchste eingebildet auf seinen islamischen Glauben, ward er doch seiner Ehrlichkeit halber von mir geschätzt, während er seinerseits sich mir aus dem Grunde mehr anschloß, weil er von seinen eigenen Landsleuten und Glaubensgenossen während seiner Krankheit in Kano in sehr bedrückter Lage schmählich verlassen worden war.

Außer den Erwähnten hatte ich zur Zeit in meinem Dienste noch zwei frei geborene Leute, von denen der eine, ein Bruder Mohammed des Gatroners, mich nur bis Sinder begleiten sollte, während der andere, ein Araber von den Grenzen Ägyptens, namens Sliman der Ferdjaner, ein schöner, starker Mann, einst zur Bande der Uëlad Sliman in Kanem gehört hatte und mir seiner Kenntnis von Feuergewehren und seiner Leibesstärke wegen von großem Nutzen hätte sein können; aber man konnte ihm nicht trauen, und er verließ mich schändlicherweise in Sékka jenseits Katsena beim Anfang der Fährlichkeiten.

Außer diesen frei geborenen Leuten hatte ich in meinem Dienst zwei freigelassene Sklaven, Dýrregu, einen Haussa-Knaben, und Aʾbbega, einen Marghi-Burschen, die vom verstorbenen Herrn Dr. Overweg in Freiheit gesetzt waren — ebendieselben Burschen, die ich auf meiner Heimkehr nach Europa mitbrachte und welche besonders in Gotha recht bekannt geworden sind. Beide sind zum Christentum bekehrt worden und haben hübsche Fortschritte gemacht; Aʾbbega, der Marghi, ist vor kurzem, am 25. November vorigen Jahres, mit dem afrikanischen Postdampfer nach Yóruba abgegangen, während der intelligentere Dýrregu noch einige Zeit unter der Leitung des Herrn Missionars Schön bleiben wird, den er sehr tüchtig bei der Übersetzung der Heiligen Schrift in die Haussa-Sprache und bei der Erweiterung seines Wörterbuches derselben Sprache unterstützt. Beide sind mir auf der Reise recht nützlich gewesen, obgleich Aʾbbega nicht selten Gegenstände – ich glaube, lebendiger Art – fand, die ihm interessanter schienen als meine Kamele, die seiner Obhut anvertraut waren, so daß sie zu wiederholten Malen sich verloren und ich manche Hunderte von Muscheln für in den Kornfeldern angerichteten Schaden habe bezahlen müssen; ja, ein vortreffliches Kamel ist mir auf diese Weise ganz abhanden gekommen.

Außer diesen Dienern hatte ich mir noch einen Mann als eine Art von Makler angeschlossen und um als eine Mittelsperson zwischen mir und den Eingeborenen zu dienen; dies war der Médjebri 'Ali el A'geren, ein Eingeborener von Djalo, dem kleinen Handelsplatze nahe bei Aúdjila, das kürzlich vom Abbé Hamilton besucht und beschrieben worden ist. Er war mehrere Jahre im Sudan gereist und hatte in verschiedenen Richtungen die von Sókoto, Kano, Bautschi, Sária und Góndja eingeschlossene Landschaft durchzogen. Jedoch hatte ich bei meiner Abreise von Bórnu für den Augenblick kein bestimmtes Übereinkommen mit diesem Manne getroffen; aber für den Fall, daß er mir jenseits Sókotos folge, wo er sich die Sache erst von neuem überlegen wollte, sollte er zwei Pferde und einen monatlichen Lohn von neun harten Talern haben, und es sollte ihm außerdem erlaubt sein, auf seine eigene Rechnung Handel zu treiben. Solch eine Anordnung, obwohl etwas kostspielig für mich im Vergleich zu den Mitteln, über die ich gebieten konnte, war von der höchsten Wichtigkeit, wenn anders der Mann seine Pflicht tat, da er in seiner fast unabhängigen Lage imstande war, mir außerordentlichen Beistand im Überstehen mannigfacher Schwierigkeiten zu leisten; aber als einem Araber, und zwar von ursprünglich sehr fanatischem Charakter, schenkte ich ihm nur so lange volles Vertrauen, als die Umstände günstig waren, während sein Wanken, sobald Gefahren mich zu umgeben anfingen, mich keineswegs außer Fassung brachte.

Diese Leute – außer einem Araber, einem sogenannten Scherif von Fass, der auf dem Wege nach Sinder war und sich bis zu dieser Stadt mir gleichfalls angeschlossen hatte – bildeten die Gesellschaft, mit der ich am 25. November 1852 frohen Mutes nach Westen aufbrach. Ich schrieb damals die folgenden Worte an Herrn Ritter von Bunsen: »Mit diesen Mitteln – einer leidlichen Menge großer und kleiner Geschenke, zweihundert Talern, vier Pferden und vier Kamelen – und mit fünf seit längerer Zeit erprobten Leuten, reichlich Waffen und reichlich Pulver und reichlich frischem, ungebrochenem Mut trete ich getrost meine weite, nicht ganz unbeschwerliche Reise an.«

## Wieder ein Abschied

So nahm ich Abschied von den Freunden und ward von Hadj Edrïss zur Stadt hinausgeleitet. Um jedoch alles in Bereitschaft zu setzen und um ganz sicher zu sein, keine Vorsicht versäumt zu haben, meinem Unternehmen vollen Erfolg zu sichern, befolgte ich auch diesmal meinen alten Grundsatz und schlug mein Zelt am ersten Tage nur ein paar Meilen weit vom Tore

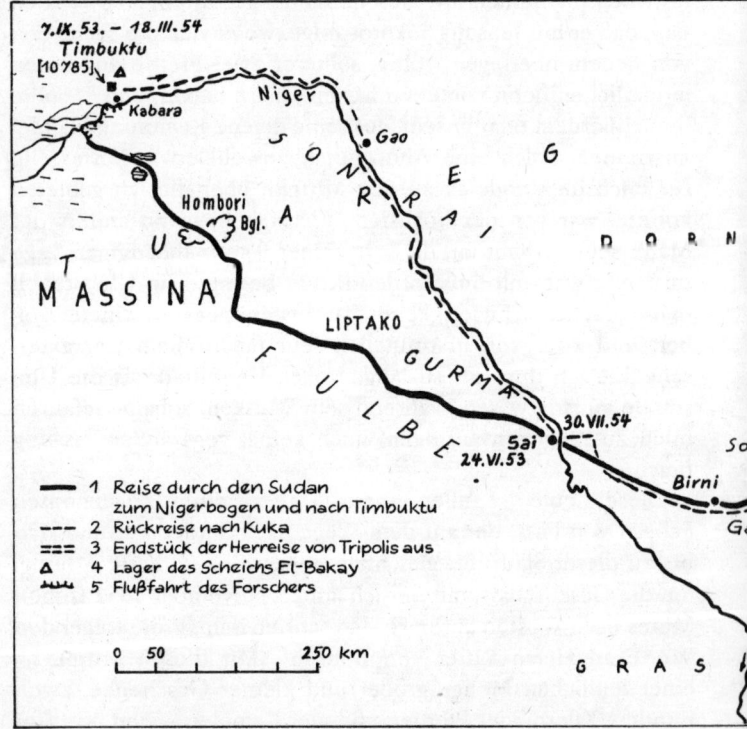

*Abbildung 49.* Wegekarte zur Reise von Kuka nach Timbuktu und zurück.

zur Seite des zweiten Dorfes von Kalílua im dürftigen Schatten eines »baúre«-Baumes auf. Ich empfand hier unbeschränktes Behagen, mich wieder einmal in der offenen Landschaft zu finden, nach einem mehrmonatigen Aufenthalt in der Stadt, wo ich, eifrig bemüht, die größtmögliche Menge von Nachrichten über das zu erforschende Land zu sammeln, nur wenig körperliche Bewegung hatte.

Den hoffnungsvollsten Erwartungen wegen des Erfolges meines Unternehmens mich überlassend, streckte ich mich auf meinem edlen Löwenfell aus, das meine gewöhnliche Lagerstätte bei Tage bildete und höchst erfreulich kühl war. Aber gleich im Anfange meines Unternehmens erfuhr ich ein kleines Mißgeschick. Denn um imstande zu sein, täglich den Luxus eines Trunkes frischer Milch zu haben, hatte ich drei

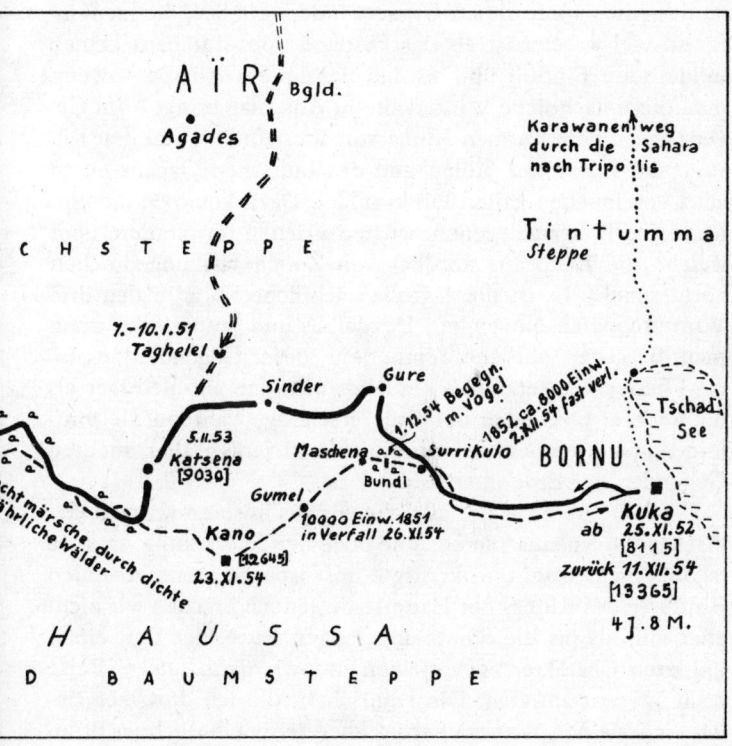

milchgebende Ziegen mitgenommen; aber sie waren wenig damit zufrieden, ihre heimatliche Stätte zu verlassen, sondern liefen, während sie in einiger Entfernung von meinem Lager weideten, davon und ließen sich nicht wieder sehen.

*(Freitag, 26. November.)* Dies war eine der kältesten oder vielleicht die kälteste Nacht, die ich auf meiner ganzen Reise erlebte, seit ich die Fruchtlande des Sudans betrat – das Thermometer zeigte am Morgen, ein wenig vor Sonnenaufgang, nur 4° über dem Gefrierpunkt. Diese große Kälte im Winter, die nur während der Mittagsstunden von der Glut der Sonne gemildert wird und dann leicht einen Unterschied von 27–28° gegen die nächtliche Kühle aufweist, ist eine Erscheinung im Herzen dieses Kontinentes, die alle, mit denen ich Gelegenheit hatte, darüber zu sprechen, in das größte Erstaunen gesetzt hat; aber die Erscheinung erklärt sich wohl aus der großen Breite des Kontinentes unter diesen Graden, indem die See, die im Winter so viel wärmer ist als das Festland, hier durchaus keinen mildernden Einfluß übt, so daß das Innere Afrikas – wenn man diese nächtliche Winterkälte in Anschlag bringt – im Gegensatz zu dem warmen Klima von West-Indien und den Küsten und Inseln des Stillen und des Indischen Ozeans einen ganz vereinzelten kalten Punkt bildet. Dazu kommen die einförmigen, höher gelegenen, wüsten Flächen im Norden, über welche die Kälte aus nördlicheren Zonen fast ungebrochen herüberzieht. Es ist diese große nächtliche Kälte in den drei Wintermonaten November, Dezember und Januar, die, wenn man die ganze jährliche Temperatur dieser Gegenden zusammen betrachtet, letztere so herabdrückt, daß sie niedriger als die anderer Gegenden der Erde erscheint, während die mittlere Sommertemperatur von Kúkaua diejenige aller anderen Gegenden der Erde übertrifft.

Die Kälte übte auf uns alle, die wir aus unseren warmen Gemächern in Kúkaua kamen, eine bedeutende Wirkung, aber sie tat uns recht wohl und kräftigte uns nach dem entnervenden Einflusse des Klimas der Hauptstadt. Jedoch brachen wir nicht eher auf, als bis die Sonne angefangen hatte, der Luft einen milderen Charakter zu verleihen, wo wir dann unsere Reise nach Westen antraten. Die Landschaft, die ich durchzog, indem ich meinen Weg wiederum über den vielbesuchten Brunnen von Bescher nahm, war mir schon von meiner früheren Reise her bekannt, aber sie bot jetzt einen Charakter dar, ganz verschieden von dem, den sie zeigte, als ich zum ersten Male von Kano nach Kúkaua zog; jene öden und unheimlichen Einsenkungen schwarzen Tonbodens waren jetzt in die reichsten Kornfelder verwandelt, deren üppige Saat von »massákua« *(Holcus cernuus)* anmutig einherschwankte, während dagegen die Felder des gewöhnlichen kleinen Negerkornes *(Pennisetum)*, das ganz mit dem Segen der Regenzeit aufwächst, jetzt in Stoppeln standen.

Wir lagerten uns nahe beim Brunnen Ssua-bua oder, wie er von anderen genannt wurde, Kabubia, am sanften Abhange des nach Norden ansteigenden Bodens, von wo die geschäftige Szene am Brunnen, an dem Rindvieh, Esel, Ziegen und Schafe in regelmäßiger Reihenfolge getränkt wurden, ein interessantes und belebtes Schauspiel gewährte. Der Brunnen maß fünfzehn Klafter in der Tiefe, und die Anwohner waren betriebsam und gewinnsüchtig genug, um sich für berechtigt zu halten, sich von uns für das unschätzbare Element, dessen wir zum Tränken unserer Kamele bedurften, bezahlen zu lassen. Meine ganze kleine Reisegesellschaft war wohl aufgelegt, gemütlich und voll von Erwartung der neuen Szenen im Menschenleben sowohl als in der Natur, die ihnen in den unbekannten Gegenden des entfernten Westens entgegentreten würden. Diesmal wußten wir uns besser vor der nächtlichen Kälte zu schützen, die uns in der vorhergehenden Nacht so stark mitgenommen hatte, und zündeten einen ganzen alten, abgestorbenen Baum an, den wir mit großer Anstrengung aus einiger Entfernung bis nahe an unser Zelt geschleppt hatten. Auf diese Weise erfreuten wir uns in unserem offenen Lager eines mäßigen Grades von Wärme.

*(Sonnabend, 21. November.)* Ich betrat jetzt die Provinz Koiam mit ihren weit zerstreuten Dorfschaften, ihren wohlbebauten Feldern und ihren ausgedehnten Waldungen, von mittelhohen Mimosen gebildet, die zahlreichen Kamelherden Nahrung geben. Letztere bilden den Reichtum dieses afrikanischen Stammes, der in früheren Zeiten, ehe die Bórnu-Dynastie von der feindlichen Familie der Bulala aus ihrer alten Hauptstadt Ndjímie vertrieben wurde, ein Nomadenleben auf den Weide-

gründen Kanems führte. Nachdem wir so den »wódoma« genannten Gau durchzogen, lagerten wir um Mittag in geringer
Entfernung von einem Brunnen inmitten des Waldes, der zu
einem Gau namens Gàgada gehörte. Der Brunnen war fünfunddreißig Klafter tief und wurde während der Nacht von
zahlreichen Viehherden aus verschiedenen Gegenden der
Nachbarschaft besucht.

Um mich von der Wachsamkeit meiner Leute zu überzeugen, da der größere Teil der Sicherheit eines Reisenden in diesen Gegenden eben von solcher Wachsamkeit abhängt, die er
bei Nacht übt, machte ich um Mitternacht die Runde um mein
Lager. Da gelang es mir, unvermerkt allen meinen Leuten, mit
Einschluß des kriegerischen Ferdjani-Arabers, ihre Waffen
wegzunehmen, was denn einen gewaltigen und höchst unter-
haltenden Aufruhr bei ihrem Erwachen am Morgen verursachte, und ich hatte auf diese Weise eine gute Gelegenheit,
ihnen eine nützliche Lektion zu halten, um in Zukunft wachsa-
mer zu sein.

*(Sonntag, 28. November.)* Da in der kalten Jahreszeit selbst der
europäische Reisende in diesen Gegenden einen ungleich stärkeren Appetit hat, so fanden wir es recht angenehm, jeden
Morgen vor Aufbruch ein allerdings frühzeitiges Frühstück –
denn es geschah etwa um fünf Uhr – zu uns zu nehmen, und
so machten wir es denn auch heute und setzten dann unsere
Reise fort.

*In unaufhaltsamem Zuge geht es westwärts durch ihm bekanntes
Land, durch die Ebenen Bórnus, die aus öden, überschwemmten Ton-
breiten jetzt in lachende Kornfelder verwandelt waren. An vielen Orten
findet er Bekannte, die er sich bei seinem Zuge nach Kuka durch kleine
Geschenke zu Freunden gemacht hat, die ihn jetzt bereitwillig mit Nachrichten über die Zustände der zu durchreisenden Provinzen versorgen.*

*Weihnachten erreicht Barth, nachdem das kleine Bergland Munio
auf der Schwelle des Niger- und Tschadbeckens passiert worden war,
das »Tor des Sudan«, die Stadt Sinder, nördlich von Kano. Einige Skla-
vendörfer in der Nähe gehören den Tuareg, die hierüber den Salzhandel
aus der Wüste zum Sudan betreiben.*

*Eine wichtige Handelsstraße geht von Sinder, als gerne benutzte Par-
allele zur unsicheren Straße Tripolis–Bilma–Kuka, über das Aïr-
Bergland und die Oasen Ghat und Ghadames zur Nordküste.*

*Am 20. Januar 1853 erreicht Barth in Sinder eine Sendung von tau-*
*send Talern, die »sehr geschickt in zwei Zuckerkisten verpackt waren, so*
*daß kaum irgend jemand gewahr wurde, daß ich Geld erhalten hatte«.*
*Aber keine Briefe! Gern hätte er auch noch die andere Kiste abgewartet,*
*die der hochzeitmachende Eilbote, wie erwähnt, liegen gelassen hatte;*
*aber er mußte nach Katsena eilen und dort ankommen, bevor ein Heer*
*der Gober-Leute über sie hergefallen war, von welchem Raubzug Barth*
*noch rechtzeitig Wind bekommen hatte. (Gober ist eine Landschaft nord-*
*westlich der Stadt.)*

*Infolgedessen kam diese Sendung wenige Tage nach seiner Abreise an,*
*wurde einem Scherifen übergeben, der in einer im Jahre 1854 losbre-*
*chenden Revolution ermordet wurde.*

Sonntag, den 30. Januar 1853.

Das ganze Land, das wir auf unserem Marsche nach dem Westen durchzogen, war neben einer dichten, in festen Wohnplätzen angesiedelten Bevölkerung gerade voll von Gesellschaften
Asbenauer Salzhändler *(Asben, der Haussa-Name für Aïr)*, teils
auf dem Marsche begriffen, teils mit ihrer Ware in von Zäunen
aus dem Rohre des einheimischen Kornes sorgfältig beschütz-
ten Lagerstätten ruhend.

*Das bot zwar Abwechslung, vermehrte aber auch die Unsicherheit, so*
*daß er nun nicht mehr, wie er es gewohnt war, der schwerfälligen Kara-*
*wane vorausreiten konnte.*

*Das weite gewellte Land wird der Sahel genannt, d. h. das Ufer, wo*
*Wüste und Steppe sich begegnen. Es ist teils Steppe, teils Wüstensteppe*
*mit Dornbüschen. Barth fand damals vielerorts blühende Tabak- und*
*Baumwollfelder, wo heute die Wüste mit ihren Wanderdünen im Zuge*
*des Nordostpassats vorgedrungen ist und wo durch sinnlose Überwei-*
*dung die karge, aber gerade hier so notwendige Vegetationsdecke immer*
*wieder aufgerissen wird.*

*Einmal, als Barth gerade das Zelt aufschlagen läßt, kommt langsam*
*und vorsichtig ein tief verschleierter, hagerer Targi auf die ihm so merk-*
*würdig erscheinende Behausung zugeritten.*

Der Wüstensohn war noch bei weitem mehr erstaunt, als er
mich selbst erkannte; denn es war niemand anders als Agha-
Bature, der Sohn Ibrahims aus Selufiet, der Hauptanstifter des
Raubzuges, der zur Zeit, als wir das Land Aïr betraten, von
den Grenzstämmen jenes Landes gegen uns unternommen
wurde.

*Ein andermal wundert Barth sich, daß die Bewohner, statt das Wasser selbst, wie bisher stets üblich, heraufzuziehen, die Mühe durch Tierkraft besorgen lassen.*

Der junge Stier wurde von einem hübschen Tuareg-Mädchen geführt, dem ich als Belohnung für die Mühe *(ihm Wasser zu geben)* ein Geschenk mit einem Kastenspiegel machte, worauf sie denn nicht verfehlte, mir mit einem leichten Knicks und einem sehr anmutigen »agaischeka« – »ich danke dir« – zu danken.

Mittwoch, den 2. Februar 1853.

Einige reisende Eingeborene hatten sich meiner Gesellschaft angeschlossen und unter ihnen auch ein abscheulicher Sklavenhändler, der seine armen Opfer fortwährend peitschte, so daß ich höchst froh war, diesen Mann bald loszuwerden.

*Auf der Höhe von Tessaua ist die Landschaft voller kleiner Einsenkungen (zwischen alten überwachsenen Dünen), wo Dumpalmen und Tamarinden wachsen. Hier trifft er den ersten Reisbau, welches Nahrungsmittel weiter westlich und den ganzen Niger entlang die Hauptnahrung bildet, während es im Gebiet von Bórnu fehlt.*

*In Katsena wird er als ein alter Freund begrüßt. Auch der Kaufmann aus der Landschaft Tuat, Bel-Rhet, sein »alter Quälgeist«, erscheint und fällt ihm sogar um den Hals. Auf dem reich beschickten Markt kauft er für die Weiterreise u. a. Tabak ein,* der von großer Güte sein soll und selbst in Timbuktu geschätzt wird, wo er doch die Konkurrenz des im Wadi Nun *(Südwest-Marokko)* gezogenen vortrefflichen Tabaks auszuhalten hat.

*Die Regenzeit rückt mit schnellen Schritten heran.*

Schon am 26. Februar ließen sich die deutlichsten Zeichen des Herannahens wahrnehmen; die ganze südliche Hälfte des Himmels war dicht mit Wolken bedeckt, während die Luft, wie nach einem Regen, ungewöhnliche Feuchtigkeit enthielt. *(Nachts erfreut ihn das prächtige Wetterleuchten.)*

*Am 7. März setzte sich das Heer der Gober-Leute in Bewegung, um in das Gebiet der Fulbe einzufallen, wohin Barth nun reiste.*

*Die Monate Februar/März 1853 waren aufregend und anstrengend. Sie führten von Sinder über Katsena nach Sókoto, wo die Fulbe-Herrscher einen Hauptstützpunkt hatten. Der Fulbe-Sultan Aliu war meistens in Wurno, nordöstlich von Sókoto. Zur Zeit hielt er sich in Waldungen auf, die fast bis Katsena reichten, beschwerlich und gefährlich zu* *passieren. Alle Welt sprach vom bevorstehenden Feldzug Alius gegen die Gober-Leute.\*)*

*(Donnerstag, 31. März.)* Wir hatten einen sehr schwierigen Tagesmarsch vor uns – die Passage der Wildnis von Gúndumi. Diese Wildnis kann nur in einem forcierten Marsche durchzogen werden; allein dies ist mit einer solchen Anstrengung verbunden, daß sie selbst auf einen Mann von Captain Clappertons Energie den Eindruck der beschwerlichsten Reise machte, die er je zurückgelegt. Ehe wir jedoch in unsere westliche Richtung zurückkehrten, mußten wir erst einen nordwestlichen Pfad verfolgen, der zu einem großen Teich – »tébki« – führte; wir hatten uns nämlich für den Marsch mit Wasser zu versehen. Selbst jetzt noch bildete dieser Teich ein ansehnlich großes Wasserbecken, war aber schon von einer großen Menge Menschen und Tiere, die unserer Schar zuvorgekommen waren, aufgewühlt worden, und wir waren daher froh, daß wir uns aus dem hart an unserem Lagerplatze gelegenen Brunnen mit einem kleinen Vorrat vortrefflichen Wassers versehen hatten. An diesem Wasserbecken nahm die Waldung, welche an ihrem Rande von einer großen Menge wilder Feigenbäume und selbst einigen Delébpalmen belebt ward und einen anmutigen Anblick gewährte, den einförmigen und unbehaglicheren Charakter an, der allen ausgedehnten Waldungen des Sudans gemeinsam zu sein scheint.


## Einhundertzwanzig Kilometer ohne Halt!

Der Anfang unseres Marsches war, nachdem wir unsere Tiere getränkt und die Wasserschläuche gefüllt hatten, etwas unglücklich, denn unsere Gefährten verfehlten den richtigen Weg und riefen mich und meine Leute, die wir den richtigen Pfad verfolgten, weit nach Süden ab. Wir mühten uns nun eine Zeitlang vergebens ab, uns durch ein undurchdringliches Dikkicht einen Weg zu bahnen, fanden aber endlich nach einem bedeutenden Zeitverlust – eben nichts Erfreuliches am An-

---

\*) *Fulbe-Gegner, auf Erhalt ihrer Unabhängigkeit bedacht; Landschaft Gober im heutigen NW-Nigeria.*

fang eines verzweifelten Marsches von beinahe dreißig Stunden – mit genauer Not unter der Leitung eines Pullo-Hirten den rechten Pfad wieder. Dann verfolgten wir rastlos unseren Marsch durch den dichten Wald und den ganzen Tag hindurch und noch die folgende Nacht, indem wir den »tébki-n-Gúndumi« genannten Teich in einiger Entfernung zu unserer Linken ließen; wir begegneten so erst am folgenden Morgen, kurz vor elf Uhr, einem Zeichen von Anbau. Da, als wir höchst ermüdet und kaum fähig waren, uns aufrecht zu erhalten, kamen uns einige Reiter entgegen, die man, wohlversehen mit Wasserschläuchen, vom Lager bei Gáuassu ausgesandt hatte, um die Nachzügler aufzubringen, welche vor Durst und Müdigkeit zurückgeblieben waren. In der Tat gab es manche, die ihres Beistandes bedurften – eine Frau war der Ermüdung im Laufe der Nacht ganz und gar erlegen. Der Bewohner Afrikas kann ein ungeheures Maß von Strapazen ertragen, jedoch muß er sein Gemüt durch belebenden Gesang erfrischen können; aber auf einem solchen forcierten Marsche fühlt er die Ermüdung um so mehr, da die Gefahr vor lauernden Feinden das größtmögliche Stillschweigen und die äußerste Ruhe zur Pflicht macht.

Nachdem wir nun einmal das angebaute Land betreten hatten, erreichten wir nach einem Marsche von zweieinhalb Meilen die ersten »gáuassu«-Bäume, welche das Dorf umgeben, das eben nach ihnen Gáuassu benannt worden ist. Auf den Feldern – »kárkara« –, die dieses Dorf umsäumen, hatte 'Aliu, der Emir el Múmenin, sein Lager bezogen; er bereitete sich eben vor, einen Heereszug gegen die Goberaúa zu unternehmen.

Es war hohe Zeit, daß wir das Ziel erreicht hatten; denn wir waren, den ersten Teil der Reise von Ssanssánne 'Aissa bis zur Wasserpfütze selbst abgerechnet, ohne Halt sechsundzwanzig Stunden marschiert. Nie hatte ich mein Pferd in einem solchen Zustand völliger Erschöpfung gesehen. Auch meine Leute warfen sich, kaum angekommen, auf den Boden hin; ich selbst aber fühlte, von der Aufregung meiner eigentümlichen Lage getragen, die Ermüdung nur wenig, sondern war im Gegenteil stark genug, ohne Verzug mein ganzes Gepäck durchzugehen, um die zweckmäßigsten Gegenstände für den großen Fürsten von Sókoto auszusuchen. Denn derselbe wollte am folgenden Morgen aufbrechen, und von der Art, wie er mich empfing,

324

hing ein großer Teil des Erfolges meines ganzen Unternehmens ab. Da jedoch der Nachmittag verfloß, ohne daß ich zum Fürsten gerufen wurde, erwartete ich kaum, daß ich ihn noch an diesem Tage sehen sollte; aber nach dem Abendgebet, ganz unerwartet, erschien Alháttu in Begleitung einiger Boten des Herrschers. Der Zweck dieser Gesandtschaft war jedoch nicht, die Überreichung meiner Geschenke zu beschleunigen, sondern mir erst einen Beweis seiner eigenen Gastlichkeit zu geben. Alháttu brachte mir nämlich ein sehr anerkennenswertes Geschenk, das in einem Ochsen, vier fetten Schafen und zwei großen Strohsäcken – »tákrufa« – mit etwa vierhundert Pfund Reis bestand, und deutete mir zugleich an, daß mich 'Aliu zu sehen wünsche; ich sollte jedoch die Geschenke jetzt noch nicht mitbringen. Ich setzte mich also sogleich in Bereitschaft, und als wir zum Sultan gingen, kamen wir an dem Lagerplatze des Ghaladima vorbei, der in einem Gehöfte des Dorfes einquartiert war; er schloß sich uns ebenfalls an.

'Alius Quartier war im nördlichen Teil des Dorfes, und wir fanden ihn daselbst auf einer unter einem Baum befindlichen erhabenen Tonbank sitzend. Er empfing mich mit großer Freundlichkeit und in bester Laune, indem er meine Hand schüttelte und mich bat, ihm gegenüber Platz zu nehmen. Darauf stattete ich ihm von seiten der Königin von England meinen Gruß ab und sagte ihm, daß es schon vor zwei Jahren meine Absicht gewesen wäre, ihm einen Besuch zu machen, aber die von uns auf dem ersten Teil unserer Reise erlittenen Verluste hätten mich bis jetzt verhindert, meinen Plan auszuführen.

Ich hatte kaum meine Rede beendet, als er selbst mich versicherte, daß er den Brief, den ich ihm durch Vermittlung des Sultans von Agades zugeschickt hätte, zu rechter Zeit erhalten und daraus den Grund erfahren habe, wodurch wir damals verhindert gewesen wären, ihm unseren Besuch zu machen. Von jener Zeit an bis zum gegenwärtigen Augenblick habe er den Gang unserer Mission und besonders meine eigenen Schritte mit dem größten Interesse verfolgt, wie er denn auch von meiner Reise nach Adamaua gehört habe.

Ich kündigte ihm dann an, daß ich bei meinem Besuch bei ihm vorzüglich zwei Zwecke verfolgte: Der eine bestehe darin, ihn um einen Freibrief zu bitten, der allen englischen Kaufleuten bei einem Besuch seines Gebietes in Handelszwecken volle Sicherheit für ihre Person und ihr Eigentum gewähre; dann sei es mein dringender Wunsch, daß er mir erlauben möge, meine Reise nach Timbuktu fortzusetzen, und mir dieselbe, welche zur Zeit durch den Aufstand der Provinz Kébbi sehr erschwert würde, vermittels seines weit reichenden Einflusses nach Kräften erleichtere. Ohne Rückhalt und in der wohlwollendsten Weise willfahrte er meinen beiden Gesuchen, indem er erklärte, daß sein größtes Vergnügen darin bestehen würde, mich mit allen seinen Kräften in meinem Unternehmen zu unterstützen, da es bloß menschenfreundliche Zwecke verfolge und nur dazu dienen könne, weit voneinander lebende Nationen einander näherzurücken.

Während er dieser höchst ermutigenden Anschauung Worte gab, drückte er zugleich in sehr gemütvoller Weise sein Bedauern darüber aus, daß 'Abd-Allah (Captain Clapperton), dessen Namen ich beiläufig erwähnt hatte, auf seiner zweiten Reise gerade zu einer Zeit zu ihnen gekommen sei, wo zwischen Bello und dem Scheich el Kanemi, dem Herrscher von Bórnu, ein Kriegszustand – »gaba« – bestanden und so ihr freundliches Verhältnis mit dem ausgezeichneten Offizier gestört habe; unter solchen Verhältnissen sei es gekommen, daß sie es ihm nicht gestattet hätten, seine Botschaft an ihre Feinde auszurichten. Das gab mir Gelegenheit, ihm ein Beispiel vorzuführen, wie in bezug auf fremde Besucher oder Boten solche politischen Umstände nie zu Rate gezogen werden dürften, und darauf hinzuweisen, daß der Herrscher von Bórnu, obgleich zur Zeit in offener Feindschaft mit dem mächtigsten Statthalter in 'Alius Reiche stehend, mir dennoch ohne weitere Schwierigkeiten erlaubt hätte, unter den gegenwärtigen Umständen meine Reise zu den Fullan anzutreten. – 'Aliu beschloß dann unser Gespräch mit der Bemerkung, daß es sein ausdrücklicher Wunsch gewesen wäre, mich gleich am Tage meiner Ankunft hier zu sehen, um mich zu versichern, daß ich ihm herzlich willkommen sei, und um mich über das Schicksal Clappertons zu beruhigen; denn er war sich wohl bewußt, daß jenes unerfreuliche Ereignis nicht verfehlen konnte, Europäern einiges Mißtrauen hinsichtlich des Benehmens der Herrscher von Sókoto einzuflößen.

Mit überaus erleichtertem Gemüt kehrte ich von dieser Audienz nach meinem Zelt zurück. Die Abenddämmerung, von dickem Gewölk geschwärzt, mit ununterbrochen rollendem Donner erfüllt und nur von den zahlreichen Feuerstätten erleuchtet, die ringsumher auf den Feldern loderten, wo sich die Truppen unter den Bäumen gelagert hatten, verlieh dem Platz ein besonderes feierliches Interesse und prägte mir den bedeutungsvollen Charakter meiner Lage vollkommen ein. Es fiel zwar kein Regen, aber der Donner rollte die ganze lange Nacht hindurch und kündigte deutlich die Annäherung der Regenzeit an.

## Geschenke für den Fürsten

Mittlerweile lag ich ruhelos auf meinem Lager und dachte über das Geschenk nach, welches ich diesem einflußreichen Machthaber darbringen sollte, der mich bei meiner ersten Audienz mit so viel Freundlichkeit und Rücksicht behandelt hatte und von dessen Freundschaft und Schutz in bedeutendem Maße das Gelingen meines Unternehmens abhing. Indem ich nun glaubte, daß das, was ich ausgewählt hatte, seinen Erwartungen nicht vollkommen genügen möchte, fügte ich am nächsten Morgen, nachdem ich mich von meinem Lager erhoben, dem Geschenke noch einige andere Gegenstände bei, so daß es nun aus folgenden Artikeln bestand: einem Paar reich mit Silber ausgelegten Pistolen\*) in samtenen Halftern; einem prächtigen Burnus (arabischen Mantel) mit Kapuze, von rotem Atlas und mit gelbem Atlas gefüttert; einem Burnus von gelbem und einem anderen von braunem Tuch; einem weißen Helali-Burnus von der feinsten Qualität; einem roten Tuchkaftan mit Goldstickerei; einem Paar roten Tuchhosen; einem Stambul-Tep-

---

\*) Dieses schöne Paar Pistolen, das vorzugsweise dazu beitrug, mir die Freundschaft dieses mächtigen Häuptlings zu verschaffen, sowie ein anderes Paar, das ich später Chalilu, dem Herrn von Gándo, gab, und noch mehrere Dinge wurden von meinem eigenen Gelde gekauft, das auf des Herrn Freiherrn von Bunsens Vorschlag von meinen Angehörigen nach Tripoli gesandt worden war. Dasselbe war auch der Fall mit zwei Harmonikas, von denen ich die eine 'Aliu, die andere dem Scheich el Bakáy gab.

pich; drei Zuckerhüten; drei Turbanen und einer roten Mütze; zwei Rasiermessern; einem halben Dutzend großer Spiegel; Nelken und Djaúi.

Diese Geschenke band ich in fünf Taschentücher zusammen, versah mich noch mit einem Burnus von rotem Tuch für den Ghaladima und wandte mich zuerst zu letzterem, der mein Geschenk mit Anerkennung aufnahm und auch die für seinen Herrn bestimmten Gaben mit dem äußersten Wohlgefallen und der größten Freude besichtigte. Dann begaben wir uns zusammen zu 'Aliu; wir fanden ihn in einem aus Rohr gebauten Gemache auf einem aus dem leichten »tukkurua«-Holz verfertigten Ruhebette sitzend. Ich erhielt jetzt zum ersten Male eine genaue Ansicht von dem Häuptling, denn bei meiner Zusammenkunft am vergangenen Abend herrschte eine solche Dunkelheit, daß es mir unmöglich war, seine Züge genau zu unterscheiden. Ich fand in ihm einen untersetzten Mann von mittlerer Größe und mit einem runden, vollen Gesicht, das deutlich eher die Züge seiner Mutter (einer Haussa-Sklavin) als diejenigen seines Vaters Mohammed Bello, eines freien und edlen Pullo, zeigte; er war gutmütig und voll guter Laune. Auch seine Kleidung war überaus einfach und legte ebenfalls Zeugnis davon ab, daß er den reinen Pullo-Charakter aufgegeben hatte; denn sie bestand fast nur in einem Hemde von grauer Farbe. Auch sein Gesicht war unverhüllt, während sein Vater Bello selbst in seiner Privatwohnung wenigstens vor einem Fremden niemals verfehlte, dasselbe zu verhüllen.

Er empfing mich dieses Mal mit derselben ausgezeichneten Freundlichkeit, die er am verflossenen Abend gezeigt hatte, und wiederholte seine volle Einwilligung in meine beiden Gesuche. Diese entwickelte ich jetzt mehr im einzelnen und ersuchte ihn zugleich, daß der Freibrief noch geschrieben werden möge, ehe er ins Feld rücke. Auch hierzu gab er seine Einwilligung, weigerte sich aber bestimmt, mir zu erlauben, meine Reise fortzusetzen, ehe er von dem Heereszug zurückkäme, was, wie er sagte, nicht lange dauern solle, und da ich mit der Etikette dieser afrikanischen Höfe wohlbekannt war, konnte ich von Anfang an kaum etwas anderes erwarten. Dann besah er die Geschenke und drückte zu wiederholten Malen seine Freude darüber aus; aber als er der Pistolen ansichtig wurde, die ich absichtlich bis zuletzt zurückbehalten hatte, gab er seinen Gefühlen in der unzweideutigsten Weise freien Lauf. Meine Hände wiederholt drückend, sagte er: »Nagode, nagode, barka, 'Abd el Kerim, barka!« (»Meinen besten Dank, 'Abd el Kerim, Gott segne Dich!«) Es war klar, daß er nie zuvor etwas diesen reich verzierten Pistolen Ähnliches gesehen hatte, wie sie denn auch von den Kenneraugen des Herrn Warrington in Tripoli ausgesucht worden waren. So verdankte ich die freundliche Gesinnung des Fürsten zum großen Teile ebendiesen Pistolen, die der gewissenlose Statthalter von Katsena, welchem ein Gerücht darüber zugekommen war, mir auf jede Weise geraten hatte, ihm selbst zu verkaufen, da sie sein Lehnsherr nicht allein nicht würdigen, sondern sich sogar vor ihnen fürchten werde.

Kaum war ich in mein Zelt zurückgekehrt, als der Ghaladima kam und mir von seinem Herrn eine Summe von einhunderttausend Kurdi überbrachte, um damit in seiner Abwesenheit die Ausgaben meines Haushaltes zu bestreiten. Ich hatte später noch mehr Grund, für diese freundliche Aufmerksamkeit dankbar zu sein, obgleich die Summe vierzig spanische Taler nicht überstieg, denn während meines Aufenthaltes in Wurno erfuhr ich es, wie schwierig es gewesen sein würde, meine Taler in Kurdi umzuwechseln. Ich befriedigte dann meinen Freund Alháttu, den jüngeren Bruder des Ghaladima, der sich zwar allerdings nicht uneigennützig zeigte, mir aber dennoch manchen Dienst leistete.

Ungeachtet die Leute außen im Lager mit den Zurüstungen zu ihrem bevorstehenden Zuge genug zu tun hatten, erhielt ich doch verschiedene Besuche und unter anderen auch denjenigen eines Uëlad Raschid namens Mohammed, der mir später (bei meiner Rückkehr von Timbuktu) in Gesellschaft seines Landsmannes, des gelehrten Ahmed Wadáui, nach Kúkaua folgte. Dieser Mann hatte seinen Stamm an den südöstlichen Grenzen Bagirmis verlassen und sich vor vielen Jahren in dieser Stadt angesiedelt. Da er mehrere Heeres- oder Raubzüge mitgemacht hatte, gab er mir eine unterhaltende Schilderung von dem Mute der Féllani-n-Sókoto; aber er besaß etwas Neigung zum Verleumden und tischte Geschichten über die Schwachheiten des weiblichen Teiles der Bevölkerung auf, die ich nicht wiederholen will.

*(Sonntag, 3. April.)* Da mir viel daran gelegen war, daß der Freibrief geschrieben würde, ehe der Sultan zum Kriegszug aufbrach, schickte ich am Morgen meinen Makler 'Ali el A'geren
mit einem Pfund guten englischen Pulvers zum Fürsten, um
ihn an sein Versprechen zu erinnern; auch kam er nach einer
Weile mit einem mit dem Siegel des Sultans verschlossenen
Briefe zurück. Derselbe war, im ganzen genommen, in sehr gefälligen Ausdrücken abgefaßt, welche besagten, daß der Fürst
das von mir gestellte Gesuch um Sicherheit für englische Handelsleute und andere Reisende genehmigt habe. Da jedoch das
Schreiben die Bedingungen nicht spezialisierte, sah ich mich
gezwungen, um ein anderes zu bitten, das in bestimmteren
Ausdrücken abgefaßt wäre. Obgleich 'Alius Zeit sehr beschränkt war, da er gerade im Begriff stand, mit seinem Heere
aufzubrechen, so ward doch auch dies letztere Gesuch bewilligt, und ich erklärte mich nun für zufriedengestellt. Ich war
mir wohl bewußt, wie außerordentlich schwierig es ist, diesen
Leuten ein Verständnis von Artikeln beizubringen, wie die, in
denen europäische Regierungen gewohnt sind, Handelsverträge abzuschließen. In Gegenden jedoch wie dieser scheint es
beinahe, als ob man mit solchen Dingen nicht zu viel Zeit verlieren dürfe, ehe es noch ausgemacht ist, ob Kaufleute mit diesen Gegenden wirklich Handel eröffnen wollen, denn sobald
auf die allgemeine Bedingung der Sicherheit hin wirklich ein
Verkehr festgestellt ist, überzeugen sich die Herrscher dieser
Länder selbst von der Notwendigkeit einer bestimmteren und
mehr ins einzelne gehenden Übereinkunft, während auf der
anderen Seite, bevor sie den Verkehr mit Europäern aus Erfahrung kennen, die Form der Artikel, in der Verträge gewöhnlich
abgefaßt sind, sie mit dem äußersten Argwohn und der größten Furcht erfüllt, was die schlimmsten Folgen für jeden haben
kann, der einen solchen Vertrag abzuschließen hat.

Der Sultan war freundlich genug, mir, ehe er am Nachmittag
aufbrach, den Bescheid zu schicken, ich möchte zu ihm kommen, um Abschied von ihm zu nehmen. Von ganzem Herzen
wünschte ich ihm Glück auf seinem Kriegszuge – denn der Erfolg meines eigenen Unternehmens, nämlich meiner Reise
nach Westen, hing zum großen Teil von dem Siege 'Alius über
seine Feinde ab –, und er drückte seinen Beifall über meinen
Glückwunsch durch die mehrmalige Wiederholung jenes in-

haltsvollen und höchst bezeichnenden Wortes aus, das dem Mohammedaner nicht weniger eigen ist als dem Christen: »amin, amin«. So nahm er von mir Abschied, um seinen Heereszug*) anzutreten, nur von einer kleinen Abteilung Reiterei begleitet, da der größere Teil der Truppen schon vorausgezogen war. – Ich hatte auch an Hámmedu, den Sohn 'Atikus, eines älteren Bruders und Vorgängers von Bello, ein Geschenk gesandt; aber er schickte es mir mit der Bitte zurück, es für ihn bis zu seiner Rückkehr vom Heereszuge aufzubewahren.

Auch der Ghaladima, der den Sultan begleiten mußte, besuchte mich vor seinem Aufbruch, damit ich sein Haupt, als eine Vorbedeutung guten Erfolges, mit einem buntfarbigen Turban, wie ich deren damals besaß, umwinden möchte.

Nachdem sich alle Leute davongemacht hatten, konnte ich selbst nicht daran denken, noch eine Nacht an dieser verlassenen Stätte zuzubringen, da sie nicht allein den Angriffen der Menschen, sondern auch denen der wilden Tiere ausgesetzt war. Selbst in der vorhergehenden Nacht hatten die Hyänen mehrere Personen angegriffen und einen Mann so übel zugerichtet, daß er, anstatt das Heer begleiten zu können, gezwungen war, nach Hause zurückzukehren.

Die Folge davon war, daß ich selbst eine Stunde darauf, als der Sultan sein Lager verlassen hatte, mit meinem Troß auf dem Marsche nach Wurno war, der gewöhnlichen Residenz 'Alius, wo ich im Hause des Ghaladima Quartier nehmen sollte. Aber nie machte ich eine unerfreulichere Reise als diese, so kurz sie auch war, denn die Vorräte, die uns der Sultan gegeben hatte, beschwerten uns außerordentlich, so daß wir uns zuletzt gezwungen sahen, das Kalb im Dorfe Gáuassu zu verschenken. So kam es denn, daß wir erst abends spät unser Quartier erreichten, und da wir noch dazu eine lange Zeit im Stadttore aufgehalten worden waren, hatten wir große Mühe, im Dunkeln davon Besitz zu nehmen. Das Tor war nämlich zwar weit und geräumig, aber mit einer hölzernen Türe verrammt, und hinter demselben war weder ein offener Platz noch eine Straße, die von da in gerader Richtung in die Stadt geführt hätte, sondern die Straße teilte sich unmittelbar und wand sich hart an der Mauer entlang.

---

*) Gegen das »Reich« Gober.

Ehe ich auf die Einzelheiten meines Aufenthaltes an diesem Platze eingehe, halte ich es für passend, dem Leser eine kurze Beschreibung von dem Wachstume der Macht der Fulbe oder Féllani in dieser Gegend zu geben und den gegenwärtigen Zustand des Reiches Sókoto kurz anzudeuten.

Es kann keinem Zweifel unterworfen sein, daß, wenn irgendein afrikanischer Stamm die volle Aufmerksamkeit des gelehrten Europäers verdient, dieselbe den Stamm der Fulbe (Singular »pullo«) oder »fula«, wie sie von den Mandingo, »féllani« (Sing. »ba-féllantschi«), wie sie von den Haussa-Leuten, »fellata«, wie sie von den Kanori, und »Fullan«, wie sie von den Arabern genannt werden, treffen muß, denn sowohl in seiner ganzen Erscheinung als in seiner Geschichte und dem besonderen Charakter seiner Sprache bietet dieser Stamm im Vergleiche mit den Bewohnern der umliegenden Länder zahlreiche Anomalien dar. Es unterliegt keinem Zweifel, daß der Stamm der Fulbe der intelligenteste aller afrikanischen Stämme ist. In körperlicher Entwicklung mögen ihnen allerdings die Djoloffen vorangehen; allein es ist eben der größere Verstand, der dem Pullo bei weitem mehr Ausdruck gibt und seinen Gesichtszügen nicht erlaubt, jene Regelmäßigkeit anzunehmen, die wir bei anderen Stämmen finden, während die mäßige Lebensweise einer großen Anzahl Fulbe der Grund ist, daß sich ihre Glieder nicht in der reichsten Weise entfalten, so daß die meisten derselben durch kleine Glieder und schlanken Wuchs sich auszeichnen.

Bei Erwägung der äußeren Erscheinung der Fulbe, die sowohl in der Hautfarbe als in körperlicher Entwicklung verschiedene Gegensätze darbietet, müssen wir zuerst berücksichtigen, daß die Fulbe als ein erobernder Stamm, der sich über einen weiten Länderstrich ausgedehnt hat, mannigfaltige und gänzlich verschiedene nationale Elemente in sich aufgenommen haben; dies ist der Grund, weshalb die verschiedenen Abteilungen der Fulbe-Nation einen sehr mannigfachen und etwas unbestimmten Charakter besitzen. Es gibt Stämme, die vom Hauptstamme so vollkommen verschlungen sind, daß man in späteren Zeiten ihre Abkunft auf die angeblichen Vorfahren der ganzen Nation zurückgeführt hat; aber außerdem gibt es noch andere, deren Stammbaum mit demjenigen der Fulbe zwar noch nicht in so enge Berührung gekommen ist, die aber dessenungeachtet mit den letzteren auf solche Art untermischt sind, daß sie ihre eigene nationale Sprache ganz vergessen haben und von einem Reisenden, der das Verhältnis nicht genau kennt, leicht mit jenen verwechselt werden können. Hervorragend unter diesen letzteren sind die Ssissílbe, wie sie sich selbst nennen, oder Ssyllebáua, wie sie auf Haussa heißen, ein Stamm, den ich bei meinem Besuche von Sókoto zu erwähnen Gelegenheit haben werde; sie sind nichts weiter als eine Abteilung des zahlreichen Stammes der Wákore oder Wángaraúa, zu denen auch die Ssussu und die sogenannten Mandingo oder vielmehr Mellinké gehören. Die Abteilung dieses Stammes, welche in Haussa angesiedelt ist, hat ihr eigentümliches Idiom ganz vergessen und neben der Fulfúlde-Sprache sogar das Haussa-Idiom angenommen; ihre Stammesgenossen in der westlicheren Provinz Sabérma dagegen bedienen sich fast ausschließlich ihrer eigenen Sprache.

## Einzug in unbekanntes Land

*Je mehr H. Barth weiter nach Westen gelangt, desto weniger bekannt sind ihm Land und Lebensverhältnisse. Irgendwelche Berichte von Europäern gibt es nicht. Wohl hört er fortgesetzt von Streitereien der Lokalherren, und desto mehr muß er auf der Hut sein.*

*In Sókoto kaufte er auf dem Markt ein. In Wurno sollte er Aliu wieder begegnen, der von seinem »Kriegszug« zurückkam.*

Im ganzen bildete mein Besuch der Stadt Sókoto ein höchst interessantes Zwischenspiel zu meinem unfreiwilligen Aufenthalte in der Hauptstadt, und ich hatte mich während meiner dortigen Anwesenheit keineswegs über ungastliche Behandlung zu beklagen, da mir mein Freund Módibo 'Ali Tag für Tag eine große Schüssel voll »fura« (der beliebte Trank von Ghussubwasser), zwei Schüsseln mit leichtem Pudding aus Sorghum und zwei Näpfe voll Milch schickte. Auf der anderen Seite aber konnte dieser Ausflug auch nicht verfehlen, mir eine tiefere Einsicht in die Schwäche der Herrschaft der Fulbe über diese Gegenden zu verschaffen und mir zu zeigen, wie leicht hier plötzlich über Nacht eine neue große Umwälzung vor sich gehen kann. – Mit frischer Energie kehrte ich am 24. April von diesem Ausflug nach Wurno in mein Quartier zurück, indem ich den Weg in wenig mehr als vier Stunden zurücklegte.

Es war gerade Zeit, daß ich ankam; denn am Abend desselben Tages traf die freudige Nachricht ein, daß der Sultan Gándo erreicht habe; aber er betrat Wurno nicht vor dem 28. abends; zuvor sandte er mir eine Botschaft von Yan-sserki (im Gebiete von Raba) aus, indem er mich ersuchen ließ, ihm am folgenden Morgen außerhalb der Stadt entgegenzukommen. Demgemäß stieg ich mit dem ersten Dämmerlicht zu Pferde, traf aber den Fürsten schon nahe am Tore, indem er von dem felsigen, von Raba herführenden Pfade auf das etwas niedrigere Niveau der Höhe herabstieg, auf der Wurno liegt. 'Aliu machte, als er mich kommen sah, mit seinem Gefolge halt und begrüßte mich auf die freundschaftlichste Weise, indem er mich bei meinem afrikanischen Reisenamen ('Abd el Kerim) nannte. Hinter dem Sultan ritt der Ghaladima, und ich machte hier die Bekanntschaft des gelehrten 'Abd el Kader dan Taffa (Mustapha), den zu sprechen ich höchst begierig war, um von ihm einige historische Belehrung zu erhalten. Ich beeilte mich daher, sobald sich das Heer aufgelöst hatte und die Leute in ihre verschiedenen Quartiere zurückgekehrt waren, ihm ein Geschenk zu senden. Er stattete mir auch gleich am Abend einen Besuch ab, wobei er mir unverzüglich einige positive Data in bezug auf die Geschichte der Dynastie der Assaki oder A'ookia, der Herrscher von Sonrhai, mitteilte, welche er, ohne sich um ein einziges Jahr zu versehen, aus dem Kopfe wußte. Diese wenigen Data waren für mich von der höchsten Bedeutung, indem sie mir die erste Einsicht in das historische Verhältnis jener westlichen Länder zu der Geschichte Mittel-Sudans eröffneten.

*(Freitag, 29. April.)* Am Vormittag stattete ich 'Aliu einen Besuch ab, um ihm meinen Glückwunsch wegen seiner glücklichen Heimkehr von diesem Heereszuge darzubringen. Denn obgleich keineswegs sehr ruhmreich, war er doch nicht ganz ohne Resultate gewesen, da 'Aliu die armen, kleinen Weiler des felsigen Gaues Kotórkosche, deren Einwohner sich vor einiger Zeit unter den Schutz des Feindes gestellt, zum Gehorsam gebracht hatte; aber selbst diesen unbedeutenden Sieg

hatte er nur durch die Tapferkeit der Reiterei von Kátsena errungen, während sein eigenes Kriegsvolk, wie gewöhnlich, die größte Feigheit bewiesen hatte. Solange die Fulbe das Heer der Goberaúa, welches jedes Jahr ausrückt und ihnen eine Schlacht anbietet, nicht in offener, entscheidender Feldschlacht besiegen, wird der Zustand dieses Reiches von Tag zu Tag schlechter werden, indem, wie die Angelegenheiten jetzt stehen, jede der beiden Parteien, die ursprünglichen Einwohner sowohl wie die Eroberer, nur den Untergang des Landes beschleunigt, ohne einen entscheidenden Schlag zu tun.

Obwohl ich dem Fürsten gleich bei meiner Ankunft ein sehr ansehnliches Geschenk gemacht hatte, hielt ich es doch für gut, seiner freundlichen Gesinnung gegen mich einen größeren Impuls zu geben, indem ich auch diesmal etwas spendete. Ich gab ihm daher jetzt eine arabische Tuchweste und einige kleinere Artikel sowie auch eine Spieldose; die letztere machte ihm außerordentliches Vergnügen. Es war aber ein recht unglücklicher Umstand, daß, als er in dem Eifer, seine Freude seinem besten Freunde, dem ersten Minister 'Abdu (dem Sohne des Gedado), mitzuteilen, diesen hatte rufen lassen, um Zeuge dieses Wunders zu sein, die geheimnisvolle Dose, von dem Wechsel des Klimas und dem Hin- und Herschütteln auf einer so langen Reise angegriffen, auf einmal stillstand und nicht mehr spielen wollte. Ich will hier ein für allemal bemerken, daß ich es für Reisende besser halte, solche Gegenstände, wie eben z. B. Spieldosen, welche so leicht in Unordnung geraten, lieber nicht als Geschenk zu geben, da sie sich selbst dadurch große Unannehmlichkeiten bereiten können. So ging es denn auch mir, obgleich es mir gelang, die Dose, die dem Häuptling unendliches Vergnügen gewährte, einigermaßen wiederherzustellen. Aber glücklicherweise besaß ich noch sonstige Mittel, um den musikalischen Geschmack 'Alius befriedigen zu können. Herr Ritter von Bunsen hatte nämlich meinen Vater veranlaßt, mir ein paar Harmonikas zu schicken, mit denen der Missionar Knoblecher auf die Anwohner der Nil-Ufer eine so große Wirkung hervorgebracht hatte. Eine von diesen gab ich nun dem Emir el Múmenin; die andere erfreute später die Bewohner Timbuktus, indem ich sie den Kindern el Bakáys zum Geschenk machte.

'Aliu bewilligte mein Gesuch um schnelle Abreise und versprach mir selbst, mich in meinem bei dem gegenwärtigen Zustande der Provinzen höchst gefahrvollen Unternehmen mit einer kleinen Eskorte – »rékkia« – zu unterstützen; auch schrieb er mir bald darauf einen Empfehlungsbrief an seinen Neffen Chalilu, den Herrscher von Gándo. Es war um so wichtiger für mich, meine Reise zu beschleunigen, als der folgende Tag den ersten deutlichen Beweis von der Annäherung der Regenzeit lieferte. Dabei setzten mir die Einwohner Sókotos, welche starke Neigung zum Betteln haben, hart zu, und auch eine Menge Fremder befanden sich gerade in der Stadt (vorzüglich die Kel-geréss, welche das Salz gebracht hatten), so daß mir viel daran gelegen war, diesen Ort zu verlassen.

Ich saß eines Tages in Gesellschaft einiger jener Söhne der Wüste in der Eintrittshalle meines Hauses, als Gome oder Ittegama, der Bruder des Sultans 'Abd el Kader von Agades (der vor kurzem entthront worden war, um einem neuen Häuptling namens Ahmed e' Rufay Platz zu machen), mich zu besuchen kam und mich mit sehr wichtiger und geheimnisvoller Miene darum ersuchte, ihm eine Privataudienz zu geben. Da ich mich dem früheren Fürsten von Agades aufrichtig verpflichtet fühlte, entließ ich sogleich meinen anderen Besuch und eröffnete meine Unterredung mit Ittegama. Er begann sein Anliegen damit, daß er mich an die freundliche Weise erinnerte, mit der mich sein Bruder damals empfangen hatte, und schloß mit der dringenden Bitte, doch meinen Einfluß zu benutzen, um 'Abd el Kader wieder zu seiner früheren Würde zu verhelfen. Es machte mir viel Mühe, ihn davon zu überzeugen, daß ich soviel wie keinen Einfluß beim Emir el Múmenin besäße und deshalb befürchtete, meine Fürsprache möchte wenig oder gar keinen Erfolg haben. Natürlich hätte ich nur zu sehr gewünscht, etwas ausrichten zu können, teils um meine persönliche Erkenntlichkeit für die Freundlichkeit meines Wirtes in dem Orte, wo ich zuerst mehr Vertrauen in den Erfolg meines Unternehmens zu setzen anfing, zu beweisen, teils in der Überzeugung, daß, wenn ich imstande wäre, diesem Manne einen großen Dienst zu leisten, ein solcher Umstand einen höchst günstigen Einfluß auf meine weiteren Unternehmungen haben würde. Ich sprach also mit dem Emir el Múmenin darüber; aber die politische Kombination der Häuptlinge der

Tuareg mußte ihren Lauf gehen, und ʿAbd el Kader war noch nicht wieder eingesetzt, als ich auf meiner Rückreise diese Gegend abermals durchzog, obgleich er mit ʿAliu auf dem besten Fuße stand.

Unter den Leuten, die meine Bekanntschaft suchten, war auch Chalilu dan Hassan, einer der mutmaßlichen Erben der fürstlichen Macht in Sókoto; Hassan war nämlich ein jüngerer Bruder Bellos. Dieser Chalilu war ein junger Mann von noblen Manieren, aber ohne großmütige Gesinnung, wie er zur Genüge auf meiner Rückreise im folgenden Jahre bewies. Damals nämlich suchte er mir durch das Geschenk eines schwarzen Hemdes im Werte von kaum fünftausend Muscheln (zwei Talern) die Verbindlichkeit aufzulegen, ihm nach meiner glücklichen Heimkehr ein Paar Pistolen zu schicken.

Diese ganze Zeit hindurch hatte ich meine Mußestunden zur Lektüre eines handschriftlichen Werkes benutzt, das mir die erste Einsicht in die Geschichte des westlichen Teiles dieser Féllani-Gebiete verschaffte. Der Verfasser desselben war ʿAbd-Allahi, der Bruder ʿOthmans, des Reformators, dem der westliche Teil des eroberten Gebietes als Anteil zugefallen war. Allerdings enthielt dieses Buch, dessen Titel »tesen el aúrekat« – »der Schmuck der (Schreib-) Blätter« – ist, außer viel theologischem Stoff einige wichtige historische Daten, aber es reichte lange nicht hin, meine Wißbegierde zu befriedigen. Mit Eifer hatte ich mich bemüht, das Werk Bellos mit dem Titel: »infak el mi-ssuri fi fat-ha el Tekruri«, welches mir von meinem Freunde, dem Faki ʿAbd el Kader in Katsena, ernstlich empfohlen worden war, zu erhalten; aber es kam mir erst wenige Tage, bevor ich die Stadt verließ, in die Hände. Da fand ich denn, daß der größere Teil seines Inhaltes, soweit er geographische oder historische Wichtigkeit hatte, mit den von Captain Clapperton von seiner ersten Reise mitgebrachten Dokumenten, die zum Teil, von Herrn Salame übersetzt, im Anhange zu jenem ewig denkwürdigen Reisebericht abgedruckt sind, zusammenfällt.

Mittlerweile nahm die Unsicherheit der Umgegend immer mehr zu. Am 5. Mai ward aus dem Dorfe Ssalame von den Leuten von Tschéberi das Vieh fortgetrieben; das war ein harter Verlust für meinen gelehrten Freund ʿAbd el Kader dan Taffa, der in jenem Orte einen ansehnlichen Besitz an Sklaven und Vieh hatte oder dem vielmehr das ganze Dorf gehörte. Ein heftiger Regenguß, der am 6. fiel, erinnerte mich stark an die Wirkungen der Regenzeit, indem er mich zwang, in eiliger Flucht mein kühles Schattendach zu verlassen. Ich drang daher nun mit um so größerer Beharrlichkeit auf meine endliche Abreise.

Infolgedessen nahm ich am Nachmittag des 8. Abschied von 'Aliu, dem Herrscher der Gläubigen; es war ein warmer Abschied. Wohlgemut sagte ich ihm Lebewohl; denn es war mir nicht allein klar, daß er auch nicht das geringste Mißtrauen in mein Unternehmen setzte, sondern auch, daß er im Gegenteil bedeutendes Interesse an mir nahm, da er gefunden, daß es mein aufrichtiges Bestreben sei, mich mit dem Lande und seinen Bewohnern völlig bekannt zu machen, und daß mir daran gelegen sei, freundliche Verhältnisse mit den ausgezeichnetsten und gelehrtesten von ihnen anzuknüpfen. Aber er gab mir wiederholt den Wunsch zu verstehen, daß ich nicht nach Hamd-Allahi gehen möchte, ja, er machte mir das ausdrücklich zur Bedingung seiner Genehmigung meiner Reise nach Westen; denn er wollte nicht, daß ich seinen Landsleuten und Glaubensgenossen daselbst und ihrem Häuptlinge – wer dies auch immer sei, Schécho A'hmedu oder dessen Nachfolger – meine Aufwartung machte. Dagegen hatte er durchaus nichts gegen meinen Besuch Timbuktus einzuwenden, soweit dieser dem Scheich el Bakáy galt; dieses Religionshaupt hatte nämlich einige Zeit in Sókoto zugebracht und unterhielt mit der Fodischen Familie das beste Einvernehmen. Der Grund jenes Mißverständnisses zwischen den beiden nah verwandten Höfen lag in der Anmaßung der fanatischen Bewohner von Má-ssina, die sich überall Eingriffe erlaubten und von ihren verweichlichten Verwandten in Sókoto verlangten, daß sie die Zahl ihrer Weiber auf zwei beschränken und anstatt ihrer weiten Toben enge Hemden anziehen sollten. Davon mehr bei anderer Gelegenheit; hier will ich nur noch erwähnen, daß wir ein paar Tage vorher die Nachricht vom Tode Schécho A'hmedus erhalten hatten.

*(Sonntag, 8. Mai.)* Endlich war ich imstande, meine Reise fortsetzen zu können. Der Charakter derselben wurde nun ungleich interessanter, sobald ich Sókoto hinter mir hatte, denn sie sollte mich in fast ganz unbekannte und nie von Europäern betretene Gegenden führen.

*Rund einhundertfünfzig Kilometer vor Erreichen des Nigerstromes liegt die »Stadt« Gándo, die »Residenz Chalilus, des Beherrschers des westlichen Pullo- (Fulbe-) Reiches ..., dessen Freundschaft mir zu sichern für mich von der allergrößten Bedeutung war, da seine Provinzen beide Ufer des Niger einschließen, ... (der) ein Mann ohne Energie und von einem für den Christen und Europäer unzugänglichen Charakter sein sollte«.*

*Um von diesem »Herrscher« einen Freibrief für sich und andere durchreisende Europäer zu erhalten, muß Barth erpresserischen Audienz-»Vermittlern« besonders wertvolle Geschenke (silbern beschlagene Pistolen) opfern.*

Man gab mir deutlich zu verstehen, daß es nicht in meiner Macht stände, weder vorwärts noch rückwärts zu gehen, wenn ich nicht größere Geschenke geben würde.

Zu allen diesen Unannehmlichkeiten kam noch die vorgerückte Jahreszeit; denn der Monat Mai war zu Ende, und der Juni hatte mit gewaltigen Regengüssen begonnen. Dennoch aber brachte ich, obgleich ich manche bittere Stunde hatte, die Zeit meines Aufenthaltes in dieser Stadt nicht ganz nutzlos zu, besonders da ich so glücklich war, von einem hier angesessenen gelehrten Manne namens Bochari, einem Sohne des verstorbenen Mohammed Wani, eine Handschrift des überaus schätzbaren historischen Werkes A'hmed Babas zu erhalten. Auf dieses Geschichtswerk hatte zuerst mein Freund 'Abd el Kader in Sókoto meine Aufmerksamkeit gelenkt, aber ohne imstande zu sein, meine Neugierde zu befriedigen. Nun brachte ich drei oder vier Tage höchst angenehm mit dem Ausziehen wichtigerer historischer Daten dieses Werkes zu, das mir eine ganz neue Einsicht in die geschichtliche Entwicklung der Landschaften am mittleren Laufe des Niger, denen ich meine Schritte zuwandte, eröffnete und ein höchst lebendiges Interesse erregte. Denn es entwickelte vor meinen Augen in klaren und scharfen Umrissen die frühere Macht des Sonrhai-Reiches, von der ich kaum die leiseste Ahnung gehabt, und ich bedauerte nichts mehr, als daß ich nicht Zeit genug hatte, das ganze zu kopieren, indem ich nur eben die mir in geographischer und historischer Beziehung am wichtigsten scheinenden Abschnitte ohne Rücksicht auf den äußeren Zusammenhang ausziehen konnte.*)

In der Stadt Gándo selbst war nicht viel zu sehen, und die Lage des Ortes – eingeklemmt, wie er ist, in ein enges Tal – gestattete keine langen Ausflüge; dazu kam noch, daß die Unsicherheit der Nachbarschaft es unmöglich machte, sich, wenigstens in nördlicher Richtung, weit von der Stadtmauer zu entfernen. Zu wiederholten Malen während meines Aufenthaltes ward das Alarmzeichen gegeben, daß der Feind heranrücke. Der ganze politische Zustand der Stadt befand sich in der schrecklichsten Unordnung. Der Feind stand nämlich in mehreren festen, kaum einen halben Tagesmarsch entfernten Plätzen, und zwar besonders in Argúngo, der Residenz Dáuds, des aufständischen Häuptlings der unabhängigen Kábáua. Früh am Morgen des 29. Mai rückte ein zahlreiches Streifheer – »yaki« oder, wie die Fulbe sagen, »konno« – aus, kehrte aber noch am selben Abend unter lärmenden Äußerungen der Einwohner wieder heim. Es hatte jedoch nur einen weiteren Beweis seiner Feigheit gegeben und nicht einmal gewagt, den Feind anzugreifen, dem es soeben gelungen war, die auf der Hauptstraße nach Westen gelegene Stadt Yara zu plündern und ihre gesamte unglückliche Bevölkerung ungehindert in die Sklaverei zu schleppen.

*(Sonnabend, 4. Juni.)* Endlich ward es mir gestattet, meine Reise fortzusetzen, und diese schien nun ein außerordentliches Interesse gewinnen zu wollen, da ich mich dem großen Flusse näherte, der seit so langer Zeit der Gegenstand so vielen Streites und das Ziel so manchen persönlichen Ehrgeizes gewesen ist.

Das Städtchen Yara, bis vor kurzem noch eine Stätte ziemli-

---

*) Es sind dies die Auszüge, die Herr Ralfs mit großem Geschick im 9. Bande der Zeitschrift der Deutschen Morgenländ. Ges. (nebst einigen Anmerkungen von mir und ihm) in einer Übersetzung herausgegeben hat.

cher Wohlhabenheit, war am 29. des verflossenen Monates vom Feinde zerstört und die ganze Einwohnerschaft in die Gefangenschaft geschleppt worden – ungeachtet der Anwesenheit des Heeres, das, wie ich oben erwähnt, von Gándo zur Hilfe ihrer Landsleute ausgerückt war. Wir waren von den Reisenden, denen wir auf unserem Wege begegneten, dringend vor einem herannahenden Raubheere gewarnt worden, und der über alle Maßen melancholische und traurige Anblick dieses Städtchens stimmte ganz zu der gefährlichen Lage, in welcher wir uns befanden. Während ich aus Neugierde vom Wege abbog und das halb verfallene Städtchen, welches aus einem lebensvollen kleinen Wohnorte zu einer Stätte des Todes geworden war, durchschritt, griff ich fast unwillkürlich an meine Büchse und behielt sie fest in der Hand.

Aber Tod und Leben sind in diesen Gegenden innig miteinander verbündet, und wir hatten kaum den zerstörten Ort hinter uns gelassen, als wir in einer Erweiterung der Fáddama, die sich wiederum zu unserer Rechten öffnete, durch den Anblick eines sehr üppigen Reisfeldes erfreut wurden; die Saat stand hier fast schon drei Fuß hoch.

Indem wir dann eine sehr reiche Gegend durchzogen, erreichten wir nach einem Marsche von ungefähr zwei Meilen die Stadt Gúlumbe, hart am südlichen Rande des Tales gelegen und ausgedehntes, mit Erdwurzeln und Baumwolle bestelltes Ackerland aufweisend. Der Bananenbaum bildete die Hauptzierde des engen, zwischen der Fáddama auf der einen und der Stadtmauer auf der anderen Seite eingeschlossenen Saumes, und die Gónda *(Carica Papaya)* ragte, ihr federartiges Laub auf ihrem schlanken jungfräulichen Stamme erhebend, stolz über die Mauer hervor.

Die Stadt war umwallt, dabei von ansehnlicher Größe und auch dicht bewohnt, aber dessenungeachtet hatten die Einwohner solche Furcht vor dem Feinde, daß sie ein ununterbrochenes Trommelschlagen unterhielten. Wir selbst sahen uns durch die Kleinheit des Tores gezwungen, außerhalb desselben in einem zwischen der Stadtmauer und dem Saume der Fáddama gelegenen Gehöfte unser Quartier zu nehmen, hielten es aber für verständig, erst einige Schüsse zu tun, um den Leuten um uns herum zu zeigen, daß wir vollkommen bereit seien, sie zu empfangen, und verschafften dadurch den bedrängten Einwohnern große Erleichterung, so daß sie, hocherfreut über die unerwartete Zugabe zu ihrer Macht, uns in sehr gastlicher Weise bewirteten. Die einzige Störung unserer nächtlichen Ruhe ward durch die Mücken verursacht, welche uns bedeutend belästigten und fast alle meine Leute in den »rudu« trieben (jene Art auf hohen Stangen errichteter Hütte, die ich schon bei einer früheren Gelegenheit beschrieben habe und welche in der Provinz Kébbi selbst von der ärmsten Wohnung den wichtigsten Teil bildet).

*(Montag, 6. Juni.)* Auf die von einem Gewitter und einem leichten Regenfall heimgesuchte Nacht folgte ein schöner Morgen. Ich empfand großes Vergnügen, als ich die interessante Landschaft aufnahm, und bedauerte nur, daß der unsichere Zustand des Landes den Eingeborenen selbst nicht gestattete, ihr schönes Land in Ruhe zu genießen, denn der Krieg hatte Tausende von Haus und Hof fortgetrieben und gewiß ebenso viele in Gefangenschaft gebracht. Die Felder waren sowohl auf dieser Seite der Stadt wie auf der anderen, wo wir uns ihr am vorigen Tage genähert hatten, mit großer Sorgfalt umzäunt, und Pferde und Esel grasten auf den reichen Weidegründen.

Nach etwas mehr als eineinhalb Meilen ließen wir ein Pachtdorf namens I'genee zu unserer Linken. Der Besitzer, ein freundlicher Pullo von vorgerücktem Alter, nach dem der Weiler benannt worden ist, beaufsichtigte gerade die Feldarbeit seiner Sklaven. Die Saat war hier schon mehr als einen Fuß aus dem Boden emporgekeimt; etwas weiter hin erreichte sie bereits die Höhe von zwei Fuß. Außer Sorghum wurden auch Erdwurzeln in bedeutender Menge gebaut, aber dessenungeachtet herrschte infolge der Unsicherheit des Landes überall Teuerung.

Etwas weiter hin ließen wir ein ansehnliches Wasserbecken zu unserer Linken, das mit einer Menge von »doroa«-, großen »kade«-Bäumen und Sykomoren geschmückt war. Die Delébpalmen hatten gerade jenseits I'genee aufgehört. – Eine breite, flache Berghöhe (namens Hamari), an deren östlichem Fuße die Stadt Tsoro liegt, unterbrach die einförmige Oberfläche des Landes.

Wie ich so durch diese reiche, aber gefährdete und politisch zerrissene Landschaft zog, machte es mir großes Vergnügen, als ich nahe bei der umwallten Stadt Kardi einem einzelnen, entschlossenen Pilger, einem Djoloffen vom Ufer des Atlantischen Ozeans, begegnete. In der Tat schien er ganz darauf vorbereitet zu sein, sein geringes Gepäck, das er auf dem Kopfe trug, mit seiner Doppelbüchse zu verteidigen; ein kurzes Schwert trug er an der Seite, und sein Hemd war in kriegerischer Weise über die Arme heraufgezogen und über der Schulter hinter dem Nacken aufgebunden. In meiner Freude über den Anblick dieses unternehmenden Reisenden konnte ich es nicht unterlassen, ihm ein kleines Geschenk zu machen, um ihn bei seinem schwierigen Unternehmen zu unterstützen.

# Kapitel 26
## Am Ufer des Niger

*Nun näherte Barth sich mit seiner Karawane dem »Silbernen Strom«, dem Niger, der, besonders in Verbindung mit der von Geheimnissen umwobenen »Königin der Wüste«, der Stadt Timbuktu, in jenen Jahrzehnten Mittelpunkt des Interesses der gelehrten Welt war. Der Fluß besaß sogar eine gewisse Volkstümlichkeit, besonders in England, seitdem der Schotte Mungo Park den Strom von Südwesten her erreicht und auf einer zweiten Reise ihn im mittleren Teil befahren hatte. Die Stadt konnte dieser mutige Forscher aber nicht betreten, und er fand in den Wellen des von ihm so heiß ersehnten Flusses auf nicht völlig geklärte Weise den Tod.*

*Was hatte man nicht alles über den Niger schon gerätselt! Die Alten ließen ihn, wahrscheinlich aus dunkler Ahnung vom Komádugu, dem westlichen Zufluß des Tschadsees, in dieser Gegend in einen See fließen. Nachrichten von Schari und Logone, die von Süden her in den Tschad münden, und dem Trockental des Bahr el Ghasal im Osten des Sees mögen die Vermutung einer Verbindung mit dem Nil erzeugt haben, der seinerseits seine Quellen aus dem fabelhaften Mondgebirge bezöge. Später hielt man bald den Senegal, bald den Gambia für Unterläufe des Niger; nach anderen gar sollte er im Kongo auskommen, dessen Unterlauf im 16. Jahrhundert bereits befahren worden war. Außer seinen Quellgebieten war zu Barths Zeit noch der Bereich des eigentlichen Nigerbogens zu erforschen. Dieses Ziel hatte sich der Reisende gestellt und es auch erreicht. Barths Karte bringt ein ziemlich deutliches Bild dieser Stromstrecke.*

*(Sonntag, 19. Juni.)* Auch die Landschaft, durch die der erste Teil unseres heutigen Marsches führte, war überaus trocken und litt sehr vom Mangel an Regen. Es war die Folge dieser ungewöhnlichen Dürre, daß ungeachtet der vorgeschrittenen Jahreszeit der Boden hier umher noch nicht in Anbau genommen war. Aber nach einem Marsche von etwas mehr als drei Meilen und durch eine teils angebaute, teils brachliegende und mit

Unterholz bedeckte Landschaft betraten wir einen vom Regen mehr begünstigten Gau, in dem daher die Feldarbeit schon ihren Anfang genommen hatte. Die Einwohner machen dabei Gebrauch von einer Hacke mit langem Stiel, die in der Form von derjenigen, die ich in anderen Gegenden gesehen hatte, bedeutend abwich.

Wald und angebautes Land wechselten nun wieder miteinander ab, bis wir etwa vier Meilen hinter einem ausgedehnten Landbaudorf namens Tanna unser Quartier in einem Dorfe namens Tóndifu nahmen. Wir sahen uns jedoch genötigt, Gewalt zu gebrauchen, da der Amtmann des Dorfes zu träge oder zu hartnäckig war, seinen kühlen Schatten in der Tageshitze zu verlassen. Wahrscheinlich hielt auch hier die Nachricht von dem erfolgreichen Aufstande ihrer Landsleute in Sabérma den Sinn der Bewohner in einem Zustande der Aufregung, und in Tanna waren die Leute nahe daran, über die Nachzügler meiner kleinen Schar herzufallen. Tóndifu ist ein ärmlicher Weiler. Er hat seinen Namen von seiner Lage am Anfange einer felsigen Landschaft bekommen, die sich von hier bis zum Flusse erstreckt; »tóndi« bedeutet nämlich in der Sonrhai-Sprache »Hügel« oder »Berg«.

Wir waren jetzt nahe am Niger, und ich durfte mich der Hoffnung hingeben, am nächsten Tage mit meinen eigenen Augen jenen großen Strom Westafrikas zu schauen, der die Aufmerksamkeit der Europäer in so hohem Grade auf sich gezogen hat. Mir mußte dieser hehre Strom als ein alter Freund und Gefährte meiner Wanderungen um so lieber und werter sein; hatte ich doch den oberen Lauf seines großen östlichen Armes selbst entdeckt.

*(Montag, 20. Juni.)* Nach ruhelos durchträumter Nacht und gehoben von den erhabensten Gefühlen, brach ich mit meinem rüstigen Reisetroß in früher Morgenstunde auf, und nach einem Marsche von etwas weniger als zwei Stunden und durch felsige, mit dichtem Buschwerk bedeckte Wildnis traf der erste Schimmer der silbernen Wasserfläche des Niger mein Gesicht. Bald lag der mächtige Strom ganz vor mir, und in geringer Entfernung von seinem Ufer ging es entlang. Noch eine Stunde, und ich stand mit meinem Rosse auf dem Einschiffungsplatze, der Stadt Ssai gegenüber.

Eine jede begünstigte Nation des centralafrikanischen Binnenlandes hat ihren Fluß, und wie derselbe Fluß die Gebiete verschiedener Zungen durchströmt, erhält er auch einen anderen Namen. So ist der große Strom Westafrikas: der »große Fluß«, der »dhiúliba« oder »yuli-ba« der Mandingo (Yuli) oder Wákore, der »mayo« der Fulbe, der »eghírrëu« der Imoscharh oder Tuareg, der »i'-ssa« oder »ssai« der Sonrhai, der »kuara« (wahrscheinlich) der Kómbori, der »baki-n-rua« der Haussaúa. So war endlich der berühmte Strom erreicht, der den Europäern seit der Eröffnung der afrikanischen Geographie und Forschung mystisch vor Augen und Sinnen schwebende Niger. Ruhig glitt er von NNO nach SSW dahin, mit einer mäßigen Bewegung von ungefähr drei Meilen in der Stunde; seine Breite betrug hier nur etwa eintausend Schritt. Er ist von felsigem Ufer eingeschlossen, das im allgemeinen eine Höhe von zwanzig bis dreißig Fuß hat; aber der Strom selbst war ungebrochen, einen einzigen kleinen Felsen ausgenommen, der beinahe in der Mitte des Flusses, nur etwas näher am westlichen Ufer, gegenwärtig zwölf bis fünfzehn Fuß über die Oberfläche des Wassers emporragte. Ein kleinerer Fels, etwas weiter hin, war schon beinahe vom Flusse überströmt.

Dem Einschiffungsplatze gegenüber, und zwar auf flacherem Ufer, breitete sich eine bedeutende Stadt aus, deren niedrige Wälle und Hütten malerisch von einer Menge schlanker Dumpalmen überragt wurden; es war dies die »Flußstadt«, der Überfahrtsort »ssai« (dies Wort bedeutet nämlich in dem östlichen Sonrhai-Dialekt »Fluß«). Ich glaube übrigens nicht, daß es vor der Zeit der Fulbe der gewöhnliche Überfahrtsort war; meiner Meinung nach befand sich dieser vielmehr bei der Insel Oitílli, die von den Tuareg und Fulbe »Ghútil« oder »Ghúdil« genannt wird, obgleich dieser Name später zuweilen auch auf Ssai angewandt worden sein mag. Die Ufer hier bei Ssai ragten augenblicklich nicht hoch über das Niveau des Flusses empor, und sowie der Fluß noch höher steigt, erreicht er sogar den niedrigeren Rand.

Ich hatte schon am vorhergehenden Tage einen Boten vorausgeschickt, um bei meiner Ankunft am Flusse geräumige Boote zur Überfahrt bereit zu finden; aber es hatte sich bis jetzt keines sehen lassen, und ich besaß daher hinreichende Muße, die Fluß-Szenerie zu betrachten. Eine große Menge

Reisender, sowohl Fulbe wie Sonrhai, wartete ebenfalls am sandigen Ufer mit ihren Ochsen und Eseln auf die Überfahrt, und es fehlte nicht an kleineren Booten, um sie aufzunehmen. Zuletzt kamen denn auch die größeren Fahrzeuge an, die mich und mein Gepäck übersetzen sollten. Sie waren von ziemlicher Größe, nämlich etwa vierzig Fuß lang, aber in der Mitte nur vier bis fünf Fuß breit, und bestanden aus je zwei ausgehöhlten, in der Mitte zusammengebundenen Baumstämmen; das größte faßte drei meiner Kamele, und das Wasser wurde viel besser ausgeschlossen, als ich sonst bei den Fahrzeugen der Einwohner des Negerlandes zu beobachten Gelegenheit gehabt hatte. Diese größeren Boote werden hauptsächlich zum Transport des Kornes von Sinder, das weiter aufwärts am Flusse liegt, nach Ssai benutzt und waren bei dieser Gelegenheit ausdrücklich vom Hafenbeamten für mich requiriert worden. Letzterer führte den Titel »Herr der Fahrzeuge« – »sserki-n-djirgi« (auf Haussa), »lámido-lala« (auf Fulfúde), »hiokeu« (in Sonrhai) – und entspricht dem »Wasserkönig« – »sserki-n-rūa« – in anderen am Flusse gelegenen Ortschaften. Ich legte ihm später meine Erkenntlichkeit durch ein Geschenk von eintausend Muscheln an den Tag.

Meine Kamele, Pferde, Leute und das Gepäck wurden zuerst übergesetzt, und nachdem alles ohne Unfall am anderen Ufer angekommen war, folgte ich selbst nach; es war ungefähr ein Uhr nachmittags. Ich fühlte unendliches Behagen, als ich mich auf diesem gepriesenen Strome, dessen Erforschung schon so manchen kühnen Wanderer das Leben gekostet hat, eingeschifft fand; aber leider sollte dies nicht auf lange Zeit sein. Der Eindruck, den der Anblick des Flusses auf mich machte, mußte um so tiefer sein, als ich mich bald wieder von ihm trennen sollte, denn ich hatte in Gándo volle Gelegenheit gehabt, mich von der Richtigkeit meiner früheren Ansicht zu überzeugen, daß ich im günstigsten Falle Timbuktu nicht anders als über Líbtako erreichen könnte, und nährte nur eine schwache Hoffnung, daß ich vielleicht später imstande sein möchte, jenen Teil des Flusses zwischen Timbuktu und Ssai zu besuchen. Von Anfang an war es mir höchst zweifelhaft, ob ich je die westliche Küste erreichen würde; auch erschien es mir weit wichtiger, den Niger zwischen dem Punkt, wo er durch Mungo Parks und René Cailliés Arbeiten leidlich bekannt ge-

worden ist, und seinem unteren Laufe, wo er von den Gebrü-
dern Lander bereist wurde, zu erforschen, als von Timbuktu
aus meine Reise an die Westküste fortzusetzen, um sagen zu
können, ich hätte Central-Afrika der Breite nach durchwandert.

So betrat ich denn die Stadt Ssai und erhielt, nachdem ich
mich am Hause des Statthalters gezeigt hatte, alsbald Quartier,
aber dies war keineswegs, wie ich es wünschte, sondern klein
und eng. Die Stadt liegt so niedrig, daß kein Luftzug sie erfrischt, und hat daher im allgemeinen eine sehr drückende Atmosphäre. Die Hütten in diesen Sonrhai-Städten sind mehr für
Frauen als für Männer gemacht, und der größere Teil einer jeden wird von der »alkílla« (d. i. Frauengemach) eingenommen,
nämlich dem Rohrlager, welches sich in einem besonderen
Mattenzimmerchen befindet, das nur einen kleinen Eingang
hat; dadurch wird natürlich das Innere der so schon beschränkten Hütte noch mehr beengt. (Schon bei der Schilderung meines Aufenthaltes in Agades habe ich Gelegenheit gehabt, auf
die Sorgfalt hinzuweisen, mit der die Sonrhai ihre Ehelager
ausstatten.) So sah ich mich denn genötigt, sogleich dieses
kleine freundliche Schlafgemach einzureißen, um nur etwas
frische Luft in meine Wohnung gelangen zu lassen. Als ich es
mir so einigermaßen behaglich gemacht hatte, erhielt ich vom
Statthalter ein Gastgeschenk von zwei Schalen mit rohem Reis
und zwei anderen mit Hirse, aber keine zubereitete Erfrischung, obwohl ich einer solchen, da ich während der heißesten Tageszeit lange der Sonne ausgesetzt gewesen war, wohl
bedurft hätte. Bis jetzt war in der Umgegend nur sehr wenig
Regen gefallen, und auch ein Gewitter, das nachmittags am
Himmel stand, erreichte uns nicht. Die Luft war denn auch in
diesem niedrigen Tale, dessen absolute Höhe wahrscheinlich
dreihundertfünfzig Fuß nicht übersteigt, so drückend, daß es
mir zuweilen vorkam, als müßte ich ersticken. Besonders hatte ich
dies Gefühl bei der Annäherung eines Gewitters, und einmal war
ich in einem ganz verzweifelten Zustande, gerade als wenn mir
jemand die Kehle zuschnürte.

Immerhin ist Ssai für die Europäer der bedeutendste Punkt
in dieser ganzen Flußlandschaft*), wenn es ihnen einmal ge-

---

*) H. Barth berichtet nichts von Niamey, der heutigen Hauptstadt der Republik
Niger.

348

lingt, die Flußschnellen zu passieren, welche den Niger oberhalb Rabba und besonders zwischen Bu-ssa und Yaúri hem-
men, und so dieses schöne offene Wasserbecken, die große
Verkehrsstraße vom westlichen Central-Afrika, zu erreichen.
Der Handel und Verkehr der Eingeborenen am Flusse entlang
ist nicht unbedeutend, aber auch dieser Zweig der Betriebsam-
keit hat natürlich durch den aufrührerischen Zustand der benachbarten Provinzen, ganz vorzüglich der Landschaften Sabérma und Déndina, bedeutend gelitten. Die Folge davon war,
daß Boote von Ssai augenblicklich den Fluß nicht weiter abwärts gehen konnten als bis Kirotáschi (eine bedeutende, etwa
fünfzehn Meilen weiter abwärts am westlichen Ufer gelegene
Stadt), während sich in entgegengesetzter Richtung, am Flusse
aufwärts, ein ununterbrochener Verkehr bis nach Kindádji er-
streckte, jener Inselstadt, mit der ich auf meiner Rückreise persönliche Bekanntschaft machte.

Am Mittag des zweiten Tages meines Aufenthaltes in Ssai
stattete ich dem Statthalter einen Besuch ab. Er heißt A'bu-
Bakr und ist der Sohn des berühmten Mállem Mohammed
Djébbo. Ich fand in ihm eine ziemlich freundliche, lebensvolle
Persönlichkeit, aber es fehlte ihm jener Zug ernster Männlich-
keit, welcher einen bleibenden Eindruck macht, und es schien
mir aus verschiedenen Anzeichen klar zu sein, daß er von
einer Sklavin abstammte. Dabei hatte sein Benehmen etwas,
was sich dem jüdischen Charakter annäherte. Er war höchst
entzückt, mich zu sehen, denn ich war nicht allein der erste
Christ, der diesen Platz je besucht hatte – Mungo Park scheint
auf seiner ewig denkwürdigen Niger-Fahrt ganz unbemerkt
hier vorbeigeschifft zu sein, wenn anders die Stadt Ssai damals
schon bestand –, sondern (und das war ein Umstand, der ganz
besonders meinem Besuche eine erhöhte Bedeutung gab) ich
war auch zu einer Zeit gekommen, wo der gesamte Verkehr
des Landes unterbrochen war und Araber sowohl wie Eingeborene aus Furcht vor der Unsicherheit der Straßen den Besuch
der Stadt mieden. A'bu-Bakr hatte viel von der Überlegenheit
des Europäers über den Araber, sowohl in geistiger Entwicklung als in Kunstfertigkeit der Hände, gehört und hegte den
ernstlichen Wunsch, daß, wenn es ohne Nachteil für die Wohlfahrt der Provinz möglich wäre, ein Dampfschiff oder ein anderes Fahrzeug der Europäer den Fluß heraufkommen und sei-

nen unbedeutenden Markt mit allen möglichen Prachterzeug-
nissen versehen möge. In dieser Beziehung hörte er mit nicht
geringer Verwunderung, daß ich keinen Handel treibe; ja, er
ward dadurch zu dem Argwohn verleitet, daß ich, um mich so
großen Gefahren auszusetzen, notwendig eine sehr geheimnisvolle Absicht haben müßte. So wurde er denn bald unruhig
und ließ, weil ich meinen Aufbruch einen Tag hinausschob,
wiederholt anfragen, warum ich meine Reise noch nicht fortsetzte.

## Reise durch die Landschaft des Nigerbogens

*In der Stadt Ssai nimmt Barth einen Eingeborenen an, der ihn das
Sonrhai lehren sollte, während er zugleich eifrig dem Studium der
Fulbe-Sprache oblag, die von der herrschenden Klasse im Nigerbogenge-
biet gesprochen wird.*

*Dem Nigerlaufe aufwärts zu folgen, hält er für zu gewagt. Daher
durchschreitet er das Land des Flußbogens, »gurma« genannt, mit seinen
ausgedehnten Waldungen, in deren Lichtungen zahlreiche Dörfer liegen.
Ihre Häuser sind oft ungewöhnlich klein, auch schrecklich dumpfig und
dreckig, aber da Regenzeit war, blieb Barth, der zudem unersetzliches
Gut zu schützen hatte, keine Wahl.*

*In einem solchen Dorfe traf er den »Walater«, Uëled Ammer Walati,
der sich stolz einen Scheich (also ein Mittelding zwischen einem
Häuptling und einem Ortsgeistlichen) nannte. Seine Familie war von
der ehemals bedeutenden Stadt Walata nach Timbuktu übergesiedelt.
Von dort aus hatte er selbst sich handelnd zwischen den Tuareg und
den Fulbe herumgetrieben. So war er jetzt auf dem Rückweg zur Stadt
Timbuktu. Als Ertrag seiner Reise führte er einen Vorrat an Baum-
wollstreifen aus dem Mossi-Lande mit, als der gangbarsten Münze der
Gegend. Außer Arabisch sprach er Fulbe, Sonrhai, Mossi und Bambara
fließend und obendrein noch das Temaschirt oder Tamaschek, die Sprache der Tuareg,* und alles zusammengenommen war er einer der
verschlagensten Männer, denen ich überhaupt je auf meiner
Reise begegnete. Er war ein gutmütig aussehender Mensch
von mittlerem, etwas schlankem Wuchse und mit feingeschnit-
tenen, ausdrucksvollen Zügen. Seine gewöhnliche Kleidung
bestand in einer langen, schwarzen Tobe und einem gleichfarbigen Schal, den er um den Kopf gewunden hatte; sein ganzes

Wesen, wie er nachdenklich mit feierlichen Schritten einherwandelte, gemahnte mich oft an die Diener der Inquisition.
Sein wirklicher Charakter war mir jedoch zur Zeit unseres ersten Zusammentreffens unbekannt, und es machte mir große
Freude, einen solchen Mann gefunden zu haben, da mir seine
Gegenwart die sicherste Hoffnung zu eröffnen schien, Timbuktu zu erreichen.

*Unterwegs treffen sie Araber. Sie erfahren von ihnen, daß Hamed
Uëled Habib, der Häuptling von Arauan, einer Siedlung mitten in der
Wüste, nördlich von Timbuktu, nach einer Herrschaft von fast vierzig
Jahren vor kurzem gestorben sei. Barth fällt ein Stein vom Herzen, als
er das hört. »Ein Feind weniger!« konnte er sich sagen; nach einer Angabe des französischen Reisenden Caillié, der 1828 in Timbuktu war,
galt dieser Hamed als das Haupt einer Bande, die den englischen Major
Laing umbrachte, nachdem dieser gleichfalls (1826) Timbuktu besucht
hatte.*

*Leider würden die Araber, die Barths Karawane vorauszogen, die
Nachricht von der Ankunft eines Fremden in Timbuktu verbreiten, was
dem Forscher gar nicht lieb sein konnte.*

*Am 20. Juli 1853 beendete Barth einen Brief an den englischen Konsul
in Tripolis und gab ihn einem seiner Begleiter mit, der nach Gándo, bei
Sókoto, zurückkehrte.*

Es traf sich nun aber unglücklich, daß dieser Bote, keineswegs ein sehr schlauer und energischer Mensch, sich auf seiner
Reise nur sehr wenig um das Paket bekümmerte, wo er doch
eine große Menge angeschwollener Flüsse zu passieren hatte;
die Folge war, daß der Umschlag völlig vernichtet wurde, so
daß der gelehrte Fulbe *(ein Bekannter Barths in Sókoto, an den der
Brief weiterbefördert wurde)*, nicht wissend, was er mit dem Briefe
anfangen sollte, mit dessen Sprache er ganz unbekannt war,
das Schreiben in den Händen des Boten ließ. Bei diesem fand
ich es bei meiner Rückkehr nach Gándo um die Mitte des folgenden Jahres *(1854!)* wieder. Der Bote hatte meinen Brief die
ganze Zeit über wie eine Art Talisman in seiner schmutzigen
Mütze mit sich herumgetragen, während ich mir mit der Hoffnung schmeichelte, daß er lange in Europa angekommen wäre.

Donnerstag, den 21. Juli 1853.
Endlich trat ich den letzten und gefährlichsten Abschnitt mei-

ner Reise nach Timbuktu an. Ich hoffte damals, daß es mir möglich sein würde, jene berühmte Stadt in etwa zwanzig Tagen zu erreichen; aber ich unterschätzte die Entfernung. Die von den verschiedenen Geographen und Reisenden Timbuktu angewiesene Lage wich um Hunderte von Meilen voneinander ab (!). Auch hatte ich keine Vorstellung von den Schwierigkeiten, welche mit dieser Reise, wenigstens für einen Christen, verbunden waren, und von den tausendfachen Verzögerungen, welche mir mein neuer Gefährte (der Walater) bereiten sollte.

*Der Weitermarsch durch unübersichtliches, von zahlreichen Sumpfwässern durchzogenes und teilweise mit dichten Waldungen bestandenes Land war äußerst beschwerlich. In der während der Regenzeit von Feuchtigkeit geschwängerten Luft traten große quälende Fliegen auf. Im Grase krochen Blutegel umher und setzten sich an den Tieren fest. An den Beinen von Barths Pferd rann das Blut in Strömen herab.*

## Barth wird Scherif

*Als sie in einem Wald eine Furt suchten, um ein Gewässer zu passieren, sahen sie plötzlich zwei Männer auftauchen.*

Sie weideten ein paar Esel. Obgleich wir ihnen Zeichen gaben, daß wir keine Feinde seien, wollten sie es doch nicht glauben, sondern schlugen an ihre Schilde und riefen kreischend ihre Gefährten zusammen. Diese stürzten dann plötzlich von allen Seiten hinter den Büschen hervor und umzingelten uns in einem Augenblick; es waren einhundertfünfzig bis zweihundert Menschen. Alle schlank gewachsen und in ihrer Halbnacktheit von wildem Aussehen. Sie trugen weiter nichts als ein armseliges, zerlumptes Tuch um den Kopf; ein jeder war mit ein paar Speeren und einem zerfetzten Schild aus Antilopenleder bewaffnet. Sie schwenkten ihre Waffen mit kriegerischen Gebärden über den Köpfen.

Es schien sich eine ernsthafte Angelegenheit entwickeln zu wollen. Hierbei war nun das Geleite meines Walaters jedenfalls von Nutzen; denn als ich, von diesen kriegerischen Gestalten umdrängt, mein Gewehr anlegte, bat mich dieser schlaue Gefährte, ruhig auf die Leute loszureiten. Während ich dies nun tat, gab er den Eingeborenen durch Schreien zu verstehen, daß ich ein Scherif *(ein heiliger Mann)* sei und ein

Freund des Scheichs el Bakáy *(des allseits bekannten, gelehrten, hochangesehenen und frommen Mannes aus Timbuktu).* Diesem brächte ich eine Anzahl Bücher aus dem Orient. Infolgedessen ließen sie plötzlich ihre Speere sinken und umdrängten mich mit dringlichsten Bitten, ihnen meinen Segen zu verleihen.

Die Umstände, in denen ich mich befand, zwangen mich, ihren Wunsch zu erfüllen; aber es war keineswegs eine angenehme Sache, meine Hand auf alle diese schmutzigen Köpfe zu legen.

Nachdem sich der Tumult so gelegt hatte, führten sie uns an eine Stelle, wo das Wasser durchquerbar war. Aber der morastige Boden flößte uns wenig Zutrauen ein. Meine Leute waren gezwungen, alles Gepäck, selbst das schwerste, mit eigener Hand durch den Sumpf zu tragen, und dieser war nicht weniger als eine halbe Meile breit.

*Barth selbst stürzte mit dem Pferd in den Sumpf; aber der Walater hatte ihm vorher dringend abgeraten, zu Fuß den Übergang zu versuchen, da darunter seine Würde in diesem Lande leiden könne. Die kostbaren Tagebücher wurden alle durchnäßt.*

Im Anfange meiner Reise nach Westen war es mir darum zu tun gewesen, so schnell wie möglich von der Stelle zu kommen, um den ungünstigsten Teil der Regenzeit zu vermeiden; da ich aber sah, daß dies unmöglich war, war ich gewissermaßen gleichgültig gegen den Zeitverlust geworden.

*Je mehr sie sich dem Niger näherten, desto weiter kamen sie in das Gebiet eines Häuptlings, der einem in der Massina, der Landschaft südwestlich von Timbuktu, residierenden Herrscher untertan war. Dessen Fremdenfeindlichkeit hatte Barth besonders zu fürchten.*

## Barth als Messias

Dienstag, den 2. August 1853.
So sah ich mich genötigt, den Charakter eines Arabers anzunehmen *(nachdem er bisher aus seinem Christentum kein Geheimnis gemacht hatte)*, und da ich das einmal tat, war es das Sicherste, die Rolle eines angesehenen Arabers zu spielen; die Eingeborenen selbst hielten mich für den ihnen aus Osten verheißenen »Mehedi« selbst *(Messias)*. Es war also ganz natürlich, daß ich als Scherif auftrat.

*Bald kamen sie an einen von Fulbe-Viehzüchtern bewohnten Ort, der aus etwas sechzig großen Rohrhütten bestand.*

Sobald wir den Platz hinter uns hatten, wurden wir von Schrecken ergriffen, denn wir bemerkten, daß alle Pfade mit jenen kleinen roten Würmern angefüllt waren, die ich schon früher erwähnt hatte und welche in ununterbrochenen Reihen auf das Dorf losmarschierten. Selbst meine Leute waren über das Schauspiel, das sie noch nicht gesehen, ganz entsetzt und machten ihrem Erstaunen sowie zugleich ihrem tiefen Mitleid mit den Landesbewohnern in dem wiederholten Ausruf »wolla wolla!« Luft.

*In dieser Zeit hielt der Walater des öfteren an und tat so, als überlege er, welche Richtung nun einzuschlagen wäre. Er dachte aber nur, wie Barth erst später herausbekam, darüber nach, wo sich am besten eine Gelegenheit bieten könnte, den Reisenden umzubringen. So gelangten sie in das kleine Bergland der romantischen Hombori-Berge, die, gleich Zinnen einer alten Riesenburg, unvermittelt aus der Ebene aufragen, so daß sich bei den nächtlichen Ritten im Schein des Mondes zauberhafte Bilder boten.*

*Nun kommen sie zum Lager des vorerwähnten Häuptlings, das bei einem verfallenen Dorfe aufgeschlagen war. Seinen Reitern mußte Barth die Hand zum Segen auflegen.*

*Als sich Barth dem »Emir« näherte, schien es ihm, als ob der vorausgeschickte Walater die zu spielende Rolle entweder plötzlich völlig vergessen hätte oder durch sein (Barths) plötzliches Erscheinen an irgendeiner Schurkerei verhindert worden wäre.*

Er gebot mir mit einem wilden Blicke, mich davonzumachen, so daß dadurch die Gefährlichkeit meiner Lage bedeutend vergrößert wurde. Da ich ganz und gar in den Händen dieses Menschen war, hielt ich es unter solchen Umständen für besser, einen Streit mit ihm zu vermeiden, und zog mich zurück, sobald ich dem Häuptling, der ein schlichter Mann zu sein schien und höchst einfach gekleidet war, meine Aufwartung gemacht hatte.

*Kurz darauf will der Walater wissen, ein Lager von Tuareg sei in der Nähe. Deren Anführer müsse man ein Geschenk machen, dann würden sie unter seinem Schutz von einem Tuareg-Lager zum anderen geleitet, sicher an den Strom kommen und nicht an den Herrscher von Massina, der in der Stadt Hamd-Allahi residierte, verraten werden.*

Mittwoch, den 10. August 1853.

Dem hinterlistigen Walater gegenüber mußte ich auch weiterhin große Vorsicht anwenden, um zu verhüten, daß er mich geradezu verriet, und so war ich gezwungen, geduldig den kleinen Streich hinzunehmen, den er mir spielen mochte, um sich zu bereichern, solange ich nur von der Stelle kam und mich dem Ziele meines gefahrvollen Unternehmens näherte.

*In der Wüste war Barth froh, das Gebiet der räuberischen Tuareg heil hinter sich gebracht zu haben.* Nun betrat ich abermals ihr Gebiet und überlieferte mich ihren Händen, ohne den Schutz auch nur eines mächtigen Häuptlings zu genießen und einzig und allein vom Rate jenes verschmitzten Gauners, des Walaters, geleitet.

Das Lager bestand aus Lederzelten. Es gehörte allem Anschein nach einem Häuptling ohne große Macht; so viel wurde aus dem gänzlichen Mangel an Kamelen und Pferden klar. Ich erhielt jedoch einen günstigen Eindruck von der Muskelkraft und körperlichen Gewandtheit dieser Leute, denn als wir uns dem Zelte des Häuptlings näherten, der darin auf seinem Rohrlager saß, sprang er mit einem Satz heraus und stand plötzlich vor uns. Natürlich war das Zelt vorne offen; aber dennoch schien es mir eine große gymnastische Leistung zu sein, besonders wenn man die Niedrigkeit des Eingangs in Betracht zieht.

*Sie werden freundlich aufgenommen und können unbehelligt weiterziehen zu einem anderen Lager.*

*Hier erregt das Zelt Barths die Aufmerksamkeit der Leute in hohem Grade,* und wir waren bald von einer großen Anzahl Frauenzimmer umgeben, von denen einige durch ihre vollen Formen sich auszeichneten; aber leider sah ich mich genötigt, diese schönen Buhlerinnen fortzuscheuchen, da ich mich infolge des letzten Unwetters sehr unwohl fühlte. Wegen der zahllosen Schwärme von Mücken, welche die so sumpfige Gegend erzeugte, verbrachte ich eine schlaf- und ruhelose Nacht.

## Schurkenstreiche

*Der Walater nutzte nun die Lage gründlich aus. Die Tuareg, einfache, aber raubgierige Leute, wurden mit Barth als einem großen Scherifen*

355

bekanntgemacht, der natürlich für die erwiesene Gastlichkeit auch viele wertvolle Geschenke zu machen habe. Diese mußte der der Sprache kundige Walater überbringen. Er verkaufte sie aber als sein Eigentum, so daß dieses Verfahren sich endlos verlängern ließ.

Barth, der in diesem gesetzlosen Lande erst recht völlig von allem Nachschub abgeschnitten war, sah in beängstigender Weise seine Mittel noch vor Erreichen des Zieles zusammenschrumpfen, ohne das geringste dagegen unternehmen zu können.

Dann kommen sie zu einem dicken, schmerbäuchigen Tuareg-Häuptling namens Bele, der zwar bald heraus hatte, daß Barth nicht das war, wofür er sich ausgab – seine Kenntnis des Tamaschek verriet Barth –, aber doch auch nicht herausfand, daß er ein Christ sei. Immerhin setzte er ihm mit seinen Fragen gehörig zu: Sicher sei er ein Kaufmann aus Marokko oder aus Ghadames. Doch Bele war sehr gastlich und schien selbst gutes Essen zu lieben. Man erzählte sich von ihm, er verzehre täglich ein Schaf sowie die Milch von sieben Kühen.

Dienstag, den 16. August 1853

Es war fast Mittag, als wir endlich unser Quartier verließen, denn solange mein Walater Gefährte noch etwas zu verkaufen hatte, war wenig Hoffnung zum Fortkommen vorhanden. Um meine Unzufriedenheit zu verringern, ward vorgegeben, daß einer meiner Packochsen sich verloren habe. Vor unserem Aufbruch hatte ich jedoch noch die ganze Bevölkerung des Lagers, Männer sowohl wie Frauen und Mädchen, mit meinem Segen zu beglücken.

In der kleinen Stadt Bambara haben sie mehrere Tage Aufenthalt. Hier kommt es heraus, daß der Walater vor vier Jahren an diesem Ort eine reiche Frau geheiratet und sich in der Folge mit ihrer gesamten Habe davongemacht hatte; außerdem aber hatte er auch einen mächtigen Tuareg-Häuptling beleidigt. Nun kam er im persönlichen Schutz eines großmächtigen Scherifen, zu dem er selbst Barth ernannt hatte, hierhin zurück. Der Reisende hatte Geschenke zu liefern, um sicher weiterzukommen; weil er einen Scherifen darstellte, mußten diese bedeutend sein. Daher lieferte er seinem »Freunde«, unfreiwillig natürlich, die Möglichkeit, sich wieder mit Geschenken, die als die eigenen ausgegeben wurden, zu rehabilitieren.

Zwei Tuareg-Häuptlinge stellten sich bei Barth ein, um seinen Segen, »ganz besonders aber einige kleine Geschenke einzuholen«. Heimlich hatten sie dem Walater seinen Tabaksbeutel gestohlen. Dieser ergriff

*nun wahllos eines der Barthschen Bücher und schüchterte die Tuareg*
*damit ein, indem er mit dem furchtbaren Zorn des heiligen Mannes, sei-*
*nes Beschützers, und mit dem Zauber dieses hochheiligen Buches drohte.*
*Da gaben sie ihm den Beutel schleunigst zurück. Das Buch war aber*
*nur eine Beschreibung der Reisen von Lander. (Richard Lander, ein*
*Diener Clappertons, erforschte von 1825 bis 1832 den unteren Niger.)*

Auf meiner ganzen Reise, seitdem ich Ssai hinter mir gelassen hatte, war ich wiederholt nach dem Erscheinen des Mehedi befragt worden, denn die zweite Wiederkehr des Messias,
des Erlösers aus aller irdischen Not, von der diese Gegenden
in so bedeutendem Maße heimgesucht sind, erwartete man mit
Inbrunst, und besonders die armen Landleute sahen mit großen Augen auf mich, den aus dem Osten kommenden weißen
Mann. Die Tuareg aber konnten sich kaum enthalten, mich mit
diesem Propheten zu identifizieren.

*Nun kommen sie endlich wieder in den unmittelbaren Bereich des so*
*heiß ersehnten Flusses Niger und damit in ein Gebiet, das von zahllo-*
*sen, zur Regenzeit überschwemmten Nebenarmen, Hinterwassern und*
*Seen erfüllt ist. Ende August ist die Karawane in Sarayamo, am Ufer*
*des Flusses, wo die Einschiffung vonstatten gehen soll. Da erhält Barth*
*am Nachmittag den Besuch des Ortsgewaltigen und der vornehmsten*
*Familienhäupter. Der Walater hat Barth auch hier als den großen Sche-*
*rifen angekündigt, daher muß er beim feierlichen Abendgebet sich in*
*großer Aufmachung zeigen und zu Allah um Wasser für ihre Felder*
*beten.*

*In der folgenden Nacht ging tatsächlich eine große Menge Regen nie-*
*der. Nur mit Mühe konnte Barth infolgedessen der Wiederholung der*
*öffentlichen Gebetsszene entgehen.*

*Am Abend des letzten Augusttages schiffte er sich auf dem Niger ein.*
*Herrlich war die Fahrt auf dem majestätisch dahinfließenden Strom.*
*Mitunter erfüllte das hohe Byrugras die Oberfläche des Niger so voll-*
*ständig, daß das Boot auf einer grasigen Ebene dahinzugleiten schien.*
*Dazwischen breiteten sich Teppiche von weißen Wasserlilien aus. Die*
*Ruderer begleiten ihr Werk mit einem »barbarischen, aber nicht unmelo-*
*dischen Preislied der Taten des großen Sonrhai-Fürsten Askia«. Wenn*
*der Fluß es zuläßt, wird das Boot mit Stoßstangen fortbewegt. Um*
*einem Unwetter zu entgehen, machen sie an einem Abend im Schutze*
*eines grasüberwachsenen Hinterarms fest. Von den benachbarten Fi-*
*scherbooten leuchten Feuer auf. So geht die Fahrt, recht langsam zwar,*
*Tag um Tag, von Ufer zu Ufer, dahin.*

Majestätisch *(so beschreibt der in andächtiges Schauen versunkene Dr. Barth eine Szenerie)* lag der Spiegel des Flusses in der Abenddämmerung ausgebreitet, der Neumond uns gerade gegenüber, seinen schwachen Silberschein in schmalen Streifen über die Landschaft gießend, und dann und wann ein Wetterleuchten, durch den Himmel zuckend. Hoch erfreut über dieses herrliche Schauspiel saß ich auf dem gewölbten Mattendache unseres schwächlichen Fahrzeuges *(aus Rohrgeflecht)* und schaute mit forschenden Augen über die gewaltige Wassermasse in nordöstlicher Richtung hinaus, wo das Ziel unserer Reise liegen sollte.

# Kapitel 27

## Timbuktu oder »Die rauhe Wirklichkeit«

Montag, den 5. September 1853

So brach endlich der Tag an, der mich nach monatelanger Anstrengung dem Hafen von Timbuktu zuführen sollte.

*Das ist eine kleine Siedlung namens Kabara und liegt an einem kanalartigen Seitenarm auf der Nordseite des Niger. Von hier aus muß man zu Land noch eine Strecke nach Norden ziehen, um die große Stadt zu erreichen. Bei der Einfahrt in die Abzweigung lag ein kleines Dorf. Hier erfuhr Barth, daß der Mann, auf den er seinen ganzen Reiseplan aufgebaut hatte, der Scheich Achmed el Bakáy, von Timbuktu abwesend sei und sich nach Gundam (Ort südwestlich von Timbuktu) begeben habe, wo er einen Streit zwischen den Tuareg und den Berabisch, den Bewohnern der westlichen Sahara, schlichten sollte. Doch nun gab es kein Ausweichen mehr.*

*Am nächsten Tag, dem 6. September, galt es, alles für den feierlichen Einzug in Timbuktu vorzubereiten.*

*Jetzt war die Frage, wo nun eigentlich dieses Timbuktu liegen sollte, zwar gelöst. Aber welche Verhältnisse würde er dort antreffen? Was hatte man nicht alles schon in Europa darüber erzählt! Das Gold des Sudan ströme hier zusammen. Mächtige Handelsfamilien residierten hier in ihren Palästen.*

*Aber gab es kritische Berichte aus neuerer Zeit? Der blutarme Bäckerssohn aus der Vendée, René Caillié, war von der Küste Sierra Leones anno 1828 unter unsäglichen Mühen bis hierhin vorgedrungen und hatte drei Wochen in der Stadt gelebt. Dann schleppte er sich, schlimmer als ein Sklave gehalten, im Troß einer Karawane durch die westliche Sahara wieder gegen Norden. Das ist ein anderthalb Millionen Quadratkilometer großes Niemandsland, Zuflucht und Aufmarschgebiet aller Wüstenräuber, mit ganz wenig Brunnenstellen und einer einzigen armseligen Anhäufung von Salztonhütten um die unerschöpflichen Salzlager in Taudeni. Aber die Karawanen zogen doch hindurch, seit Jahrhunderten schon, und holten, einst mit zehntausend, manchmal gar drei-*

ßigtausend Kamelen, Jahr um Jahr das edle weiße Salz, das die Schwarzen des Sudan mit Gold aufwogen.

Als nun Caillié schließlich in Paris anlangte, da mußte er berichten, daß die Stadt Timbuktu, die Metropole des Handels, eine ziemlich armselige Ansammlung von Lehmbauten und vielen Ruinen war; daß hier noch nicht einmal, wie in den anderen Residenzen des Sudan, ein Herrscher ein Zepter, wenn auch nur ein barbarisches, schwänge, sondern daß das einzige Beständige die permanente Anarchie sei; daß die Fulbe, von deren Vordringen nach dem Osten wir in Kano, in Kuka und selbst in Adamaua hörten, hier ständig mit den aus der Wüste und deren Bergländern kommenden Tuareg im Kampfe lagen; daß ein nie ruhender, unterirdischer Kleinkrieg der »angesehensten« Familien um die Macht tobte, auf dem Rücken der armseligen Sonrhai-Neger, der gleichen Menschen, die einst zu dem so großartigen Reich der Sonrhai-Herrscher gehört hatten.

Dieses dehnte sich im Mittelalter weit nach Westen, Süden und Osten aus, mit wirklich glanzvollen Fürsten und Riesenarmeen, mit vielen Moscheen und sehr gelehrten heiligmäßigen Männern. Große Bibliotheken nannten diese ihr eigen. Arabische Weltwanderer holten sich hier neue Belehrung und verbreiteten den Ruhm dieses »Roms des Sudan« überallhin.

Der Reichtum der »Dynastie auf Salz« lockte den Sultan des fernen Marokko an, und der schickte im 16. Jahrhundert durch diese völlig leere Wüste über tausend Kilometer hinweg eine veritable Armee. Tausende Kamele transportierten die Waren der wandelnden Kasernen, und Tausende Tiere und Menschen blieben an den Pfaden, auf der geröllübersäten oder von Dünen überwanderten Einöde liegen. Der armselige Haufe, der aber doch schließlich und endlich an den Ufern des »Singenden Stromes« ankam, stürzte sich mutig in die Verhältnisse des von Parteiungen zerrissenen Sonrhai-Großreiches.

Als das erste Pulver rauchte, krachte eine jahrhundertealte Dynastie zusammen. Die Schätze des Nigerlandes flossen nun dem fernen Sultan von Marokko zu. Aber die Jahrhunderte schritten weiter. Große und kleine Revolutionen ließen die Verbindungen zum Süden abreißen. Der Norden vergaß seine getreuen Kämpen am »Silbernen Strom«, die ihrerseits in den Armen der schönen Mädchen von Timbuktu rasch als »ruma« ihre Mission vergaßen.

Die Tuareg, die schweifenden Söhne der Wüste, die einst Timbuktu als Stapelplatz für ihre Beute begründet und unter die Obhut einer Sklavin, der »Frau mit dem großen Nabel«, »tin boktu«, gestellt hatten, kamen zurück und schnitten das Gras des Handelserwerbs kurz, sobald es sich wieder zeigte an diesem Treffpunkt der Wege.

Mitten in den nicht endenden Kleinkämpfen wanderten unerschütterlich die kilometerlangen Reihen der Salzkarawanen, Asalaï genannt, nach Norden, in die schweigende Wüste hinein, nach Taudeni und kamen zurück, brachten neuen Reichtum, aber auch neue Möglichkeit zur bequemen Plünderung oder Erpressung.

Dieses alles nun konnte der junge, tapfere Caillié freilich nicht berichten. Hatte er doch genug damit zu tun, sich als armer, frommer Pilger gegen die allein Rechtgläubigen zu behaupten. Das vielmehr hatte erst der Dr. Barth teils aus dem von ihm entdeckten Manuskript in Gándo herausgelesen, teils durch seine jahrelang betriebene Erkundungstätigkeit gehört oder erschlossen. Cailliés Angaben wurden sogar bezweifelt von Leuten, die nie das »Bilad es Sudan« betreten hatten, weil er es nicht so gelehrt vortragen und weil er auch keine schönen Karten mit vielen Namen entwerfen konnte; wo sollte er es als Bäckerssohn auch gelernt haben, und wann hätte er das auch tun können? Etwa wenn er fieberkrank auf dem von den Wassern der Regenzeit tropfenden Boden gelegen und sich seine skorbutfaulen Zähne einen nach dem anderen aus dem eiternden Kiefer zog? So sank er nach kurzem Ruhm, den er als Timbuktu-Entdecker errungen, in das Meer der Vergessenheit zurück und starb einsam und verbittert.

Ja, und dann war da noch Laing gewesen, der englische Major, »el Rais«, der Anführer, wie der mutige Mann genannt wurde, der zwei Jahre vor Caillié die ganze Sahara von Tripolitanien aus bis nach Timbuktu durchquert hatte. Und hier wanderte er, sich unerschrocken als Christ und Weißer bekennend, überall in den Gassen und über die Plätze Timbuktus. Er zeichnete und schrieb und fragte und schrieb. Und als er sich danach wieder auf die Heimreise nach dem Norden machte, um das zweite Wunder einer abermaligen Durchquerung der Sahara auf eigene Faust und als Weißer zu vollbringen, war es da ein Wunder, wenn ihn die Berabisch bei Arauan erdrosseln ließen?

Das waren also die beiden einzigen gewesen, die Timbuktu gesehen und von denen man Berichte hatte.

Der eine war ganz unauffällig angekommen und ebenso wieder ausgezogen. Der nächste hatte Aufsehen erregt und war ermordet worden. Nun kam ʿAbd el Kerim, einmal ein Christ und ein ungläubiger Hund, den Allah verdammen möge, dann wieder ein Scherif, der Messias, der den Leuten die Hand zum Segen auflegte. Gab es einen interessanteren Gesprächsstoff? Gab es für die weitgereisten Handelsleute nicht einen *klareren Beweis, daß er, wenn vielleicht auch nicht gerade als politischer Agent, so doch als Handelsspion käme, zumal er sich ja überall auf den Märkten nach Preisen und Waren und Verkehrswegen erkundigte? Und was bedeutete sein Auftauchen gerade jetzt, wo die Franzosen im Norden die Kämme des Atlas überschritten hatten und sich in die Wüste vortasteten?*

*Der Zeichner Bernatz hat den Einzug Barths in Timbuktu dargestellt; einige haben daraus geschlossen, daß es sich da um einen triumphalen Akt gehandelt hätte. In Wirklichkeit war zwar nach außen hin das feierliche Dekor gewahrt. Aber die Mißhelligkeiten begannen schon, kaum daß Barth in Kabara an Land stieg. Sie verfolgten ihn bis zu der Stadt auf der wüstenhaften Ebene und steigerten sich zu lebenbedrohenden Intrigen, als er endlich ein sicheres Dach über seinem Haupte zu haben glaubte.*

*Als bedrohliches, von Barth selber nicht besuchtes Zentrum aller gegen ihn gerichteten Aktionen zeichnete sich, lange vor dem Einzug in Timbuktu, Hamda-Allahi\*) ab, auf A. Petermanns Karte in Bd. V (west. Blatt) dreißig Kilometer östlich des Niger und vierhundertsechsundneunzig Kilometer südwestlich von Timbuktu eingetragen\*\*) und als Hauptstadt des »Reiches« Massina bezeichnet.*

*Hier residierte (und agitierte monatelang unermüdlich gegen den »Christen«) Schecho A'hmedu ben A'hmedu, der Pullo- (Fulbe-) Scheich, der Timbuktu und sein Umland Anfang 1826 unterworfen hatte. Seitdem mußte er um den Besitz der wegen des einträglichen Salzhandels und der islamischen Tradition begehrten Stadt mit den vom Norden weit in den Nigerbogen eingedrungenen Tuareg Iregenaten und anderen Gruppen dieses Stammesverbandes ringen und ortseigene Machtgruppen im Schachspiel um die Einkünfte hin- und herzuschieben suchen.*

## Im Hafen von Timbuktu

Endlich legten wir in einiger Entfernung vom Ufer an; ich sandte sogleich zwei meiner Leute ans Land, um Quartier auszumachen, und folgte ihnen, sobald ich hörte, daß sie mir eine bequeme Behausung verschafft hatten. Es war, wenn man die

---

\*) *Im Text Hamd-Allahi.*
\*\*) *Auf heutigen Karten bei Mopti, Rep. Niger, etwa dreihundertfünfzig Kilometer Luftlinie von Timbuktu.*

allgemeinen Verhältnisse dieses Landes in Betracht zieht, ein großes und geräumiges Gebäude, gerade auf dem Gipfel des Hügels gelegen, auf dessen Gehänge das Städtchen steht *(Kabara, die Siedlung von zweitausend Einwohnern, der Hafen von Timbuktu)*. Es hatte eine oblonge Gestalt und war von sehr massiven Tonmauern umschlossen, die in gewisser Weise selbst mit einer rohen Art Relief geschmückt waren; außer zwei Vorzimmern enthielt es noch einen inneren Hofraum mit einer großen Anzahl kleinerer Gemächer und einem unregelmäßigen oberen Stockwerk. Das Innere mit seinen kleinen Vorratsräumen jeglicher Art und den verschiedenen besonderen Abteilungen für die Schafe, Enten, das Geflügel und die Tauben glich vollkommen der Arche Noahs. So bot es einen recht angenehmen Anblick von häuslicher Behaglichkeit dar, die sich hier, von älteren, glücklicheren Zeiten her, ungeachtet der Erpressungen von seiten der Fulbe und Imoscharh *(Tuareg)* erhalten hatte.

Nachdem ich von meinem Spaziergange durch das Städtchen in mein Quartier zurückgekehrt war, hatte ich unter einigen Leuten, welche der Walater für gut fand, mir als seine Brüder und Freunde vorzustellen, eine Anzahl Geschenke verteilt. Dann putzte ich ihn selbst mit einer neuen, glänzend schwarzen Tobe und dem weißen Burnus, den ich selbst trug, aus und bewog ihn endlich, seinen Weg in die Stadt *(Timbuktu)* anzutreten, um mir den Schutz einer mächtigen Landesperson zu verschaffen.

Bis jetzt war ich noch immer ein der Hilfe des Gesetzes gänzlich barer Mensch, und jeder Wegelagerer, der den leisesten Verdacht hinsichtlich meiner Religion hegen mochte, konnte mich erschlagen, ohne daß sich irgend jemand viel darum gekümmert hätte.

Meine beiden Boten waren noch nicht lange fort, als ein Tuareg-Häuptling namens Kneha mir seine Aufwartung machte. Es war eine imposante, hohe, kräftige Gestalt mit einem schönen, edle, ausdrucksvolle Züge aufzeigenden Kopf. So trat er ein, die rechte Hand auf seinen Eisenspeer gestützt und sein Schwert an der Seite. Der drängte sich mir auf, während ich gerade mein einfaches Reisegericht verzehrte. Dies störte ihn jedoch nicht, und er nahm mir gerade gegenüber Platz. Da ich nun keine Lust hatte, ihn zu meinem Mahle einzuladen, sagte ich ihm zuerst auf arabisch, dann in Fulbe, daß ich jetzt äße und also keine Zeit hätte, mit ihm zu sprechen. Infolgedessen ging er, kam aber nach einer kleinen Weile wieder zurück und begehrte auf recht herrische Weise von mir ein Geschenk, weil er, wie er behauptete, ein mächtiger Häuptling des Landes sei.

*Als Barth sagte, das müsse er erst genauestens nachprüfen, wurde Kneha drohend.*

Er sei ein großer Übeltäter *(behauptete er von sich selbst)* und könne mir als solcher viel Leid zufügen. Erst nach einem sehr lebhaften Wortwechsel, wobei ich ihm bewies, daß ich ihn nicht eben fürchtete, wurde ich ihn endlich wieder los.

Kneha war kaum fort, als sich das ganze Haus mit Bewaffneten füllte. Sie trugen den eigentümlichen, oben spitz zulaufenden Strohhut des Landes, Speer, Schild, Schwert und einige auch Flinten. Wo sie eben Platz fanden, ließen sie sich nieder, beobachteten mich mit neugierigen Blicken und fragten sich untereinander, wer dieser fremdartig aussehende Mann wohl sein möge; ich lag dabei auf meinen beiden kleineren Kisten ausgestreckt, während ich die größeren und das übrige Gepäck hinter mir hatte. Obgleich ich mich nun zusammennahm und mich äußerlich so ruhig wie möglich verhielt, war ich mir doch im unklaren, was sie eigentlich wollten. Tuareg-Reiter, so behaupteten sie, zögen gerade durch den Ort. Sie hätten ihnen schon einige Stück Vieh geraubt, und sie selbst seien gekommen, um das andere vor ihnen zu schützen.

*Vor allem fürchteten sie den Anführer Kneha, der gerade vorher Barth gedroht hatte. Im Verlaufe von einer Stunde kamen so zweihundert Bewaffnete in das Zimmer, machten sich aber schließlich doch wieder davon. Solche undurchsichtigen Szenen, bei denen Barth nicht wußte, ob er es mit Verfolgten und Ratlosen oder mit Kundschaftern und Erpressern zu tun hatte, gab es immer und überall in diesen Landen. Das kostete natürlich Nerven, besonders wenn das Fieber den Körper schüttelte. Und krank war Barth von all den körperlichen und seelischen Strapazen der Herreise! Das zeigte sich mit ganz plötzlicher Wucht in dem Augenblicke, als er in dem für ihn bestimmten Hause zu Timbuktu nach seinem Eintritt zusammenbrach.*

*Kurz vor Mitternacht erscheint Sidi Alaute, der Bruder des abwesenden Scheichs el Bakáy, mit mehreren seiner Anhänger. Nach einem gu-*

ten Essen auf Kosten Barths beginnt die Unterhaltung. Der Walater hatte unter dem Siegel tiefster Verschwiegenheit verraten, daß der Fremde ein Christ sei, der trotzdem den besonderen Schutz des Sultans von Stambul genösse. In dieser Lage erwies es sich als fatal, daß der in weiser Voraussicht seit langem erbetene Schutzbrief des Sultans Barth nicht nachgeschickt worden war; so hatte er nichts in Händen, um den Intrigen der Kaufleute von Marokko, die sich in Timbuktu aufhielten und die für ihren Handel fürchteten, wirksam zu begegnen. Aber Sidi Alaute verriet mit keiner Miene die in ihm aufgestiegenen Zweifel und verhieß dem Reisenden seinen Schutz.

Mittwoch, den 7. September 1853.

Endlich sollte nun der Einzug in Timbuktu beginnen. Noch einmal erschien Kneha und forderte ein Geschenk für seine am frühen Morgen übersandte Butter-Gabe. Das hatte Barth zwar schon geliefert, aber es war über den Walater in andere Hände geraten. Mit Mühe konnte der Forscher den Erzürnten auf die Zukunft vertrösten.

Um zehn Uhr setzte sich die Kavalkade mit den elf Eseln, die das Gepäck schleppten, über die Sanddünen nordwärts von Kabara in Richtung auf Timbuktu in Bewegung. So kurz der öde, von Büschen und krüppeligen Bäumen bestandene sandige Weg zwischen den beiden Orten auch sein mochte, so unsicher war er. Vor wenigen Tagen erst hatten die Tuareg hier einige Handelsleute erschlagen. Und auf halbem Wege nach Timbuktu gelangte man an eine Stelle, die »ur-immandess« genannt wurde, was soviel bedeutet wie »er hört es nicht«, um den Ort zu bezeichnen, wo das Geschrei des Unglücklichen, der hier vereinsamt in die Hände eines Räubers fällt, von keiner Seite hörbar ist.

Unter einem dick mit Wolken überzogenen Himmel und in einer von Sand erfüllten Atmosphäre tauchten dann die dunklen, schmutzigen Tonmassen der Stadt auf. Ein Haufen Leute erschien, um den Fremden zu begrüßen. Barth war sich bewußt, daß, wenn sie den geringsten Argwohn in bezug auf seinen Glauben gehabt hätten, sein Leben in äußerster Gefahr wäre.

Ich befolgte also den Wink, den mir Alaute gab, und indem ich mein Pferd in Galopp setzte, sprengte ich, meine Flinte zur Hand, vor meinen Begleitern voraus, um die Entgegenkommenden zu bewillkommnen. Hinter einem solchen furchtlosen Auftreten geborgen, ward ich mit vielen Salams empfangen.

Aber ein Umstand ereignete sich, der mir großes Unheil hätte bringen können. In dieser Gruppe war nämlich ein Mann, der mich auf türkisch anredete; allein das hatte ich fast ganz vergessen und konnte daher nur mit großer Not eine passende Antwort finden. Um weiteren zudringlichen Fragen auszuweichen, trieb ich mein Pferd an und eilte sicherer Herberge zu.

Wir zogen dann durch den Schutt, der sich rund um den Erdwall der Stadt angehäuft hat, ließen eine Reihe schmutziger Rohrhütten, welche die ganze Stadt umgeben, zu unserer Rechten und betraten so die engen Straßen und Gassen, welche kaum zwei Reiter nebeneinander passieren können, gefolgt von einem Schwarm von Städtern. Aber großen Eindruck machte der gut bevölkerte und wohlhabende Charakter dieses Stadtviertels auf mich; manche Häuser erhoben sich zu einer Höhe von zwei Stockwerken.

*Nun ruht der Wanderer endlich in einem dem Scheich el Bakáy gehörenden Hause auf seinem Teppich, oder vielmehr auf dem, was die Termiten Bagirmis von ihm übriggelassen hatten, erschöpft von den Strapazen und vom Fieber geschüttelt.*

## Aufregungen in Timbuktu

Und doch waren Geistesgegenwart und körperliche Energie zu keiner Zeit mehr vonnöten, denn gleich in der ersten Nacht, welche ich in Timbuktu zubrachte, ward ich von Beunruhigung und ernstlicher Besorgnis erfüllt.

Das erste, was ich am Morgen des 8. September hörte, war, daß Hammadi, der Nebenbuhler und persönliche Feind el Bakáys, die Fulbe davon in Kenntnis gesetzt habe, daß ein Christ die Stadt betreten hätte, und daß infolgedessen diese herrschende Klasse den Entschluß gefaßt, mich zu töten. Ich ließ mich indessen im Vertrauen auf Sidi Alaute keineswegs durch diese Gerüchte einschüchtern. Aber mein Sicherheitsgefühl ward bald zerstört, indem dieser Mann mein größter Quälgeist wurde.

*Er erpreßte Geschenk auf Geschenk, und Barth durfte sein Haus, angeblich zur eigenen Sicherheit, nicht verlassen.*

*Doch als sich am nächsten Tag sein Befinden bessert, faßt er neuen Mut, »indem ich mich bemühte, mich vorsichtig den Umständen, in denen ich mich befand, anzubequemen«.*

366

*Nun verlegt er sein Arbeitsfeld auf das luftige und geräumige flache Dach des Hauses und beginnt mit Barthscher Gründlichkeit seine Arbeit, ohne sich um das zu bekümmern, was man von dem Fremden, den die Vorübergehenden von weither sitzen, schreiben und zeichnen sehen, denken und reden mag. Frei schweift der Blick über die von hier oben aus sich als wohl gehalten darbietende Stadt: über die mehrstöckigen Häuser der wohlhabenden Kaufleute aus Ghadames, zu den ragenden Türmen ehrwürdiger Moscheen, zu den von vielen Tauben überflatterten Marktplätzen, zu der im Osten angrenzenden stillen Wüste.*

*Als Barth am Morgen des 10. September wieder an einem Fieberanfall litt, schickte Alaute eine Sklavin. Es sei Gefahr im Verzug, die feindliche Partei wolle ihn in seinem Hause angreifen; er möge schleunigst alle Habe in das Haus des Schatzmeisters von el Bakáy bringen. Bald darauf erscheint er selber in Begleitung des Walaters. Aber statt eines eingeschüchterten Mannes, der sein Gepäck im Stich läßt und Hilfe sucht, findet er Barth mit schußfertigem Gewehr und seine ebenso bewaffneten Diener um ihn versammelt. Es gibt einen kleinen Wortwechsel mit den beiden Heuchlern. Ob er es denn mit der ganzen Stadt aufnehmen wolle, fragen sie, im Innern zwischen Ingrimm und Bewunderung schwankend. Dann ziehen sie sich wieder zurück; und der Stadtklatsch hat neue Nahrung.*

*Tage danach besucht Alaute ihn mit seinen gelehrten Schülern. Diesmal hat er es mit der Religion. Barth solle doch seinen Glauben wechseln und aus einem »Ungläubigen« ein »wahrer Gläubiger« werden. Barth fordert ihn auf, bessere Gründe für seinen Glauben zu nennen, als er sie ihm für den seinen nennen kann; dann will er unverzüglich das Christentum abschwören. Da gibt die Gesellschaft ihre Einschüchterungsversuche auf.*

Dieser Umstand verbesserte meine Lage in außerordentlichem Grade, indem er meine Sicherheit auf die aufrichtige Achtung gründete, welche mehrere der einsichtsvollen Einwohner von mir gewannen.

*Am Montag, dem 23. September, langt um drei Uhr in der Nacht der Scheich an. Barth leidet gerade wieder unter heftigem Fieber, als vor el Bakáys Haus eine Musikbande zum Empfang des mächtigen Mannes sich hören läßt, wobei die große Trommel die Hauptrolle spielt.*

*Die Begegnung mit dem aufrechten und freundlichen Manne machte auf Barth tiefen Eindruck. Unverzüglich sagte el Bakáy ihm seine Hilfe für die Rückreise zu. Drei Wege stünden ihm offen: nach Westen zum*

*Meer, durch das Fulbe-Land, zu Boot auf dem Niger oder durch das*
*Land der Tuareg und die Wüste nach dem Norden.*

Aber das großmütige Anerbieten meines Beschützers war etwas voreilig; und wenn ich damals gewußt hätte, daß ich noch
acht Monate länger in dieser Gegend schmachten sollte, würde
ich bei meinem damaligen geschwächten Gesundheitszustande
wohl kaum imstande gewesen sein, eine solche Vorstellung zu
ertragen: Aber glücklicherweise enthüllt die Vorsehung dem
Menschen nicht das Geschick, welches seiner wartet, und er
ringt und kämpft sich so in rastlosem Streben durch das Leben,
unkundig, wohin es ihn führen wird.

Dienstag, den 27. September 1853.
Dies war der Jahrestag des Todes Herrn Dr. Overwegs, meines
letzten europäischen Gefährten. Ich hatte ihn also schon um
ein ganzes Jahr überlebt, und in Anbetracht des schwachen Zustandes meiner Gesundheit schien es mir nur zu glaublich, daß
ich ihm bald nachfolgen würde.

*Mahnend stand vor Barth auch das Schicksal Major Laings, den der*
*Scheich gut gekannt hatte und dessen ritterlichen Charakter er bewun-*
*derte.*

*El Bakáy war, im Gegensatz zu seinem erpresserischen Bruder, gegen*
*den er trotz seines eigenen Ansehens nicht ankam, mit des Reisenden*
*Geschenken sogleich zufrieden. Barth mußte mit ihm auf die Straße tre-*
*ten und ihm zeigen, wie man aus einer sechsläufigen Pistole, die er er-*
*halten, schieße. Dieses gab zwar einen großen Volksauflauf,* übte aber
auch einen gewaltigen Einfluß hinsichtlich meiner ferneren Sicherheit aus, indem die Leute glaubten, daß ich überall an mir
Waffen trüge und so oft, als es mir beliebe, schießen könnte.

*Indessen traf am Nachmittag des 1. Oktober eine große Schar Bewaff-*
*neter, von denen einige sogar Gewehre hatten, in Timbuktu ein. Sie wa-*
*ren aus der Stadt Hamda-Allahi geschickt, die in der Landschaft Mas-*
*sina liegt. Hier residierte der von Barth wegen seines Fanatismus so*
*gefürchtete, früher erwähnte Fulbe-Scheich Achmedu ben Achmedu, der*
*sich mit Gewalt im Jahre 1826 die nominelle Oberherrschaft über Tim-*
*buktu verschafft hatte. Die Ankömmlinge gingen zu Hammadi, el Ba-*
*káys Nebenbuhler, und ließen überall verkünden, der Christ müsse aus*
*der Stadt gejagt werden und, wenn er Widerstand leiste, umgebracht*
*werden.*

*Unter diesen Umständen mußte Barth nach einer Besprechung mit* dem ängstlich gewordenen el Bakáy den Plan einer baldigen Abreise nach dem Osten gänzlich aufgeben. Inzwischen hatte auch der Walater den leichtgläubigen Scheich beschwätzt.

Barth hatte diesem die friedlichen Ziele erklärt, welche die ihn beauftragende Regierung hege, und hatte ihm Hoffnungen auf stattliche Geschenke gemacht. Daraufhin beabsichtigte el Bakáy, selbst einen Brief nach London zu schreiben, worin er seine Zufriedenheit über Barths Besuch ausdrücken wollte. So sollte auch der schlechte Eindruck, der durch Laings Ermordung hinsichtlich der Unsicherheit des Landes und der Treulosigkeit seiner Bewohner entstanden war, verwischt werden. Barth selbst könne diesen Brief mitnehmen. Am Abend des 3. Oktober aber kam ein Bote des Scheichs zu ihm und teilte ihm mit, das Schreiben würde durch einen anderen nach Ghadames oder Tripolis gesandt; derweil sollte er, 'Abd el Kerim, in Timbuktu bleiben, »als eine Art Geisel – bis die von el Bakáy gewünschten Gegenstände eingetroffen wären«!

Sofort parierte Barth in gewohnter Weise: Der Scheich könne tun, was ihm beliebe. Er müsse sich aber klar darüber sein, daß, ehe er (Barth) selbst nicht in Sicherheit wieder heimgekehrt sei, er von der englischen Regierung auch nicht eine Nadel erhalten würde.

Doch weiterhin riet el Bakáy – zweifellos unter den Einflüsterungen des Walaters –, Barth solle seine Flinte und sein Pferd in seine Hände geben; und alsbald bekam er zu wissen: Keines von beiden würde aus dem Hause kommen, »solange noch mein Kopf seinen Platz zwischen den Schultern einnimmt«.

Um das Unglück vollzumachen, hatte am Nachmittag des 3. Oktober ein furchtbares Unwetter Barths Haus unter Wasser gesetzt und alles, die Bücher, die Arzneien, die Tauschwaren, durchnäßt sowie die hintere Wand des Hauses eingerissen. Kein Handwerker der Stadt wagte, aus Furcht vor den zürnenden Beherrschern Timbuktus, dem Fremden zu helfen und die Mauer wieder aufzuführen, so daß der Vielgeplagte mit seinen Dienern die Lücke notdürftig mittels eines Dornenverhaus sichern mußte.

Inzwischen kam eine neue Untat des Walaters ans Tageslicht. Er hatte die Kamele der Karawane zur Auffütterung auf die Weide geben sollen, sie aber kurzerhand auf eigene Rechnung verkauft und auf diese Weise Barth jede Möglichkeit der Abreise genommen.

Inmitten all dieser Aufregungen erschien in der Nacht des 9. Oktober der gute Scheich selbst zitternd um zwei Uhr vor Barths Tür. Er möge ja auf seiner Hut sein, erklärte er dem erstaunten, aber nicht erschütterten

369

*Doktor. Eine Bande Tuareg sei am Abend angekommen, und er fürchte sehr, daß etwas Ernstliches gegen ihn, den Christen, am Werke sei. In Wirklichkeit aber war die Bande von der Gegenpartei zur Einschüchterung des gelehrten, aber nicht sehr energischen Scheichs vorgeschickt worden.*

*Doch langsam erholte der gute Alte sich wieder. Er hatte, als ihm das Doppelspiel des Walaters endlich klar wurde, den Plan gefaßt, außerhalb der Stadt, in der Wüste, ein Lager zu beziehen, und hatte mit dem dort lagernden Häuptling der Tademekket-Tuareg, den Fulbe zum Trotz, entsprechende Verhandlungen angeknüpft. Bald kann Barth mit ihm dorthin übersiedeln.*

*Im Zeltlager der Wüste fließen die Tage dahin, bald still und in angeregter Unterhaltung mit dem Scheich und seinen Schülern über Gott und alle Welt, bald angefüllt mit Aufregung über die Nachrichten von neuen Umtrieben. Die Uëlad Sliman, ein Stamm der Berabisch, zu welcher der Häuptling Uëled Sliman, der Mörder Laings, gehörte, haben sich verschworen, den Christen zu töten. Außerdem schickt der Herr von Massina eine geharnischte Botschaft an den Stadtvorsteher mit dem Befehl an »alle weißen und schwarzen Bewohner Timbuktus«, das gleiche zu tun. Ja, er droht sogar, ihnen die Lebensmittelzufuhr zu sperren, und Timbuktu, das in seiner wüstenhaften Umgebung nichts produziert, ist ihm auf Gnade und Ungnade anheimgegeben.*

## Protestversammlungen wider den »Christenhund«

*So steigt die Aufregung in der ganzen Stadt. Die Parteien für und wider den Christen geraten sich in die Haare. Frommgläubige veranstalten Demonstrationen vor der Moschee nach dem gemeinsamen Gebet. Aber als ein Barth Wohlgesinnter den Hauptschreier auffordert, sich doch unverzüglich an die Spitze des Zuges zu setzen, zuckt er zurück.*

So blieb denn alles beim alten; die Versammlung trennte sich; die Spießbürger und die herrschende Klasse gingen nach Hause, und mich ließ man fürs erste in Ruhe.

*Außer steter Wachsamkeit und Alarmbereitschaft sind Barths bester Schutz seine Geistesgegenwart und Geschicklichkeit in religiösen Disputen. Anfang Dezember kommt ein Fulbe-Häuptling zum Scheich ins Lager und macht ihm im Beisein Barths heftige Vorwürfe, wie er einen Ungläubigen schützen könne.*

Es gelang mir jedoch, ihn zum Schweigen zu bringen, indem

ich ihm bewies, welch geringe Kenntnis er in Religionssachen besäße, während er mich doch einen Ungläubigen zu nennen wagte; besäße er wirklich Kenntnis von seinem Glauben, so wäre es seine erste Pflicht, den Versuch zu machen, diejenigen seiner Landsleute zu bekehren, welche noch dem Götzendienst ergeben seien.*)

*Aber die Mißhelligkeiten lassen nicht nach. Eine große Menge Fremder ist in die Stadt geströmt, die bei weitem fanatischer sind als die an sich gutmütigen Bewohner. Es reiten einhundertundzwanzig Berabischs in Timbuktu ein. Sie bringen tausend mit Salz beladene Kamele aus der Wüste mit. Ihr Anführer ist Ali, der Sohn jenes Ueled Habib (Sliman) aus Arauan (des Laing-Mörders).*

Ein unvermeidlicher Kampf schien sich entspinnen zu wollen.

*Durch die plötzliche Bevölkerungszunahme steigen die Lebensmittelpreise und damit die Unruhe in der Stadt. Barth erfährt es, als er für kurze Zeit dorthin zurückkehrt, weil er sich nach seiner Habe umsehen muß.*

*Da tritt ein Ereignis ein, das die Gemüter der »vielherrigen« und vor Aufregung kochenden Wüstenstadt noch mehr durcheinanderbringt. Der vorerwähnte Ali hatte bei seiner Ankunft von el Bakáys Beschützerrolle erfahren. Und obwohl es seine Pflicht gewesen wäre, als frommer Muselman dem weitberühmten und heiligmäßigen Scheich seine Aufwartung zu machen und seinen Segen zu erflehen, wie es alle Fremden von Bedeutung taten, die oft aus sehr weiter Ferne anlangten, war er nicht bei ihm erschienen. Vielmehr hatte er die Hetze gegen Barth nur noch vermehrt.*

Doch durch eine wunderbare Fügung des Schicksals ward dieser Ali, ein Mann von etwa vierzig Jahren, der bei dem hohen Alter seines Vaters schon lange fast alle Macht eines Häuptlings besessen hatte, plötzlich von einer Krankheit ergriffen und starb am Morgen des 19. Dezember. Sein Tod machte einen außerordentlichen Eindruck auf die Leute, da es eine allgemein bekannte Tatsache war, daß sein Vater der Mörder des Christen sei, welcher früher diese Stadt besucht hatte, und dieser Eindruck war um so tiefer, als man allgemein glaubte, daß ich *(Barth)* Major Laings Sohn sei.

*Die Wirkung dieses Ereignisses auf Barths Sicherheit war um so grö-*

---

*) *Siehe Anhang.*

*ßer, als ruchbar wurde, daß die Berabischs sich zur Ermordung Barths durch einen Schwur verpflichtet hatten. Da mußte irgendein übernatürlicher Zusammenhang zwischen dem Mord an Laing, dem Tod des Mörder-Sohnes in Timbuktu und der Gegenwart Barths bestehen! So kam die plötzlich ihres Führers beraubte wilde Reiterschar in feierlicher Prozession zum Scheich el Bakáy, um seine Verzeihung für die bisherige Vernachlässigung zu erflehen.*

*Nun konnten el Bakáy und Barth am 21. Dezember wieder die Stadt verlassen und ins Zeltlager zurückkehren. Infolge des Höchststandes der Überschwemmung trat der Niger, über den Arm bei Kabara hinwegschreitend, nicht nur fast bis an die Stadt heran. Seine Wasser ergossen sich auch weit in die Wüste hinein über die Dünen und in die mit Mimosen bestandenen Täler und boten einen seltsamen Gegensatz zu der weiten Sandeinöde dar.*

Einen Teil des Tages las der Scheich seinen Schülern aus einer alten Chronik vor, während sein junger Sohn seine Lektion aus dem Kuran laut wiederholte. Im Laufe des Abends wurden mehrere Abschnitte aus dem heiligen Buche von den Schülern bis zu später Stunde der Nacht mit melodischer Stimme gesungen. Nichts übte größeren Zauber auf mich aus, als diese schönen Verse von so klangreichen Stimmen in dieser offenen Wüstenlandschaft, unter dem herrlichen, unbegrenzten Himmelsgewölbe, am Abendfeuer singen zu hören, während nichts den Schall störte, der vom Abhange der gegenüberliegenden Dünen sanft widerhallte und in des Hörers Seele drang.

*Das war Barths Weihnachten 1853.*

*Voller Freude ließ der gutmütige Scheich am Morgen des 26. Dezember die inzwischen wieder herbeigeschafften Kamele seinem Schützling vorführen und tröstete den Einsamen mit der nun sicher bevorstehenden Abreise.*

*Das Neujahr 1854 bringt gute Wünsche selbst von seinen Gegnern, von Hammadi, dem Nebenbuhler des Scheichs, und dem Taleb Mohammed, dem reichsten Kaufherrn der Stadt und Haupt der gegen Barth intrigierenden Kaufleute von Marokko. Religiöse Disputationen, geführt mit einem großen Aufwand an Spitzfindigkeiten, genährt selbst durch höchst gelehrte Briefe des erbittertsten Feindes von Barth, des Emirs der Massina, haben die Gewaltaktionen gegen den Christen abgelöst.*

*Gelehrte Zwiegespräche im Wüstenlager*

Es entspann sich eine hitzige Verhandlung über die sophistische Frage, ob es nach der Rückkehr Aissas *(des als Propheten anerkannten Jesus)* auf die Erde erlaubt sein würde, Kamelfleisch
zu essen. Die beiden gelehrten Männer *(der Scheich und dessen
Bruder)* hatten in der Hitze ihres Streites das bedeutende Fak-
tum ganz übersehen, daß das Kamel allerdings bei den Juden,
aber nicht bei den Christen ein verbotenes Tier ist und daß
also die Rückkehr Aissas keinen Einfluß auf ihren beliebten
Schmaus ausüben würde. Indem ich frisch und munter auf
diese Streitigkeiten einging, gelang es mir, selbst die Achtung
derer zu gewinnen, deren Hauptbestreben dahin ging, einen
möglichst großen Teil meiner noch übrigen Habe zu erpressen.

*Daneben aber beschäftigt Barth aufs ernsthafteste das Problem, wie
es möglich sei, daß das Wasser des Niger – anders als die Benuë oder
der Nil, deren höchste Schwelle im August oder September liege – erst
im Januar seinen höchsten Stand erreicht. Er findet heraus, daß es das
aus den Nebenwassern des Flußknies zurückströmende Wasser ist, welches diese scheinbare Anomalie herbeiführt. Die geschichtlichen Quellen
und seine mündlichen Forschungen brachten die für die heutigen Verhältnisse erstaunliche Tatsache zutage, daß noch im Jahre 1640 der
Einfluß der Nigerwasser so weit ging, daß sie ein Stadtviertel Timbuktus in einen See verwandeln konnten. (Die Stadt liegt sechs Kilometer
nördlich von Kabara und dreizehn Kilometer vom Niger entfernt.)*

*Den ganzen Monat über beunruhigten ausgedehnte Plünderungszüge
umliegender Nomadenstämme die Stadt. Am Nachmittag des 14. Januar 1854 erkrankt Barth schwer nach dem Genuß von saurer Milch,
und man fürchtete schon, er sei vergiftet worden, da ein Berabisch, der
zum Stamme der Laing-Mörder gehörte, sie ihm gebracht hatte. Bald erholt er sich aber wieder.*

*Die Abreise eines kleinen Trupps armer Kaufleute aus der Land-
schaft Tuat im Norden der Sahara bot Gelegenheit, diesen am 26. Februar 1854 ein Paket mit Erkundungsergebnissen und Briefen mitzugeben. Es sollte an den englischen Agenten in Ghadames weiterbefördert
werden. Dieser war aber in den Krimkrieg abberufen worden, und so
blieb die Sendung länger als zwei Jahre in dieser Oase liegen.*

## Nachruf auf einen Lebenden

Meine Familie ward infolge des *(dadurch entstandenen)* Gerüchtes von meinem Tode in die tiefste Trauer versetzt. *(In der deutschen Presse erschien sogar schon sein Nachruf!)* Alle meine Angelegenheiten gerieten in Verwirrung, und als ich endlich *(auf der Rückreise nach Kuka)* verarmt und tief verschuldet im Haussa-Land *(Gebiet von Kano)* ankam, wo ich alles zu finden hoffte, dessen ich bedurfte, waren selbst die Mittel, die ich zurückgelassen hatte, mir, als einem Verstorbenen, entzogen worden.

Fast der ganze Januar und der Anfang Februar waren im allgemeinen kalt gewesen, mit unreiner und nebeliger Atmosphäre, und gaben so ein unvollkommen treues Bild von jener Jahreszeit, welche die Tuareg mit dem emphatischen und ausdrucksvollen Namen »die schwarzen Nächte« benennen; und diese ganze Zeit über war der Fluß fortwährend im Steigen oder bewahrte das höchste Niveau, das er erreicht hatte. Er fing endlich am 17. Februar wirklich an zu fallen. Das war auch im Wetter die Epoche des Wechsels, und unmittelbar darauf wurde die Luft reiner, die »weißen Nächte« meiner Berber-Freunde traten ein.

*Die kurzen Besuche in der Stadt werden immer unerfreulicher. Wenn Barth ins Zeltlager zurückreitet, öffnen die Bewohner vorsichtig ihre Türen und starren dem Fremden nach, von dessen Untergang sie, angesichts der vielen Drohungen, die sie tagtäglich hören, überzeugt sind.*

*Schließlich gibt der Scheich, ein etwas umständlicher und orientalisch-langsamer Mann, dem dauernden Drängen Barths nach, und die Reise mit ihm und seinen Schülern gegen Osten beginnt. Sie kommen aber nicht weit, da es der Fulbe-Partei gelungen ist, einen Teil seiner Tuareg-Anhänger gegeneinander aufzuhetzen. Ein Eilbote bringt die neuen Verzug für Barth bedeutende Nachricht, und wirklich läßt sich el Bakáy auch nicht zurückhalten! Er sieht seine eigene Stellung bedroht und will nach Timbuktu gehen, den Streit zu schlichten. Er erlaubte Barth nicht, allein zum Osten weiterzuziehen; daher muß auch er abermals den trübseligen und gefährlichen Weg zur Stadt antreten, in die Höhle des oder vielmehr der verschiedenen Löwen, die auf den Scheich und damit auch auf ihn lauern.*

Samstag, den 30. April 1854.

Ich verbiß meinen Ingrimm und ritt schweigend vor unserer Schar her; der herrliche Fluß, längs dessen Ufer unser Weg führte, gewährte meinem verstimmten Gemüt den einzigen Trost.

*Es kamen Meldungen vom weiteren Vordringen der Franzosen. El Bakáy äußerte die Absicht, »die Heeresmacht der Bewohner von Tuat und der der Auëlimmiden (Uliminden-Tuareg des Nigerkreises, seiner Freunde) in einem gemeinsamen Angriff auf sie zu vereinen«. Barth hatte alle Mühe, ihm diese Sache auszureden; und da er hierbei auch mit den verschiedensten Eingeborenen zu tun bekam, brachte er heraus, daß schon vor Monaten Briefe für ihn in Timbuktu angelangt wären.*

*Alarm-Trommeln, Schüsse und erregte Zusammenrottungen, namentlich der Kaufleute aus dem Tuat, die die Luft mit wilden Flüchen gegen den »Franzosenfreund«, 'Abd el Kerim, erfüllen: Das ist die Wirkung der Nachricht auf Timbuktu, der verfluchte Christ nähere sich wieder der Stadt. Aber Barth lagert in der Umgebung, bald hier, bald dort. Der Scheich bleibt tagelang unsichtbar. Er hat irgendwo bei den Stämmen zu tun, feindliche Brüder wieder zu versöhnen und sonstige Händel zu schlichten, die man ihm vorgetragen.*

*Am Mittag des 17. Mai 1854 aber erfährt Barth, daß el Bakáy nun wirklich entschlossen sei, ihm zur endgültigen Rückreise das Geleit zu geben. Die Aufregung, die ihn und seine Diener ergriff, als das zehnmonatige Hin und Her sein Ende finden sollte, kann man sich vorstellen. Im Nu ist alles gepackt. Aber wo steckt nun der Scheich?*

Mittwoch, den 17. Mai 1854.

Wir fingen an, umherzustreifen, um den Scheich zu suchen, aber infolge des Aufbruches einer großen Anzahl von Tuareg-Lagern war ein großer Schwarm kleiner Fliegen in dieser Gegend ohne Beschäftigung und Lebensunterhalt geblieben; so griffen sie uns denn mit Blutgier an, und wir eilten daher, den Rand dieses Sumpfes zu verlassen.

Wir durchkreuzten dann die niedrigen Sanddünen, welche im Norden umherlagen und dicht mit Dumgebüsch bedeckt waren, worin eine zahlreiche Menge Perlhühner eine sichere Zufluchtsstätte fand, und betraten wieder sumpfiges Flachland. Endlich, nachdem wir einen dicht bewaldeten Distrikt durchzogen hatten, erforschten wir mit Gewißheit den Platz, wohin der Scheich sich begeben hatte. In der Freude eilten wir

375

mit Galopp hinzu, aber wir fanden den frommen, gottesfürchtigen Mann im Schatten eines Siwakbusches *(Capparis sodata)* schlafend, und das Geräusch unserer Pferde vermochte ihn nicht aus seinem tiefen Schlummer zu erwecken. So bewahrte dieser milde und friedliebende Mann seinen Charakter inmitten dieser kriegerischen und gesetzlosen Horden.

Endlich erwachte mein Freund. Er empfing mich mit einem sanften Lächeln und übergab mir das Paket mit den Briefen.

### Der Roman eines Briefpakets

*Außer einigen amtlichen Schreiben u. a. aus London, Briefen der englischen Behörden vom Anfang des Jahres 1853 und ebenso alten Zeitungsnummern enthielt es keine Zeile von seinen Angehörigen oder Freunden. Wohl erfuhr er, man habe ihm zur Verstärkung seiner Expedition einen jungen deutschen Gelehrten, Dr. Vogel, nachgesandt, und Barth freute sich schon darauf, sich wieder einmal nach so langer Zeit in der Muttersprache unterhalten zu können, wenn er, ja, wenn er glücklich in Kuka angekommen wäre! Aber seltsamerweise fand sich, obwohl das Paket über Bórnu gekommen war, keine Nachricht vom Vezier darin. Dazu kam, daß die Umhüllung abgenommen, aber keines der amtlichen Siegel verletzt worden war. Erst viel später erfuhr Barth die Auflösung dieses Rätsels. In der während seiner Reise nach Timbuktu in Kuka ausgebrochenen Revolution, von der wir früher berichteten, wurde nicht nur Scheich Omar vertrieben, sondern auch der Vezier ermordet. Das Paket war damals gerade in Sókoto angelangt. Man öffnete es, nahm einen vom Vezier an Barth geschriebenen Brief heraus und überließ es dann wieder dem Boten.*

*Aber noch weiter geht der Roman dieses Paketes. Der Reisende, der beauftragt war, es nach Timbuktu zu bringen, war zwischen Gándo und Ssai ermordet worden. Das geschah in dem Augenblick, als er es zufällig einem Reisegefährten übergeben hatte. Dieser brachte es dann glücklich nach Timbuktu. Die Tuater Kaufleute belegten es hier, als die Nachricht von dem Vorrücken der Franzosen anlangte, einfach mit Beschlag. Die geschäftige Fama hatte inzwischen, ohne daß Barth es selbst ahnte, aus dem unbekannten und uninteressanten reisenden Paketüberbringer 'Abd el Kerim gemacht, der in der Nähe von Maradi erschlagen worden sei. Die derzeitigen und zukünftigen Besitzer von Barthschem Eigentum hatten daraufhin leichtes Spiel.*

*In langsamer, wochenlanger Wanderung zieht nun die seltsame Schar mit el Bakáy am Nordufer des Niger ostwärts gegen Gao, die einst so mächtige Residenz des Sonrhai-Reiches, damals mit vierhundert Hütten nur noch ein ziemlich heruntergekommener Platz, mit geringen baulichen Resten einstigen Glanzes. Barth hat Gelegenheit, diesen Teil des Flusses und seine Randlandschaften zu studieren, vor allem die verschiedenartigen und so interessanten Tuareg-Stämme. Er erforscht ferner die vielfach verschlungenen geschichtlichen Zusammenhänge aus der Zeit des Altertums und des Mittelalters, die über die Wüste nach Ägypten weisen. Wie in Timbuktu, geht Barth auch hier den Spuren früherer europäischer Reisender nach. So findet er bei einem Targi ein Werk, von dem er vermutet, daß es Davidson gehörte, der seinen Versuch, 1835 von Marokko aus Timbuktu zu erreichen, mit dem Leben hatte bezahlen müssen. Für drei Streifen blaugefärbter Baumwolle erwirbt er es.*

*Bei den Kel-es-Suk-Tuareg, die sich vor den benachbarten Stämmen durch ihre Gelehrsamkeit und friedliche Beschäftigung auszeichnen, lebt Chosematen, die Tochter des Häuptlings.*

Dies war eine der schönsten Frauen, die ich hierzulande zu Gesicht bekommen. Über ihrem Untergewand trug sie ein Obergewand von abwechselnd roten und schwarzen Seidenstreifen, das sie gelegentlich zur Erhöhung ihres guten Aussehens über den Kopf zog. Ihre Züge waren ausgezeichnet durch sanften Ausdruck und Regelmäßigkeit; aber sie war etwas zur Beleibtheit geneigt, die jedoch von den Tuareg gerade sehr geschätzt wird. Da sie sah, daß sie mir gefiel, schlug sie mir halb im Scherz vor, daß ich sie heiraten möchte, und ich erklärte mich bereit, sie mitzunehmen, wenn eines meiner etwas geschwächten Kamele imstande sein sollte, sie mit ihrer Last zu tragen. Ich gab ihr als Zeichen besonderer Auszeichnung einen kleinen Spiegel, wie ich stets die Gewohnheit hatte, einen solchen der schönsten Frau in jedem Lager zu schenken, während die übrigen nur Nadeln erhielten.

Ich war höchst erstaunt zu sehen, wie die Pfeife beständig aus dem Munde dieser Tuareg-Edeldamen in den der Männer überging und von den letzteren wiederum in den Mund der Frauen.

*Von Gao aus sandte Barth einen Bericht über die Ereignisse in der Zeit vom 6. Januar bis 7. Juli 1854 an seinen Schwager von Schubert, der diesen erst am 16. Juli 1857 (!) in Dresden erreichte.*

*Die ganze Reise von Timbuktu nach Gao trug den Charakter des Idyllischen. Wieder gab es höchst erbauliche Gespräche mit dem Scheich und dessen mitwandernden Schülern. Einmal unterhielten sie sich über das Weltall und den Erdkörper.*

Es gelang mir am Ende, ihnen die Kugelform derselben und die Kreisbewegungen des ganzen Planetensystems klarzumachen. Bei dieser Gelegenheit war er nicht wenig erstaunt, als ich ihm bei Erwähnung der Ausdrücke »unter der Erde« und »über der Erde« erklärte, daß man in bezug auf den Allgegenwärtigen, als welchen sie wie wir den allmächtigen Schöpfer des Weltalls anerkannten, die Vorstellung von einem Drunter und Drüber ganz beiseiteschieben müßten, weil solche Ausdrücke nur auf menschliche Anschauung Anwendung fänden.

*Ein andermal mußte er ihnen in der frischen Morgenluft verschiedene Stellen aus europäischen Büchern, auch aus dem griechischen Text der Evanglien, vorlesen.*

Das Deutsche zog ganz besonders die Aufmerksamkeit dieser Leute auf sich, indem ihnen die vollen, schweren Worte jener Sprache einige Ähnlichkeit mit ihrem eigenen Idiom zu haben schienen, und sie gerieten ganz in wahre Begeisterung, als ich ihnen aus dem Gedächtnis einige Verse aus »Harras«, dem kühnen Springer, vortrug. Was hätte der gute Körner gesagt, sein Lieblingsgedicht an den Ufern des Niger zu hören!

*Doch am Sonntag, dem 9. Juli, heißt es Abschied nehmen! In tiefer Rührung umstehen alle den Reisenden. El Bakáy erteilt ihm mit bewegter Stimme seinen Segen. Er ermahnt die Begleiter, darunter auch einige seiner Schüler, ihm in allem zu folgen und sich nie zu streiten.*

*Danach geht es im Galopp hinunter zum Niger, wo auf Booten über den Fluß gesetzt werden soll; denn Barth will am rechten Ufer dem Strom bis Ssai folgen. Glücklich jenseits angekommen, feuert er zum Zeichen für den Scheich sein Gewehr ab.*

*Damit ging jener Abschnitt einer Reise zu Ende, der nicht nur ein gerütteltes Maß an Gefahren mitbrachte, sondern der ihn auch in alte, längst versunkene und glänzende Zeiten hineinschauen ließ. Vor allem aber brachte er ihn mit einem gelehrten und edlen Menschen zusammen, der durch seine Duldsamkeit und hohe Bildung ganz seiner (Barths) eigenen Anschauung entsprach.*

*Am 30. Juli 1854 ist er wieder in Ssai, von wo er am 23. Juni 1853 nach Timbuktu abgereist war.*

# Kapitel 28

## Heinrich Barths Anmerkungen zur Politik in Timbuktu und in Europa

*Jahrelang so gut wie vollständig von Kontakten mit Europa abgeschnitten, entwickelte sich im Forscher, am Ertragen jeder Art von Mühsal gewöhnt, die Sehnsucht nach rascher Heimkehr zur fixen Idee. Immer wieder berichtet er von Nachrichten, die Briefe von dort für ihn verheißen. Diese sind sehr selten und haben abenteuerliche Schicksale. Dahinter aber steht meist die große Politik, die zunehmende, vom Kolonialismus ausgehende Bedrohung der Afrikaner.*

*Auch heutige Leser müssen die folgenden, nüchtern vorgetragenen Fakten nachdenklich stimmen.*

*Von einer Brief-»Geschichte« berichtet H. Barth am 5. Juli 1854, nahe Gao am Niger, bevor er hier von el Bakáy Abschied nimmt.*

Während unseres Aufenthalts an diesem Orte hatte ich außer der Niederlegung meiner Marschroute zwischen Timbuktu und Ssai eine Depesche an die Regierung geschrieben und mehrere Briefe an heimische Freunde. Ich siegelte das Paket und übergab es dem Scheich, der es bei seiner Rückkehr nach Timbuktu unverzüglich befördern sollte ..., denn die direkte Straße von Gogo *(Gao)* nach Tauat *(Tuat)*, auf der in früheren Zeiten ein sehr lebhafter Verkehr stattfand, wird jetzt gar nicht mehr bereist. – Leider sollte dies Paket, anstatt durch eine baldige Ankunft in England allen ... erwünschte Kunde zu bringen, mehr als zwei Jahre *(bis 1856, ein Jahr nach seiner Rückkehr!)* in Ghadames liegenbleiben.

*Die Ursache für das Zurückhalten des vorerwähnten Briefpakets war die Reaktion der in der südalgerischen Landschaft Tuat beheimateten und in Timbuktu wohnenden Kaufleute (aber auch der aus Ghadames und Marokko) auf Ereignisse, von denen eine aus dem Norden gekommene Kafla mit mehr oder weniger Ausschmückung zu berichten wußte – Ereignisse, die dem aus Mitteleuropa stammenden Gelehrten vermutlich als gar nicht so ungewöhnlich erscheinen mochten.*

*»Europa«, zu dem ja auch er, der sogar in Sachen des Islam gewiß grundgelehrte ʿAbd el Kerim gehörte, begann, seine unter dem doppelten*

*Samthandschuh der Forscher und Missionare verborgene Eisenfaust aus-
zustrecken.*

*Der transsaharische Handelsverkehr bisherigen Stils, die Existenz-
grundlage aller afrikanischen Kaufleute in diesem Teil des Kontinents,
war bedroht. Kein Wunder, daß sie selbst einem Barth gegenüber miß-
trauisch wurden.*

*Des Forschers nachfolgender Bericht zeigt mit der Beschreibung der
Ohnmacht der »Betroffenen« zugleich klar den Charakter der »frühkolo-
nialistischen« Unternehmung, zwar zweitausend Kilometer weit weg,
aber doch für ihn heikel genug.*

*Die Erinnerung an diese Ohnmacht vor allem macht die »Empfind-
lichkeit« heutiger Afrikaner verständlich und erklärt ihre ungeduldig
wiederholte Forderung, afrikanische Geschichte endlich »neu« geschrieben zu sehen. Das ergibt die dringende Notwendigkeit für verantwor-
tungsbewußte, illusionslose Europäer, die längst fällige Revision auch zu
ihrer Sache zu machen, und zwar so, daß – da »Objektivität« schwierig – sie auch für Afrikaner zum mindesten verständlich und damit
vielleicht doch »annehmbar« wird.*

*Im Juni 1854 ist Barth in einem Lager der Issabegen-Tuareg nahe
dem Niger und wundert sich, daß sie anfangs zurückhaltend sind.*

Diese Leute hatten nämlich etwas mit Mungo Park\*) zu tun
gehabt, dessen erzwungene Politik es gewesen war, auf einen
jeden zu feuern, welcher sich ihm in irgendeiner drohenden
Stellung näherte ... Es war diese Politik Mungo Parks, die er
unzweifelhaft ganz gegen seine eigene Neigung annahm, welche den Major Laing\*\*), als er während seines Aufenthaltes in
Tauat davon hörte, mit so verhängnisvoller Furcht vor dem
Schicksal erfüllte, das ihn selbst erwarten möchte.

Laing schrieb: »Wie unverständig ..., ich möchte sagen, wie
selbstsüchtig war es von Park, auf Kosten des Blutes der Einwohner in diesem Lande Entdeckungen machen zu wollen, zur
Verhinderung allen späteren friedlichen Verkehrs ...«

*Ebendieser Umstand, schreibt Barth, war auch schuld daran, daß
Major Laing die Matrosen, welche ihn begleiteten, zurückschickte.*

*Barth fährt fort:*

»Da *(die Tuareg)* einige aus ihrem Stamme durch seine

---

\*) *Im Sommer 1805 im Nigerbogen. Siehe Band »Mungo Park«, Edition Erd-
mann in K. Thienemanns Verlag, Stuttgart.*
\*\*) *18. 8. 1826 in Timbuktu.*

*(M. Parks)* gut treffenden Kugeln verloren hatten, hielten sie sich erst in einiger Entfernung. Als sie aber bemerkten, daß ich *(Barth)* mit einigen ihrer Landsleute eine lebhafte Unterhaltung angeknüpft hatte, überzeugten sie sich, daß ich nicht zur Klasse der wilden Tiere – tauakasst – gehörte; denn eine solche Vorstellung schienen sie sich nach dem Empfang, der ihnen von Park zuteil geworden war, von den Europäern im allgemeinen gemacht zu haben.« (Bd. V, S. 202/203)

»Gerade zu dieser Zeit traf nämlich über Ghadames die Nachricht ein, daß die Franzosen die Schaamba*) vollständig besiegt und einen Streifzug bis nach Uarghela**) und Metlili***) unternommen hätten, und infolge dieses Gerüchtes ward die Furcht vor dem Vorrücken dieser gehaßten Fremdlinge … ganz allgemein. Dies regte in Verbindung mit anderen Umständen … auch den starken Verdacht gegen mich auf, indem diese Leute nur zu leicht dazu verleitet wurden, zu glauben, daß mein Besuch ihres Landes mit dem Vordringen der Franzosen in Beziehung stände.

5. Mai. Der Fluß war den ganzen Tag über mit auf- und abwärts gehenden Booten belebt. Die ganze Welt schien in einem Zustande der Aufregung zu sein …, indem die Botschaft von dem Vorrücken der Franzosen in allen ihren Einzelheiten, wie sie von Munde zu Munde ging, … bedeutend übertrieben wurde … Alle Leute … schienen von der Furcht beseelt zu sein, daß die Franzosen ohne weiteres von El Golea, das sie eingenommen haben sollten, auf Timbuktu oder wenigstens auf Tauat losmarschieren möchten …

Die Tauater *(Kaufleute in Timbuktu)* verlangten dringend vom Scheich *(el Bakáy)*, daß er die gesamte Gemeinde von Tauat schriftlich auffordern sollte, in Verbindung mit den Hogar und Asgar einen Angriff auf Uarghela zu machen. Aber ich *(Barth)* tat alles, was in meiner Macht stand, um ihn zu verhindern, einem solchen Vorschlag seine Zustimmung zu geben … Wiewohl es mir nun auch gelang, einen so tollkühnen Streich zu verhindern, konnte ich ihn doch nicht davon abhalten, ein

---

*) *Eine arabische Nomaden-Gruppe in Südalgerien.*
**) *Die wichtige südalgerische Oasenstadt Wargla (Ouargla).*
***) *Gebiet des Mzab (Südalgerien, die Volksgruppe der Mozabiten).*

Schreiben an die Franzosen zu richten, in dem er es ihnen untersagte, weiter ins Innere vorzudringen.

... Er verlangte, ich solle augenblicklich nach Tripoli schreiben, um das Gesuch zu stellen, einen Engländer als Konsul nach Tauat zu schicken ...

Wenn die Engländer und Franzosen in bezug auf die Stämme des Innern über eine gemeinsame Politik übereinzukommen imstande wären, könnten meiner Ansicht nach jene ausgedehnten Landschaften leicht einem friedlichen Verkehre eröffnet werden.« (Band V, S. 124/126)

*Die maßgebenden Leute der Stadt erfuhren schon gleich zu Anfang, daß Barth ein Christ sei. Aus Hamda-Allahi erfolgte wiederholt die strikte Anweisung, den Fremden zu töten oder ihn zum mindesten aus der Stadt zu vertreiben. Dabei kam es zu Tumulten in den Gassen. Barth fürchtete vor allem für seine Habe. Manche ließen sich einschüchtern und verweigerten ihm Hilfeleistungen. Aber andere, obgleich aufgewiegelt, trauten sich dann doch nicht, unmittelbar Hand an ihn zu legen.*

*Die Kaufleute aus Marokko bedrängten den Scheich el Bakáy*, »indem sie ihm vorstellten, daß nicht einmal in ihrem eigenen Lande (Marokko) die Christen mit so viel Rücksicht behandelt würden und nicht allein ihr Gepäck, sondern selbst ihre Kleider bei ihrem Eintritt in jenes Gebiet durchsucht würden«.

# Kapitel 29

## Rückreise vom Niger zum Tschad

*Es geht nun ostwärts, zum Teil auf schon bekannten Wegen. Immer wieder ereignet es sich, daß aus der Mitte entgegenkommender Trupps einige mit den Freudenschreien »'Abd el Kerim, 'Abd el Kerim!« auf ihn zueilen, um eine alte Bekanntschaft zu erneuern.*

*Doch wird ihm auch die Nachricht von der Ermordung des Veziers in Kuka bestätigt, und mit Sorge denkt er darüber nach, welches Schicksal Dr. Vogel und den mit ihm gekommenen Nachschub aus der Heimat wohl betroffen haben möchte.*

*In Sókoto erhält er eines Tages den Besuch von einer befreiten Sklavin aus Konstantinopel. Sie erzählt dem erstaunten Forscher, daß fünf Christen mit einem Packtroß von vierzig Kamelen in Kuka angekommen seien. Diese habe sie von Tripolis aus begleitet. Barth erkannte unschwer, daß es sich dabei um die Gruppe Vogel handeln mußte. Aber wenn sie schon vor längerer Zeit angelangt war, warum hatte man sich nicht mit ihm von Kuka aus in Verbindung gesetzt?*

*In der Folgezeit zeigt ihm ein schwerer Anfall von Dysenterie, wie geschwächt doch sein Körper und wie dringlich für ihn eine schleunige Rückkehr nach Europa sei. Lange Zeit lebt er nur von etwas gestampftem Reis, dicker Milch und den Samenkörnern der Mimosa nilotica, nach dem Rezept einheimischer Ärzte.*

*In Kano, wo er als alter Bekannter empfangen wird, findet er keinerlei Hilfsmittel vor. Mohammed, den treuen Gatroner, schickt er eilends nach Sinder, um von dort die bewußte Kiste mit den englischen Stahlwaren und den vierhundert Dollars zu holen. Er kommt mit leeren Händen zurück. Die Ereignisse im Gefolge der Revolution in Bórnu haben sie verschlungen.*

*Am 13. November besucht ihn ein Mann, der am unteren Niger gewesen war und ihm in seiner einfachen Weise erste Mitteilung von einer mit Regierungsunterstützung ins Werk gesetzten Befahrung des Niger und Benuë gab. Becroft und der Schotte William Balfour Baikie führten sie auf dem Dampfboot »Plejade« in der Zeit vom Mai 1854 bis Anfang 1855 durch. Aber sie kam nicht ganz bis Yola.*

*Welche Genugtuung wäre es für Barth gewesen, hätte er früher von ihr gehört und sich mit ihr in Verbindung setzen können! Wie nützlich auch wären ihm die arabisch geschriebenen Empfehlungsschreiben an die Fulbe gewesen, die der Gatroner als Überrest der verlorengegangenen Sendung von Sinder mitbrachte, wären sie vor seinem Einzug in Timbuktu in seine Hände gelangt!*

*Nachdem er von den in Kano ansässigen Ghadameser Kaufleuten mit vieler Mühe fünfhunderttausend Muscheln (gleich zweihundert Dollar) zu den »üblichen hundert Prozent« geborgt hat und nachdem die Nachricht gekommen ist, Scheich Omar sei in Kuka wieder an der Macht und habe seinen aufrührerischen Bruder Abderraman eingesperrt, macht sich Barth auf die Weiterreise.*

*Ende November erreicht er das infolge der Bórnu-Revolution immer noch recht unsichere Waldgebiet von Bundi (zweihundert Kilometer nordöstlich von Kano).*

Mittwoch, den 29. November 1854.
Von meinem treuen Gatroner begleitet, war ich dem Zuge *(in der Waldwildnis)* etwa drei Meilen vorausgeritten, als ich eine Person höchst fremdartigen Aussehens auf mich zu kommen sah; es war ein junger Mann, dessen überaus helle, mir schneeweiß erscheinende Gesichtsfarbe auf den ersten Blick zeigte, daß seine Kleidung, eine Filfil-Tobe, wie ich sie selbst trug, und der um seine rote Mütze in vielen Falten gewundene weiße Turban nicht seine eigentliche Tracht sei.

Da erkannte ich in einem seiner schwarzen berittenen Begleiter meinen Diener Madi, den ich bei meinem Aufbruche von Kuka als Aufseher im Hause zurückgelassen hatte. Sobald er mich sah, benachrichtigte er seinen weißen Begleiter, wer ich sei, und nun eilte Herr Dr. Vogel *(denn er war es)* vorwärts, und wir hießen uns einander in höchster Überraschung vom Pferde herab herzlich willkommen.

Ich selbst hatte in der Tat nicht die entfernteste Ahnung, daß ich ihm begegnen könnte, und er seinerseits hatte erst kurz zuvor die Kunde erhalten, daß ich noch am Leben und glücklich aus dem Westen zurückgekehrt sei. Ich hatte ihm von Kano aus einen Brief geschrieben, und der war ihm unterwegs zugekommen; aber wegen der arabischen Adresse, die ich der sicheren Besorgung halber auf den Umschlag gesetzt, hatte er gemeint, es wäre ein Brief von einem Araber, und hatte ihn, ohne ihn zu öffnen, zu sich gesteckt, bis er jemand träfe, der ihn vorlesen könnte.

Es war ein unendlich überraschendes Ereignis! Inmitten dieser ungastlichen Waldung stiegen wir nun vom Pferde und setzten uns nieder. Mittlerweile kamen auch meine Kamele nach, und meine Leute waren höchst erstaunt darüber, einen weißen Landsmann neben mir zu finden. Ich holte einen kleinen Vorratssack hervor, wir ließen uns Kaffee kochen und waren ganz wie zu Hause.

Seit länger als zwei Jahren hatte ich kein deutsches oder überhaupt europäisches Wort gehört, und es war mir ein unendlicher Genuß, mich wieder einmal in der heimischen Sprache unterhalten zu können.

Aber unser Gespräch wandte sich bald Gegenständen zu, die keineswegs so ganz erfreulich waren. So hörte ich zu meinem großen Entsetzen von Herrn Dr. Vogel, daß in Kuka keine Mittel vorhanden seien.

Er *(Dr. Vogel)* sei selbst auf dem Wege nach Sinder, um zu sehen, ob nicht neue Mittel dort angekommen wären, und um die Lage des Ortes durch eine gute astronomische Beobachtung zu bestimmen und so meinen Arbeiten eine festere Grundlage zu geben.

Die Nachricht von dem Mangel an Geldmitteln berührte mich jedoch kaum so unangenehm als die Angabe, daß er nicht eine einzige Flasche Wein besäße.

Mittlerweile kamen die übrigen Mitglieder der Karawane an, in deren Gesellschaft Herr Dr. Vogel reiste. Sie waren außer sich, als sie uns beide hier inmitten des Waldes ruhig dasitzen sahen, während die ganze Umgegend von Feinden bedroht war. Diese arabischen Handelsleute im Sudan sind meist Feiglinge.

Nach einer etwa zweistündigen Unterhaltung mußten wir uns wieder trennen, und während Herr Dr. Vogel seinen Marsch nach Sinder fortsetzte (von wo aus er vor Ende des Monats wieder zu mir stoßen wollte), eilte ich, meine Leute einzuholen.

*Ohne Fährnisse erreicht Barth dann die Residenz Omars.*

Als ich mich am 11. Dezember der Stadt näherte, fand ich den ersten Eunuchen des Scheichs mit dreißig Reitern beim

Dorfe Kalilua aufgestellt, um mir einen ehrenvollen Empfang zu erweisen. So den Marktplatz durchziehend, betrat ich dann wieder die Stadt Kúkaua, von wo aus ich meine gefährliche Reise nach Westen begonnen hatte, in stattlichem Aufzuge und war beim Eintritt in mein altes Quartier angenehm überrascht, die beiden Sappeure, den Korporal Church und den Gemeinen Macguire zu treffen, die in Begleitung des Herrn Dr. Vogel von England ausgesandt worden waren, um mir Beistand zu leisten.

*Barth hatte gehofft, im sicheren Hafen Kuka angekommen, sich gründlich ausruhen zu können und dann die Heimreise nach dem Norden anzutreten.*

Das war jedoch keineswegs der Fall, vielmehr war es mir bestimmt, vier Monate unter recht unerfreulichen Umständen in dieser Stadt zuzubringen.

*Zunächst einmal setzte er dem Scheich auseinander, daß, wenn er mit europäischen Mächten Handel treiben wolle, fremdes Eigentum unbedingt geschützt werden müsse. Denn es ergab sich im Verlauf seiner Nachforschungen, daß kein anderer als Diggama, einer der einflußreichsten Höflinge, sich den größten Teil der nach Sinder geleiteten und dann dort geraubten Waren angeeignet hatte.*

*Ferner gab es Eifersüchteleien zwischen den beiden Sappeuren, die mit Vogel gekommen waren.*

*Doch Barth ließ es sich nicht nehmen, das Weihnachtsfest des Jahres 1854 auf seine Weise zu feiern.*

Teils um ein Gelübde zu erfüllen, das ich getan hatte, teils um mir die freundliche Gesinnung der Eingeborenen um so sicherer zu gewinnen, machte ich am Weihnachtstage den Bewohnern der Hauptstadt ein Geschenk von vierzehn Rindern, indem ich dabei weder reich noch arm, weder Blinde noch wandernde Bettler und auch nicht die arabischen Fremdlinge vergaß.

Alles änderte sich aber infolge der Ankunft des Herrn Dr. Vogel am 29. Dezember, und mein Aufenthalt war nun unendlich angenehmer. Wirklich war mir die allerdings nur kurze Periode von zwanzig Tagen, die ich in der Gesellschaft dieses unternehmenden, mutigen, jungen Reisenden zubrachte, überaus erfreulich. *(Vogel war fünfundzwanzig Jahre, geboren am 7. März 1829 in Krefeld als Sohn eines Oberlehrers. Nachdem er 1847 bis 1851 in Leipzig und Berlin Naturwissenschaft studiert hatte, ging er 1851 als Assistent an Bishops Sternwarte nach London.)* Es war auffallend, mit welcher Leichtigkeit er sich in alle Verhältnisse dieses fremdartigen Lebens fand; aber während er selbst vom Impuls seines Enthusiasmus fortgerissen wurde und alle Ansprüche auf die Bequemlichkeiten und Annehmlichkeiten des Lebens aufgab, beging er unglücklicherweise das Versehen, von seinen Gefährten das gleiche zu erwarten. Diese waren aber erst kürzlich aus Europa angekommen, hatten weniger erhabene Ideen und machten daher Ansprüche; und so war denn der Anlaß zu einem bedauerlichen Zwiste gegeben.

*Schon bei Gelegenheit der Reise nach Mándara, die Vogel unternommen hatte, um Barth zu suchen, ließ er die Gehilfen in Kuka zurück. Dem Sappeur Macguire konnte Barth noch den Kopf zurechtsetzen, und er blieb treu an der Seite Vogels, als dieser in das gefährliche Wadai zog. Den anderen mußte Barth mit nach Europa nehmen.*

In bezug auf die Aussichten des unternehmenden Reisenden *(Vogel)* waren es zweierlei Umstände, welche mir einige Unruhe verursachten – zuerst der Mangel an Erfahrung, wie man es bei einem frisch aus Europa gekommenen, fünfundzwanzigjährigen Manne, der noch nie etwas Ähnliches unternommen hatte, gar nicht anders erwarten konnte, und zweitens die Schwäche seines Magens. Ja, schon der Anblick eines Fleischgerichtes machte ihn krank, und er lief davon, und man kann sich denken, daß dies die Gemütlichkeit unserer einfachen Mahlzeiten nicht eben erhöhte.


## Abschied von einem Todgeweihten

*Barths Befürchtungen sollten sich später nur zu sehr bewahrheiten. Nachdem Vogel auf seiner Reise zum Süden die Tuburi-Sümpfe besucht, auch den Benuë an mehreren Punkten erreicht und überschritten hatte, gelang es ihm, in das gefährliche Reich Wadai, östlich des Tschad, einzudringen, das Barth noch verschlossen geblieben war. Zunächst nahm man ihn gut auf. Aber dann, als er allzu ungeniert seinen Forschungen nachging, wurde er, während er eben eine Granitfelsmasse studierte, meuchlings ermordet. Man schlug ihn mit eisenbewehrten Knütteln tot. Er frage alle Leute, schreibe alles statt mit Feder und Tinte mit einem Stabe (Bleistift) auf, er esse nichts als Eier (was überall in diesen Ge-*

*genden den Eingeborenen widerwärtig ist), müsse also ein Spion sein. Er war eben anders als die Masse, das nahm man ihm übel — wie es auch Barth geschah, der indessen viel vorsichtiger zu Werke ging. Vogels Begleiter Macguire wurde gleichfalls beim Versuch, sich nach dem Norden zu retten, auf der Bilmastraße am einsamen Brunnen von Beduaram ermordet, so daß also das ganze Unternehmen nicht weniger als vier Opfer forderte.*

*Zweifellos hätte Vogel es gerne gesehen, wenn Barth mit ihm gegangen wäre. Aber der fühlte sich erschöpft und reisemüde. »Meine Sehnsucht nach der Heimat ist unbezwinglich«, hatte er im November 1854 an Bunsen geschrieben. Daher hieß es denn schon bald wieder Abschied nehmen, und Barth kam sich recht einsam und verlassen in Kuka vor.*

*Er mietete einen Führer nach dem Fessan. Dann verließ er am 20. Februar die Stadt. Um sich, wie er es immer zu tun pflegte, zunächst an das neue Klima zu gewöhnen, schlug er sein Lager bei einem kleinen Gewässer auf. Aber am 28. Februar erschien nachmittags ein Diener Diggamas, von dem er wußte, daß er an dem Raub seiner Waren in Sinder beteiligt war. Er ritt an der Spitze von vier mit Flinten bewaffneten Reitern und brachte ihm den bestimmten Befehl vom Scheich — nach Kuka zurückzukehren!*

Omar hatte erkannt, welch schlechten Eindruck es in Europa machen würde, wenn Barth von den vielen Räubereien erzählte. Daher wollte er ihn einfach so lange festhalten, bis es — mit orientalischer Langsamkeit, versteht sich — gelungen sei, ihm volle Genugtuung zu verschaffen. Auch war ein Tibbu-Eilbote aus dem Norden angekommen, der für Barth eine nicht weniger als zwanzig Monate alte Depesche der englischen Regierung und zugleich die Nachricht brachte, es sei eine Araber-Karawane unterwegs. Barth ritt ihr am 23. März entgegen und fand sie über alle Maßen erstaunt, daß er noch am Leben sei. Sie hatte tausend Dollar für die Expedition bei sich; aber diese Sendung war bereits an Dr. Vogel adressiert. Dieser hatte die Gerüchte von der Ermordung Barths, in seiner Unerfahrenheit mit orientalischem Geschwätz, für bare Münze genommen, und so war die Trauernachricht am 14. Dezember 1854 in Deutschland eingetroffen, als Barth sich nichtsahnend in Kuka aufhielt. (Ähnliche Gerüchte waren, wie früher erwähnt, durch das Liegenbleiben des Briefpaketes in Umlauf.)

Natürlich hieß es in der Residenz, Barth sei bei seiner Regierung in Ungnade gefallen und Vogel zu seinem Nachfolger ernannt worden. Scheich Omar hatte nun keine Eile mehr, einer so unbedeutend geworde-

*nen Person sein Ohr zu leihen. Die Wirkung auf Barth, nach fünf Jahren Strapazen und Aufregungen, kann man sich vorstellen!*

Meine gewöhnliche Energie war erschöpft und meine Gesundheit völlig untergraben, so daß der einzige Gegenstand, der meine Gedanken ununterbrochen beschäftigte, der war, wie ich meinen schwachen Körper heil heimbringen sollte. Auch das Wetter trug nicht wenig dazu bei, den erschöpften Zustand meines Körpers und Gemütes zu verschlimmern. Schon am 15. April fielen einige von wiederholtem Donner begleitete Regentropfen *(und kündeten das Nahen der Regenzeit an).*

*Trotzdem bezeichnet der Unermüdliche als seine Hauptbeschäftigung das Studium der Geschichte des Reiches Bórnu! Inzwischen gelang es ihm, einflußreiche und einsichtsvollere Männer am Hofe von der Albernheit oder Böswilligkeit der umlaufenden Gerüchte, daß er in Ungnade gefallen sei, zu überzeugen. Er hatte sogar die Genugtuung, daß am 28. April der Gauner Diggama die von ihm gestohlenen vierhundert Dollar in Person zurückerstatten mußte.*

*Am gleichen Tage kommen Briefe von Dr. Vogel, der (bevor ihn in Wadai sein Schicksal ereilte) inzwischen Yakoba erreicht hat und gerade dabei ist, ins Lager von dessen Statthalter aufzubrechen.*

*Am 9. Mai nimmt Barth Abschied vom Scheich.*

# Kapitel 30

## Nordwärts auf gefahrvollen Wüstenwegen

*Das Lager vor der Stadt verläßt Barth mit seiner Karawane als körperlich und auch seelisch erschöpfter Mann. Vor ihm liegt eine Strecke von fast zweitausendfünfhundert Kilometern. Nahezu auf ihrer ganzen Ausdehnung führt die uralte Karawanenstraße durch ödeste Wüste. Westlich von ihr erhebt sich das zentralsaharische Bergland, das Ahaggar-Gebirge, und südöstlich von diesem jenes Aïr-Bergland, das Barth auf der Herreise kennengelernt hat. Hier wohnten und von hier aus stießen die räuberischen Tuareg in die Wüste vor, um die Karawanen anzufallen. Im Osten aber erhob sich das in seinem Aufbau und in seiner Ausdehnung noch völlig unbekannte Bergland Tibesti, mit den Schlupfwinkeln jener Tibbus, die als die »geschicktesten Diebe der Welt« bekannt und berüchtigt waren. Dazu herrschte im Norden, wo der Türke eine mehr oder weniger nominelle Oberherrschaft ausübte, gerade wieder einmal Aufruhr, mit Wegelagerei und Überfällen auf die einsamen Siedlungen.*

Mittlerweile ließ ich es mir angelegen sein, meine Zeit so nützlich wie möglich hinzubringen. Außer meiner Hauptbeschäftigung, dem Studium der Geschichte des Bórnu-Reiches, hatte ich bisweilen eine längere Unterhaltung mit den besser Unterrichteten unter meinen Bekannten, oder ich machte dann und wann einen kurzen Ausflug; aber im allgemeinen war meine gewöhnliche Energie erschöpft und meine Gesundheit völlig untergraben, so daß der einzige Gegenstand, der meine Gedanken ununterbrochen beschäftigte, der war, wie ich meinen schwachen Körper heil heimbringen sollte. Auch das Wetter trug nicht wenig dazu bei, den erschöpften Zustand meines Körpers und Gemütes zu verschlimmern, denn es war während dieser ganzen Zeit außerordentlich heiß, und das Thermometer stieg in der letzten Hälfte des Monats April um halb drei Uhr nachmittags bis 45°. Aber mein erschöpfter Gesundheitszustand hatte dafür auch das Gute, daß er dazu diente,

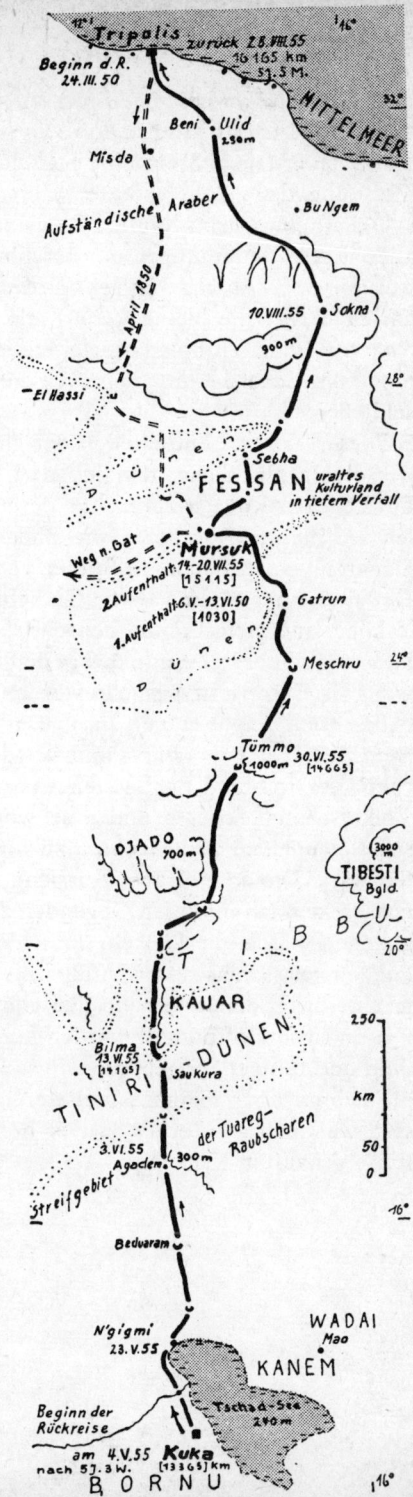

*Abbildung 50.*
Wegekarte
zur Rückreise von Kuka
durch die Wüste
nach Tripolis.

meine Abreise zu beschleunigen, indem man sich davon überzeugte, daß ich nicht imstande sein würde, dieses Klima noch länger zu ertragen. So machte man mir denn vom 20. April an Hoffnung, daß es mir gestattet sein sollte, meine Reise in Gesellschaft eines Tebu-Kaufmanns namens Kolo anzutreten. Bei allen diesen Bemühungen um Beschleunigung meiner Abreise war mir Abba Ahmed von sehr großem Nutzen, und nachdem am 25. d. M. eine kleine Tebu-Kafla vorausgezogen war, um Salz von Bilma zu holen, begleitete er mich den 28. nachmittags zum Scheich, um meine Übereinkunft mit Kolo abzuschließen.

Dieser Tag war entschieden der glücklichste oder vielmehr der einzig glückliche, den ich nach der Abreise des Herrn Dr. Vogel in Kúkaua zubrachte, denn gleich am Morgen fand ich bei meiner Rückkehr von einem kleinen Ausfluge nach Dáuerghu einen Boten mit Briefen von meinem Gefährten vor. Der älteste derselben war von Gúdjeba datiert, der jüngste von Yakoba, und mein Freund benachrichtigte mich in ihnen vom Fortgang seiner Reise und daß er den letzteren Ort, der nie zuvor von Europäern besucht worden war, glücklich erreicht habe. Auch zeigte er mir an, daß er eben im Begriffe stehe, nach dem Lager – »ssanssánne« – des Statthalters aufzubrechen, der während der letzten sieben Jahre eine heidnische Völkerschaft bekriegte und geschworen hatte, nicht eher in seine Hauptstadt zurückkehren zu wollen, als bis sie unterworfen wäre. Die so eröffnete Aussicht, daß es meinem Reisegenossen, den ich in diesen Gegenden zurücklassen wollte, wohl gelingen würde, die Lücken, die ich selbst in meinen Entdeckungen gelassen hatte, auszufüllen, erfreute mich sehr, und ich machte daher dem Boten ein hübsches Geschenk. So aufgeheitert und voll Hoffnungen war ich nun auch imstande, mit Geduld und ruhiger Hingebung einige kleine Unfälle zu ertragen, die sich noch vor meiner Abreise ereigneten; am unangenehmsten war mir der Verlust zweier der vor kurzem zu meiner Reise gekauften Kamele.

Endlich, am 4. Mai, verließ ich die Stadt und lagerte draußen, in geringer Entfernung vom Tore. Hier blieb ich einige Tage liegen, indem ich auf meinen Reisegenossen Kolo wartete, der noch in der Stadt zurückgeblieben war. So nahm ich erst am 9. d. M. vom Scheich Abschied. Er empfing mich mit großer Freundlichkeit, war aber auch dafür keineswegs zurückhaltend, sogar um verschiedene Gegenstände zu bitten, welche ihm die englische Regierung senden möge, vor allem eine kleine Kanone; dies stand jedoch in gar keinem Verhältnis zu dem armseligen Geschenk, das er mir gemacht. Allerdings hatte er mir außer den schon früher abgelassenen Kamelen, deren Wert indes überaus gering war, noch ein Kamel und ein junges Pferd geschenkt, aber das letztere war von so schwächlicher Beschaffenheit, daß es für die Wüstenreise nicht eben sehr geeignet schien, und wurde auch in der Folge für mich eher eine Last als eine Hilfe. Jedoch versprach er mir, daß ich noch ein Kamel von ihm erhalten sollte, und dies war mir in der Tat sehr nötig, obgleich ich den Verlust eines anderen, welches ich durch A'bbegas Sorglosigkeit einbüßte, schon selbst ersetzt hatte. Dies geschah im letzten Augenblicke, und ich sah mich dadurch gezwungen, doch noch die kleine Summe von dreißig Dollars auf jene eintausend Dollars zu erheben, welche die Kafla gebracht hatte und die ich dringend für Herrn Dr. Vogel zurückzulassen wünschte. Überhaupt war ich diesmal mit meinen Kamelen höchst unglücklich; denn als ich mich kaum einige Meilen von der Stadt entfernt hatte, unterlag noch eines, so daß ich mich gezwungen sah, verschiedene Gegenstände, mit denen meine Leute die Tiere überladen hatten, wegzuwerfen. Es versteht sich von selbst, daß die Lasten bei dem Antritt einer solchen Wüstenreise, wo für die Dauer von zwei Monaten Proviant mitgenommen werden muß, im Durchschnitt sehr schwer sind.

So war denn auch unser Aufbruch von Dáuerghu am Nachmittag des 10. Mai sehr ungünstig, und da ich, um die Pferde zu tränken, etwas vom Wege abgewichen war, verlor ich bei dem Toben eines gewaltigen Unwetters, das die ganze Gegend in undurchdringliche Finsternis hüllte, meine Leute und hatte große Mühe, mich wieder mit ihnen zu vereinigen. Von hier aus rückten wir in sehr kurzen Märschen vorwärts, und nur das für diese Landschaft ungewöhnlich reich mit Bäumen besetzte Tal »hénderi Gálliram« zog meine Aufmerksamkeit auf sich. Von Nghurhútua aus erreichten wir dann am 14. d. M. die Stadt Yo und schlugen unsere Zelte in ihrer Nähe auf. Hier mußten wir zu meinem großen Mißbehagen die folgenden fünf Tage bleiben, wobei mir der Komádugu mit seinem Saume schöner Bäume nur ungenügende Unterhaltung gewährte. Immerhin würde es für jeden Europäer, welcher dem Gedanken einer Verbindung des großen östlichen Armes des Niger mit dem Tsad längs dieser Talrinne einen Augenblick nachgegangen hat, interessant gewesen sein, uns hier auf dem trockenen Boden des Tales gelagert zu sehen.

Endlich kam der glückliche Augenblick unseres Aufbruchs von dieser nördlichen Grenzstadt des Bórnu-Reiches, denn obgleich noch ein weiter Landstrich nördlich von demselben, ja selbst Kanem dem Namen nach hinzugerechnet wird, so hört doch bei dem gegenwärtig heruntergekommenen Zustande des Reiches in der Wirklichkeit die Herrschaft hier auf. Bis zum letzten Augenblicke hatte ich die Besorgnis gehegt, daß noch irgendeine Störung eintreten und meine Abreise vereiteln könnte, und ich fühlte mich daher unendlich glücklich, als wir endlich am Nachmittag des 19. Mai (es war ein Sonnabend) den Komádugu nordwärts durchzogen, während ich mit großer Genugtuung auf diese Landschaften zurückschaute, wo ich volle fünf Jahre in ununterbrochener Arbeit und Anstrengung zugebracht hatte. Indem ich so meine Schritte nach Norden zurücklenkte, überließ ich mich der lebhaften Hoffnung, daß mir die gütige Vorsehung wohl gestatten würde, meine Heimat in Sicherheit zu erreichen, damit ich einen vollständigen Bericht über meine Arbeiten und Entdeckungen liefern und womöglich die Verbindungen, welche ich mit dem Innern angeknüpft hatte, dazu ausbeuten könnte, einen regelmäßigen Verkehr mit jenen Gegenden zu eröffnen.

Unser erster Tagemarsch war keineswegs sehr glücklich, und wir hatten gar vielen Aufenthalt und Verzug, wie sie im Anfange einer Reise gewöhnlich vorkommen. Nachdem dann die Dunkelheit eingetreten war, erregten drei Affen, welche ich mitzunehmen wünschte, durch ihr Lärmen und Schreien in meinen Kamelen eine solche Furcht, daß sie im Galopp davonrannten und mehrere Stücke des Gepäckes zerbrachen, u. a. ein starkes Gewehr. Dadurch sah ich mich gezwungen, diese kleinen bösartigen Geschöpfe loszulassen, die sich ohnehin fortwährend damit unterhielten, alle Stricke, mit denen das Gepäck auf dem Rücken der Tiere befestigt war, aufzulösen.

Wir lagerten zu später Stunde in der Entfernung weniger Meilen von Bárrua, das wir am folgenden Tage erreichten und wo wir den ganzen Tag über blieben, um uns mit getrockneten Fischen zu versehen, welche es hier in Überfluß gibt; denn dieselben bilden den besten Artikel, um sich im Tebu-Lande die nötigen Bedürfnisse zu verschaffen. Hier trafen wir mit den Dasa oder Búlguda zusammen, in deren Gesellschaft wir die Reise nach Bilma machen sollten und die seit dem verflossenen Tage an dieser Stätte lagerten. Von Bárrua aus verfolgten wir die Straße nach Ngégimi, dem Orte, welchen ich auf meiner Reise nach Kanem hin- wie rückwärts passiert hatte. Aber wie außerordentlich hatte sich der Anblick der Landschaft verändert, seitdem ich sie damals durchzogen! Der ganze Weg, den ich zu jener Zeit verfolgt hatte, war jetzt mit Wasser bedeckt (die diesjährige, ungewöhnlich große Überschwemmung des Tsad war nämlich noch nicht in ihre gewöhnlichen Grenzen zurückgetreten), und das ganze Ufer schien wie bei Ngórnu auch hier nachgegeben zu haben und einige Fuß tief eingesunken zu sein. Außer diesem veränderten Anblick des Landes verliehen mehrere Weiler von Kanembu-Viehzüchtern der Szenerie einiges Leben. Auch war es interessant, zu beobachten, wie die Búdduma – die seeräuberischen Bewohner der in der Sumpfläche liegenden Inseln – emsig mit ihrer Lieblingsarbeit, nämlich der Salzgewinnung aus der Asche von Ssiwak *(Capparis sodata)*, beschäftigt waren. Wir rasteten hier während der heißen Tagesstunden und schlugen am folgenden Abend unser Lager in kurzer Entfernung jenseits eines zeitweiligen Dorfes dieser Insulaner auf. Die Búdduma scheinen nämlich mit den Tebu, mit denen sie allem Anscheine nach seit alten Zeiten in politischer Verbindung gewesen sind, auf freundschaftlichem Fuße zu stehen; aber dessenungeachtet war auch hier Wachsamkeit erforderlich, um sich vor dem diebischen Gelüste dieser guten Leute zu wahren.

*(Dienstag, 22. Mai.)* In der Entfernung von einer Meile von unserem Lager ließen wir die Stätte von Wudi hart zu unserer Linken liegen; sie war von einigen Dattelpalmen belebt, während die ganze Grasebene zu unserer Rechten, über welche unser früherer Weg nach Kanem geführt hatte, auf größere oder kleinere Strecken mit Wasser bedeckt war. Beim Beginn der Tageshitze machten wir wiederum in einem wohlbewaldeten Landstrich halt und bemerkten bei unserem Weitermarsch am Nachmittag eine Herde Elefanten, welche die heiße Tageszeit gemächlich inmitten des Wassers zubrachte; darunter befand sich auch ein Weibchen mit seinen Jungen. Weiterhin begegneten wir einem Rudel von fünf Büffeln, was mir sehr auffiel, da ich dieses Tier auf meiner früheren Reise in der Nähe des Sees nicht wahrgenommen hatte.

So erreichten wir das neue Dorf Ngégimi – denn die frühere offene Ortschaft war von der Überschwemmung vollkommen weggerissen worden –, welches am Abhange der Hügel liegt. Hier blieben wir den Vormittag des folgenden Tages liegen; das Lager ward von einer großen Anzahl Frauen aus dem Dorfe belebt, die außer einigen Hühnern, Milch und »témmari« (d.i. Same der Baumwollpflanze) auch Fische, sowohl im trockenen als frischen Zustande, feilboten. Aber ihr Hauptverlangen beim Tauschhandel stand nach Korn, und außerdem waren sie nur noch geneigt, eine gleiche Quantität Glasperlen zum Schmucke für ihren ebenholzfarbigen Körper anzunehmen. Lieb war es mir, statt der häßlichen Bórnu-Weiber die weit proportionierteren Gestalten der Kanembu-Frauen zu sehen, deren glänzende Schwärze der Haut durch ihre weißen Zähne und die gleichfarbigen Glasperlen angenehm gehoben wird.

Unsere Freunde, die Dasa, welche vor fünf Wochen bei einem ähnlichen Versuche, die Wüste zu passieren, von den Tuareg zurückgetrieben worden waren, hatten hier ihr Gepäck wieder aufgenommen, das sie damals in der Eile bei den Dorfbewohnern in Sicherheit gebracht hatten. Sie wollten sich hier auf einige Zeit von uns trennen, da sie aus irgendeinem Grunde einen westlicheren Pfad einzuschlagen gedachten, über Bir el Hammam oder Metémmi, das von den Mitgliedern der früheren Expedition erwähnt worden ist. Unser Freund Kolo dagegen beabsichtigte, sich näher an die Ufer der Sumpflache zu halten, über Kíbbo.

Nach kurzer Unterhaltung mit dem Häuptling des Ortes – »mai-Ngégimibe« – brachen wir am Nachmittag wieder auf. Die Kamele waren noch immer sehr schwer beladen, und wir rückten daher nur langsam vorwärts; nach einem Marsche von etwa acht Meilen hatten wir einen weit offenen Arm der Lache zur Seite. Hier begegneten wir einigen einzelnen, von Kanem kommenden Reisenden und lagerten gegen acht Uhr abends auf etwas unebenem Boden.

Die Unsicherheit der Gegend zwang uns, während der Nacht abwechselnd Wache zu halten.

*(Donnerstag, 24. Mai.)* Wir brachen zu früher Stunde auf und hatten bald Hügelland zu ersteigen. Diese ganze Gegend ist so unsicher, daß der Reisende die wenigen menschlichen Wesen, denen er auf dem Wege begegnet, ganz natürlich für Spitzbuben oder für Spione hält, welche ihn einer Raubbande verraten wollen, es sei denn, daß sie den entschiedenen Charakter von Reisenden an sich tragen. So ward denn unser kleiner Trupp nicht wenig beunruhigt, als sich zu unserer Rechten Leute sehen ließen, und wir drei Reiter verfolgten sie, bis sie sich in die Außenwasser des Sees zurückgezogen hatten. Die meisten dieser mehr oder weniger abgesonderten Pfützen enthalten salziges Wasser, aber nach einem Marsche von etwa neun Meilen machten wir halt bei einem fast ganz getrennten Hinterwasser, das ganz süß war.

Bei unserem Weitermarsche am Nachmittag ließen wir wieder ein Hinterwasser oder einen abgesonderten See zur Seite liegen und zogen auf einem von Elefanten geöffneten engen Pfade dahin; denn diese Tiere gibt es hier in großer Zahl. So erreichten wir nach einem Marsche von wenig mehr als zehn Meilen die schön belaubte Talsenkung – »hénderi« – Kíbbo und wählten unseren Lagerplatz am jenseitigen Rande. Abgesehen von der Wichtigkeit des Brunnens ist diese Stätte auch dadurch interessant, daß sie augenscheinlich die nördliche Grenze der weißen Ameise bildet. Die Dunkelheit verhinderte uns, den Brunnen gleich bei unserer Ankunft zu benutzen, denn diese Talbildungen sind voll wilder Tiere, und so sahen wir uns denn gezwungen, den Vormittag des folgenden Tages hier liegen zu bleiben, welcher Aufenthalt mir keineswegs unlieb war, da ich mich durchaus nicht wohl fühlte und mich ge-

nötigt sah, zu meinem beliebten Heiltrank, nämlich Tamarin-
denwasser, Zuflucht zu nehmen.

Immerhin hatte die Sonne noch nicht ihre größte Gewalt erreicht, als wir Kíbbo verließen, aber wiederholter Aufenthalt
unterbrach unseren Marsch, da die Sklaven unserer Tebu-Ge-
fährten, die schwer bepackt waren und auf welche das halb bittere Brunnenwasser seine Wirkung nicht verfehlte, kaum imstande waren, mit uns Schritt zu halten; einer unter ihnen, ein
großer Kerl, legte sich nieder, um nimmer wieder aufzustehen.
Ich machte überhaupt die Bemerkung, daß die Tebu ihre Sklaven viel grausamer zu behandeln schienen als selbst die Araber; so lassen sie denn dieselben alles mögliche Gerät tragen,
besonders aber ihren beliebten stinkenden Fisch, und die
Folge davon ist ungeheure Erschöpfung dieser armen Menschen.

So zogen wir in die Dunkelheit hinaus, und als wir nach
einem Marsche von nicht mehr als zwölf Meilen in geringer
Entfernung östlich vom Brunnen Kufe halt machten, verursachte uns die Annäherung unserer Reisegenossen, der Dasa,
nicht geringe Aufregung, indem wir sie im ersten Augenblick
nicht erkannten. Überhaupt gehört diese Stätte, die auf dem
nächsten Wege von den Wohnsitzen der räuberischen Tuareg-Horden im Süden von Damerghu nach dem unglücklichen, zerrissenen Kanem liegt, zu den unsichersten, und besonders für unsere kleine Reisegesellschaft war hier kein
Bleiben. So brachen wir denn schon gleich nach Mitternacht
wieder auf und rückten rüstig dem Norden zu, bis wir nach
einem Marsche von etwa fünfzehn Meilen einem von Kauar
kommenden Eilboten begegneten, wodurch wir uns bewogen
fühlten, haltzumachen. Wirklich waren die Neuigkeiten, welche dieser Bote brachte, von großer Bedeutung und berührten
uns ganz unmittelbar. Nämlich einerseits war Hassan Bascha,
der Statthalter von Fessan, welcher schon seit mehreren Jahren
an schwerer Krankheit gelitten, endlich unterlegen, und andererseits hatten die Éfade, jener unruhige Stamm auf der Nordgrenze von Asben, der uns im ersten Abschnitte unserer Unternehmung so ungeheure Not verursachte, gerade zur Zeit
einen Raubzug nach Tibesti unternommen. Besonders der letztere Umstand übte direkten Einfluß auf unser Verhalten aus,
denn wir waren so der sicheren Gefahr ausgesetzt, mit dieser

Raubbande zusammenzutreffen, während sich im allgemeinen die Gefahr, welche mit dem Durchzuge dieses sich zwischen dem Sudan und der angebauten Zone Nord-Afrikas weit ausbreitenden Wüstengürtels verbunden ist, groß genug erscheint.

Diese drängende Gefahr, verbunden mit der großen Hitze während der Mittagsstunden in dieser heißesten Jahreszeit, nötigte uns, ohne die geringste Rücksicht auf unsere Bequemlichkeit den größten Teil der Nacht zur Reise zu benutzen, und dies war denn der Grund, daß ich mit einzelnen Ausnahmen außerstande war, die Beobachtungen der früheren Expedition zu berichtigen und zu vervollständigen, denn solcher Berichtigungen wäre die Straße, deren ganze Lage durch Herrn Dr. Vogels astronomische Daten verändert worden ist, wohl auch im einzelnen fähig.

Nach einer mittägigen Rast machten wir uns gegen zwei Uhr nachmittags wieder auf den Weg und betraten nach einem Marsche von etwa zwei Meilen schönes Hügelland, das sich zu Weidegründen für Kamele und Schafe gut eignete, aber bei dem gegenwärtigen verödeten Zustande des Landes unbewohnt war. Eineinhalb Meilen weiter hin ließen wir den Brunnen Mul zur Seite liegen, der zur Zeit trocken war, und zogen dann die schöne Talbildung entlang. Hier verursachte uns der abermalige Verlust eines Kameles einen langen Aufenthalt. Wir machten nun nur noch etwa zehn Meilen, lagerten dann, um unsere einfache Abendkost zu verzehren, brachen aber schon eine Stunde nach Mitternacht wieder auf und erreichten nach einem Marsche von etwa dreizehn Meilen den Brunnen von U'nghurutin. Derselbe liegt in einer von schönem Baumwuchse umgebenen Einsenkung, die außer »häd« (Kamelfutter) auch Pfriemenkraut – »retem« – hervorbringt.

*(Montag, 28. Mai.)* Das strenge Gesetz der Wüstenreise harmonierte hier schön mit christlichen Grundsätzen, indem wir in U'nghurutin stille Sonntagsfeier hielten, denn unsere Glieder bedurften der Ruhe. So gestärkt und erfrischt, brachen wir dann etwas nach Mitternacht auf und legten ohne Rast fünfzehn Meilen zurück. Wie die Morgendämmerung anbrach, machte ich die sehr interessante Bemerkung, daß längs dieses ganzen Wüstenstriches eine ansehnliche Menge Regen gefal-

len und infolgedessen der Boden mit »häd« und »ssebōd« bedeckt war; aber wir waren herzlich froh, daß wir endlich die große Plage des Reisenden im Sudan, die gefiederte Klette – »ngibbi« –, hinter uns hatten.

Als wir am Nachmittag unseren Marsch fortsetzten, ward das offene Land, welches wir nun zuerst durchzogen, durch einige Exemplare des Ssimssimbaumes belebt. Ein Marsch von zwölf Meilen brachte uns so zu dem Brunnen Beduaram oder Bélkaschi-farri, wo wir einige Stunden rasten wollten, um frische Kräfte zu sammeln; wir wählten daher sorgsam den geeignetsten Platz und lagerten am Fuße der östlichen Anhöhe. Einigen Schutz versprach dabei die Nähe einer Anzahl Tebu von derjenigen Abteilung der Gunda, welche den Namen Wándala oder Ausa führt. Im allgemeinen gewährt nämlich der Brunnen keineswegs einen sicheren Aufenthalt, und allem Anscheine nach war es an derselben Stätte oder wenigstens nicht weit davon, wo der Sappeur Macguire auf seiner Heimreise im verflossenen Jahre, nach Empfang der Nachricht vom Tode seines Vorgesetzten, des Herrn Dr. Vogel, nach tapferer Gegenwehr erschlagen wurde.

Eine gewisse Sicherheit war uns hier um so willkommener, als wir große Mühe hatten, die Brunnen aufzugraben, denn wir bedurften einer großen Menge Wasser, da wir nicht allein unsere Schläuche füllen, sondern auch alle unsere Kamele tränken mußten, und doch war zur Zeit nur ein einziger Brunnen offen, der überdies nur sehr wenig Wasser enthielt. Aus einem solchen Verhältnis kann man leicht ersehen, in welch gefährlicher Lage sich eine kleine Kafla befinden muß, die unter ähnlichen Umständen von einer Bande Raubzügler angegriffen wird, wie das wohl mit Macguire der Fall war. In dieser Hinsicht fühlte ich mich dem Scheich Omar zu großem Danke verpflichtet, daß er mir den Schutz der Salzhändler, der Dasa, verschafft hatte; denn diese bei Wüstenreisen aufgewachsenen Afrikaner waren den ganzen Tag über beschäftigt, die Brunnen aufzugraben. Auch die zeitweiligen Anwohner des Platzes betrugen sich nicht allein ruhig und anständig, sondern brachten mir sogar etwas Kamelmilch zum Geschenk, wofür ich sie mit kleinen Spiegeln belohnte.

Auch noch den 30. Mai blieben wir hier liegen und brachen dann am Nachmittag des letzten auf. In frischer Rüstigkeit legten wir nun mit einem Male eine Strecke von beinahe zwanzig Meilen zurück, worauf wir auch nur eine kurze Rast hielten, indem wir schon nach vier Stunden wieder aufbrachen. Wir nahten uns nun dem Herzen der Wüste und betraten nach einem Marsche von sechs Meilen das offene Sandmeer; kurz vorher passierten wir noch eine schöne Gruppe von Ssimssim- bäumen. Jetzt hatte ich volle Gelegenheit, die unermeßliche Fläche dieses offenen Wüstenmeeres zu übersehen, denn nachdem wir weitere sechs Meilen zurückgelegt hatten, lager- ten wir gerade in der Mitte desselben. Früher hatte man die ganz falsche Vorstellung, daß dies der Charakter der ganzen Wüste wäre, während doch nur das eigentliche Zentrum der- selben solcher Natur ist, obgleich auch da noch die Fläche un- endlich erscheint. Ungeachtet ihrer Einförmigkeit hat die Wü- ste doch etwas unaussprechlich Großartiges und ist gar wohl geeignet, dem Menschen das Bewußtsein seiner eigenen Nich- tigkeit tief einzuprägen. Allerdings stellte sie sich aber zur Zeit in ihrem ernsthaftesten Charakter dar, und die Hitze war so ungeheuer, daß man sie bei ungesunder Luft nicht hätte im Freien ertragen können.

## Im offenen Wüstenmeer

Wir hatten nun das Schlimmste vor uns, nämlich die ausge- dehnte, leblose und schreckhafte Wüste von Tintúmma, und brachen daher schon eine Stunde nach Mittag auf, ehe noch die Hitze ihren höchsten Grad erreicht hatte und sich zu mil- dern anfing; aber es würde jedenfalls besser gewesen sein, noch ein paar Stunden zu warten, da die Hitze so groß war, daß die armen Sklaven, das Eigentum meiner Reisegefährten, fast ganz aufgerieben waren, ehe sich die Sonne zum Unter- gang neigte. Nur um acht Uhr abends ward eine kurze Rast von vierzig Minuten bewilligt, um unser kaltes, aus gestampf- ter Negerhirse bestehendes Abendessen zu genießen; dann brach die Kafla wieder auf, um den mühevollen nächtlichen Marsch über diese grenzenlose Sandwüste fortzusetzen. Da ich nun samt meinem Hauptdiener beritten war, konnte ich es wa- gen, noch einige Zeit zurückzubleiben und in einer Tasse Kaf- fee – ein unendlicher Genuß auf ermüdendem Marsch – zu schwelgen. Jedoch blieb ich fast zu lange, und als ich endlich nachfolgte, leitete mich nur der Schall der Schüsse, mit denen sich meine Leute gegen meinen Befehl vergnügten, um ihre eigene Müdigkeit wie die der Sklaven zu vertreiben. Angefeuert durch dieses Spiel, vielleicht auch unter dem Eindrucke der schrecklichen Wüstenei, die sie zu nächtlicher Stunde durchzogen, hatten die ihrer Freiheit und Heimat beraubten armen Schwarzen, ihre Erschöpfung rein vergessend, in ihrer einfachen Weise einen Gesang angestimmt, dessen Schall, von Schüssen unterbrochen, gelegentlich, wie ich dem Trosse in ansehnlicher Entfernung nachfolgte, mein Ohr traf. Unter dem Einflusse dieser Aufregung und erfrischt und belebt von der Abendkühle, rückte die Gesellschaft mit solcher Schnelligkeit vorwärts, daß ich sie erst nach Mitternacht einholte. Da aber war auch die unnatürliche Aufregung vorbei, und Freie wie Leibeigene fingen an, sich ihrer Erschöpfung völlig bewußt zu werden; ja, sie würden sich gern in den Sand niedergeworfen haben, um dann heimlich zurückzubleiben, und ich mußte mehrere der Unglücklichen antreiben, um zu verhüten, daß sie dem Durst und der Erschöpfung zum Opfer fielen. Aber vergebens suchte ich einen von meinen eigenen Leuten; er war nirgends zu sehen, und niemand wußte, wo er geblieben war. Die Wüste von Tintúmma, schon von der vorigen Expedition her bekannt, ist in der Tat dadurch übel berüchtigt, daß Reisende leicht den Weg verlieren; der sich in unermeßlicher Ferne ausbreitende weiße Sand umnebelt die Sinne so vollkommen, daß auch an diesen Wüstenweg lange gewöhnte Leute mitunter in ihrer Richtung völlig irre werden.

Die Mühseligkeit dieses Nachtmarsches war in der Tat überaus groß, und als die Morgendämmerung eintrat, benutzte ich mit Freuden die Gelegenheit, wo der Boden etwas trockenes Gras darbot, meinem völlig erschöpften Gaule eine kleine Erfrischung zu gewähren und mich selbst, von Müdigkeit gepeinigt, einen Augenblick auf den weichen Sandboden niederzuwerfen. Dann setzten wir unseren einförmigen Marsch wieder fort, während sich ein heftiger Wind erhob und den Anblick der Wüste durch aufgewirbelte Sandwolken noch wilder machte. Endlich erblickten wir die Felshöhlen von A'gadem vor uns, aber erst nach sieben Uhr morgens betraten wir die ihnen eigentümliche Talbildung und wählten unseren Lagerplatz in einem von Ssiwakgebüsch umgebenen Winkel. Dieser Strauch *(Capparis sodata)* wächst hier nämlich in solcher Menge, daß er eine kleine Pflanzung bildet, die sogar gelegentlich zeitweilige Ansiedler, vorzugsweise vom Stamme der Bolodua oder A'm-wadebe, herbeilockt. Die Sandwehen waren jedoch so heftig, daß unser hiesiger Aufenthalt recht unerfreulich war, und dazu kam noch der Umstand, daß der Boden voller Kamelläuse war, da dies der gewöhnliche Lagerplatz für alle Karawanen ist. Aber dafür fehlte es hier nicht an dem Wichtigsten, einem Brunnen, und das Wasser war klar und vortrefflich, obgleich es keineswegs in reichlicher Menge vorhanden war, so daß wir uns für den vor uns liegenden Marsch aus einem weiter nördlich gelegenen Brunnen versorgen mußten.

Da derjenige von meinen Dienern, welcher sich verirrt hatte, bis dahin nicht aufgefunden worden war, erwarteten wir ängstlich die Ankunft der Dasa, welche sich es, weil nicht von Sklaven gehemmt, bequemer gemacht hatten und erst am Nachmittag wieder zu uns stießen. Sie hatten den Verirrten glücklicherweise erblickt, als er, von seiner Richtung ganz abgekommen, in großer Entfernung südwärts wanderte; es war dies ein recht glücklicher Zufall, und der Mann, welcher ihn zurückgeholt, verdiente wohl ein Geschenk. Unseren Freunden, den Salzhändlern, verdankte ich es auch, daß ich mich imstande sah, meinen erschöpften Vorrat an Butter zu erneuern. Sonst gab es hier keinen anderen Genuß als die wilde Frucht des Ssiwak.

*(Montag, 4. Juni.)* Obgleich wir auch den Sonntag hier gerastet hatten, befanden sich doch die armen Sklaven bei unserem heutigen Aufbruche infolge der Mühseligkeit des Marsches in einem solchen Zustande der Erschöpfung, daß sie alles andere einer Fortsetzung solchen Leidens vorgezogen haben würden, und da es noch dämmrig war, versuchte es eine Sklavin, zu entwischen, indem sie sich in dem dichten Ssiwakgebüsch versteckte; natürlicherweise wurde sie bald entdeckt und mit empfindlichen Schlägen bestraft. Glücklicherweise überzeugte sich indes unser Freund Kolo, daß diese armen Geschöpfe noch der Ruhe bedürften, und wir blieben diesen ganzen Tag und auch den folgenden Vormittag am nördlichen Brunnen gelagert, der nur etwa vier Meilen Wegs (längs eines recht inter-

essanten Natronbeckens) vom südlichen entfernt liegt, und zwar am Fuße des Felszuges. Es war eine für die Wüste freundliche, offene Landschaft, während die Höhen auf der Ostseite in größere Ferne rückten; aber es machte uns einige Mühe, unsere Freunde, die Dasa, zurückzuhalten, indem diese ihre Reise ohne Aufenthalt fortzusetzen wünschten.

*(Dienstag, 5. Juni.)* Gerade um Mittag – wir ordneten eben unser Gepäck zum Aufbruch – stieg ein Gewitter auf der östlichen Höhenkette auf, und es fielen einige Regentropfen, während wir unseren Marsch antraten. Die ersten drei Meilen hielten wir uns in der unregelmäßigen Talebene entlang, dann erstiegen wir bei östlicher Richtung höheren Boden und gewannen eine Ansicht von dem östlichen Abhange der Kette, die das Tal einschließt; sie ist nicht so hoch wie die westliche, schien aber dennoch gegen dreihundert Fuß zu haben. Ich überzeugte mich hier, daß ganz A'gadem eine Art ansehnlich weiter Vertiefung bildet, die im Osten von diesem Felszug und nach Westen (in einer Entfernung von etwa drei Meilen) sowie nach Norden zu von Sanddünen begrenzt wird.

Gegen drei Uhr nachmittags, gerade als wir aufbrachen, hatten wir wieder einen leichten Regenschauer. Wir stiegen sogleich anwärts, und der höhere Boden, über den sich unser Pfad hinzog, war von ansehnlichen Einsenkungen unterbrochen, die von Ost nach West liegen und so steile Abhänge bildeten, daß Clappertons Ausdruck, der von hohen Sandhügeln spricht, die er hier überschreiten mußte, völlig gerechtfertigt erscheint. Auch wir wählten unseren Lagerplatz nach einem Marsche von wenig mehr als elf Meilen in einer solchen Einsenkung, die nach Westen zu von hohen Sandhügeln umgürtet war. Unsere Rast war jedoch nur von sehr kurzer Dauer, indem wir schon bald nach Mitternacht unseren Marsch wieder fortsetzten; denn die Wüste, welche hier ebener wurde, erlaubte jetzt bei Nachtzeit ruhige Märsche.

Wir schritten diesmal rüstig vorwärts und lagerten nach einem Marsche von etwa sechzehn Meilen an einer Stelle, wo jene, auch von Clapperton und Denham erwähnten, eigentümlichen kristallisierten Sandstangen in großer Menge umherlagen; die Kanori nennen dieselben »bargom-tschídibe« und die Haussa-Leute »kautschin-kassa« (d. h. Erdschote). Ihre Entstehung hat man auf sehr verschiedene Weise erklärt, indem die einen annahmen, daß der Blitz ihre Bildung bewirkt habe, andere dagegen der Ansicht waren, daß sie weiter nichts seien als die bedeckten Gänge, mit denen die weißen Erdameisen die stämmigen Halme der Negerhirse umgeben hätten. Die letztere Ansicht ist wohl sicherlich unrichtig.

Die weite offene Sandwüste, welche wir betraten, als wir um zwei Uhr nachmittags unseren Marsch fortsetzten, verdiente ganz vorzüglich mit der weiten Fläche des Ozeans verglichen zu werden; aber selbst hier brachen an einzelnen Stellen kleine Felsrücken hervor, und wir lagerten nach einem Marsche von ungefähr zehn Meilen im Schutze eines solchen Höhenzuges.

*(Donnerstag, 7. Juni.)* Zu sehr früher Stunde in der Nacht brachen wir wieder von hier auf und erreichten nach einem Marsche von ungefähr sechs Meilen den Brunnen von Díbbela. Als wir uns der Stätte näherten, überraschte mich ihr romantischer Charakter nicht wenig: ringsumher hohe Sandhügel, aus denen schwarze Felsmassen emporragten, und tiefe Einsenkungen, mit vereinzelten Dumpalmen geschmückt. Aber das Wasser war abscheulich, indem es eine ungeheure Menge Natron enthielt. Es war hier, wo Herr Henry Warrington, der Herrn Dr. Vogel nach Kúkaua begleitet hatte, auf seiner Rückreise den Folgen der Dysenterie unterlag, von der er auf dem Marsche befallen wurde; wahrscheinlich hatte die schlechte Beschaffenheit des Wassers das Übel zu einer Krisis gebracht. – Durch die rund umher aufgetürmten blendend weißen Sanddünen erschien die Hitze als ganz besonders groß, obwohl sie die gewöhnliche Höhe von 109° *(Fahrenheit)* im schönsten Schatten um zwei Uhr nachmittags nicht überstieg, und der Charakter der ganzen Örtlichkeit besaß einen wilden Zauber.

Sobald die Hitze ihren höchsten Grad erreicht hatte und nun wieder abzunehmen anfing, verließen wir Díbbela und erstiegen die Sanddünen mit bedeutender westlicher Abweichung von unserer bisherigen Richtung. Gleich hinter der Einsenkung, in der sich der Brunnen befindet, ist eine zweite ähnliche, aber anstatt der Dumpalmen sieht man darin nur Talhabäume. Die höhergelegene Sandebene, über die unser Weg führte, ward von einem noch höheren Sandrücken überragt, und in einer Entfernung von etwa fünf Meilen zeigte sich hier eine große Menge »kadjidji«. Wir legten im ganzen siebzehn Meilen zurück und lagerten zu später Stunde auf hartem Sandboden. Es war für mich auf dieser mühevollen Wüstenreise stets ein unendliches Vergnügen, mich allemal bei unserer Ankunft am Lagerplatz der Länge nach auf dem reinen Sande auszustrecken, denn gemeiniglich ist der letztere so fein und weich, daß man gar kein besseres Lager haben kann. Und dazu der schöne nächtliche Himmel! Es waren stets ein paar schöne Stunden, aber die Rast war nur zu kurz, und das Bedürfnis nach Ruhe und Schlaf ward bloß halb befriedigt.

*(Freitag, 8. Juni.)* Da wir später als gewöhnlich aufgebrochen waren, ereilte uns die Hitze bald, und wir machten schon nach einem Marsche von acht Meilen halt. Der Boden war hier umher auffallenderweise am vorigen Tage durch einen Regenguß befeuchtet worden, was wieder einen starken Beweis von der Unrichtigkeit der bis dahin allgemein gehegten Ansicht lieferte, daß dieser ganze Wüstenstrich niemals vom Regen befruchtet würde. Aber allerdings hatte das belebende Element hier weiter keine Folgen, und von Gras sah man nicht die geringste Spur; dagegen war der Sand voller Fußstapfen des »bagr-el-wahesch« *(Antilope bubalis)*, und es hatte ganz den Anschein, als wenn die Herden dieser Wüstenbewohner hier vor den Jägern von A'gadem und Díbbela eine Zuflucht gefunden hätten.

Wir hatten hier wieder eine recht ermüdende Reise, denn nachdem wir am Nachmittag eine Strecke von etwa zehn Meilen zurückgelegt hatten, machten wir gegen Sonnenuntergang einen Halt von nur vier Stunden und brachen dann schon wieder zu einem mühsamen Nachtmarsche auf. So erreichten wir nach einer Strecke von achtzehn Meilen – die letzten über einen schwierigen Rücken von Sandhügeln, und zwar mit ansehnlicher Abweichung von unserer bisherigen Richtung – am anderen Morgen den Brunnen von Sau-kura. Es war gut, daß wir am Ziele waren; der Marsch kostete uns vier Kamele, und wir alle waren in einem entsetzlich ermüdeten und erschöpften Zustande. So war es denn um so erfreulicher, zu finden, daß der nun erreichte Wüstenhafen doch einigen Reiz darbot; es war nämlich eine mit »ssiwak« *(Capparis sodata)* stattlich geschmückte Talebene mit reichhaltigen, von Palmgestrüpp umgürteten Brunnen (nur wenige Fuß unter der Oberfläche), die einen ganz freundlichen Eindruck machte. Dazu kam, daß wir hier eine kleine Karawane von Tebu-Leuten trafen; es waren Bewohner des sehr alten Tebu-Ortes A'gherim oder A'ghram, den ich bei der Aufzählung der Taten des Bórnu-Königs Edriss erwähnt habe und der drei Tagereisen (über Yaui) westlich oder vielmehr westnordwestlich von hier liegt. Die Tuareg nennen dieselbe Oase Faschi, und so ist sie auch auf dem östlichen Blatte der allgemeinen Karte niedergelegt.

Diese Tebu waren auf dem Wege nach Bórnu begriffen und wünschten daher, ihre Kamele gegen die meinigen zu vertauschen, da die letzteren an das Klima des Landes, wohin ihre Reise ging, gewöhnt waren. Ein solcher Austausch ist sicherlich Reisenden anzuraten, welche die eine oder andere Richtung verfolgen, vorausgesetzt, daß die Tiere beider Teile von gleicher Güte sind; aber was mich anbetraf, so bedurfte ich einerseits zu dringend der wenigen Kamele, welche die Beschwerden des Marsches ertragen hatten, und andererseits waren die Tiere jener Wanderer zu armselig, um mir die Annahme ihres Anerbietens zu gestatten. So mußten sie bei ihrem Aufbruche von hier die fünf Pferde, die sie bei sich führten, mit Wasserschläuchen beladen. Kein Tebu-Kaufmann bereist nämlich diese gefährliche Wüstenstraße, ohne ein Pferd bei sich zu haben, um im Falle der Not wenigstens sein Leben und seine wertvollste Habe retten zu können. Dabei ist es freilich immer am geratensten, wenigstens einen kleinen Wasservorrat schon auf dem Pferde zur Hand zu haben, indem die Gefahr hier urplötzlich hereinbrechen kann.

Diese Leute gaben uns übrigens die höchst wichtige und beruhigende Nachricht, daß die Raubschar der Tuareg von Tibesti heimgekehrt sei, daß wir also kein unerfreuliches Zusammentreffen mit derselben zu befürchten hätten; allerdings hatten sie aber die Drohung geäußert, daß sie bald wiederkommen würden. Die Tebu von Tibesti waren nämlich wohl auf ihrer Hut gewesen, so daß die Räuber diesmal nur eine kleine Beute von vierzig Kamelen und dreißig Sklaven gemacht hatten.

Wir blieben auch den folgenden Tag in Sau-kura im Genusse der Ruhe liegen, deren wir so sehr bedurften. Ein heftiger Wind hatte die ganze Nacht über geweht, aber dennoch erreichte die Hitze um zwei Uhr nachmittags fast ihre gewöhnliche Höhe, und das Thermometer zeigte 108° im kühlsten Schatten. Montag nachmittags brachen wir dann auf, um nun die Tebu-Oase zu erreichen, der wir uns bis auf weniges genähert hatten. Zuerst mußten wir die südöstliche Ecke der ansehnlichen Berggruppe umgehen, der die Talsenkung ihre Entstehung verdankt; zur Rechten hatten wir hier Sanddünen. So zogen wir wohlgemut fort, aber gerade an der Stelle, wo wir die den Wüstenreisenden unter dem Namen Sau-kañua bekannte kleine Oase zu unserer Linken ließen, bemerkten wir die Fußstapfen einer kleinen Menschenschar, und wir drei Reiter, Kolo, ich und der Gatroner, hielten es in der Voraussetzung, daß es wohl Wegelagerer wären, für rätlich, sie eine Strecke weit zu verfolgen; da überzeugten wir uns denn, daß es Leute waren, die einem entlaufenen Sklaven nachsetzten. Wir legten diesmal ungefähr sechzehn Meilen zurück, machten um neun Uhr abends einen kleinen Halt, brachen dann um Mitternacht wieder auf und erreichten nach einem Marsche von vierzehn Meilen Musskátenu. Damit hatten wir denn den einen großen südlichen Abschnitt unserer Wüstenreise vollendet, denn Musskátenu ist die südlichste Grenze der Oase Kauar. Es ist jedoch erst ein leichter Übergang von der nackten Wüste zum Fruchtlande und besteht in einer unbedeutenden flachen Einsenkung voll Mergel und Alaun.

Die Hitze war heute etwas stärker als gewöhnlich, indem das Thermometer auf 110° stand, aber wir waren so begierig, die eigentliche Oase zu erreichen, daß wir mit großem Eifer nachmittags beizeiten wieder aufbrachen. Ist ja doch diese Oase ein unendlich wichtiger Punkt in diesem Wüstenleben, der Sitz einer eigenen kleinen Nationalität, der Tebu, mit ihrer eigentümlichen Bildungsweise hier im Herzen der Wüste, wo die Natur diese Kulturstätte geschaffen hat, um den Verkehr zwischen weit getrennten Völkerschaften zu erleichtern.

Ehe wir den eigentlichen Anfang des Tales erreichten, hatten wir mehrere Sandhügelrücken zu übersteigen, die sich uns entgegenstellten, obgleich der Sand nicht so tief war, wie ich nach der Beschreibung anderer erwartet hatte. Da öffnete sich das Palmental der Tebu – »hénderi Tege« oder »Tedä«, wie es die Eingeborenen selbst, »Kauár«, wie es die Araber nennen – am westlichen Fuße einer großen und breitkuppigen Felshöhe.

Die Landschaft ward sogleich höchst interessant, und der grüne Boden, wo kleine, mit leichten Zäunen von Palmblättern umgebene Gärtchen mit »ghedeb« *(Melilotus)* und etwas Gemüse bepflanzt waren, wurde von schönen Palmbaumgruppen überragt. Dieser Anblick belebte und erfreute mich nach dem öden Marsche, den wir zurückgelegt hatten, so sehr, daß ich meinen Leuten ein paar Schüsse nicht versagen konnte; denn sonst sparte ich meinen kleinen Pulvervorrat immer für dringendere Fälle auf.

Unsere Freunde, die Dasa-Salzhändler, trennten sich hier von uns und wählten ihren Lagerplatz zur Seite des dichtesten Palmenhaines, wo das verfallene Städtchen Bilma gelegen ist; wir selbst zogen dagegen weiter, kamen in eine nackte Salzmulde und lagerten etwa eine Meile weiter hin bei einem elenden, kleinen Dorfe namens Kalala. Es war ein höchst unerfreulicher Lagerplatz, wie ich mir ihn in dieser Palmenoase keineswegs gedacht hatte; es gab nämlich hier nicht den geringsten Schatten, und der Boden war so außerordentlich hart (ein von Salz geschwängerter, jetzt ausgetrockneter Morast), daß wir nur mit der größten Mühe imstande waren, unser Zelt aufzuschlagen. Wir hatten überdies nicht einmal Feuerung, um uns eine einfache Abendmahlzeit zu bereiten.

Da es keineswegs unwahrscheinlich war, daß uns beim Ausmarsch aus Kauar Diebsgesindel gefolgt sei, hielten wir gewissenhaft Wache und brachen schon zu früher Stunde, lange vor der Dämmerung, wieder auf. Nach einem Marsche von ungefähr dreizehn Meilen erreichten wir I'ggeba (Denhams Ikbar), eine am westlichen Fuße einer Berghöhe sich ausbreitende flache Einsenkung. Sie war mit einigen Kräutern bekleidet und mit einer großen Menge Dumpalmen geschmückt, und da auch das Wasser des Brunnens von der köstlichsten Frische war, so hätte sie einen prächtigen Lagerplatz abgegeben, wenn sie nicht für unsere kleine Reiseschar zu unsicher gewesen wäre; I'ggeba wird nämlich eben seiner vielen Vorzüge halber häufig von Raubbanden besucht. Aus diesem Grunde hielten wir es am geratensten, unseren Marsch am Nachmittag wieder fortzusetzen.

Wir wählten den westlichen Weg über Ssíggedim, welcher von der früheren Expedition sehr unrichtig niedergelegt worden ist, indem man sich wahrscheinlich auf die bei der Hinreise verfolgte und mit Genauigkeit niedergelegte gerade Marschroute verließ. Diese Straße wird Nefassa sserhira genannt, nach einem Engpasse – »thnie« –, den wir zweieinhalb Meilen von unserem Aufbruchsplatze passierten. Etwa zehn Meilen weiter hin lagerten wir.

Bald nach unserem Aufbruche am folgenden Morgen durchschnitten wir den Pfad einer kleinen, von Brabu kommenden Eselkarawane und erreichten nach einem Marsche von zehn Meilen, der über eine großartige Kiesfläche führte, den Anfang der Oase Ssíggedim. Diese begünstigtere Ruhestätte breitet sich am westlichen Flusse einer ansehnlichen, von West nach Ost ziehenden Berggruppe aus und ist reichlich mit Dum- und Dattelpalmen sowie mit »gerredh« *(Mimosa nilotica)* geschmückt; dabei ist der Boden, obgleich an mehreren Stellen eine Salzkruste offen zutage liegt, stark mit »ssebót« überwachsen. Indessen konnten wir uns hier nicht lange aufhalten und rasteten daher während der heißen Mittagsstunden etwas mehr als eine Meile weiter hin hart am Brunnen. Obgleich die Stätte zur Zeit öde und ohne Bewohner war, erhielt ich doch die Versicherung, daß etwa einen Monat später in der Jahreszeit dann und wann Leute ihre zeitweilige Wohnstätte hier nehmen, und einige wenige einsame Steinwohnungen auf einem vorspringenden Felsenriff bezeugten die gelegentliche Anwesenheit von Ansiedlern.

Von hier aus erreichten wir nach einem Nachmittags- und einem langen Morgenmarsch von insgesamt nahe an vierunddreißig Meilen das flache Tal Djeháia (Denham nennt es Izhya) oder Yat. Dies war für uns ein überaus erschöpfender Tagesmarsch, da zu der Ermüdung noch völlige Blendung durch den glänzend weißen Sand während der Tageshitze hinzutrat, und ein kleiner Streifen Pflanzenwuchs auf der westlichen Seite der in diesem Landstrich hie und da auftauchenden einzelnen Felshöhlen hatte uns schon geraume Zeit zuvor die falsche Hoffnung eingeflößt, daß wir das Ziel unseres Marsches erreicht hätten. Als wir dann aber endlich an Ort und Stelle angekommen waren, fanden wir das Tal mit seinem Reichtum an Kräutern höchst erfrischend, und sowohl wir Menschen als unsere Tiere hatten volle Gelegenheit, unsere Kräfte wieder ein wenig zu stärken.

*(Freitag, 22. Juni.)* Infolge des zum Teil höchst rauhen Charakters der Wüste war das Pferd, welches mir der Scheich zum Geschenk gemacht hatte, schon völlig lahm geworden, und so wollte ich denn das einzige meiner Kamele besteigen, welches stark genug erschien, nebst seiner übrigen Last noch eine solche Bürde zu tragen, aber selbst dieses Tier war zu sehr ermattet und weigerte sich, sich mit mir vom Boden zu erheben, und so sah ich mich denn gezwungen, den eselsgleichen Klepper zu besteigen, den mir der Sultan von Sókoto gegeben hatte, während mein Hauptdiener, der bisher stets geritten hatte, zu Fuß gehen mußte. Gewiß ist es bei beschränkten Mitteln höchst schwierig, Pferde durch diese schreckliche Wüstenei hindurchzubringen, aber auf der anderen Seite ist es für eine kleine Gesellschaft von Reisenden um so nötiger, ein oder zwei Pferde bei sich zu haben, um die umliegende Gegend zu durchstreifen und zu sehen, ob volle Sicherheit herrscht, und um im Notfall entweder einen kühnen Angriff zu machen oder im Falle eines Diebstahles die Räuber zu verfolgen.

## Erschöpft am Wüstenbrunnen

Wir rückten im Laufe des Abends etwas mehr als achtzehn Meilen vorwärts, durchzogen dann früh am nächsten Morgen einen auf beiden Seiten von Felshöhlen eingeschlossenen Engpaß in einem höchst rauhen Landstrich und machten nach einem Marsche von ungefähr zwölf Meilen in geringer Entfernung von der Berggruppe Tíggera-n-dumma in einem reich mit Kräutern und einigen wenigen, gerade in Blüte stehenden Talhabäumen bewachsenen Tale halt. Tíggera-n-dumma bildet die Grenze zwischen Fesan und dem Gebiete der unabhängigen Tebu. Von hier aus erreichten wir nach einem weiteren Marsche von sechzehn Meilen den Brunnen Máfarass, den südlichsten von Fesan, in einem Zustande so vollkommener Erschöpfung, daß uns selbst die dringende Gefahr vor den Éfade nicht abhalten konnte, uns und unseren erschöpften Tieren eine kleine Ruhe zu gestatten; ich selbst bedurfte derselben ganz vorzüglich, da ich während der letzten paar Tage viel an Rheumatismus zu leiden gehabt hatte. Dazu kam noch der Umstand, daß der Brunnen so wenig Wasser enthielt, daß es eine ungeheure Zeit erforderte, die Tiere zu tränken und unsere Schläuche wieder zu füllen. Es war daher recht erfreulich, daß das Tal mit einer großen Anzahl schöner Talhabäume anmutig geschmückt war und so einen gar angenehmen Rastort gewährte; selbst eine Dumpalme ließ sich sehen, die aber freilich ganz einsam dastand (von einer anderen war nur noch der Stamm da). – Es fiel uns auf, daß, obgleich wir so ansehnlich nach Norden vorgerückt waren, wir doch nicht die geringste Abnahme der Temperatur wahrnahmen. Das Thermometer zeigte diese ganze Zeit über um zwei Uhr nachmittags beständig 109°.

Dieses Máfarass ist der südlichere Brunnen des Namens, etwa neunzehn Meilen südlich von dem Máfarass, wo Herr Dr. Vogel seine astronomische Beobachtung angestellt hat. Das letztere passierten wir erst am Morgen des 26. d. M. Hier führte unser Marsch über eine weit offene Wüstenebene, eine wahre Spiegelfläche – »meraie« –, deren wild-öder Charakter auf uns einen um so tieferen Eindruck machte, als hier die Erschöpfung unserer Tiere völlig an den Tag trat, so daß auch wir uns gezwungen sahen, an derselben Stelle, wo eine kleine Tebu-Kafla, die einige Tagereisen Vorsprung vor uns hatte, eines ihrer Kamele hatte zurücklassen müssen, gerade dasjenige unserer Tiere preiszugeben, auf dessen Stärke und Ausdauer wir bisher das größte Vertrauen gesetzt hatten.

Etwa elf Meilen jenseits des nördlichen Brunnens Máfarass machten wir während der Tageshitze an einer von Kräutern ganz und gar entblößten Stelle halt und legten dann am Nachmittag einen Marsch von fünfzehn Meilen zurück, indem wir den wohlbekannten Berg Fadja, an dem die Straße nach Tibesti entlangführt, in einiger Entfernung zur Rechten ließen. Aber, auf unserem Lagerplatze angelangt, hatten wir nicht allein für uns selbst zu sorgen, sondern auch, und zwar noch mehr, für unsere armen Tiere, und um ihre Kräfte etwas aufzufrischen, verabreichten wir ihnen ein gutes Abendfutter, bestehend aus Datteln, Erdmandeln und Negerhirse, so daß sich jedes der armen Geschöpfe je nach seiner Gewohnheit oder seinem Appetit auswählen konnte, was seinem Gaumen am meisten zusagte.

*(Mittwoch, 27. Juni.)* Ein Marsch von etwa dreizehn Meilen

brachte uns zum Brunnen el A'hmar oder Máddema. Derselbe liegt in offener Wüstenlandschaft, die nach Westen zu von einer großen imposanten Berggruppe begrenzt wird und reich mit »chareb« oder »kaie« bewachsen war; der ganze Boden war mit Koloquinten »handal« – bedeckt und mit Knochen wie übersät. Hier brachten wir einen ungeheuer heißen Tag zu, indem das Thermometer um zwei Uhr nachmittags in dem schönsten Schatten, den ich finden konnte, 114 °F und um Sonnenuntergang 105 ° zeigte; es blieb auch den ganzen Abend überaus heiß, bis endlich nach Mitternacht ein heftiger Wind zu wehen anfing. Die Natur zeigte hier einiges Leben, und Käfer fanden sich in außerordentlicher Menge; auch eine Herde Gazellen kam uns zu Gesicht, aber kein einziges Raubtier.

Zu sehr früher Stunde brachen wir am folgenden Morgen auf, mit einem tüchtigen Wasservorrat versehen, und nachdem wir etwa zehn Meilen zurückgelegt hatten, erreichten wir ein ziemlich reich mit Talhabäumen besetztes und mit trockenen Kräutern bewachsenes Tal. Hier sahen wir uns genötigt, den ganzen Tag zu bleiben, um den aufs äußerste erschöpften Kamelen einmal ruhige Weide zu gewähren; auch mußten wir uns hier mit trockenem Holze sowie wieder mit Wasser versehen, und so kam der folgende Vormittag heran. Dennoch hatten wir kaum ein paar Meilen zurückgelegt, als wir wieder eines unserer Kamele verloren, und so waren wir denn genötigt, am Abend früher haltzumachen, als es unsere Absicht gewesen war. Um diesen Zeitverlust wieder beizubringen, brachen wir schon vor Mitternacht wieder auf und legten ohne Unterbrechung eine Strecke von vierundzwanzig Meilen zurück; dann machten wir nur während der heißesten Tageszeit einen kurzen Halt und lagerten am Abend des 30. Juni nahe am Brunnen el War oder Temmi. Wir drangen nämlich in das eng gewundene Tal ein, welches in das Herz der überaus rauhen und wilden Berggruppe selbst führt, während andere Karawanen gewöhnlich an der Öffnung desselben lagern. Hier in diesem Felsennest blieben wir den folgenden Morgen liegen, und als die Sonne höherstieg, fand ich vor der zunehmenden Hitze in der Höhle Schutz, wo sich das schöne, frische Wasser ansammelt. Ein heftiger Wind, welcher sich schon am Abend zuvor erhoben hatte, hielt mittlerweile ununterbrochen an.

Wir durften jedoch hier keine Zeit verlieren; denn dies war der schlimmste und mühevollste Teil unserer Reise, und wenn wir alle Verhältnisse berücksichtigten, hat man allerdings keinen Grund, sich darüber zu wundern, daß Herr Dr. Vogel während seines ganzen Marsches durch die wild-wüsten Gegenden auf eine Strecke von dreieinhalb Grad auch nicht eine einzige astronomische Beobachtung angestellt hat. Wir füllten also unsere Wasserschläuche, tränkten unsere Tiere und setzten dann, noch ehe die Sonne den Zenit erreicht hatte, unseren Marsch fort. Nachdem etwa fünfzehn Meilen zurückgelegt worden waren, machten wir eine kurze Abendrast, brachen um Mitternacht wieder auf und marschierten bis zur Mittagshitze zwanzig Meilen. Nach einer vierstündigen Rast brachen wir auch da schon wieder auf, marschierten bis zu später Abendstunde, legten uns nach dem einfachen Abendessen wiederum nur für ein paar Stunden auf dem schönen Wüstensande zur Ruhe nieder und machten dann abermals einen Marsch von etwa fünfzehn Meilen. Es war ein schöner, kühler Morgen, so kühl im Vergleich zu der Hitze, an die wir gewöhnt waren, daß es uns bei Sonnenaufgang recht kalt vorkam; das Thermometer zeigte nämlich 68 °F, während wir am vergangenen Morgen 81 ° gehabt hatten. Auf diesem Morgenmarsche hatten wir einen recht rauhen Paß zu durchziehen namens »thnie e' sserhira«, wo die Felsen in höchst auffallender Weise wie die Wellen des Meeres gekräuselt waren. Wiederum folgte auf kurze Mittagsrast ein angreifender Marsch bis zum Abend.

*(Dienstag, 3. Juli.)* Schon kurz nach Mitternacht brachen wir wieder auf und durchzogen früh am Morgen mit ansehnlicher Schwierigkeit und beträchtlichem Zeitverluste einen rauhen, sandigen Paß namens »thnie el kebira«; dann machten wir halt. Wir waren achteinhalb Stunden marschiert, hatten aber nur eine Strecke von fünfzehn Meilen zurückgelegt. Gern hätte ich hier einen längeren Aufenthalt gemacht, denn ich war außerordentlich erschöpft, aber der Brunnen war noch weit entfernt, und ein langer Marsch stand uns daher bevor. So brachen wir denn am Nachmittag wieder auf und erreichten nach einem höchst mühsamen und beschwerlichen Marsche von mehr als achtzehn Meilen, mit wiederholtem Aufenthalte und verschiedenen schwierigen Passagen über die Sandhügel verbunden,

den Brunnen Méscheru. Dieser ist allgemein berüchtigt wegen der großen Menge von Gebeinen unglücklicher Sklaven, mit denen er umgeben ist; aber obgleich diese menschlichen Über- reste ohne Unterlaß von dem Sturm, der über die Wüste peitscht, in den Brunnen getrieben werden, gilt doch das Was- ser allgemein für ausgezeichnet; augenblicklich war es jedoch nicht eben sehr rein. Die ganze Umgegend gewährt ein höchst merkwürdiges Schauspiel, zumal der nördliche Landstrich, welcher hart an den Brunnen grenzt und den die Araber in et- was bösartig-witziger Weise »déndal Ghaladima« (d. i. Prome- nade des Ministers) genannt haben. Dieses Landschaftsbild würde für einen in Wasserfarben erfahrenen Landschaftsmaler ein gutes Studium bilden, aber es würde unmöglich sein, in einer Bleistiftskizze die charakteristischen Züge desselben wie- derzugeben.

Auf unserem fluchtähnlichen Marsche war es uns nicht ein- mal gestattet, uns hier die geringste Ruhe zu gönnen, und wir blieben nur eben lange genug, um einen hinreichenden Was- servorrat einzunehmen und eines unserer Kamele zu schlach- ten, das zum Weitermarsche vollkommen unfähig war. So leg- ten wir denn heute nur etwa achtzehn Meilen zurück und erreichten am folgenden Tage nach einem mäßigen Marsche von neunzehn bis zwanzig Meilen den südlichsten vereinzel- ten Palmenhain von Fessan. Hier waren wir so glücklich, mit einer kleinen Tebu-Karawane zusammenzutreffen; darunter befanden sich auch einige sehr angesehene Männer, die uns die jüngsten Nachrichten von Mursuk brachten, und ich war hoch erfreut, zu hören, daß mich daselbst Herr Frederic War- rington, der mir vor länger als fünf Jahren so freundlich das Geleit aus Tripoli gegeben hatte, erwarte und daß der Mann, der während meines ersten Aufenthaltes als Statthalter von Fessan eingesetzt worden war, einige Tage zuvor dasselbe Amt wieder übernommen habe.

## Wieder im Fessan

*(Freitag, 6. Juli.)* Dies war ein wichtiger Tag meiner Reise. Ich hatte nämlich nun den gefahrvollsten Teil dieses mühseligen Wüstenmarsches zurückgelegt und erreichte heute Tegèrri

oder Tejérri, die erste bewohnte Ortschaft von Fessan. Ungeachtet der Kleinheit und Unwichtigkeit des Städtchens machte
es doch einen tiefen und wohltätigen Eindruck auf uns, als uns
die hohen, kastellähnlichen Tonmauern, die es einschließen,
plötzlich durch den lichten Blätterschmuck zu Gesicht kamen,
und ich konnte daher meinen Leuten nicht wehren, ihrer
Freude, diesen wild-wüsten und unsicheren Landesgürtel in so
kleiner Gesellschaft glücklich durchzogen zu haben, durch
eine Menge Schüsse Ausdruck zu verleihen. Diese Demonstra-
tion hatte zur Folge, daß die ganze Bevölkerung des kleinen
Städtchens herauskam, um mich zu begrüßen und mir wegen
des Erfolges meiner Unternehmung Glück zu wünschen. Das
war aber auch der einzige Vorteil, den wir daraus zogen, einen
Ort mit festen Ansiedlern erreicht zu haben. Denn nachdem
wir unseren Lagerplatz unter den Dattelpalmen auf der nordwestlichen Seite des Städtchens gewählt hatten, kostete es uns
die größte Mühe, uns auch nur den kleinsten Genuß zu verschaffen, und ich war froh, als es mir endlich gelang, ein einziges Huhn und ein paar Maß Datteln zu erhalten. So war es
denn nicht möglich, uns hier länger aufzuhalten und unseren
Tieren eine kleine Ruhe zu gestatten, sondern wir sahen uns
genötigt, ohne Verzug unseren Marsch nach dem Dorfe Madrussa fortzusetzen. Das war jedoch bei dem Zustande, in dem
sich unsere Tiere befanden, keineswegs so leicht, und ich hatte
die größte Mühe, den Ort am Abend des 8. d. M. zu erreichen,
mit abermaliger Einbuße eines Kameles und eines meiner
Pferde; dazu sah ich mich gezwungen, von den mir übrigge-
bliebenen Tieren noch eines in Madrussa im Stich zu lassen,
um dafür ein paar Kamele zu mieten, die mein Gepäck nach
Mursuk schaffen sollten.

Madrussa war der Geburtsort meines Dieners, des Gatroners, der mir während der Dauer von beinahe fünf vollen Jahren (mit Ausnahme einer einjährigen Dienstfreiheit, die ich
ihm gewährte, um Weib und Kind zu besuchen) mit der größten Treue und Anhänglichkeit gedient und sich fast ohne Ausnahme untadelhaft benommen hatte. Natürlicherweise empfand er große Freude, seine Familie wiederzusehen, aber er
war zugleich auch dankbar gegen mich. So schickte er mir
denn ein gutes Frühstück und ein paar Hühner und gab mir
außerdem einige Weintrauben zum Geschenk; besonders die

letzteren waren mir höchst willkommen, da es ein ganz unge-
wöhnlicher Genuß war. Ich war jedoch zu sehr darauf bedacht,
den noch übrigen Teil dieses Wüstenstriches hinter mir zu haben, um mich hier lange der Ruhe zu überlassen, und brach daher kurz nach Mittag desselben Tages wieder auf. Da begegnete ich etwa sechs Meilen weiter hin beim Dorfe Bachil einer
Tebu-Kafla, bei welcher sich ein Eilbote von Kúkaua befand;
dieser Bote hatte jedoch in dem unruhigen Zustand des Landes eine Entschuldigung gefunden, neun Monate auf seiner
Sendung nach Mursuk auszubleiben, anstatt ohne weiteren
Aufenthalt in seine Heimat zurückzukehren. Nach Erkundigung der Neuigkeiten setzten wir unseren Marsch fort und erreichten etwa vier Meilen weiter hin Gatron. Der Ort besteht
aus mehreren engen, nahe beisammenliegenden Hüttengrup-
pen und bildet mit dem Saume seines Palmenhaines einen sehr
lieblichen Kontrast gegen die nackte, kahle Sandwüste rund
umher.

Auch in Gatron wurden wir gastfreundlich von den Verwandten eines anderen Dieners behandelt; auch er war froh,
seinen heimatlichen Herd erreicht zu haben. Dann lagerten
wir am folgenden Tage bei Dekir, hatten aber hier erst große
Mühe, die Stelle des Brunnens aufzufinden und dann ihn aus-
zugraben, da er ganz und gar mit Sand gefüllt war. Von Dekir
aus erreichten wir dann in zwei sehr langen Tagesmärschen,
von denen der erste einen nächtlichen Marsch inbegriff, den
zweieinhalb Meilen diesseits des Dorfes Bedan gelegenen
Brunnen und hörten hier, daß Herr Warrington fünf Meilen
weiter hin im Dorfe Yesse warte.

*(Freitag, 13. Juli.)* Wir machten uns zu früher Stunde fertig und
durchzogen wohlgemut die auf einem mit Salz geschwängerten
Boden sich ausbreitende lichte Palmenpflanzung, indem wir
im elenden Dorfe nähere Auskunft erhielten. Da erblickten
wir allmählich die solide, behagliche Zeltbehausung des Herrn
Warrington und feuerten einige Schüsse bei unserer Annäherung ab. Gewiß mußte es einen tiefen Eindruck auf mich machen, als ich mich nach so langer Abwesenheit wiederum in
befreundeten Händen befand und im Bereiche europäischer
Genüsse. Um Nachmittag zogen wir dann ein wenig weiter bis
zu einem freundlicheren Platze und betraten dann Mursuk am

folgenden Morgen. Hier wurden wir bei unserem Einzug von einer großen Anzahl der Einwohner höchst ehrenvoll empfangen; auch ein Offizier des Bascha befand sich dabei, der uns weit entgegenkam.

## Im Aufstandsgebiet

So hatte ich denn wieder die Stadt erreicht, wo unter gewöhnlichen Verhältnissen alle Gefahren und Schwierigkeiten zu Ende gewesen sein würden. Aber das war zur Zeit nicht der Fall, da infolge der Unterdrückung der türkischen Regierung ein sehr ernsthafter Aufstand unter den mehr unabhängigen Stämmen des tripolitanischen Baschaliks ausgebrochen war, der sich von Djebel über den gesamten Ghurian ausbreitete, stets weiter um sich greifend und allen Verkehr abschneidend. Der Anstifter dieses Aufstandes war ein Häuptling namens Rhoma, der vor vielen Jahren von den Türken in Gefangenschaft gesetzt worden und nun vor kurzem infolge der Kriegsereignisse in der Krim aus seiner Haft in Trebisond entwichen war. Dieser Umstand setzte denn selbst meinem Zuge durch diese Gegenden ernstliche Schwierigkeiten entgegen und verursachte mir einen längeren Aufenthalt in Mursuk, als ich mir ihn unter anderen Verhältnissen erlaubt haben würde, da mir unendlich viel daran lag, meine Reise so sehr wie möglich zu beschleunigen. Dennoch verweilte ich nicht länger als sechs Tage.

In Mursuk hatte ich einige Vorbereitungen für diesen letzten Abschnitt meines Marsches zu treffen und so volle Gelegenheit, mit dem gewaltigen Unterschiede in den Preisen der Lebensbedürfnisse bekannt zu werden, wie sie hier gültig sind, im Vergleich mit denen im Sudan und vor allem in Kúkaua. So mußte ich für die kleine Ausrüstung, die ich zu meiner Reise nach Tripoli bedurfte, an einhundert Mahbuben bezahlen. Wären solche Preise im Inneren des Kontinents gültig, so würden sich die Kosten einer Expedition leicht vervierfachen. Neben der Beschaffung des notwendigen Reisebedarfs bestand mein Hauptgeschäft hier in der Auszahlung des Lohnes einiger meiner Diener, besonders meines Hauptdieners Mohammed, des Gatroners, dessen Treue und Anhänglichkeit ich schon oben gerühmt habe. Zu dem kleinen Reste seines Lohnes, den ich ihm noch schuldete, fügte ich das versprochene Geschenk von fünfzig spanischen Talern hinzu, das ich gern verdoppelt haben würde, wenn ich die Mittel besessen hätte; denn er verdiente es in vollem Grade, und nur die gewissenhafteste Aufrichtigkeit und ein großmütiges Benehmen setzt den europäischen Reisenden in den Stand, sich in diesen Gegenden Bahn zu brechen.

Um den Gefahren, welche meine Marschroute unter den obwaltenden Umständen bedrohten, zu begegnen, traf der Bascha die Anordnung, daß eine Abteilung Soldaten, die er entlassen hatte und die gerade jetzt in ihre Heimat zurückkehrten, mich begleiten sollte, aber das schien mir von sehr zweifelhaften Folgen. Denn solche Gesellschaft, die in manchen Gegenden allerdings etwas größere Sicherheit gewährt haben würde, hätte dagegen in jenen Gegenden, wo der Aufstand gegen die türkische Regierung Wurzel gefaßt hatte, die einheimische Bevölkerung unfehlbar gegen mich gekehrt. Der Bascha war einige Zeitlang der Ansicht gewesen, daß der einzig sichere Weg, den ich nehmen könnte, der über Ben-Ghasi sei, um die in Aufstand verwickelte Landschaft ganz und gar zu vermeiden. Aber ein solcher Plan schien mir keineswegs annehmbar, sowohl wegen der größeren Entfernung dieser Straße und der damit verknüpften Ausgaben als auch in Hinsicht auf die Gesinnung der Araber jener Gegend, die, im Falle der Aufstand erfolgreich gewesen wäre, sicherlich keinen Augenblick verloren hätten, dem Beispiele ihrer Brüder zu folgen.

*(Freitag, 20. Juli.)* Nachmittags verließ ich Mursuk und lagerte mich in der lichten Palmenpflanzung; dann rückte ich am folgenden Tage eine kurze Strecke nach Schéggua vor, und hier nahm Herr Warrington Abschied von mir. Den größten Teil des folgenden Tages rastete ich in der Nähe des Dorfes Delem und erreichte von hier aus nach einem starken Abend- und Morgenmarsch das Dorf Rhódua mit seinem hübschen Palmenhain und zahlreichen Resten früheren Wohlstandes. Am Nachmittag brachen wir dann wieder auf und lagerten nach einem langen nächtlichen und einem kürzeren Nachmittagsmarsche am Abend des folgenden Tages am Rande der Pflanzung von Ssebha, das vor einigen zwanzig Jahren der Wohnsitz des

Häuptlings der Uëlad Sliman war. Hier blieben wir den nächsten Tag, um einige Ruhe zu genießen. Diese ganze Zeit über war die Hitze sehr bedeutend, und das Thermometer stand um zwei Uhr nachmittags gewöhnlich zwischen 110 und 112°.

*(Donnerstag, 26. Juli.)* Ein Marsch von achtzehn bis neunzehn Meilen brachte uns von Ssebha nach der kleinen Stadt Temahint, und hier lagerten wir etwas jenseits des Brunnens. Er war augenblicklich stark belebt, denn eine zahlreiche Kamelherde, die zu einem nahe liegenden Araberlager gehörte, ward gerade getränkt. Diese Araber gehörten zum Stamme der Uëlad Sliman, die, seitdem sie sich in diesen Gegenden festgesetzt, stets einen Hauptansiedlungspunkt in Temahint gehabt haben. Eine große Menge derselben setzte mir während meines Haltes stark zu; einesteils nämlich waren sie begierig, über die neuesten Verhältnisse ihrer Angehörigen in Kanem nähere Nachricht zu erhalten, anderntteils bettelten sie um Geschenke. Mein freier Marsch durch die Wüste mit einer Handvoll Leute machte großes Aufsehen bei ihnen, und sie wunderten sich, daß nicht diejenigen ihrer Landsleute, welche die Absicht hatten, in ihre Heimat zurückzukehren, diese Gelegenheit benutzt hatten, um sich gegen die türkischen Behörden einigermaßen sicher zu stellen.

Wir hielten uns nur wenige Stunden während der heißesten Tageszeit bei Temahint auf, dann setzten wir unseren Marsch fort, machten am Abend wiederum einen kleinen Halt, brachen kurz nach Mitternacht wieder auf und lagerten am folgenden Tage in geringer Entfernung östlich vom Städtchen Sighen. Hier mußte ich frische Kamele mieten, um meine Reise fortzusetzen, und konnte deshalb erst am Nachmittage des folgenden Tages wieder aufbrechen. Da erreichten wir denn nach einem Marsche durch nackten Wüstenstrich, der über O'm el 'Abid und über einen sehr rauhen Bergpaß führte, am Morgen des 2. August die wichtige Stadt Ssokna.

In Ssokna vermehrten sich die Schwierigkeiten meiner Reise infolge des aufrührerischen Zustandes der Provinz, und bei unserem längeren hiesigen Aufenthalt war es gut, daß wir ein reinliches und luftiges Quartier außerhalb des eng zusammengebauten Städtchens angewiesen erhielten. Ich war hier einigen angesehenen Leuten empfohlen und mußte mit ihnen überlegen, was zu tun sei; da fand sich denn nach langer Beratung, daß das allein mögliche Verfahren darin bestehe, die übliche Straße über Bóndjem ganz und gar aufzugeben und einen anderen Weg einzuschlagen. Aber auch die Straße über Ben-Ghasi erwies sich als unbenutzbar, und so entschied ich mich denn für eine mehr westliche Straße, die sogenannte »trik el Merhoma«, die über eine Reihe von Europäern noch nicht besuchter Täler ging.

Die Stadt Ssokna ist selbst heutzutage noch ein recht interessanter Punkt, sowohl wegen der hier noch immer regen Handelstätigkeit und der schönen Pflanzungen von Dattelpalmen und anderen Fruchtbäumen als auch in Hinsicht des eigentümlichen Charakters ihrer Bewohner, die noch gegenwärtig einen besonderen Dialekt der Berber-Sprache bewahrt haben, der auch im benachbarten Fok-ha, drei Tagereisen von hier auf der Straße nach Ben-Ghasi, gesprochen wird. Jedoch augenblicklich war die Lage der Stadt keineswegs eine günstige. ...

Am Abend des vierten Tages nach meinem Aufbruche von Beni-Ulid erreichte ich die kleine Oase 'Ain Sarah, dieselbe Stätte, wo ich beim Antritt meiner langen afrikanischen Wanderung mehrere Tage zugebracht hatte, um mich auf sie vorzubereiten. Hier ward ich mit großer Freundlichkeit von Herrn Reade empfangen, der mit seinem Zelte und einem hübschen Vorrat europäischer Bequemlichkeiten aus der Stadt gekommen war, um mir an der Schwelle der Zivilisation einen angenehmen Empfang zu bereiten, und man kann sich denken, daß ich empfänglich dafür war.

*Einzug in Tripolis*

Nach einem angenehm zugebrachten Abend trat ich am folgenden Morgen meinen letzten Marsch auf afrikanischem Boden an, um nun meinen festlichen Einzug in Tripoli zu halten. Wie wir uns der Stadt näherten, die ich vor fünfeinhalb Jahren verlassen hatte und die mir nun als Eingangstor zu Ruhe und Sicherheit erschien, wallte mein Herz vor Freude über, und nach einer so langen Reise durch öde Wüsteneien war der Eindruck, den der reiche Pflanzenwuchs in den die Stadt umgebenden Gärten auf mein Gemüt machte, außerordentlich; jedoch bei weitem größer war noch die Wirkung des Anblickes der unermeßlichen Oberfläche des Meeres, das im hellen, dieser mittleren Zone eigentümlichen Sonnenschein im dunkelsten Blau sich entfaltete. Es war das prächtige, vielgegliederte Binnenmeer der alten Welt, die Wiege europäischer Bildung, das von früher Zeit an der Gegenstand meiner wärmsten Sehnsucht und meines eifrigsten Forschens gewesen war, und wie ich in Sicherheit und wohlbehalten seinen Saum betrat, fühlte ich mich von solcher Dankbarkeit gegen die göttliche Vorsehung erfüllt, daß ich nahe daran war, von meinem Pferde abzusteigen, um am Gestade des Meeres dem Allmächtigen ein Dankgebet darzubringen, der mich mit Gnade durch alle die Gefahren hindurchgeführt hatte, die meinen Pfad umgaben, sowohl von fanatischen Menschen als von einem ungesunden Klima.

Es war gerade Markttag, und der offene Platz, der die Meschiah von der Stadt trennt, war voll Leben und Rührigkeit. Aber wie hier die Künste des Friedens vertreten waren, so fehlte auch selbst nicht das Schaugepränge des Krieges, denn die Soldaten, die ganz vor kurzem von Europa angekommen waren, um den Aufstand zu unterdrücken, wurden nahe am Meeresgestade gemustert, um die Eingeborenen einzuschüchtern, und ich bemerkte unter ihnen eine große Menge wohlgewachsener, kräftiger Leute, die da geeignet schienen, den ungeheuren Länderkreis des Osmanischen Reiches trotz der Fehler der Regierung und der Oberen eine Zeitlang zusammenzuhalten. Alles zusammen bildete ein überaus bewegtes, tief ergreifendes Schauspiel: das dichte Menschengewoge in den verschiedensten Charakteren und Gruppierungen, das dunkelblaue, weit offene Meer mit seinen Schiffen, der dichte Saum des Palmenwaldes ringsumher, dann die schneeweiß getünchten Mauern der Stadt, alles beleuchtet und erwärmt vom glänzendsten Sonnenschein.

So ritt ich dahin, bis in das Innerste meiner Seele erschüttert, und betrat die Stadt.

Der Generalkonsul, Colonel Herman, war abwesend, aber ich ward in seiner schönen, von Warrington erbauten Wohnung einquartiert und von allen meinen früheren Freunden höchst liebreich und teilnehmend aufgenommen.

Ich blieb vier Tage in Tripoli und schiffte mich dann auf dem türkischen Regierungsdampfschiff ein, das die Truppen gebracht hatte und nun nach Malta zurückkehrte. Die Fahrt war schön und schnell, und selbst die beiden afrikanischen Freigelassenen, A'bbega und Dýrregu, die ich mit nach Europa nahm, um bei ferneren Unternehmungen in jenem abgeschlossenen Binnenlande hilfreich zu sein, hatten nur wenig zu leiden und gewöhnten sich bald an das ihnen so ganz neue und wunderbare Element. Auch in Malta hielt ich mich nur kurze Zeit auf und benutzte das Dampfboot nach Marseille, um England auf dem kürzesten Wege zu erreichen. So passierte ich denn ohne Aufenthalt Paris und kam am 6. September in London an. Die Zeit meiner Ankunft war übrigens keineswegs günstig, da alles abwesend war; aber Lord Palmerston sowohl wie Lord Clarenton empfingen mich mit großer Freundlichkeit und nahmen das lebhafteste Interesse an dem wahrhaft großen Erfolge, der mein Unternehmen begleitet hatte. Von den übrigen Herren, die mir Teilnahme bewiesen, will ich nur den trefflichen Herrn Obsborne Smith erwähnen; von Deutschen war niemand zugegen.

# Kapitel 31
## Rückblick

So beschloß ich meine lange und erschöpfende Laufbahn als afrikanischer Forscher, von der diese Bände Bericht erstatten. Vorbereitet zu solchem Unternehmen an Geist und Körper, in Studien, Erfahrungen und körperlichen Strapazen, durch eine ausgedehnte, auf eigene Kosten ausgeführte Reise durch Nordafrika und Vorderasien, hatte ich mich diesem Unternehmen unter höchst ungünstigen Bedingungen als Freiwilliger angeschlossen.

Die ganze Anlage der Expedition war im Anfang äußerst beschränkt und ihre Mittel gering; nur durch den glücklichen Erfolg, der unser Unternehmen begleitete, konnte ihm eine größere Ausdehnung gegeben werden, und dieser Erfolg entsprang wieder insbesondere aus meiner Reise zum Sultan von Agades, die das durch große Unglücksfälle erschütterte Vertrauen in unserer kleinen Schar wiederherstellte. Als dann der ursprüngliche Anführer unseres Reiseunternehmens seiner schwierigen Aufgabe unterlegen war, hatte ich, anstatt mich der Verzweiflung hinzugeben, meine Laufbahn unter großen Schwierigkeiten fortgesetzt und ausgedehnt, vorher unbekannte Landschaften fast ganz ohne Mittel erforscht. Nachdem ich mich so eine Zeitlang durchgeschlagen, ward infolge des Vertrauens, das die englische Regierung auf mich setzte, die Leitung der Mission mir übertragen, und obgleich die mir bewilligten Mittel keineswegs groß und die mir wirklich zugekommenen selbst gering waren und obwohl ich den einzigen europäischen Begleiter, der mir noch geblieben war, gerade damals verlor, beschloß ich doch, eine Reise nach dem fernen Westen zu unternehmen und den Versuch zu machen, Timbuktu zu erreichen und denjenigen Teil des Niger zu erforschen, der durch den zu frühen Tod Mungo Parks der wissenschaftlichen Welt unbekannt geblieben war. Dieses Unternehmen gelang mir über alle Erwartung, und so riß ich nicht allein jenen ganzen ungeheuren Länderstrich, der selbst den arabischen Handelsleuten unbekannter geblieben war als irgendein anderer Teil Afrikas*), aus dem Dunkel der Verborgenheit, sondern es gelang mir auch, mit all den mächtigsten Häuptlingen am Flusse entlang bis zu jener mysteriösen Stadt selbst freundschaftliche Verhältnisse anzuknüpfen.

Alles dies, mit Einschluß der Bezahlung der von der früheren Expedition hinterlassenen Schulden, führte ich mit ungefähr zehntausend Talern aus. Se. Majestät der König von Preußen trug eintausend Taler und ich selbst eintausendvierhundert Taler bei. Allerdings ließ ich selbst auf der Straße, die ich persönlich erforschte, gar manches meinen Nachfolgern zur Verbesserung; aber immerhin habe ich die Genugtuung, mir bewußt zu sein, daß ich den Blicken des wissenschaftlichen europäischen Publikums eine höchst ausgedehnte Länderstrecke der abgeschlossenen afrikanischen Welt eröffnet habe. Ja, ich habe diese Gegenden nicht allein leidlich bekannt gemacht, sondern auch die Eröffnung eines regelmäßigen Verkehrs zwischen Europäern und jenen Landschaften ermöglicht, und ich hoffe, daß diese glückliche Erforschung des Inneren Afrikas stets als eine ruhmvolle Errungenschaft deutschen Geistes dastehen wird.

---

*) »Es erscheint auffallend, daß das Land unmittelbar östlich von Timbuktu bis nach Kaschna *(Katsena)* den maurischen Kaufleuten unbekannter sein sollte als der übrige Teil Zentralafrikas« (*Quarterly Review*, Mai 1820, S. 234). In demselben Sinne drückt sich Captain Clapperton über die Gefahren der Straße von Sókoto nach Timbuktu aus (zweite Reise, S. 235).

# Kapitel 32

## Heinrich Barths Lebensweg
## nach der großen Reise

*Wieder in Europa*

H. Barth konnte nicht ahnen, daß ihm, dem vierunddreißig Jahre alten Mann, nach seiner Ankunft in London, am 6. September 1855, nur noch zehn Jahre und zwei Monate Lebens bestimmt sein würden. Sein unterwegs immer wieder gezeigtes Mitgefühl für die Not anderer und die unter Afrikanern stets bewiesene Kaltblütigkeit und taktische Klugheit wichen, scheinbar ganz plötzlich, einer wenig diplomatischen Reaktion auf »europäische« Schwierigkeiten, was sich in Schroffheit gegenüber der für ihn »neuen« Welt äußerte.

Er war ein »Heimkehrer« aus dem »Land der Schwarzen«, der selbstherrlich ein Reich nach dem anderen durchschritt, der Menschen und Tiere durch Wüsten und Wälder Tausende von Kilometern weit dirigierte und für den als Maß aller Handlungen jahrelang nur der eigene Wille gegolten hatte.

Nun sah er sich nur noch von Europäern umgeben. Sie konnten sich fünfzehntausend Kilometer auf Pferden und Kamelen ebensowenig vorstellen wie ein fünf Jahre währendes, täglich gleiches Eingeborenen-Menü, das nur von »Kuren« mit Reiswasser oder Hirsebrei unterbrochen war. Nicht mehr in der freien Natur lagern zu können, bedrückte ihn ebenso, wie zwischen die vier Wände seines Zimmers eingesperrt zu sein – nachdem er sechshundertzwanzigmal genötigt gewesen war, für seine Fortbewegung am kommenden Tag zu planen. Im Foreign Office eines Weltreiches war er nicht mehr nur der sagenhaft berühmte »'Abd el Kerim il Inghlesi«.

»Endlich sehen wir ihn, den schon Verschollenen, aus jenen Gegenden, in denen seit dem Jahre 1788 sechzig Europäer ihrem Forschungseifer zum Opfer gefallen waren, wohlbehalten ... zurückkehren ... Seine Heimkehr glich fast einem Triumphzuge. Doch nicht lange sollte dieser erste Rausch für ihn, der den heimatlichen Verhältnissen entrückt, ja denselben fast völlig entfremdet war, währen. – Schonungslos warf sich die Kritik auf seine Leistungen … Man ging in diesem Eifer so weit, seine Entdeckungen, durch welche er einen unbekannten Erdraum, größer als Europa, erschlossen hatte, geflissentlich herabzusetzen und sein Verdienst um die Geographie auf Kosten der Naturwissenschaften zu schmälern.« (W. Koner)

Als er am 1. Oktober wieder in Hamburg bei seiner Familie war, erschien er äußerlich ruhig, wie wenn er eben erst von irgendeiner Reise zurückgekehrt wäre. Sein Biograph von Schubert berichtet: »Sein Auftreten hatte das Ernste, Würdevolle, Zurückhaltende, Stolze, fast Hochmütige im Benehmen der Wüstensöhne angenommen. In den verwickeltsten Lebenslagen hatte sich sein ebenso kühner wie überlegener Geist bewährt. Kein Wunder, daß sein Selbstvertrauen noch mehr gestiegen war!

Aber das stete Auf-der-Hut-Sein gegen seine Umgebung hatte auch das ihm angeborene Mißtrauen zu bedenklicher Höhe entwickelt. Überall witterte er nun Absichtlichkeit und Berechnung auf Ausbeutung seiner Person.«

Als Lebensstellung hatte Barth, wie selbstverständlich, eine Professur für Geographie an der Universität Berlin erhofft. Aber der ihm wohlgesonnene von Bunsen schrieb ihm am 2. November 1855: »Sie können sich nicht in eine allgemeine Professur der Geographie hineinarbeiten, wobei man sehr vieles von Ihnen erwartet, und zugleich Ihr Werk rasch vollenden … Ich will dabei nicht in Anschlag bringen, daß Sie den Ansprüchen und Erwartungen Kieperts (eines einflußreichen Berliner Professors) und seiner zahlreichen Freunde in den Weg treten dürften und eine große Opposition gegen sich erwecken.«

Wie ein Schlag traf es ihn noch 1863, als die Berliner Akademie der Wissenschaften, die ihn 1855 zu ihrem korrespondierenden Mitglied ernannt hatte, es ablehnte, ihn zum ordentlichen Mitglied zu ernennen. Sein Lehrer Böckh, Lepsius und die Gebrüder Schlagintweit (Asienforscher) stimmten gegen ihn. Er war für die philologisch-historische Abteilung vorgeschlagen worden; aber es hieß, er habe ja in der Philologie noch nichts geleistet. (Man bedenke seine Arbeiten auf dem

Gebiet der Sprachenforschung!) Nach der schließlichen Ernennung zum außerordentlichen Professor am 13. Mai 1863 (wozu man acht Jahre nach seiner Rückkehr brauchte) schrieb er dem Schwager: »Das Cliquenwesen hier ist fürchterlich, und der elende Schiller-Goethe-Streit charakterisiert die ganze Geschichte.« Das bezog sich auf die Streitereien eines Schiller-Komitees und eines Goethe-Komitees in den Jahren 1860 bis 1863 wegen der Frage, ob man beide Dichter-Heroen auf einem Denkmal zusammenbringen könne ...

Obwohl Barth eine rastlose Aktivität entfaltete, in der wesentlich auf seine Veranlassung hin gegründeten Carl-Ritter-Stiftung, durch einen weltweit gespannten Briefwechsel, als 2. Vorsitzender der Geographischen Gesellschaft, durch Vorträge, Aufsätze, seine Studienreisen, sein (wenig erfolgreiches) Eintreten für das »Vogel-Such-Komitee«*), vereinsamte H. Barth von Jahr zu Jahr innerlich mehr. Schwer traf ihn der Tod des Vaters am 3. November 1856. Kurz nacheinander starben mächtige Gönner: A. v. Humboldt, C. Ritter und v. Bunsen (6. 5., 28. 9. 1859 und 28. 11. 1860). Sogar mit A. Petermann gab es Streit.

Unangenehm war auch das Scheitern der von ihm in Timbuktu angeregten Mission einer Abordnung des Scheich el Bakáy nach London. Sie wartete seit dem 22. Juni 1857 in Tripolis vergebens, zu Handelsgesprächen nach England zu reisen. Denn während der Jahre, da Barth in Afrika weilte, grenzten England und Frankreich ihre Interessengebiete in Nordafrika ab. Barths Reisegebiet am Nigerknie fiel nun in das der Franzosen, und das Foreign Office wollte sie nicht durch einen Empfang von Emissären el Bakáys verärgern.

Für den stets auf penibles Einhalten gegebener Versprechungen bedachten einstigen Leiter der »African Mission«, eben H. Barth, sah das wie Treuebruch aus. Aber wie sollte er das seinem »Schutzherrn« von einst von Europa aus verständ-

---

*) Als »Wadai-Comité« sollte es die Suche nach dem verschollenen Reisegenossen Dr. E. Vogel fördern, über dessen Schicksal (Tod am 8. 2. 1856 in Wara, der alten Hauptstadt von Wadai) Barth erstmals am 28. Febr. 1857 erfuhr. Amtlich teilte ihm der britische Generalkonsul Hermann in Tripolis den Todesfall im Januar 1861 mit, im 6. Jahr nach dem Verschwinden des jungen Forschers. Erst Nachtigal erfuhr Näheres 1875 über die Tragödie in Abescher.

lich machen? Zu Neujahr 1858 äußerte er sich von Bunsen, damals noch preußischer Gesandter in London, gegenüber: »... denn das wußten Sie doch, ... daß ich nicht ein ganz gemeiner Lump sei (Verhalten zu el Bakáy), ... und daß ich zu dieser sogenannten Regierungskrise selbst habe beitragen müssen.«*)

In England gab es Mißhelligkeiten ebenso mit der Londoner Geographischen Gesellschaft und der British and Foreign Anti-Slavery-Society. Beschuldigungen wurden laut, er und ebenso Dr. Vogel hätten Sklavenhandel getrieben, Anwürfe, die nur aus völliger Unkenntnis der wahren Verhältnisse entstanden.

Alexander von Humboldt glaubte kritisieren zu müssen, es sei doch ein Mangel, daß Barth in Afrika keine astronomischen Lagebestimmungen durchgeführt habe. Obwohl gerade er doch hätte wissen müssen, daß sein »guter Bekannter« auch noch einiges andere für die Wissenschaft geleistet hatte und daß er damit dem Ansehen des von Neidern umgebenen Mannes nur weitere Steine in den Weg legte.

»Wie sehne ich mich nach einem freien Nachtlager in der Wüste«, seufzte der also Bedrängte, »wo, ohne Ehrgeiz, ich mich im Hochgenuß der Freiheit nach Beendigung des Tagesmarsches auf meine Matte zu strecken pflegte; um mich meine Habe, meine Kamele, mein Pferd. Fast bereue ich, daß ich mich selbst in diese Ketten gelegt habe.«

Verhandlungen wegen eines Konsulatspostens für Barth in Konstantinopel, Damaskus oder Siam verliefen im Sande.

Im Mai 1857 kamen nach vierzehn Monaten Schreib-Schwerstarbeit die ersten drei Bände seine Hauptreisewerks auf englisch und deutsch heraus, im Jahr darauf, dank der sorgfältig geschriebenen Tagebücher, die beiden letzten.

Sie sollten endlich »der Welt« zeigen, was geleistet wurde.

Es gab neben guten auch schlechte Kritiken. Man vermißte Eleganz des Stils und bemängelte Überladung des Textes mit unwesentlichen Kleinigkeiten. Vom »Gelehrten alter Schule« war die Rede (damals schon!).

Alles Negativa also, zu denen sein Wesen und seine heftigen

---

*) Die Abordnung wurde im Oktober zurückgeschickt. Man schob schlechtes Wetter für die Seefahrt vor!

Reaktionen – man muß dies hinzufügen – nicht wenig beitrugen. Schon in London, wo der berühmte Reisende bei seiner Heimkehr »mit ausgesuchter und echt britischer Gastfreundschaft« aufgenommen worden war*), ließ er sich nur wenig Zeit für Geselligkeit.

Als er dann nach Berlin übersiedelte (August 1858), setzte er zwar »daheim« sein einsiedlerisches Junggesellenleben fort und sah hier nur wenige wirkliche »Bekannte« bei sich; aber der Wunsch, »eine Lebensgefährtin zu finden«, war in ihm erwacht. Wieder ist es der Schwager, dem er sein Herz ausschüttet: »Eine Genossin, wenn ich glücklich wählte, würde mein ganzes Leben erst zur Entfaltung bringen können. Ich schmachte nach Herzensaustausch und gemütlicher Geselligkeit.«

Während der Vorbereitungen zum Druck seines Reisewerks meinte er: »Kommt mein erster Band nur heraus, so werde ich schon Gelegenheit finden, entsprechende Naturen kennenzulernen.« Aber auch beim fünften erfüllte sich seine Hoffnung nicht. G. v. Schubert konnte da nur von »naiver Lebensauffassung« sprechen.


## Lebensabend eines großen Forschers

Für einen Mann wie H. Barth, der nach seiner Rückkehr ganz erfüllt davon war, den Bericht über die Expedition so genau wie möglich zu gestalten, der den dornigen Weg der Berufssicherung zu gehen hatte, Kritiken und Intrigen standhalten mußte, war alles, was mit Geld zusammenhing, begreiflicherweise keine angenehme Sache. Da galt es, mit dem Foreign Office über die Kosten der Expedition abzurechnen, die Finanzierung der englischen wie der deutschen Ausgabe seines Reisewerkes zu sichern und eine angemessene Besoldung für die Zeit in London und später in Berlin zu erreichen. Es gibt hierzu in den Quellen eine Menge nicht gerade übersichtlicher Angaben.**) Die erhaltene Korrespondenz zeigt, welchen Un-

---

*) D. Livingstone begrüßte ihn besonders herzlich, als er ihn nach seiner ersten Afrika-Durchquerung am 28. 2. 1857 traf.
**) So wurden als »Totalkosten«, die der englischen Regierung durch das Unternehmen entstanden, angegeben: 12 167 Pfd., 11 sh, 5 d; einschließlich die Zahlungen an Barth und an die Witwe von Richardson.

mut sie bei dem grundehrlichen Manne erzeugten, der zudem auch auf eigene Gelder (von Vaters Seite) zurückgreifen konnte.

Mehrfach mußte H. Barth den preußischen Kultusminister von Bethmann-Hollweg an die Zahlung der vor der Reise ihm zugesagten Jahresbeträge erinnern.

In der Sammlung von Barth-Archivalien, die die Hamburger Staatsbibliothek bewahrt, findet sich der Entwurf eines darauf zielenden Schreibens an den Geheimrat Olshausen (im Kultusministerium):

»... denn auch ich kann nicht von der Luft leben ... Ich glaube wohl, daß ich genug von Eigenem geopfert habe, und 3500 Taler sind bis jetzt das einzige, was ich von der hiesigen Regierung oder der Gnade S. M. des Königs bezogen habe. Will man mich trotz meiner Aufopferung hier nicht haben, so braucht man es mir nur klar und unumwunden zu sagen, und ich hege die Hoffnung, daß irgendein anderer deutscher Staat einen Jahresgehalt von wenigstens 1500 Taler für mich erübrigen wird.«

Die Universität Jena bot ihm die Professur an, die ihm Berlin versagte. Doch erst acht Jahre nach seiner Heimkehr berief ein neuer preußischer Kultusminister ihn als außerordentlichen Professor für 1500 Taler im Jahr. Befriedigt, auch deswegen, weil er erster Vorsitzender der Berliner Geographischen Gesellschaft geworden war, schrieb er an v. Schubert am 13. Juli 1864, sechzehn Monate vor seinem Tode: »Wirklich fange ich an, die geistigen Früchte meiner Bemühungen zu genießen.«

Von den sechs z. T. sehr anstrengenden Studienreisen, die der gesundheitlich geschwächte, aber rastlose Mann seit 1858 durchführte (Türkei, Alpen, Italien), fiel die letzte in sein Todesjahr. Zuvor hatte er sich in Cannstatt einer »Radicalcour« unterzogen, »um meinen Leib einmal von allen Schäden und Gebrechen zu reinigen und desto gesünder und frischer die mir noch verbleibende Lebenszeit nutzen zu können ...« (Brief an den Schwager). 1866 wollte er den Sommer im Süden genießen. Aber sein Zustand verschlechterte sich. Die Enttäuschungen nach der Rückkehr aus Afrika verstärkten seine depressive Gemütslage. Der persönliche Verkehr schrumpfte auf wenige Personen zusammen.

Die Folgen jahrelanger Gewohnheit, sich selbst zu kurieren, machten sich um den 20. November 1865 in starken Schmerzen bemerkbar. Von der Inangriffnahme seines Planes, ein umfangreiches Werk über Afrika und das Becken des Mittelmeeres zu schreiben, war keine Rede mehr.*) Stetige Sorge quälte ihn wegen des jüngeren Bruders Ludwig, dessen Schulden er immer wieder beglich. Das väterliche Haus am Hopfenmarkt in Hamburg mußte im Juni 1864 verkauft werden.

Die letzte Korrespondenz befaßte sich mit G. Rohlfs, der gerade auf seiner großen Reise zum Sudan Mursuk erreicht hatte. Auch war er, auf Drängen von Petermann, in den Ausschuß für Polarforschung eingetreten, ohne viel zu erreichen. Am 12. 10. 1865 schrieb er über ihn, der Berichte und Karten Barths bearbeitete und seine Werke verlegerisch betreut hatte, an den Schwager: »P. ist mir, trotz seiner großen und wahrhaft ausgezeichneten geistigen Befähigung, als Erzschreier und gesinnungsloser Wetterhahn ganz widerlich geworden.«**)

Barths letzter von vielen an den Schwager gerichteten Briefen (31. 10. 1865) berichtete vom soeben gemeldeten Tod des Scheichs el Bakáy in Timbuktu.

Schon im Mai hatte Barth über allgemeine körperliche Schwäche geklagt. Nach nur zweitägigem Krankenlager starb der Vierundvierzigjährige am 25. November unter großen Schmerzen. Die langjährige mütterliche Freundin, Witwe des Prof. Weiss, schloß ihm, im Beisein von Prof. Beyrich und eines Hausgenossen, die Augen.

Die Diagnose lautete auf »Diätfehler und Zerberstung der Magenwände infolge einer heftigen Magen- und Darmentzündung«.

Der berühmte Chirurg Prof. Virchow war bei der Sektion zugegen, wenn er sie auch nicht, wie v. Schubert angibt, selbst vorgenommen hat. Er wunderte sich über die Schrift von Barth. Die Buchstaben sind heute noch fast alle gut leserlich

---

*) Auch konnte er das monumentale Sprachenwerk (1862, 1863, 1866) nicht mehr abschließen. Erst Doris Essing befaßte sich 1967 näher mit der »afrikanisch-linguistischen Hinterlassenschaft von H. Barth« in »H. B., ein Forscher in Afrika«, Wiesbaden, S. 371–396.
**) Der überaus impulsive Petermann gab sich, als sein Einfluß auf Geographie und Weltforschung zurückging, mit sechsundfünfzig Jahren selbst den Tod (1878).

und millimeterklein. Unwahrscheinlich, wenn man z. B. die Umstände bedenkt, unter denen in der Karawanenzeit oft die Itinerare entstanden (siehe den Anhang). – Ein graphologisches Gutachten, zu dem die Unterlagen reichlich im Nachlaß zu Hamburg vorhanden sind, bleibt, als sicher lohnende Ergänzung von H. Barths Persönlichkeitsbild, seit dem Analysen-Kompendium von 1967 (H. B., Ein Forscher in Afrika) ein Wunsch des Herausgebers.

Am 29. November 1865 wurde er, nachmittags drei Uhr, zu Berlin auf dem Jerusalemer Friedhof bestattet. Ein hohes Marmorkreuz kennzeichnete das Grab. Darauf war eine Inschrift angebracht. Sie verkündete:

> »Der vielgewanderte Erforscher
> Zentralafrikas*) fand hier
> die Stätte der ewigen Ruhe.«

Eine Gedächtnisfeier veranstaltete die Berliner Geographische Gesellschaft am 9. Januar 1866. W. Koner rühmte den »Weltbürger«.

Die Royal Geographical Society zu London charakterisierte den Verstorbenen mit den Worten: »Ein solch intelligenter, unermüdlicher und zuverlässiger Forscher wird selten gefunden werden.«

Zum einhundertjährigen Todestag (1965) ließ die Berliner Gesellschaft für Erdkunde die Grabstätte wieder würdig herrichten.

Es waren britische und französische Forscher, die im späten 19. und beginnenden 20. Jahrhundert seine Pioniertaten am nachdrücklichsten würdigten.

Noch dreißig Jahre nach H. Barths Tod erhielt der Forscher Emile Hourst am Niger-Bogen von einem Tuareg den Rat: »Sage, du seist ein Sohn 'Abd el Kerims; das wird dein Schutzbrief sein.« Hourst bereitete die Befahrung des Niger vor (die er 1896 durchführte) und wollte Näheres über die Sicherheitslage im Nigergebiet wissen, nachdem 1894 Timbuktu in französische Hände gelangt war.

---

*) Auch hier die Vorstellung von der »Mitte« Afrikas, während andere danach (Stanleys Kongo-Fahrt 1874–77) das Kongo-Stromgebiet als den Zentralraum ansahen.

W. Reichhold, der im diplomatischen Dienst der Bundesrepublik Deutschland in West-Afrika tätig war und bis heute ebendort um die Erforschung der Lebensweisen und der Gedankenwelt in den von H. Barth durchwanderten Regionen erfolgreich bemüht ist, stellte 1958 fest: »Das Andenken Heinrich Barths ist heute bei den Stämmen des nördlichen Obervolta (Emirat von Liptako) noch lebendig.« In Nigeria würdigten einheimische Wissenschaftler 1965 das Wirken 'Abd el Kerims.

Im deutschen Sprachenraum wurde er nie so volkstümlich wie G. Nachtigal, G. Rohlfs oder G. Schweinfurth.*)

Wohl trägt in Hamburg eine Straße seinen Namen und wurde 1965 ein Barth-Preis gestiftet.

Die internationale Wissenschaft kannte »ihren« Barth und bezog sich bei der Abhandlung schwieriger Fragen verschiedenster Disziplinen auf ihn als Autorität.**)

Erst das 1967 erschienene Sammelwerk »Heinrich Barth, ein Forscher in Afrika« (fünfzehn Autoren, Wiesbaden, bei Fr. Steiner) bemühte sich, auf den Nachlaß (Staatsarchiv Hamburg) gestützt, interdisziplinär die Leistungen H. Barths darzustellen (u. a. H. Beck, D. Essing, E. Jany, F. Klein-Franke, R. Furon, J. Weinand und H. Weis). Daß in der Folgezeit Politiker und mit Entwicklungshilfe Befaßte glaubten, aus dem so detaillierten Barthschen Situationsbericht über ein zu seiner Zeit noch unabhängiges Afrika nichts lernen zu können, mag sich aus der erst langsam wieder weichenden, bequemen Historie-Feindlichkeit erklären. Inzwischen jedoch bahnt sich, angesichts vermehrter, auf H. Barth zielender Themenstellung der Arbeiten an den Hochschulen, eine Barth-»Renaissance« an***).

---

*) Er selbst bezweifelte, ob sein mit trockener Historie, Tabellen und Anhängen überladenes Werk überhaupt mehr als ein paar Spezialisten als Leser gewinnen werde. Nachtigals »Sahara und Sudan« war dagegen lange eine Art von Bestseller.

**) A. A. Boahen, E. Banse, E. Bovill, R. Italiaander, A. H. M. Kirk-Greene, E. Migliorini, E. Plewe, R. M. Prothero, Lord Renell of Rodd.

***) Eine zweibändige, von Dr. Lorentzen in Gotha bearbeitete Ausgabe erschien bei Perthes 1859 und 1860, das Hauptwerk in niederländischer, dänischer und französischer Übersetzung. Ein Neudruck des Hauptwerks kam 1965 heraus. Die fünf Bände des Originalwerks wurden 1975 mit bis zu 10 000 DM gehandelt.

# Literatur

1. *Barth, Heinrich, Dr.:* Reisen und Entdeckungen in Nord- und Central-Afrika in den Jahren 1849 bis 1855 … Tagebuch seiner im Auftrag der Brittischen Regierung unternommenen Reise. Gotha, Justus Perthes 1857 (Band I–III), 1858 (Band IV–V).
2. *Bernus, S.:* Henri Barth, chez les Touaregs de l'Air. Niamey 1972.
3. *Boahen, A. A.:* Britain, the Sahara and the Western Sudan 1788–1861. Oxford 1974.
4. *Bovill, E. W.:* The golden trade of the Moors. London 1958.
5. *Browne, R.:* The story of Africa, and its explorers. London 1892/95, 4 Bde.
6. *Embacher, Fr.:* Lexikon der Reisen und Entdeckungen. Leipzig 1882.
7. *Gardi, R.:* cram cram. Erlebnisse rund um die Aïr-Berge in der südl Sahara. Stuttgart 1973.
8. *Hassert, K.:* Die Erforschung Afrikas. Leipzig 1941.
9. *Italiaander, R.* (Hrsg.): Heinrich Barth. Im Sattel durch Nord- und Zentralafrika. Wiesbaden 1967.
10. *Italiaander, R.* (Hrsg.): Heinrich Barth. Er schloß uns einen Weltteil auf. Unveröffentl. Briefe u. Zeichnungen des großen Afrika-Forschers. Hamburg 1970.
11. *Mauny, R.:* Tableau géographique de l'Ouest Africain au Moyen Age. Dakar 1961.
12. *Müller, M.:* Kreuz und quer durch Sahara und Sudan. Leipzig 1954.
13. *Schiffers, H.* (Hrsg.): Heinrich Barth, ein Forscher in Afrika. Leben, Werk, Leistung. Wiesbaden 1967. Darin: Stationen des Reisewegs. Tagebücher und Sprachenwerk. – Quellen.
14. *Schiffers, H.:* Wilder Erdteil Afrika. Das Abenteuer der großen Forschungsreisen. Bonn 1962. Darin: Zeitliche und räumliche Nachbar-Beziehungen. 228 Abb.
15. *Schleucher, K.:* Frühe Wege zum Herzen Afrikas. Darmstadt 1969. Darin über A. Overweg und E. Vogel.

16. *Souvenirs de H. Barth* (1821–1865), Acta Geographica, 4e Trimestre 1967, Fascicule Spécial 69–70, Paris, Société de Géographie. – Darin: Nachlaß (Tagebücher) in Paris. Beiträge von F. Klein-Franke u. H. Schiffers.

17. *von Schubert, G.:* Heinrich Barth, der Bahnbrecher der deutschen Afrikaforschung. Berlin 1897.

18. *Wagner, H.:* Ed. Vogel, der Afrika-Reisende. Leipzig 1860.

# Anhang

# Afrikanisch-europäisches Gespräch
## um die Mitte des 19. Jahrhunderts

*Vorbemerkung*

Dialog-Szenen wie die folgenden sind nach Thema und Aus-
führlichkeit selten in anderen Reisewerken jener Zeit. Sie zeigen eine andere Persönlichkeit als die des unbeholfenen Ein-
zelgängers daheim, der sich vergeblich um die Erringung einer
Lebensgefährtin bemüht, eine andere auch als die des Gelehrten, der zwischendurch Hunderte von Seiten mit Vokabula-
rien, mit »Chronologischen Tabellen über die Geschichte von
Sonrhai« u. ä. füllt.

Und doch macht das noch nicht den ganzen Menschen aus!
Auch in Timbuktu sichert er Überleben und gewinnt Ansehen
und Jahrzehnte nachwirkenden Ruhm allein durch die Kraft
des Geistes, die sich in der Auseinandersetzung mit Afrikanern bewährt. Es ist für uns Heutige vielleicht überraschend,
wenn festgestellt wird, daß auch und gerade die »Gegner« die
Diskussion mit 'Abd el Kerim suchen, um aus überzeugenden
Argumenten das Recht herzuleiten, ihn vertreiben oder gar
vernichten zu können. Bei manchen Unterhaltungen, mit el
Bakáy und seinen Schülern, wird über das Wesen Gottes, das
Weltall oder über Götzenbilder gesprochen.

Die Welt des Islam und die der Christen bilden das Haupt-
thema. Die Gesprächspartner sind überrascht von der genauen
Kenntnis der Dinge und Barths Schnelligkeit im Argumentie-
ren. Obgleich er mit seinen Entwürfen nicht immer durch-
dringt, reicht es doch meist zu stummer Duldung, wenn nicht
gar zu Achtung.*)

Man hat manchmal den Eindruck, als wenn von den »Geg-

---

*) Barth berichtet näher über vierzehn Gespräche: Bd. IV S. 455, 462,
472, 475, 495, 510, 511/2, 515, 524/5, und Bd. V S. 3/4, 65, 92/93, 104,
233/34.

nern« Pressionen oder Drohungen nur darum inszeniert wurden, um nachher Stoff zum Palavern zu haben, da es sich rasch herumsprach, daß 'Abd el Kerim sich dabei nicht eben fürchte. Das geistige Florettfechten gehört zum Wesen aller Bewohner dieses Erdenstrichs, wie man immer wieder den Reiseberichten entnehmen kann. Es steht dahinter das Gefühl, daß mit dem etwaigen Vordringen des Christentums *der Islam herausgefordert sei*, dessen Alleingültigkeit nicht nur als Religion, sondern weitaus mehr als allgemeine Lebensnorm angefochten zu sein schien. Ferner bot die »neutrale« Plattform solcher Gespräche einen Weg, sich seine Sorgen wegen des *Vordringens der Europäer* vom Herzen zu reden, mit dem das Christentum absolut identifiziert wurde. Drittens war es möglich, indem man den so sehr islam-kundigen 'Abd el Kerim einmal als Ebenbürtigen gelten ließ, ihn als Katalysator für Entwürfe und Beschlüsse auf dem Felde der eigenen *Landespolitik* zu benutzen.

Eine Beurteilung der *Unterhaltungen* muß den Neben- oder Unterton des Kuriosen, den Akzent der gefälligen Beigabe vermeiden, der sich in früheren Darstellungen von Barths Reisen nicht selten bemerkbar macht. Sie sollten vielmehr die ihnen gebührende *zentrale Stellung* bei Untersuchungen über das »Erwachen« Afrikas einnehmen, das zehn, zwanzig Jahre später von Truppenlandungen, Truppenformierung aus Afrikanern, Grenzziehungen und Flaggenhissungen überdeckt wurde.

## Die Gespräche

Die nachfolgend angeführten *Beispiele* sollten nicht mit dem Maßstab systematisch aufgebauter Vorlesungen gemessen werden. Sie verstehen sich vielmehr ganz aus der *jeweiligen Situation*, in der sich die Gesprächspartner gerade befinden. Sie enthüllen auch alle mehr oder weniger den *unmittelbaren Zweck* oder eine *Nebenabsicht*.

1. *»Eines Tages besuchte ... mich ... (Alauate in Timbuktu)*, in Gesellschaft seiner hauptsächlichsten Schüler, und drang in ernstlicher Weise in mich, meinen Glauben zu wechseln und aus einem Ungläubigen ein wahrer Gläubiger zu werden. Da fühlte ich mich denn in meinen Beweisgründen stark genug, um

meine religiösen Grundsätze zu verteidigen, und forderte ihn auf, mir den Vorzug seines Glaubens zu beweisen, in welchem Falle ich nicht verfehlen würde, denselben sofort anzunehmen, aber auch nicht eher.

Darauf begann er denn, unterstützt von seinen Schülern, mit Eifer eine lebhafte Disputation, in der festen Hoffnung, daß sie bald imstande sein würden, meine Gründe zu widerlegen.

Aber nach einer kleinen Weile fanden sie meine Gründe doch etwas zu stark und sahen sich gezwungen, nachzugeben, hielten es zur Zeit auch nicht geraten, ihre Bemühungen, mich zum Islam zu bekehren, fortzusetzen.

Dieser Umstand verbesserte meine Lage in außerordentlichem Grade, indem meine Sicherheit auf die aufrichtige Achtung gründete, welche mehrere der einsichtsvollsten Einwohner von mir gewannen.« (IV, 455)

2. *El Bakáy hat den Stamm (der nördlich Timbuktus in der Wüste nomadisierenden) Tademekket aufgefordert, zu seinem Beistande in die Stadt zu kommen.* »Am Abend des 6. Dezember kam Auab, das Haupt der Tin-ger-egedesch, mit fünfzig Reitern an und ward vom Scheich in der Nähe unserer beiderseitigen Wohnungen einquartiert *(in Timbuktu).*«

»Ich *(Barth)* begrüßte ihn *(Auab)* und erklärte ihm …, wofür ich mir ihren Schutz erbäte. Er machte mir einen Einwurf hinsichtlich meines Glaubens, weil ich Mohammed nicht als Propheten anerkenne. Aber es gelang mir, seinem Angriff auszuweichen, indem ich ihm erwiderte, daß sie ja selbst Mohammed nicht als den einzigen Propheten annähmen, sondern gleichfalls Mu-ssa, Aissa und manchen anderen, und daß sie selbst in Wirklichkeit den Vorrang Aissas (Jesus) in gewisser Beziehung dadurch anzuerkennen schienen, daß sie voraussetzten, er werde am Ende der Welt wiederkommen.

Indem wir nun so zwar einen verschiedenen Propheten hätten, aber einen und denselben Gott verehrten und, abgesehen von einigen wenigen Abweichungen in bezug auf unsere Lebensweise und unsere Sitten, denselben religiösen Grundsätzen folgten wie sie, schiene es mir, daß wir einander näherstünden, als er glaube, und wohl gute Freunde sein könnten, indem wir einander solche Vorteile darböten, wie sie einem jeden zu Gebote stünden.« (IV, 509–511)

»Der Häuptling ... schien hoch entzückt zu sein, als ich ihm sagte, wie alt der Islam in diesem Stamme sei.

Wie mir meine geringe Kenntnis dieser historischen und religiösen Verhältnisse überhaupt von großem Wert war, so war es doch ganz besonders hier der Fall, um mir die Achtung der Eingeborenen zu erwerben und ihre Vorurteile zu besiegen.«

3. »Während ich beim Scheich *(el Bakây)* war, kam ein Pullo-Häuptling *(Gegenpartei!)* mit zwei Gefährten von Gundam an. *(Er)* machte meinem Beschützer in meinem Beisein Vorwürfe darüber, daß er einem Ungläubigen so viel Rücksicht bewiesen habe, und meinte, daß doch wenigstens meine Habe dem Herrscher von Hamd-Allahi hätte ausgeliefert werden müssen. Es gelang mir jedoch, ihn zum Schweigen zu bringen, indem ich ihm bewies, welche geringe Kenntnis er in Religionssachen besäße, während er mich doch einen Ungläubigen zu nennen wagte.

Besäße er wirklich Kenntnis von seinem Glauben und Vertrauen in denselben, so wäre es seine erste Pflicht, den Versuch zu machen, diejenigen seiner Landsleute zu bekehren, welche noch dem Götzendienst ergeben seien.

Zugleich sprach ich gegen den Häuptling Auab, der ebenfalls zugegen war, meine Ansicht aus, daß es scheine, als ob sie sich vor den Fulbe fürchteten; denn sonst würden sie den letzteren wohl nicht erlauben, Reisende zu belästigen, welche diese Stadt in friedlicher Absicht besuchten, während ihre angemaßte Oberhoheit über die Stadt nicht einmal so weit reiche, daß sie die Eingeborenen beschützen könnten ...« *(Die Tuareg stritten mit den Fulbe um die Schutzherrschaft über Timbuktu.)* – (IV, 511–12)

4. *H. Barth bei seinem Schutzherrn el Bakây in Timbuktu (Lager).* »Nachdem ich etwas Ruhe genossen, war ich imstande, am Abend eine lange Unterhaltung über das Paradies und den göttlichen Charakter des Kuran *(Koran)* mit dem Scheich zu führen. Überhaupt bot diesmal unser Aufenthalt bei den Zelten mehr Gelegenheit zu einer interessanten Unterhaltung als gewöhnlich dar, da meinem Beschützer daran gelegen war, seine Freunde und Anhänger von der Tiefe der religiösen Überzeugung der Christen zu überführen.

442

Einen Teil des Tages las der Scheich seinen Schülern Abschnitte aus dem ›hadith‹ Bocharis vor, während sein junger Sohn ... seine Lektion aus dem Kuran laut wiederholte ... Im Laufe des Abends wurden mehrere Abschnitte – ssurat – (Suren) aus dem heiligen Buche von den Schülern bis zu später Stunde der Nacht mit melodischer Stimme gesungen. Nichts übte größeren Zauber auf mich aus, als diese schönen Verse von so klangreichen Stimmen in dieser offenen Wüstenlandschaft unter dem herrlichen unbegrenzten Himmelsgewölbe am Abendfeuer singen zu hören ...

Ein Christ muß Zeuge solcher Szenen gewesen sein, um die Mohammedaner und ihren Glauben mit Gerechtigkeit zu beurteilen.

Laßt uns nicht vergessen, daß, wenn nicht die Verehrung der Heiligenbilder den christlichen Glauben im 7. Jh. geschändet und nicht Streitigkeiten um die abgeschmacktesten und abergläubischsten Vorstellungen die christliche Kirche zu jener Zeit zerrissen hätten, gar keine Möglichkeit dagewesen wäre, daß ein neuer Glaube, auf die Grundsätze des Monotheismus begründet, aber dem Christentume in offener Feindschaft gegenüberstehend, sich erhoben hätte ...« (IV, 523/4)

5. *(Wie vor.)* Wir blieben ein paar Tage hier und hatten am Abend des 24. Dezember wieder eine lange Unterhaltung, die für den verschiedenen Bildungsstand des Christen im Vergleiche mit demjenigen des Mohammedaners bezeichnend genug war. Indem wir die Einrichtungen der Europäer besprachen, belehrte ich meinen Wirt *(el Bakáy)* darüber, wie wir gewohnt wären, unser Eigentum zur See und zu Lande zu versichern, selbst die Saat auf dem Felde, ja sogar das eigene Leben.

Der Scheich schien äußerst erstaunt und war kaum fähig, meinen Worten Glauben zu schenken. Allerdings konnte er nicht leugnen, daß das eine gute ›debbara‹ sei, eine kluge Vorkehrung für die Sorgen dieser Welt. Aber als frommer Muslim war er der Ansicht, daß solche Wege das Heil der Seele gefährden könnten ...

Auch war es leicht, ihm zu beweisen, daß, was Gewinn betrifft, seine Glaubensgenossen, die doch jede Art von einfachen Zinsen für ungesetzlich halten, durchaus nicht besser als die Christen seien; denn obgleich die Moslemin nicht eigentliche Zinsen nehmen, wissen sie doch die Geschäfte so geschickt abzuschließen, daß sie in Wirklichkeit einen viel höheren Zinsfuß erzielen, als irgendein ehrlicher Christ nehmen würde ...« (IV, 525)

6. *(Auf einem Ausflug mit dem Scheich el Bakáy nach Kabara bei Timbuktu.)*
»... und da religiöse Punkte von meinen Feinden stets mehr und mehr in den Vordergrund geschoben wurden, besonders aber in den gelehrten Briefen, welche der Emir von Hamd-Allahi dem Scheich als Antwort sandte, fing meine Unterredung mit dem ersteren an, sich mehr und mehr religiösen Gegenständen zuzuwenden, wie dem Punkte der Rückkehr des Messias am Ende der Welt und der Erklärung des Namens ›Paraklet‹, der im Neuen Bund dem Heiligen Geist gegeben wird ...«

7. »Auch unter sich waren die beiden Herren *(Scheich el Bakáy und sein Bruder)* durch meine Dazwischenkunft mehr auf religiöse Streitpunkte geführt worden, und als ich dem Scheich eines Tages Besuch abstattete, fand ich die beiden Brüder in lebhaftem Streite über das Verhältnis Aissas *(Jesus)* ... zu Mohammed, und es entspann sich eine hitzige Verhandlung über die sophistische Frage, ob nach der Rückkehr Aissas auf die Erde erlaubt sein würde, Kamelfleisch zu essen ...« (V, 4/5)

8. *Unterredung mit el Bakáy und seinen beiden Brüdern.*
»Ich hatte mittlerweile einen harten Stand Ssidi Mohammed gegenüber, der fortwährend ernste Angriffe auf meine Religion machte und mich nur mit dem eben nicht ehrenvollen Prädikat ›kafir‹ bezeichnete. Ich erklärte ihm aber, daß ich ein wahrer Moslem sei, denn der reine Islam, die wahre Verehrung des einen Gottes, schreibe sich von der Zeit Adams her und nicht erst von der Periode Mohammeds, daß ich, da ich in vollem Sinne dem Grundsatze der Einheit und der rein geistigen und erhabensten Natur des göttlichen Wesens anhinge, ein Moslem im wahren ursprünglichen Sinne des Wortes, ein Anhänger des wahren Islam sei.
Ich hielt meine Verteidigungsrede mit großer ... Lebendigkeit. Als ich sie beendigt hatte, sah sich Ssidi Mohammed ganz

außerstande, ein Wort zu seiner Verteidigung zu sagen ... Sein gelehrter Bruder el Bakáy hätte wohl etwas vorbringen können, um ihm aus der Klemme zu helfen, aber dieser war entzückt über die klare Entwicklung meiner religiösen Grundsätze.

Sein jüngerer Bruder dagegen ... behauptete, daß die Kalifen el Harun und Mamun, auf deren Befehl die Bücher des Plato und Aristoteles ins Arabische übersetzt würden, keine wahren Gläubigen, sondern Metazila *(d. h. Ketzer)* seien. Diese Behauptung ließ ich natürlich nicht zu ... Jedenfalls verschaffte mir meine ... Verteidigungsrede einige Ruhe vor den Angriffen meiner Freunde ...« (V, 65/66)

9. *Mit den Tuareg, seinen Beschützern, drohte es eines Tages, als die Rückwanderung von Timbuktu aus am Niger-Fluß bereits begonnen hat, über eine Diskussion zu Differenzen zu kommen.*

»Ayub ... fragte mich nämlich, was der Grund davon wäre, daß wir unser Gebet nicht in derselben Weise verrichteten wie sie. Ich antwortete ihm, daß unser Gott nicht bloß im Osten lebe, sondern allüberall gegenwärtig sei, und daß wir daher nicht einsähen, warum wir uns beim Beten ostwärts wenden sollten. Diese Antwort schien ihn zu befriedigen; aber er tat die zweite Frage, ob wir denn auch den Gebrauch der Beschneidung hätten. Als ich nun verneinend antwortete, stellte er sich aufs höchste entrüstet und gab sich Mühe, den Fanatismus des gesamten Lagers gegen mich rege zu machen ...

Auch erklärte ich meinen Freunden *(den Tuareg)*, daß, wenn sie meinten, die Beschneidung sei ein Privilegium und ein Kennzeichen des Islam, sie stark im Irrtum wären, da viele der heidnischen Stämme in ihrer Nachbarschaft, die sie mit so tiefer Verachtung behandelten, eben denselben Gebrauch hätten.

Die letztere Bemerkung insbesondere machte einen tiefen Eindruck auf diese Leute, und sie verfehlten nicht, zu bemerken, daß ich nie in Verlegenheit wäre, wenn es gälte, einem gegen meinen Glauben gemachten Angriff auszuweichen.

Diesmal führte mich der Widerspruch etwas weit; aber sonst war ich vorsichtig genug, jeden Streit zu vermeiden ...« (V, 104/5)

10. *11. Oktober 1853. Im Lager des Scheichs el Bakáy bei Timbuktu.*
»... und es war hier, wo mir mein Freund *(el Bakáy)* einen

Entwurf seiner ferneren Politik vorlegte. Wie er sagte, beabsichtigte er nämlich, den alten Häuptling Galaidjo aus seinem Exil ... nach diesem Teile des Sudans zurückzubringen, welchen er früher beherrscht hatte, und ihn mit Hilfe der Tuareg wieder in die Regierung von Ma-ssina einzusetzen, indem er das ganze Land samt der Hauptstadt Hamd-Allahi den Händen der Familie Lebbos entreißen wollte.

Aber selbst für den Fall, daß es wahrheitsgemäß war, was er vorgab (nämlich die Fulbe selbst ... seien der Regierung Lebbos abgeneigt), war es mir doch klar, daß ein solches Vorhaben ein größeres Maß an Entschlossenheit und Ausdauer erforderte, als ich meinem edlen Freunde nach allem, was ich gesehen, zutrauen durfte. Jedoch hegte er zu jener Zeit keinen Zweifel, daß Alkuttabu, der große Häuptling der Tuareg, ihm unverzüglich in Person zu Hilfe kommen und mich dann mit seinem mächtigen Schutze sicher an den Ufern des Niger entlang geleiten würde.

Wenn man den milden Sinn meines Beobachters berücksichtigt, so waren seine Pläne jedenfalls etwas übertrieben, und es konnte nicht fehlen, daß er durch Aufreizung der Fulbe die Schwierigkeiten meiner Lage noch vergrößerte.« (IV, 474/5)

*Es wird hier nicht auf die namentlich in früheren Jahrzehnten breit ausgesponnene Diskussion um Barths Politik in Timbuktu eingegangen, auch nicht, ob es klug war, gerade Scheich el Bakáy als Schutzherrn zu wählen. Hier soll ausschließlich dargestellt werden, was und wie Barth über seinen Aufenthalt in Timbuktu berichtet hat.*

11. *So entspann sich denn eines Tages ein recht lebhaftes Gespräch (wieder im Zeltlager draußen).*

»Nämlich ein Araber namens Abd e' Rahman, ein naher Verwandter meines Wirtes *(des Scheichs),* aber von etwas arroganten Manieren, der von Asauad zum Besuche gekommen war, begehrte sehr dringend, die Gründe kennenzulernen, welche mich bewogen hätten, dieses Land zu besuchen.

Denn er hegte nicht den geringsten Zweifel, daß es gar keinen anderen geben könne als den Wunsch, es zu erobern.

Um nun meinen Freunden zu zeigen, von wie geringem Werte der Besitz dieses Landes den Europäern sein würde, sagte ich scherzweise zu ihnen, daß mich meine Regierung auf die Kunde hin, daß die Eingeborenen von Sand und Ton lebten, ausgesandt habe, um zu erforschen, wie das möglich sei, damit dann auf ähnliche Weise auch die Armen in unserem Lande versorgt werden könnten.

Der Araber war natürlicherweise über meine paradoxe Angabe nicht wenig betroffen; aber der Scheich selbst brach in ein recht herzliches Gelächter aus und fragte im Tone des Zweifels, ob es unter Christen wirklich auch arme Leute gäbe.« (IV, 495)

12. *Letztes Gespräch mit el Bakáy, vor dem Abschied, bei Gao am Niger, am 2. Juli 1854.*

»Am folgenden Morgen, als ich im Genuß der frischen Morgenluft vor meinem Zelte lag ..., sammelten sich alle meine Freunde um mich, und ich mußte ihnen verschiedene Stellen aus europäischen Büchern mit Einschluß des griechischen Textes der Evangelien vorlesen. Das Deutsche zog ganz besonders die Aufmerksamkeit dieser Leute auf sich, indem ihnen die vollen, schweren Worte jener Sprache einige Ähnlichkeit mit ihrem eigenen Idiom zu haben schienen, und sie gerieten in eine wahre Begeisterung, als ich ihnen aus dem Gedächtnis einige Verse aus ›Harras‹, dem kühnen Springer, vortrug. Was hätte der gute Körner\*) gesagt, sein Lieblingsgedicht an den Ufern des Niger zu hören!

Ich hatte im Lauf des Abends eine sehr lebhafte Unterhaltung mit *(el Bakáy)* und dem Gelehrtesten seiner Schüler ... über die Gestalt der Erde. Es gelang mir am Ende, ihnen die Kugelform derselben und die Kreisbewegung des ganzen Planetensystems klarzumachen. Bei dieser Gelegenheit war er nicht wenig erstaunt, als ich ihm bei Erklärung der Ausdrücke ›unter die Erde‹ und ›über die Erde‹ erklärte, daß man in bezug auf den Allgegenwärtigen, als welchen sie wie wir den allmächtigen Schöpfer des Weltalls anerkennen, die Vorstellung von einem Darunter und Darüber ganz beiseite schieben müßte ...

---

\*) *Th. Körner, Sohn des Chr. G. K., eines Freundes von Fr. Schiller, geb. am 23. 9. 1791 in Dresden, 1813 Hoftheaterdirektor in Wien, dann im Lützowschen Freikorps gegen Napoleon. Er fiel mit zweiundzwanzig Jahren bei Schwerin am 26. 8. 1813. Seine enthusiastischen Gedichte lernte man noch vor sechzig Jahren im Deutsch-Unterricht unserer Schulen.*

Als guter Moslem war er von der Autorität des Kuran befangen und konnte eine solche Ansicht ... nicht teilen, aber da er ... das Panorama der Halbkugel vor Augen hatte, überzeugte er sich doch ..., während er, solange er zwischen den engen Wänden seines Gemachs in der Stadt eingesperrt war, stets der Ansicht gewesen, daß es ebenso absurd wie unheilig wäre, so etwas zu behaupten.« (V, 333/34)

# Afrikanisches »Selbstverständnis«
## und afrikanische »Nationen«

Reisende wie Barth haben auf ihre Weise *Kulturkontakte* von kaum schätzbarem Ausmaß gepflogen, und er war sich dieser Sendung wohl bewußt. Wie er für fremdes Wesen Verständnis zeigte, forderte er auch Achtung vor seinem eigenen Wesen und seinen Überzeugungen, z. B. in den zahlreichen religiösen Gesprächen, zu denen er aufgefordert wurde. Wenn manche Afrikaner ihm, wie allen »Weißen«, mißtrauten und meinten, er verfolge dubiose Zwecke mit den ihnen nicht immer verständlichen Fragen, so ließen sich führende Persönlichkeiten, als sein Charakter und seine gleichbleibende Zuverlässigkeit offenbar wurden, Ansichten und Einsichten von ihm wenigstens vortragen.

Er war zwar kein »Flüssesucher« wie Livingstone, aber seine Begleiter hatten keinen Anlaß, von ihm wie von jenem Engländer zu sagen: »Er hat Wasser im Hirn.«[*]) Bei Barth war nichts von einer »fixen Idee« zu spüren; dazu war er selbst im Fieber zu nüchtern und kaltblütig, ein überlegen disponierender Mann.

Seine zahlreichen Äußerungen über Afrikaner aller Regionen ergeben, daß Tuareg, Haussa, Fulbe und Araber, bei aller volklichen und oft auch individuellen Verschiedenheit, doch das gleiche wache Bewußtsein erfüllte, eine »Nation« zu sein, ein Wort, das von Barth mehrfach gewählt wurde. Damit wird ein ebenso historisch bedeutsames wie immer noch aktuelles Problem berührt.

Das nachstehende Zitat soll zeigen, wie durch die Persönlichkeit und die Verhandlungen eines wirtschaftskundigen und diplomatisch geschickten Reisenden rein *afrikanisch-nationale Überlegungen* ausgelöst wurden. Hinter ihnen zeichnen sich die

---

[*]) Siehe H. Schiffers, »Wilder Erdteil Afrika«, Bonn/Frankfurt 1962, S. 180.

Konturen von *Ländern* in ihrem historischen Auf- und Abstieg und entsprechend mobilen Grenzen ab, wobei der Vor- und Rückstoß über zweitausend Kilometer reichte.

Es betrifft den türkisch okkupierten Norden, das »ganze Land der Tebu«, Kauar mit Bilma, im Herrschaftsbereich der Tuareg, Kano (den »großen Stapelplatz Inner-Afrikas«), und das Reich Bórnu am Tschad. England wirkt herein und mit ihm Barth, der sich ziemlich lange um die Unterzeichnung des als eine Art von bilateraler Entwicklungshilfe aufzufassenden Handelsvertrags bemühen mußte. Selbst von Interventionspolitik ist die Rede. Nun erscheinen mit einem Male die hundert Jahre zwischen damals und heute gar nicht als eine so gewaltige Zäsur.

*Band III, Reisewerk*
*10.–12. August 1851, Kúkaua:*

»Die Verhältnisse zu den Ossmanli waren zu der Zeit eigentümlicher Art. Wie wir gesehen haben, umfaßte dieses Reich vormals alles Land bis Fessan; aber seit seinem Verfalle während der letzten Hälfte des vorigen Jahrhunderts sind diese Grenzen aufgegeben worden, wodurch die Verkehrsstraße nach dem Norden meistens sehr unsicher wurde. Ein solcher Zustand der Dinge aber muß notwendig überaus nachteilig auf ein Land wirken, welches in vielfacher Beziehung auf die ihm von Norden her zufließenden Mittel angewiesen ist (Fessan). Der Regierung des Landes muß es daher, da sie bei ihrer gegenwärtigen Schwäche nicht imstande ist, die Sicherheit dieser wichtigen Verkehrsstraße herzustellen, angenehm sein, wenn eine andere Macht ein solches Resultat herbeiführt. Der Vezier (in Kúkaua) erklärte daher in einer Unterredung, die ich nach meiner Ankunft im April mit ihm bezüglich der vorhandenen Aussichten auf einen geregelten Verkehr mit England hatte, es würde ihm sehr erwünscht sein, wenn die Türken Kauar und besonders Bilma in Besitz nehmen, bei den Salzgruben dieses Ortes ein Fort erbauen und in dasselbe eine Besatzung legen wollten, um die Tuareg von Aïr in Schranken zu halten und sie für alle auf der Fessaner Straße vorfallenden Räubereien verantwortlich zu machen. Infolge dieser Mitteilung machte ich nun der britischen Regierung die Eingabe, sich bezüglich dieses Gegenstandes mit der Hohen Pforte in Verkehr zu setzen, welches auch geschah.

Die Sache hatte jedoch für Bórnu auch ihre sehr bedenkliche Seite. Man konnte fragen, ob die Türken, wenn sie sich einmal in Bilma festgesetzt, nicht damit umgehen würden, sich auch das ganze Land der Tebu zu unterwerfen. Ja, es war sogar zu befürchten, daß sie nur zu dem Behufe, ihre Herrschaft auszudehnen, dort festen Fuß fassen möchten.

Als daher in Bórnu die Nachricht ankam, es sei der ehrgeizige Hássan Baschá mit sehr ausgedehnten Verhaltungsbefehlen wieder als Statthalter von Fessan eingesetzt worden, fühlte sich der ganze Hof von Bórnu beunruhigt. Diese Nachricht übte auf die Willigkeit des Scheichs und Veziers, mit der englischen Regierung in freundschaftlichen Verkehr zu treten, einen gar bemerkenswerten Einfluß aus.

Am 5. August waren sie nicht imstande, ihre Besorgnis zu verbergen, es möge eine zahllose Schar von Engländern ihr Land überströmen, nachdem ihnen einmal infolge des jetzt von Ihrer Britischen Majestät Regierung vorgelegten Vertrages freier Zutritt gestattet worden sei; denn obwohl ihnen die Armut ihres Landes im Vergleich mit Europa nicht unbekannt war, so pflegten sie dies doch mitunter zu vergessen.

Am Nachmittag des 6. kam der Bote mit jener Nachricht an, und noch an demselben Abend ließ mir Hadj Beschir anzeigen, daß sie bereit seien, den Vertrag zu unterzeichnen. Bei späterer Gelegenheit drückten sie ihren eifrigen Wunsch aus, die englische Regierung möge es sich angelegen sein lassen, die Ausführung der ehrgeizigen Absichten des Statthalters von Fessan zu verhindern.

Ich hatte mich aber schon damals davon überzeugt, daß die nördliche Straße durch die Wüste sich für den europäischen Verkehr nicht eigne und daß eine bequeme, mehrere hundert Meilen in das Innere des Erdteils hineinführende Straße, welche nicht sehr weit südlich von Kano, dem großen Stapelplatz Inner-Afrikas, und nur zweihundert Meilen in gerader Linie südlich von Kúkaua sich hinzieht, in dem Flusse Benuë entdeckt worden sei.«

*Afrikanische Politik*, deren volle Aktivität erst das Erscheinen der Europäer ausgelöst hatte, beschrieb Barth auch aus der nach damaliger Auffassung von schweifenden, beutelustigen Nomaden bewohnten Sahara. Er sagte voraus, daß sie sich nur noch mehr erhitzen werde, wenn die Franzosen weiter vorstoßen würden, woran H. Lhote\*) wieder erinnert hat. Die nicht für möglich gehaltene Folge war der Untergang der Mission Flatters (1881).

General Meynier rundete das Bild des schon damals in Abwehrwillen geeinten Raumes ab:

»Le jour, où Flatters vint donner aux Touaregs le sentiment que leur chère indépendance, pour eux le plus précieux des biens, était menacée, il y eut dans tout le désert une réelle poussée de patriotisme instinctif, sinon raisonné, qui groupa toutes les tribus nobles.«\*\*)

Noch bleibt die Frage, welchen Eindruck die *Afrikaner* von europäischen Reisenden erhielten und ob und wie sie daraus ihr *Bild von Europa* formten.

---

\*) In: Les Touaregs du Hoggar, 1955, S. 377.
\*\*) ebd., S. 387.

# Aus dem Nachlaß

*Vorbemerkung*

Über die den umfangreichen Nachlaß behandelnden Einzelheiten findet sich das Nähere (mit Abbildungen) in »Heinrich Barth. Ein Forscher in Afrika.«, Wiesbaden 1967.

Bei der Betrachtung von »Nachlaß-Blättern« wie denen vom »Sprachenbüchlein« und der Sprachenvergleichstabelle macht sich der Leser nur schwer eine Vorstellung davon, was sie bedeuten. Bei den heutigen Entwicklungshilfekonzeptionen der Minsterien oder der karitativen Organisationen in der Bundesrepublik Deutschland rangieren sprachliche Dinge weit hinter anderen Überlegungen. Junge Leute schickt man hinaus, die Vorstellungen von in Europa erworbenen technischen Praktiken haben, mit den Grundzügen tropischer Landwirtschaft vertraut wurden und die erfahren, welche politischen und administrativen Dinge im Zielland zu beachten sind. Daneben hören sie, von Europäern, auch einiges über Geschichte und Lokalsprachen. Während gerade diese Dinge die eigentliche Arbeitsgrundlage bilden sollten, um etwas von dem zu begreifen, mit dem sie Tag für Tag und ganz allein draußen fertig werden müssen. Wir meinen: die Mentalität.

Das detaillierte Studium von H. Barths Hauptreisewerk sollte – das gilt für ganz Afrika – das A und O sein. Es weckt Fragen, an die auch die Statistiker und Soziologen, wenn überhaupt, dann nur ganz am Rande denken. Ihre richtige Beantwortung aber gäbe effektivere Hilfe als die Kalkulation von Brunnenbauten und möglichen Anbauverbesserungen. – Es geht um Erstkontakte.

Missionare »alten Stils« und Leute wie H. Barth zeigen uns, wie sie vorgehen. Diese Männer haben es bereits im 18. Jahrhundert für selbstverständlich gehalten, Wörterlisten und Grammatiken anzulegen, wobei man fragen muß, welche hellseherischen Fähigkeiten diese Männer im Busch dazu befähigten, ohne irgendwelche »Quellen« die ersten einhundert Wörter richtig aufzufassen. Sie lernten, man weiß nicht genau wie, welcher Weg über solchen Rohstoff zur Vertiefung des seelischen Kontakts führte.

Die falsche Deutung eines einzigen Wortes konnte den Untergang des ersten Erkundungstrupps bedeuten. H. Barth fand es selbstverständlich, wenn er vor einem »neuen« Land stand, wochenlang zu lagern, einen Arabisch oder Haussa sprechenden Händler des Lager-Orts zu engagieren und ihm die entsprechenden Fragen vorzulegen.

Stanley passierte es, daß er den Namen eines Flusses mit »Aruwimi« auf den Karten des Kongosystems verewigte. Während die befragten Buschleute sich über seine Fragerei amüsierten und »Aruwimi?« riefen. Es bedeutete: »Was will der Kerl eigentlich?«

Die Leistung eines H. Barth gewinnt die richtige Wertung, wenn man sieht, wie er zehn und mehr Sprachen, von denen man zumeist in Europa überhaupt nichts wußte, nebeneinander in Vergleichslisten unterzubringen lernte.

*Abbildung 51.* Quittung für einen Diener, ausgestellt von H. Barth am 5. April 1855.

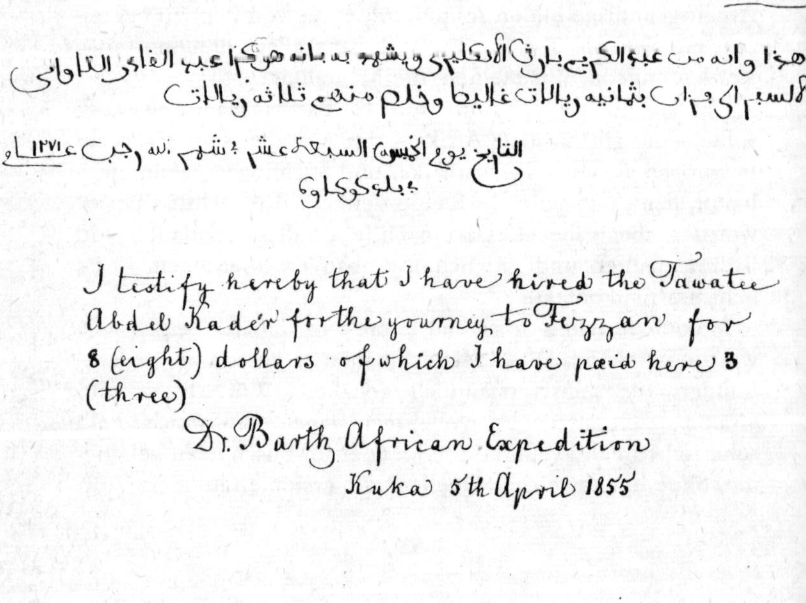
هذا وانه من عبد الكريم بارث الانكليزي ويشهد به بانه هو كرا عبد القادر التواتي
للسير الى فزان بثمانية ريالات غاليطا وخلص منهم ثلاثة ريالات

التاريخ يوم الخميس السبعة عشر من شهر الله رجب عام ١٢٧١
ببلد كوكاو

I testify hereby that I have hired the Tawatee Abdel Kader for the journey to Fezzan for 8 (eight) dollars of which I have paid here 3 (three)

Dr. Barth African Expedition
Kuka 5th April 1855

23rd Nov. 1854

| | | |
|---|---|---|
| 50 | E 10 N | leave the ~~W gate~~ E. gate of Kano , kofa Magardi |
| 55 | | cross a swamp |
| 8 | E | |
| 30 | E 25 N | all cultivated ground |
| 0° | E 10 N | |
| 5°3 | E 15 N | cross small brook of nice cool water running N. |
| 025 | N 30 W | L. a small hill . underwood |
| 035 | E 35 N | fine dōrōa trees |
| 050 | E 40 N | |
| 1° | | very fine country full of cattle |
| 1°48 | | descend |
| 2°6 | E 15 N | cross waterchannel, which now is close R. |
| 2°45 | | a little delay . isolated dumtrees |
| 5 m. | | |
| 30 | E 30 N | |
| | N. | |
| 5 | | enter Wāsa a walled town through the W gate |

24th Nov.

| | | |
|---|---|---|
| 40 | N | leave E. gate , the diameter of the town being 800 y. |
| | | much underwood |
| 55 | N 30 E | cultivated ground . the durra still lying on the |
| | | ground. |
| 7 | | great numbers of the dōrōa tree . |
| 78 | E | a small hamlet ; isolated datetrees. |
| 7 30 | E 40 N | |
| 745 | | cross a hollow |
| 8 10 | E 20 N | the country wilder |
| 8 35 | E | cornfields & pasturegrounds |
| 9 | E 40 N | a very fine landscape |
| 9 30 | | marketplace of Sabóngari , a town which |
| | | lies L. of our road , with 2 beautiful baure-|
| | | trees |

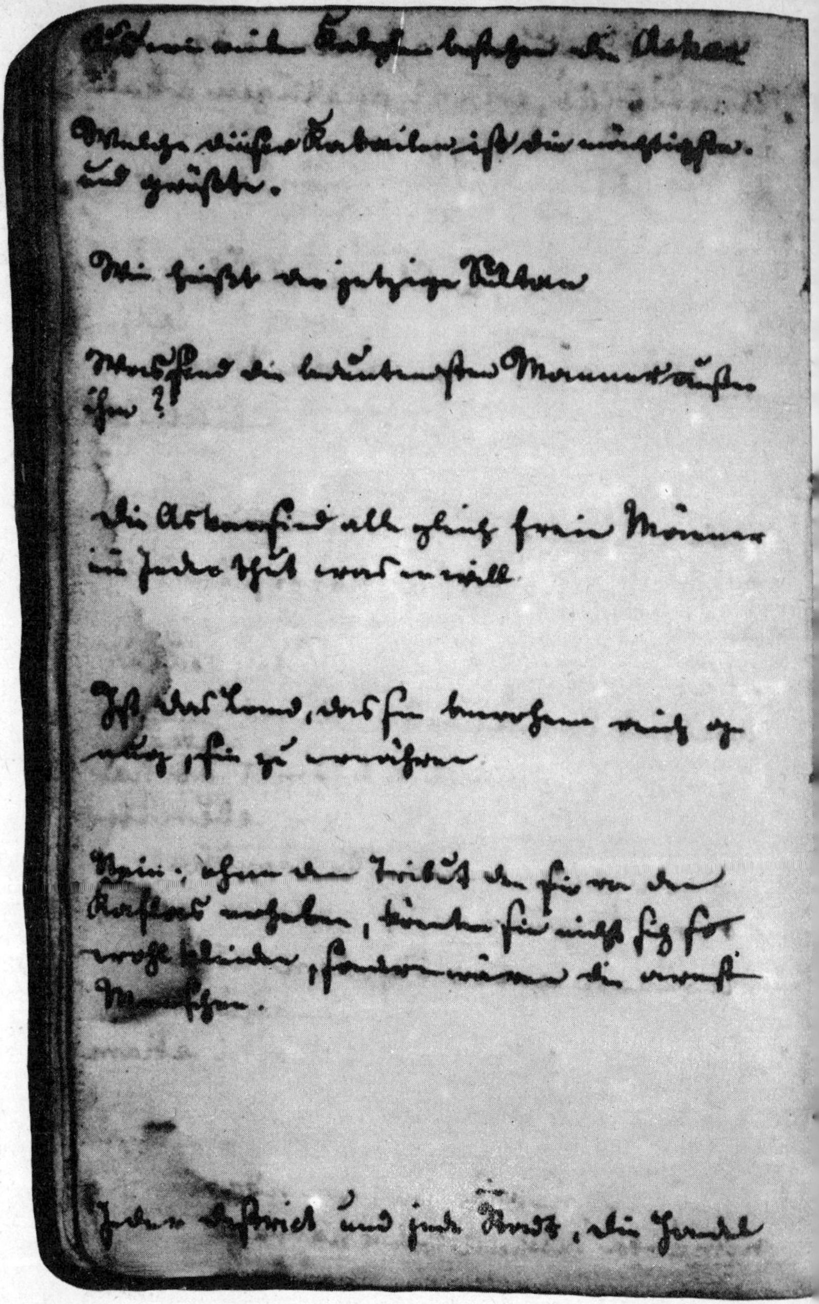

*Abbildung 52.* Aus dem »Sprachenbüchlein« von Heinrich Barth (in Originalgröße). Erste Vorbereitung in ein »neues Land«. Unterwegs geschrieben.

## Itinerare

Diese Itinerare sind, anders als der in der Londoner Gelehrtenstube ausgefeilte Text des Hauptreisewerkes, unterwegs entstanden, meistens abends bei Kerzenlicht, oder auch tagsüber, wenn er irgendwo auf die Erlaubnis zur Weiterreise warten mußte. Die Angaben basieren auf Tagebucheintragungen zu Fuß, auf dem Rücken des Reittiers, beim Halt. Sie finden sich auf blauem Seidenpapier im Hamburger Nachlaß.

*Abbildung 53.* Itinerar aus dem Jahre 1854. Aufbruch von Kano ostwärts. – Staatsarchiv Hamburg.

### Kano—Kuka 1854

23rd Nov. 1854

| | | |
|---|---|---|
| 8'50 | E 10 N | leave the E. gate of Kano, kofa Magardi |
| 8'55 | | cross a swamp |
| 9'5 | E | |
| 9'30 | E 20 N | all cultivated ground |
| 10' | E 10 N | |
| 10'3 | E 15 N | cross small brook of nice cool water runnig N. |
| 10'25 | N 30 W | L. a small hill, underwood |
| 10'35 | E 35 N | fine doroatrees |
| 10'50 | E 40 N | |
| 11' | | very fine country full of cattle |
| 11'45 | | desund |
| 12'5 | E 15 N | cross waterchannel, which now is close R. |
| 12'45 | | a little delay, isolated dumtrees |
| —5 m | | |
| 1'30 | E 30 N | |
| 2' | N | |

| | | |
|---|---|---|
| 2'5 | | enter Wāsa a walled town through the W gate |

24th Nov.

| | | |
|---|---|---|
| 6'40 | N | leave E. gate, the diameter of the town being 800 y. much underwood |
| 6'55 | N 30 E | cultivated ground the durra still lying on the ground. |
| 7" | | great numbers of the doroatree |
| 7'8 | E | a small hamlet; isolated datetrees |
| 7'30 | E 40 N | |
| 7'45 | | cross a hollow |
| 8'10 | E 20 N | the country wilder |
| 8'35 | | cornfields & pasture-grounds |
| 9' | E 40 N | a very fine landscape |
| 9'30 | | marketplace of Sabóngarī, a town which lies L. of our road, with 2 beautiful bauretrees |

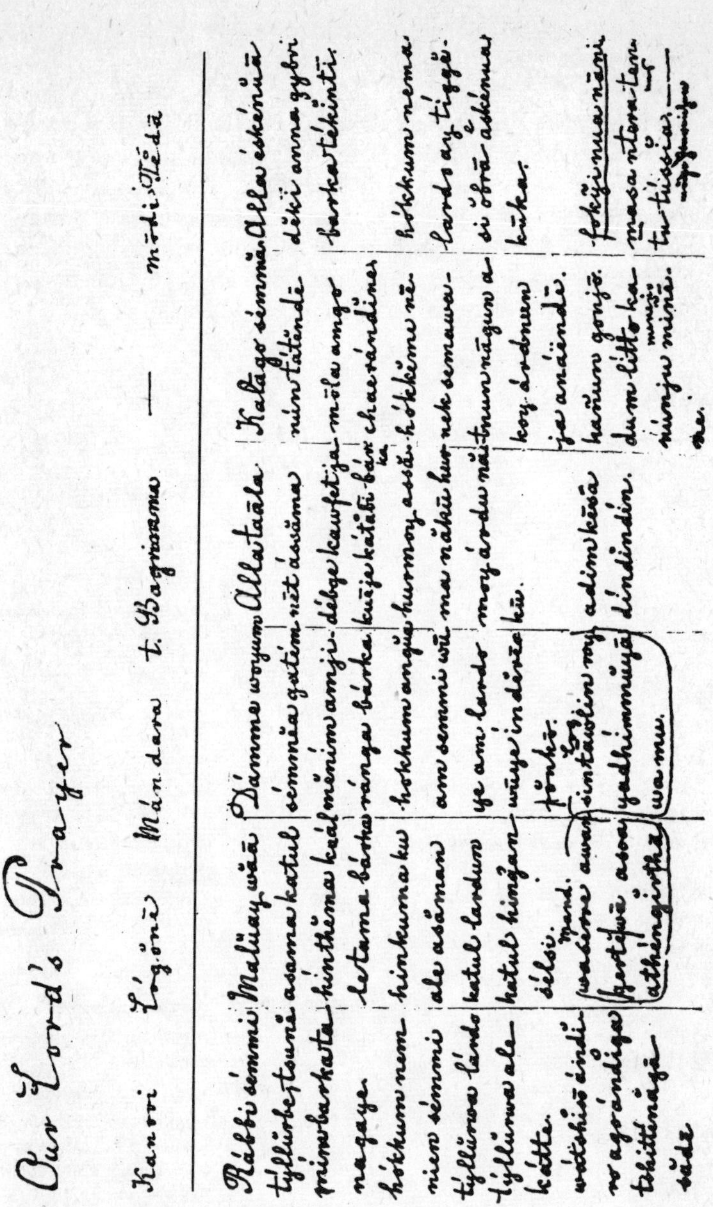

*Abbildung 54.* Aus dem Sprachenwerk von H. Barth. Übersetzung des
»Vaterunsers« in die Sprachen Kanuri, Logone, Mandara, Bagrimma,
Modi-Teda.

Gebirge von Aschen

Brunnen Äschegür

Hénderi Béfe    Kesbi    Inikimma    Ánay, 17 Juni
Dirki    Eládj    Tschemimma, 18-19 Juni
Schemidderu    Regimami
Em Imiddamin    TÉBU GÉSSERÁ od. G

ASBEN    Thal Kauar    Russkatenu    Bilma, 1000 F. 23 Juni Regen
Saukurá, 9-10 Juni

Hammáda.

keine Bäume und kaum etwas Gras

Dächsen-Gebirge, 3000 F.    Dibbela, Brunnen, 1300 F.
Thal Unan    Debrada Esákker

Nördliche Abhänge des Plateaus    Ágadem 1000 F. 3 Juni 1855
TÉBU BOLODÚA

Wüste Tintumme

TÉ    B

Brunnen Tergaláuen    TÉBU WÁNDALA
Atenkúli Plateau
durchschnittliche Höhe etwa 2000 F.    Bellaschiferri od. Bodudaga
920 F.
Faifái    Bir ben Mies

Tschki Lágato    Bir el Iguara    N
ARÚMA    Bir el Mascha    Bir Fáya
AGÁMA-TUÁREG    See Gamrek    Brunnen Kuye    SCHIT
Bir Neddadu
AMERGHÚ    N'gua Sammit    Bir el Hascha
Nordgrenze der Trämia oder Tamarinde    Nijjemma    Kisskoza
Täghelel    Koskodi
Alákkos od. Elákuas    Marte
DIGGERA-TUÁREG

Sinder 1700 F.    TÉBU BÚLGUD D'ÁSA    TSÁD od. TSÁDI
SINDER    MUNIO    Lachen, sumpf(ig?)
Madáría    Yatron See-Salz    830 F.
MA    Bir
AÚRA    Máschena 1300    Jó
ASÁURE    Malam    KOYÁM NGORU
Kassure    CHADÉDJA    BEDDE
Gérki    Gúmmel    Fitíti
KATÁGUM    Alárgheda    KÓTOKO
Katágum    Sókkua    Magómeri    GAMERGHÚ    Dikóa
NGUSSUM    Udjé-Maiduguri
Fiubra    Kéffi    Allagérno    Schéggoru    Sógoma
Hardawa    Dóra    Gafata    Udjé Mábania 1200 F.
SCHERRA    MÉSSAU    NGÁSIR    Udjé Kassuküla
Sékera    N. Grenze d. Wüste    Sortmari
Dárawó    Mglheno
BABIR    Munneh    MARGHI
BOBÉRU    Tera SSINA    Oldiffa
JÁKOBA    BIRRIBIRRI
BOL BOLÓ    TÁNGALÉ    BATTA
OBER BAUTSCHI    BÁTSCHAMA
HAMÁRRUA 800 F.    SOLA
Doma    Bakn Batschi    MBÁNA